普通高等教育“十三五”规划教材

微观经济学习题集

李家凯　汪延明　主编

本书的出版得到了“贵州省一流大学——经济学专业教学团队”
建设经费资助

科学出版社
北京

内 容 简 介

为加深学生对微观经济学各章节所学知识的印象，便于系统掌握和灵活运用微观经济学的基本理论，满足不同层次学生学习微观经济学的需要，本书依据高鸿业主编的《西方经济学（微观部分）（第七版）》教材而编写，其特色有：根据教学大纲的知识点设计不同难度、不同标准、不同类型的习题；根据国内外微观经济发展的最新动态，设计典型案例；充分照顾不同学习程度的学生，题目由易到难，同时提供了较为翔实的参考答案。

本书适合普通高等院校经济管理类本科生、硕士研究生参考使用。

图书在版编目（CIP）数据

微观经济学习题集 / 李家凯，汪延明主编. —北京：科学出版社，2019.10

普通高等教育“十三五”规划教材

ISBN 978-7-03-059807-3

Ⅰ. ①微… Ⅱ. ①李… ②汪… Ⅲ. ①微观经济学-高等学校-习题集 Ⅳ. ①F016-44

中国版本图书馆 CIP 数据核字（2018）第 265303 号

责任编辑：王京苏 / 责任校对：王丹妮

责任印制：张 伟 / 封面设计：蓝正设计

科学出版社出版

北京东黄城根北街 16 号

邮政编码：100717

http://www.sciencep.com

北京虎彩文化传播有限公司印刷

科学出版社发行 各地新华书店经销

*

2019 年 10 月第 一 版 开本：787×1092 1/16

2021 年 1 月第三次印刷 印张：17 1/2

字数：402 000

定价：58.00 元

（如有印装质量问题，我社负责调换）

前　言

社会主义市场经济日益发展的今天，西方经济学理论越来越受到高校教学工作和社会实践工作的重视，微观经济学已经成为高等院校中主修经济类及管理类学科学生的基础课程和必修课程。但是对大多数高校的学生来说，学习微观经济学这门课存在一定的困难，因为微观经济学体系很完善，前后连贯性强，相对宏观经济学来说系统性更强。这就加大了初学者学习并掌握其主要知识点的难度。编者也了解到，不少学校的本科生在学习微观经济学方面存在基础薄弱、不会做题等方面的问题。于是编者决定编著本书，主要是为了满足高校本科生学好微观经济学这门课程的需要。

本书以高鸿业主编的、中国人民大学出版社出版的《西方经济学（微观部分）（第七版）》作为编写依据，包括单项选择题、多项选择题、判断题、名词解释、简答题、计算题、论述题、案例分析八个部分的内容，内容紧扣教材，涵盖教材的每一个知识点。本书的每一个题目都用“★”标识了难度系数，“★”越多表示难度系数越大。此外，编者还将一些经典的考研原题收录到本书中，供考研的学生作为真题来训练，但考研题所占比重不大，本书还是强调重基础、重计算。本书部分章节的案例分析中提供了和该章知识点相联系的贵州省的实际案例，使贵州财经大学本校的学生能够更好地了解本省省情并联系实际做出分析和判断。

市场上关于高鸿业主编的《西方经济学（微观部分）（第七版）》的习题集很多，相对而言，本书在以下方面具有特色。

（1）难度分级。本书难度跨越比较大，从微观经济学的基础题难度至考研的难度都有分布，并将习题集按三级分类。★表示基础题，★★表示提高题，★★★表示难题。不同读者可以根据自己的实际情况选择相应难度的习题进行练习。

（2）案例体现本地特色。每章习题后面都设计了案例分析题，案例分析题题材几乎都是取自贵州省的经济与社会现象。这是本书区别于其他同类书的主要特点。

（3）习题都配有答案。本书每道题后面都附有答案，以便学生做完题后能及时纠正自己的错误，改进不足，方便学生学习教材之后通过练习再次巩固教材内容。

（4）每章习题题量大，题型新颖。本书主要是打造一个高鸿业主编的《西方经济学（微观部分）（第七版）》习题库，主要让学生通过做题达到巩固知识点、灵活运用知识、温故而知新的目的。

（5）题目紧跟教材。内容深入浅出、重点突出，每章习题都和主教材知识点密切相关，题型全面、注重基础，希望学生通过习题集来巩固教材上的知识点。

（6）分析每章重难点。每章习题前面都对本章内容的重难点进行了分析，指出重难点是哪些，指导学生更好地掌握学习重点。

编　者

2019 年 5 月 10 日

目录

第一章

导　　论

【重难点分析】

本章考查的重点主要有：经济学、宏观经济学、微观经济学、实证经济学、规范经济学的概念以及对于概念的理解。

本章考查的难点主要有：稀缺性、机会成本的理解。

一、单项选择题

1. 经济学研究的是（　　）。★

A. 企业如何赚钱的问题　　　　B. 如何实现稀缺资源的有效配置问题

C. 用数学方法建立理论模型　　　　D. 政府如何管制的问题

2. 区分宏观经济学和微观经济学的关键在于（　　）。★

A. 微观经济学研究个体经济行为，宏观经济学研究总体经济现象

B. 微观经济学研究厂商行为，宏观经济学研究政府行为

C. 微观经济学研究产品市场，宏观经济学研究失业问题

D. 微观经济学研究范围狭小，宏观经济学研究涉猎广泛

3. 微观经济学是经济学的一个分支，它主要研究（　　）。★

A. 通货膨胀和失业　　　　B. 高度集中的市场上的行为

C. 欠发达国家的经济增长　　　　D. 企业、家庭和个人的行为

4. 经济学可定义为（　　）。★

A. 研究政府如何对市场机制进行干预的科学

B. 消费者如何获取收入并进行消费的学说

C. 研究如何最合理地配置稀缺资源于诸多经济性用途的科学

D. 企业取得利润的活动

5. 下列关于经济学的定义，理解正确的是（　　）。★

A. 政府对市场制度的干预

B. 研究厂商取得利润的活动

C. 研究合理配置稀缺资源于多种用途
D. 研究人们怎样靠收入生活

6. 研究个别居民户与厂商决策的经济学称为（　　）。★
A. 宏观经济学　　B. 微观经济学
C. 实证经济学　　D. 规范经济学

7. 根据经济学的定义，经济学研究（　　）。★
A. 人与物的关系　　B. 人与人的关系
C. 物与物的关系　　D. 以上关系都研究

8. “看不见的手”一般指（　　）。★
A. 机会成本　　B. 政府
C. 利润　　D. 价格

9. 微观经济学的中心问题是（　　）。★
A. 收入问题　　B. 就业问题
C. 价格问题　　D. 消费问题

10. 作为经济学的两个组成部分，微观经济学与宏观经济学是（　　）。★
A. 相互对立的　　B. 相互排斥的
C. 相互依存的　　D. 没有任何联系的

11. 下列哪个学科是西方经济学的分支？（　　）★
A. 政治经济学　　B. 微观经济学
C. 国民经济管理学　　D. 财务管理学

12. 微观经济学不考查（　　）。★
A. 一个厂商的产出水平　　B. 失业率的变动
C. 高税率对货物销售的影响　　D. 某一行业雇用工人的数量

13. 经济学研究的基本问题包括（　　）。★
A. 生产什么，生产多少　　B. 怎样生产
C. 为谁生产　　D. 以上问题均正确

14. 经济学主要研究（　　）。★
A. 如何在股票市场上赚钱　　B. 自由市场上的价格
C. 政府对私人部门的影响　　D. 面对稀缺性而做出的资源分配

15. 经济学家所谈到的“混合经济”是指（　　）。★
A. 生产者与消费者相互作用　　B. 宏观经济学与微观经济学同时存在
C. 消费者和生产者都要做出决策　　D. 政府和个人都要做出决策

16. 西方经济学研究并解决的问题是（　　）。★
A. 货币的分配　　B. 涉及垄断的问题
C. 产量的确定　　D. 稀缺资源的合理配置

17. 经济学主要是研究（　　）。★
A. 与稀缺性和选择有关的问题　　B. 如何在证券市场上盈利
C. 何时无法做出选择　　D. 用数学方法建立模型

18. 新古典综合派的代表人物是（ ）。★

A. 亚当·斯密　　B. 保罗·萨缪尔森

C. 凯恩斯　　D. 阿尔弗雷德·马歇尔

19. 提出“看不见的手”原理的是（ ）。★

A. 约翰·梅纳德·凯恩斯　　B. 约翰·理查德·希克斯

C. 亚当·斯密　　D. 阿尔弗雷德·马歇尔

20. 在亚当·斯密创立的古典经济学中，生产要素是（ ）。★

A. 劳动、资本

B. 劳动、资本、土地

C. 劳动、资本、土地、企业家才能

D. 劳动、劳动对象、资本、土地、企业家才能

21. 下列事物中哪个不具备稀缺性？（ ）。★

A. 空气　　B. 矿泉水

C. 食物　　D. 安全保卫

22. 下列短语可以用机会成本予以解释的是（ ）。★

A. 杀鸡焉用宰牛刀　　B. 物以稀为贵

C. 买卖不成仁义在　　D. 薄利多销

23. 人们在资源有限而需求无限时必须（ ）★

A. 使个人利益优于公共利益　　B. 做出选择

C. 降低期望　　D. 以国家利益为重

24.“世上没有免费的午餐”的说法的前提是（ ）。★

A. 任何事物都有机会成本　　B. 人是自私的

C. 政府不总是补贴食品生产　　D. 不应出现食品银行

25. 现有资源不能充分满足人们的欲望这一事实被称作（ ）。★

A. 经济物品　　B. 资源的稀缺性

C. 机会成本　　D. 人类欲望的无限性

26. 经济物品是指（ ）。★

A. 有用的物品　　B. 稀缺的物品

C. 要用钱购买的物品　　D. 有用且稀缺的物品

27. 稀缺存在于（ ）。★

A. 人们的消费量超过需求时　　B. 富有的国家中

C. 全世界所有的国家中　　D. 穷困的国家中

28. 稀缺性问题（ ）。★

A. 只存在于依靠市场机制的经济中　　B. 只存在于依靠命令机制的经济中

C. 存在于所有经济中　　D. 意味着抢购和黑市交易

29. 资源是稀缺的是指（ ）。★

A. 世界上大多数人生活在贫困中

B. 相对于资源的需求而言，资源总是不足的

C. 资源必须保留给下一代
D. 世界上的资源最终将由于更多的生产而消耗光
30. 由市场配置资源意味着（　　）。★
A. 每个社会成员均能得到想要的任何物品
B. 稀缺的物品卖给那些出价高的人
C. 政府决定每个人应得多少物品
D. 要得到需要的物品必须排队
31. 下列最有可能成为稀缺物品的是（　　）。★
A. 阳光
B. 夏威夷的海水
C. 运送到贵阳的海水
D. 空气
32. 一种行为的机会成本是指（　　）。★
A. 为这种行为所花费的钱
B. 为这种行为所花费的时间的价值
C. 当你不必为这种行为付钱时就等于 0
D. 投入这种行为的全部资源的其他可能的用途
33. 一切经济问题产生的根源是（　　）。★
A. 经济效率
B. 技术效率
C. 稀缺性
D. 机会成本
34. 微观经济学对消费者的基本假设是（　　）。★
A. 完全信息假设
B. 完全竞争假设
C. 合乎理性人的假设
D. 边际效用递减的假设
35. 微观经济学所提的“资源的稀缺性”是指（　　）。★
A. 资源的不可再生性
B. 资源终将被耗用完
C. 相对于需求，资源总是不足的
D. 资源必须留给下一代，实现可持续发展
36. 经济学家讨论的“人们的收入差距大一点好还是小一点好”这一问题属于（　　）所要研究的问题。★
A. 实证经济学
B. 规范经济学
C. 宏观经济学
D. 微观经济学
37. 下列哪一项是实证经济学的陈述？（　　）★
A. 失业保险太低
B. 降低失业比抑制通货膨胀更重要
C. 医生挣到的钱比蓝领工人多
D. 失业保险太高
E. 妇女应当与男子同工同酬
38. 规范经济学（　　）。★
A. 描述经济如何运行
B. 从属于实证经济学
C. 包括做出评价
D. 预测行动结果
39. 经济学所建立的理论（　　）。★
A. 是从一系列假设中推导出来的结论
B. 是基于一些不现实的假设，因此对解释真实世界的行为意义不大

C. 对个体有效而对群体无效

D. 在应用之前，人们必须知道和理解它

40. 下列说法不正确的是哪个？（ ）★

A. 经济学家们有时对经济的适当模型意见不一

B. 经济学家们有时对公平和效率的相对重要性意见不一

C. 经济学家们有时对实证经济学和规范经济学的区别意见不一

D. 经济学家们有不同的价值观

41. 经济学的理性选择假设是基于预期人们（ ）。★

A. 使用经济学模型做出选择　　B. 为追求私利而做出选择和决定

C. 做出选择前会尽可能地收集信息　　D. 都有相同的偏好

42. 对于企业而言，理性意味着追求（ ）。★

A. 利润最大化　　B. 收取最高价格

C. 税收最大化　　D. 最大销售量

E. 成本最小化

43. “富人的所得税税率比穷人高”是（ ）。★

A. 规范的表述　　B. 实证的表述

C. 否定的表述　　D. 理论的表述

44. 当经济学家说人们是理性的时，这是指（ ）。★

A. 人们不会做出错误的判断

B. 人们总会从自己的角度做出最好的决策

C. 人们根据完全的信息而行事

D. 人们不会为自己所做出的任何决策而后悔

45. 下列属于实证表述的是（ ）。★

A. 合理组织要素对厂商有利

B. 合理组织要素对厂商不利

C. 只有合理组织要素才能使利润最大化

D. 合理组织要素比市场营销更重要

46. 下列属于规范表述的是（ ）。★

A. 由于收入水平低，大部分中国人还买不起小轿车

B. 随着收入水平的提高，拥有小轿车的人会越来越多

C. 鼓励私人购买小轿车有利于促进我国汽车工业的发展

D. 提倡轿车文明是盲目学习西方，不适于我国国情

47. 检验经济模型的方法是（ ）。★

A. 检验它的假设是否现实　　B. 比较它的预期与事实

C. 由权威的领导人或经济专家做出结论　　D. 以上各项都是

48. 在经济学中，下列情况中不具有均衡的含义的是（ ）。★

A. 实际买的量等于实际卖的量　　B. 稳定的状态

C. 愿意买的量等于愿意卖的量　　D. 长期过剩或短缺

49. 下列不属于实证经济学的命题是（　　）。★
A. 美联储在上月把贴现率降到 10%
B. 去年失业率超过 8%
C. 社会保险税的课税依据现已超过 30 万元
D. 国有企业 18%的增值税税率显得过高
50. 下列命题不是实证经济学命题的是（　　）。★
A. 1982 年 8 月美联储把贴现率降到 10%
B. 1981 年失业率超过 9%
C. 联邦所得税对中等收入家庭是不公平的
D. 社会保险税的课税依据现已超过 30 000 美元
51. 实证经济学与规范经济学的根本区别是（　　）。★
A. 是否包括价值判断　　B. 研究对象不同
C. 研究范围不同　　D. 是否运用了归纳法
52. 生产可能性曲线以内的任何一点表示（　　）。★
A. 可以利用的资源稀缺　　B. 资源没有得到充分利用
C. 资源得到了充分利用　　D. 以上均不对
53. 在研究消费与收入的关系时，内生变量是（　　）。★
A. 人口的变动　　B. 政府政策的变动
C. 收入的变动　　D. 风俗习惯的改变
54. 人们权衡所面对的各种可能性的利弊，所基于的假设是（　　）。★
A. 机会成本　　B. 稀缺性
C. 生产可能性　　D. 理性选择

二、判断题

1. 微观经济学和宏观经济学是相互补充的。（　　）★
2. 经济学根据其研究范畴不同，可分为微观经济学和宏观经济学。（　　）★
3. 生产什么、怎样生产和为谁生产，这三个问题被称为资源利用问题。（　　）★
4. 市场经济的基本特征是价格调节经济。（　　）★
5. 在不同的经济制度下，资源配置的解决方法是不同的。（　　）★
6. 微观经济学要解决的问题是资源利用，宏观经济学要解决的问题是资源配置。（　　）★
7. 微观经济学的基本假设是市场失灵。（　　）★
8. 微观经济学研究的对象不包括总需求和总供给。（　　）★
9. 如果社会不存在资源的稀缺性，也就不会产生经济学。（　　）★
10. 资源的稀缺性决定了资源可以得到充分利用，不会出现资源浪费现象。（　　）★
11. 因为资源是稀缺的，所以产量是既定的，永远无法增加。（　　）★

12. 社会生产位于生产可能线以内是正常的，而位于生产可能线以上是不正常的。（ ）★

13. 有选择就有成本，这种成本就是会计成本。（ ）★

14. 经济学就是研究社会如何利用稀缺资源生产人类需要的产品和劳务。（ ）★

15. 某方案的机会成本是指决策者为采取该方案而放弃的所有其他方案的利益。（ ）★

16. 在不存在闲置资源的情况下，机会成本才有意义。（ ）★

17. 资源的稀缺性是指某种资源的绝对数量很少，如在沙漠地区，水就非常稀缺。（ ）★

18. 若一国的生产处于生产可能线以内的一点，则表示该国可利用的资源减少以及技术水平的降低。（ ）★

19. 如果某种资源免费供应时社会成员所需要的多于现有的，那么这种资源就是稀缺的。（ ）★

20. 稀缺性仅仅是市场经济中所存在的问题。（ ）★

21. 机会成本是资源被用于某种用途以后，所放弃的其他用途中效用最大的那一种用途所产生的效用。（ ）★

22. 某国是一个人口大国、资源小国，这意味着该国人口供给是充裕的，资源供给是短缺的。（ ）★

23. 只有落后的国家才存在资源的稀缺性和供给的短缺现象。（ ）★

24. 以市场机制为主要资源配置方式的经济中，价格起到了关键的作用。（ ）★

25. 只要有人类社会，就会存在稀缺性。（ ）★

26. 是否以一定的价值判断为依据是实证经济学与规范经济学的重要区别之一。（ ）★

27. “人们的收入差距大一点好还是小一点好”的命题属于实证经济学问题。（ ）★

28. 经济学按其研究方法的不同可以分为实证经济学和规范经济学。（ ）★

29. 实证经济学要解决“应该是什么”的问题，规范经济学要解决“是什么”的问题。（ ）★

30. 实证经济学主要强调“应该怎么样”。（ ）★

31. 理性行为并不要求经济主体完全利己。（ ）★

32. 流量是指在一定时期内发生的变量数值，它说明在某段时期内某种变量变化了多少，如企业产品的库存。（ ）★

33. “联邦所得税对中等收入家庭是不公平的”这一说法属于实证经济学命题。（ ）★

34. 经济模型对我们解释现实世界的价值是极为有限的，因为这些模型是从复杂多变的现实世界中抽象出来的。（ ）★

35. 经济人假设意味着我们每一个人在任何场合下都是自私自利的。（ ）★

36. 假说就是某一理论所使用的条件。（ ）★

37. 需求量是流量。（ ）★

38. 在经济分析中，内生变量与外生变量的区分取决于理论所做的假设。（ ）★
39. 规范经济学的结论因研究者的阶级地位和社会伦理观的不同而不同。（ ）★

三、简答题

1. 西方经济学一般来说至少应有哪几种类别的内容？★★
2. 西方经济学的研究对象是什么？★★

第二章

需求、供给和均衡价格

【重难点解析】

本章考查的重点主要有：了解微观经济学的研究对象、基本假设条件和理论体系框架。对供给曲线和需求曲线的特点与作用有深刻认知。了解均衡的含义，对均衡价格的形成以及供求定理的学习。掌握弹性的含义、公式及求解。对简单的经济模型形成概念性的认知。

本章考查的难点主要有：供给弹性、需求弹性、交叉价格弹性等弹性的含义，图形表示及公式和计算。理解蛛网模型的相关特征。

一、单项选择题

1. 微观经济学的具体研究对象是（　　）。★

A. 个体经济单位　　B. 集体经济单位

C. 个体经济　　D. 集体经济

2.（　　）是微观经济学分析的核心。★

A. 产出分析　　B. 价格分析

C. 需求分析　　D. 成本分析

3. 微观经济学也被称为（　　）。★

A. 市场理论　　B. 需求理论

C. 微观经济理论　　D. 价格理论

4. 在微观经济学中，任何商品的价格都是由商品的（　　）因素决定的。★

A. 市场　　B. 供给

C. 需求　　D. 需求和供给

5. 微观经济学分析的出发点是对（　　）的初步论述。★

A. 成本曲线和收益曲线　　B. IS—LM 曲线

C. 需求曲线和供给曲线　　D. 短期收益曲线和长期收益曲线

6. 微观经济学对个体经济单位的考察的第一个层次分析单个消费者决策以获得

（　　），分析单个生产者决策以获取（　　）。★

A. 最大效用、最大利润　　B. 最大利润、最大效用

C. 最大效用、最小成本　　D. 最小成本、最大利润

7. 微观经济学的基本假设条件就是（　　）的假设条件。★

A. 合乎感性的人　　B. 合乎理性的人

C. 合乎道德的人　　D. 合乎正义的人

8. 线性需求函数的通常形式为：$Q^d=\alpha-\beta \cdot P$，式中 α、β 为常数，（　　）且该函数所对应的需求曲线为一条直线。★

A. $\alpha<0$，$\beta>0$　　B. $\alpha>0$，$\beta<0$

C. $\alpha>0$，$\beta>0$　　D. $\alpha<0$，$\beta<0$

9. 线性供给函数，它的通常形式为：$Q^s=\delta+\gamma \cdot P$，式中 δ、γ 为常数，且（　　），该函数相对应的供给曲线为一条直线。★

A. $\delta<0$，$\gamma>0$　　B. $\delta>0$，$\gamma<0$

C. $\delta>0$，$\gamma>0$　　D. $\delta<0$，$\gamma<0$

10. 在线性需求曲线上的点的位置越高，相应的点弹性系数值就（　　）。★★★

A. 越大　　B. 越小

C. 无法确定　　D. 不变

11. 若两种商品的需求的交叉价格弹性系数为正值，则这两种商品之间为（　　）。★★★

A. 互补品　　B. 替代品

C. 劣质品　　D. 正常品

12.（　　）的供给曲线和需求曲线具有相同的陡峭或平坦的程度。★★

A. 收敛型蛛网　　B. 聚合型蛛网

C. 发散型蛛网　　D. 封闭型蛛网

13. 乒乓球拍价格降低导致乒乓球的（　　）。★★

A. 需求曲线向右移动　　B. 需求曲线向左移动

C. 供给曲线向右移动　　D. 供给曲线向左移动

14. 如果在需求曲线某一点上的需求的价格弹性为 5，商品的价格也为 5，则相应的边际收益 MR 为（　　）。★★★

A. 4　　B. 3.6

C. 3.2　　D. 4.2

15. 某商品市场供给曲线是一过原点的直线，则其供给的价格弹性（　　）。★★

A. 随价格而变　　B. 恒为 1

C. 为其斜率值　　D. 不可确定

16. 需求曲线上任意一点对应的价格是（　　）。★

A. 均衡价格　　B. 市场价格

C. 需求价格　　D. 最低价格

17. 根据既定的外生变量值来求得内生变量值的分析方法，被称为（　　）。★

A. 静态分析　　B. 动态分析

C. 混合分析　　D. 时序分析

18. 对于富有弹性的商品，厂家应（　　）。★★

A. 提价销售　　B. 降价销售

C. 平价销售　　D. 无法确定

19. 商品 X 的市场供给曲线是一条过原点的直线，与横轴夹角为 30 度，则其供给的价格弹性（　　）。★★★

A. 随价格而变　　B. 恒为 1

C. 恒为$\frac{1}{\sqrt{3}}$　　D. 无法确定

20. 商品 X 的价格从 12 元降到 8 元，需求量也随之改变，从 50 增加至 75，该商品需求（　　）。★★

A. 富有弹性　　B. 缺乏弹性

C. 单位弹性　　D. 无法确定

21. 某菜农以每千克 5 元的成本从农场运来蔬菜 200 千克，若他面临的需求函数为 $Q=100-20P$，若菜农想要获得最大利润，则他应该卖出（　　）千克。★★

A. 40　　B. 50

C. 两者都正确　　D. 两者都错误

22. 在长期内，不可再生资源的价格趋势是（　　）。★

A. 上涨的　　B. 下降的

C. 取决于当时的供求状态　　D. 无法确定

23. 若某商品的替代品价格上升，则该商品的供应量应（　　）。★★

A. 增加　　B. 减少

C. 不变　　D. 无法确定

24. 若某种商品价格缺乏弹性，则价格变化的方向与销售收入的变化方向为（　　）。★★

A. 无关的　　B. 相反的

C. 相同的　　D. 无法确定

25. 商品的需求量与价格呈反方向变动的原因主要是（　　）。★★

A. 替代效应的作用

B. 收入效应的作用

C. 替代效应与收入效应同时发生作用

D. 与两种效应无关，是边际效应和偏好的结果

26. 对于吉芬商品来说，若预期其价格在可预见的未来会上升，则消费者对其的现期购买会（　　）。★

A. 增加　　B. 减少

C. 不变　　D. 不确定

27. 已知当某种商品的均衡价格是 1 人民币的时候，均衡交易量是 100 单位。现假定买者收入的增加使这种商品的需求增加了 20 单位，那么在新的均衡价格水平上，买者的购买量是（　　）。★★

A. 100 单位　　B. 大于 100 单位但小于 120 单位

C. 120 单位　　D. 以上均不对

28. 贵州省粮食歉收导致其价格上升，可以描述成在这个过程中（　　）。★★

A. 粮食供给水平的下降引起需求量下降

B. 粮食供给水平的下降引起需求水平下降

C. 粮食供给量的减少引起需求量下降

D. 粮食供给量的减少引起需求量水平下降

29. 已知某种商品的市场需求函数为 $D=20-P$，市场供给函数为 $S=2P-10$。如果对该商品实行减税，则减税后的市场均衡价格（　　）。★★

A. 等于 10　　B. 小于 10

C. 大于 10　　D. 小于或等于 10

30. 若某行业中许多生产者生产一种标准化产品，我们可估计到其中任何一个生产者的产品的需求将（　　）。★★

A. 毫无弹性　　B. 有单位弹性

C. 缺乏弹性或者弹性较小　　D. 富有弹性或者弹性很大

31. 若一条直线型的需求曲线与一条曲线型的需求曲线相切，则切点处两曲线的需求价格弹性（　　）。★★

A. 相同　　B. 不同

C. 可能相同也可能不同　　D. 依切点所在位置而定

32. 若 X 和 Y 两产品的交叉弹性为−5.6，则（　　）。★★

A. X 和 Y 是替代品　　B. X 和 Y 是正常商品

C. X 和 Y 是劣质品　　D. X 和 Y 是互补品

33. 如果贵州地区的人民收入水平提高，则食物支出在总支出中比重将（　　）。★★

A. 大大增加　　B. 稍微增加

C. 下降　　D. 不变

34. 若需求曲线为向右下倾斜的直线，则当价格从高到低不断下降时，卖者的总收益（　　）。★★

A. 不断增加

B. 在开始时趋于增加，达到最大值后趋于减少

C. 在开始时趋于减少，达到最小值后趋于增加

D. 不断减少

35. 对劣质商品需求的收入弹性（　　）。★★

A. 小于 1　　B. 等于 0

C. 小于 0　　D. 大于 0

36. 按照蛛网原理，若供给曲线和需求曲线均为直线，则收敛型摆动的条件是

（　　）。★★

A. 供给曲线的斜率绝对值大于需求曲线的斜率绝对值

B. 供给曲线的斜率绝对值小于需求曲线的斜率绝对值

C. 供给曲线的斜率绝对值等于需求曲线的斜率绝对值

D. 以上都不正确

37. 当经济学家说人们是理性的时，这是指（　　）。★★

A. 人们不会做出错误的判断

B. 人们总会从自己的角度做出最好的决策

C. 人们根据完全的信息而行事

D. 人们不会为自己所做出的任何决策而后悔

38. 均衡价格随着（　　）。★★

A. 供给和需求的增加而上升

B. 供给和需求的减少而上升

C. 需求的减少和供给的增加而上升

D. 需求的增加和供给的减少而上升

39. 如果政府对卖者出售的商品每单位征税 5 美分，那么这种做法将引起这种商品的价格（　　）（已知该商品的供给曲线与需求曲线具有正常的正斜率和负斜率）。★★

A. 上升小于 5 美分　　B. 上升 5 美分

C. 上升大于 5 美分　　D. 不可确定

40. 政府把价格限制在均衡水平以下可能导致（　　）。★★

A. 供不应求　　B. 黑市交易

C. 买者按低价买到了想买的商品数量　　D. A 项和 B 项

41. 如果价格下降 20%能使买者总支出增加 2%，则该商品的需求量对价格（　　）。★★

A. 富有弹性　　B. 具有单位弹性

C. 缺乏弹性　　D. 无法确定

42. 已知需求方程为：$Q=50-2P$，在 $P=10$ 处的点价格弹性是（　　）。★★

A. 6　　B. 0.67

C. 0.33　　D. 0

43. 经济学家所说的“需求曲线”，是指描述价格和需求量关系的曲线。这样集中研究价格意味着（　　）。★

A. 经济学家相信价格是影响需求量的唯一因素

B. 经济学家假设其他因素对需求量的影响不变，这样价格的效果就独立出来

C. 经济学家不恰当地忽略掉其他影响需求量的因素

D. 这个模型的预测能力没有什么价值

44. 在得出某种商品的供给曲线时，下列哪一种因素会发生变化？（　　）★

A. 技术水平　　B. 投入价格

C. 自然特点　　D. 商品价格

45. 如果某商品富有弹性，则该商品价格上升导致（　　）。★★

A. 销售收益增加　　B. 销售收益不变

C. 销售收益下降　　D. 销售收益可能上升也可能下降

46. 对化妆品的需求减少是指（　　）。★

A. 收入减少引起的减少　　B. 价格上升引起的减少

C. 需求量的减少　　D. 价格下降

47. 对于一个不吃猪肉的人来说，猪肉的需求量和牛肉价格之间的交叉弹性是（　　）。★★

A. 0　　B. 负值

C. 非弹性　　D. 弹性大小不一定

48. 某商品的个人需求曲线表明了（　　）。★★

A. 个人愿望的最大限度

B. 个人愿望的最小限度

C. 既不是个人愿望的最大限度，也不是个人愿望的最小限度

D. 既是个人愿望的最大限度，也是个人愿望的最小限度

49. 如果消费者对某商品的偏好突然增加，同时这种商品的生产技术有很大改进，我们可以预料（　　）。★★

A. 该商品的需求曲线和供给曲线都向右移动并使均衡价格与产量上升

B. 该商品的需求曲线和供给曲线都向右移动并使均衡价格与产量下降

C. 该商品的需求曲线和供给曲线都向右移动并使均衡价格上升，但均衡产量可能上升也可能下降

D. 该商品的需求曲线和供给曲线都向右移动并使均衡产量上升，但均衡价格可能上升也可能下降

50. 消费者从物品与劳务的消费中得到的满足程度称为（　　）。★★

A. 欲望　　B. 效用

C. 边际效用　　D. 偏好

51. 当一个人的收入水平低于最低工资收入时，在其他情况保持不变的条件下，其工资上升将会导致（　　）。★★

A. 替代效应小于收入效应　　B. 替代效应大于收入效应

C. 收入效应等于替代效应　　D. 两者相对大小不确定

52. 如果一种商品的需求完全没有价格弹性，需求曲线将会（　　）。★★

A. 呈水平状　　B. 呈垂直状

C. 向上倾斜　　D. 向下倾斜

53. 已知商品 X 的价格为 1.5 元，商品 Y 的价格为 1 元，如果消费者从这两种商品的消费中得到最大效用的时候，商品 X 的边际效用是 30，那么商品 Y 的边际效用应该是（　　）。★★

A. 20　　B. 30

C. 45　　D. 55

二、多项选择题

1. 个体经济单位指（　　）等。★

A. 单个消费者　　B. 单个生产者

C. 单个市场　　D. 单个经济体

2. 微观经济学对个体经济单位的考察的三个层次分别是（　　）。★

A. 分析单个消费者和单个生产者的经济行为

B. 分析单个市场的均衡价格的决定

C. 分析单个市场的均衡数量的决定

D. 分析所有单个市场均衡价格的同时决定

3. 需求必须是指消费者同时有（　　）的有效需求。★

A. 购买欲望　　B. 购买动机

C. 购买能力　　D. 消费需求

4. 影响商品需求的主要的因素有（　　）等。★

A. 该商品的价格　　B. 消费者的收入水平

C. 相关商品的价格　　D. 消费者对该商品的价格预期

5. 影响商品供给的主要的因素有（　　）等。★

A. 生产的成本　　B. 生产的技术水平

C. 相关商品的价格　　D. 生产者的人数

6. 市场均衡可以分为（　　）。★

A. 局部均衡　　B. 完全均衡

C. 一般均衡　　D. 不完全均衡

7. 蛛网模型的形态有（　　）。★

A. 收敛型蛛网　　B. 聚合型蛛网

C. 发散型蛛网　　D. 封闭型蛛网

8. 经济模型可以分为（　　）。★

A. 混合模型　　B. 静态模型

C. 时序模型　　D. 动态模型

9. 需求的价格弹性分为（　　）。★★

A. 点弹性　　B. 弧弹性

C. 垂直弹性　　D. 水平弹性

10. 对于线性需求曲线上的点弹性，下列说法正确的有（　　）。★★

A. 越靠近横轴的点，点弹性越小

B. 越靠近中点的点，点弹性越接近于 1

C. 越靠近纵轴的点，点弹性越大

D. 线上全部点的点弹性大于 0

11. 下列关于蛛网模型说法正确的有（　　）。★

A. 分析生产周期较短商品的模型

B. 分析的商品的产量和价格波动的三种情况

C. 各个模型之间的区别主要因为斜率不同

D. 基本前提是本期消费量受到本期价格影响，本期供给量既受上期价格影响，又影响下期价格的形成

12. 假设某产品的需求函数是 $Q=12-2P$，供给函数为 $Q=2+3P$，则下列说法正确的有（　　）。★

A. $Q=6$　　B. $Q=8$

C. $P=2$　　D. $P=3$

13. 在经济学家眼中，下列说法错误的有（　　）。★★

A. 所有人类行为都可以用理性决策的方式来分析

B. 经济学不谈道德

C. 教育也应该用经济学来分析

D. 对于社会来说，最优的结果就是犯罪率为 0

14. 贵州的经济发展速度越来越快，对贵州省的高新技术人才需求量越来越大，下列说法正确的有（　　）。★★

A. 人才需求曲线将向右下方移动　　B. 人才需求曲线将向右上方移动

C. 高新技术人才的薪资会下降　　D. 高新技术人才的薪资会上涨

15. 某消费市场上有 A 与 B 两类消费者，其中 A 类消费者 20 人，B 类消费者 30 人。设每个 A 类消费者的消费量皆相同，且为 B 类消费者消费量的 2 倍，假设 A 类消费者的个人需求为 1/4，B 类消费者的个人需求为 3/2，则下列说法错误的有（　　）。★★★

A. A 与 B 的消费弹性不影响该消费市场的整体消费弹性

B. A 与 B 的消费数量比例不影响该消费市场的整体消费弹性

C. 该消费市场的消费弹性为 14/11

D. 该消费市场的消费弹性为 11/14

16. 下列关于需求曲线及其价格弹性说法正确的有（　　）。★

A. 水平需求曲线的价格弹性为 0

B. 对于拥有向右下方倾斜但绝对值很大的需求曲线的商品，应降价销售

C. 拥有向右下方倾斜但绝对值很小的需求曲线的商品有可能是奢侈品

D. 一种商品的用途越广泛，其价格弹性越大

17. 如果商品 A 和商品 B 是替代品，则商品 A 的价格下降不会造成（　　）。★

A. 商品 A 的需求曲线向右移动　　B. 商品 A 的需求曲线向左移动

C. 商品 B 的需求曲线向右移动　　D. 商品 B 的需求曲线向左移动

18. 下列供给曲线和需求曲线的变动有可能使均衡价格不发生变动的有（　　）。★★

A. 供给减少的同时需求减少　　B. 供给增加的同时需求减少

C. 供给减少的同时需求增加　　D. 供给增加的同时需求增加

19. 如果某商品富有需求的价格弹性，若该商品价格上升，下列说法不正确的有

（　　）。★★

A. 会使该商品销售收益增加　　B. 该商品销售收益不变

C. 会使该商品销售收益减少　　D. 销售收益可能增加也可能减少

20. 两种商品中若当其中一种的价格变化时，这两种商品的购买量同时增加或减少，则两者的交叉需求价格弹性系数不可能为（　　）。★★

A. −1　　B. 2

C. 0　　D. 1

21. 在需求水平和供给水平同时下降的情况下（　　）。★★

A. 均衡价格有可能高于原均衡价格　　B. 均衡价格有可能低于原均衡价格

C. 均衡价格有可能等于原均衡价格　　D. 均衡交易量高于原来的数量

22. 下列因素变动会使需求曲线发生移动的有（　　）。★

A. 商品价格的变化　　B. 消费者收入的变化

C. 消费者的偏好变化　　D. 相关商品价格的变化

23. 若想得出贵州茶农的茶叶供给曲线，下列因素中应保持常量的有（　　）。★★

A. 贵州省茶叶的种植技术水平　　B. 产茶的初始投入成本

C. 贵州的气候特点　　D. 茶叶的价格

24. 消费者之所以要消费商品，是因为商品能够满足消费者的某种欲望，下面关于消费者欲望的论述正确的有（　　）。★★

A. 欲望是指想得到却没有得到某种物品的一种心理状态

B. 关于消费者欲望的探讨是研究消费者行为的出发点

C. 随着消费者消费某种商品量的持续增加，人们的欲望强度会升高

D. 欲望具备普遍性

三、判断题

1. 微观经济学的基本假设条件就是“合乎感性的人”的假设条件。（　　）★

2. “合乎理性的人”基本特征就是：每一个从事经济活动的人都是利他的。（　　）★

3. 价格机制使经济资源得到有效率的配置。（　　）★

4. 消费者对某种商品只有购买的欲望而没有购买的能力，可以算作需求。（　　）★

5. 如果生产者对某种商品只有提供出售的愿望，而没有提供出售的能力，则可以算作供给。（　　）★

6. 一种商品的供给量是部分影响这种商品供给量的因素的函数。（　　）★★

7. 供给函数和需求函数只能是直线型，不能是曲线型。（　　）★★

8. 若两种商品的需求的交叉价格弹性系数为负值，则这两种商品之间为替代关系。（　　）★★

9. 最高限价总是高于市场的均衡价格。（　　）★

10. 政府实行最低限价的目的通常是抑制通胀和经济过热。（　　）★★

11. 收敛型蛛网相对于价格轴，需求曲线斜率的绝对值小于供给曲线斜率的绝对值。（ ）★★★

12. 收入弹性大于 0，说明该种商品是高档商品。（ ）★★

13. 如果一种商品的用途很广泛，会使该种商品的价格弹性变小。（ ）★★

14. 对于所有商品来说，价格下降，对其购买的数量都会增加。（ ）★★

15. 水平的需求曲线的价格弹性一定等于 0。（ ）★★

16. 替代品价格上升会导致某种商品的供给量增加。（ ）★★

17. 购买某种商品的支出占全部收入的比例越小，其价格弹性越大。（ ）★★

18. 政府规定某种商品的最高限价会使该商品的短缺现象发生。（ ）★★

19. 线性需求曲线上每点的斜率都是相等的，每点的点弹性值也相等。（ ）★★

20. 贵州省的钢铁产量增长会导致中国铁矿石的均衡价格上升。（ ）★★

21. 需求曲线向右上方倾斜说明消费者愿意在更高的价格上购买更多的商品。（ ）★

22. 一种商品的价格下降导致另一种商品的需求量上升，则两种商品为替代品。（ ）★★

23. 垂直的需求曲线说明消费者对该商品的需求量与价格无关。（ ）★★

24. 线性需求曲线的下半部分的需求价格弹性绝对值总是大于 1。（ ）★★

25. 若两种商品之间的交叉弹性等 0，说明两种商品相互独立，不受影响。（ ）★★

26. 必需品的价格弹性通常来说高于奢侈品的价格弹性。（ ）★★

27. 若需求曲线为正双曲线，则商品价格的上升将引起消费者在该商品上的总花销不变。（ ）★★★

28. 需求曲线上任意一点对应的价格是市场价格。（ ）★

29. 已知某商品的收入弹性小于 0，则这种商品是一般的正常商品。（ ）★★

30. 如果价格高于均衡价格，消费者能购买任何他们想要的数量。（ ）★★

31. 一般情况下，商品的需求量与其价格呈反方向变动，这是因为替代效应的作用。（ ）★★

32. 若某商品的价格上涨，对其需求数量不断增加，那么该商品需求曲线的斜率必然为正。（ ）★★

四、名词解释

1. 需求★
2. 需求函数★
3. 供给★
4. 供给函数★
5. 均衡★★
6. 均衡价格★

7. 供求定理★★
8. 需求的价格弹性★★
9. 需求的交叉价格弹性★★
10. 最高限价★★
11. 最低限价★★

五、简答题

1. 简述影响商品需求数量的主要因素。★
2. 简述影响商品供给数量的主要因素。★
3. 简述需求的价格弧弹性的五种类型。★
4. 简述影响需求的价格弹性的因素。★

六、计算题

1. 某个市场上，需求函数为 $Q=500-P$，供给函数为 $Q=P+200$。★

（1）求该市场上的均衡价格和均衡数量。

（2）求此时的需求价格弹性。

2. X 公司生产女士 A 字裙，在 2016 年，这家公司每月出售 28 000 件，平均每件 15 元。在 2017 年 1 月初，该公司的主要竞争者 Y 公司削减其 A 字裙的价格，每件从 20 元降价到 12 元，结果使 X 公司的 A 字裙销量急剧下降，在 2017 年 2 月和 3 月，每月销量从以往的 28 000 件降至 18 000 件。★★

（1）计算在 2 月、3 月期间 X 公司和 Y 公司销售 A 字裙之间的交叉弹性。这两家公司生产的 A 字裙是不是替代品？

（2）假定 X 公司的价格弹性系数为 2.0，假定 Y 公司维持 20 元的价格，那么 X 公司要削减多少价格才能使销售量回升到每月 28 000 件？

3. 设现阶段我国居民对新能源汽车需求的价格弹性是 $E_d=-1.5$，需求的收入弹性是 $E_y=3.0$。计算：★★

（1）在其他条件不变的情况下，价格提高 4%对需求的影响。

（2）在其他条件不变的情况下，收入提高 3%对需求的影响。

（3）假设价格提高 8%，收入增加 10%。2012 年新能源汽车的销售量为 800 万辆。利用有关弹性系数估算 2013 年新能源汽车销售量。

4. 假设市场由“个人 1”和“个人 2”组成，他们对商品 X 的需求函数分别为：$D_1=\dfrac{P_Y+k_1Y_1}{P_X}$，$D_2=\dfrac{k_2Y_2}{P_X}$，其中 P_X，P_Y 分别表示两种商品的价格，Y_1，Y_2 分别表示两人的收入，k_1，k_2 表示相应的参数。★★★

要求：

（1）求商品 X 的市场需求。

（2）计算对商品 X 的市场需求价格弹性和需求交叉弹性。

（3）在总收入不变的情况下，通过收入再分配使“个人 2”的部分收入转移到“个人 1”，会对商品 X 的需求产生什么影响？

七、论述题

1. 论述微观经济学中均衡价格是如何决定的。★
2. 论述需求的变动与需求量的变动。★
3. 论述供给的变动与供给量的变动。★
4. 论述需求的变动和供给的变动对均衡价格与均衡数量的影响。★
5. 论述需求曲线的斜率和需求的价格弹性的区别。★★

八、案例分析

案例一：

贵州省贵定县 2016 年玉米丰收，谷农叫苦连天

玉米价格暴跌。养猪的老师傅说回他乌江河边的老家收购玉米养猪。旧玉米 6 毛一斤。旁边一河南老太说她们那里玉米收购价也就 6.7 毛左右。甜玉米棒子，3 毛，一亩才卖 560 元。除了化肥种子那些，连工钱都挣不了。一位老人说看新闻节目大枣才 5 毛一斤，还卖不出去。旁边人说可城市要十来块一斤啊！谷贱伤农。这个问题谁都知道。在城市里甜玉米棒子随随便便也要好几块吧！农产品在产地那么便宜，在城市那么贵。农民辛辛苦苦一年到头却挣不了几文。问题出在哪里呢？贵州省贵定县 2016 年玉米丰收，谷农却叫苦连天。玉米价格极低，香甜的玉米收购价格每斤只有 3 毛钱，甚至不足以弥补成本。

为什么玉米丰收贵州的农民却无法从中获利？政府应当出台怎样的政策来调节这一经济现象？

案例二：

大数据解析餐饮消费市场

根据 2016 年中国餐饮消费市场大数据分析——趋势全面解读，餐饮行业正在进入以大众化为主体、多业态、精细化、品质化、特色化的新时期。在我们国家从中等收入水平向更高收入水平的迈进过程中，老年消费、90 后和 00 后消费、女性消费、亲子消费、品质消费、健康养生消费等追求功能化、特色化、精品化、科技化、消费安全、食品安全、心理安全等餐饮消费升级的消费市场在崛起，对餐饮业的业态细分和产品升级提出新要求，未来我们要面向多样化、多层次、个性化、定制化的新型消费来形成新的服务供给体系。在这种环境下，中国饭店协会自2017年起，开始联合零点餐饮行业研究中心加强对餐饮消费市场的研究，通过在消费者在线点评大数据分析的基础上得出的消费者需求特点，以及不同年份消费者需求的变化对细分市场消费需求走向进行预测，希望此报告不仅可以对当前餐饮业的经营、管理、质量、出品、营销提供指导，更重要的是可以帮助餐饮业投资者和经营者适应消费升级新趋势，重新梳理他们对消费市场的理解和思考，从而引导企业自身的产品升级以及整个行业的产业升级。降价是市场上常见的促销方式。但是在教育行业中我们却无法照搬相同的做法将部分教育成本降低。对于接受高等教育的人来说，除去应交的学费与住宿费，教材费也占所交款项的很大一部分，但是以教科书的降价方式来降低教育成本就是极其不可取的，为什么餐饮业可以降价促销，但是却未有将教科书降价来降低教育成本的方式，换言之为什么教科书不建议采用降价促销的方式？（北京理工大学考研题）

用需求弹性理论解释这种现象。

案例三：

山东数百万斤洋葱滞销1毛1斤卖不掉烂地里扔沟边

山东农民2018年面对丰收的洋葱，却一点也高兴不起来，多数村民的洋葱还一个没卖出去。据记者了解，即使洋葱价格低至1毛钱左右，也没有客商前来收购，由于洋葱没有销路，农民只能眼睁睁看着洋葱慢慢烂掉。为什么会出现这么多洋葱种植的情况呢？据了解，2017年洋葱收购价格在3毛钱左右，2016年在5毛钱左右，由于行情不错，当地村民都不同程度增加了种植面积，结果导致洋葱价格暴跌。

注：此案例摘自 wemedia. ifeng.com/19426710/wemedia.shtml，有改动。

上述新闻可以用微观经济学中的哪一模型进行模拟？请对该模型加以论述。

第三章

消费者选择

【重难点解析】

本章考查的重点主要有：了解效用的相关概念，对边际的概念有深刻认知，重点把握边际效用递减规律。消费者剩余的概念及图形表示以及简单计算，了解效用最大化和消费者选择的关系。对价格-消费曲线、收入-消费曲线的了解，不同类型商品的收入效应和替代效应，对不确定性和选择有初步认知。

本章考查的难点主要有：对边际效用递减规律的理解，掌握相关计算；收入效应和替代效应的理解与计算。

一、单项选择题

1. 消费者选择行为的目标是在一定的约束条件下追求自身的（　　）。★

A. 最大利益　　B. 最小成本

C. 最低消费　　D. 最大效用

2. 基数效用论采用（　　）的分析方法。★

A. 边际效用　　B. 无差异曲线

C. 图示法　　D. 列表法

3. 序数效用论采用（　　）的分析方法。★

A. 边际效用　　B. 无差异曲线

C. 图示法　　D. 列表法

4. 消费者对每一单位商品所愿意支付的最高价格取决于这一单位商品的（　　）。★

A. 平均效用　　B. 价值

C. 总效用　　D. 边际效用

5. 消费者剩余的基础是（　　）。★

A. 消费品市场价格的差异

B. 市场上厂商的平均剩余利润的存在

C. 愿意支付的最高价格和实际的市场价格之间的差额

D. 消费者消费时的可选择性

6. “消费者对 A 的偏好大于对 B 的偏好，对 B 的偏好大于对 C 的偏好，那么，在 A、C 这两个组合中，消费者必定有对 A 的偏好大于对 C 的偏好”表述的是（　　）。★

A. 偏好的完全性　　B. 偏好的可传递性

C. 偏好的可比较性　　D. 偏好的非饱和性

7. 下列不属于互补品的是（　　）。★★

A. 网球与网球拍　　B. 钢笔与墨水

C. 眼睛与眼镜架　　D. 咖啡和茶

8. 无差异曲线的（　　），两种互补商品刚好按固定比例被消费。★★

A. 直角点上　　B. 平行于横轴的部分

C. 平行于纵轴的部分　　D. 任意部分

9. 预算约束为 $P_1X_1+P_2X_2=I$，横轴表示 X_1 的数量，纵轴表示 X_2 的数量，若 X_1 降价，则（　　）。★★

A. 因价格下降，预算线整体向下平移　　B. 与横轴交点不变，与纵轴交点上移

C. 与纵轴交点不变，与横轴交点右移　　D. 预算线斜率不发生变化

10. 价格-消费曲线是与某一种商品的不同价格水平相联系的消费者（　　）的均衡点的轨迹。★

A. 消费最小化　　B. 消费最大化

C. 效用最大化　　D. 效用最小化

11. 正常品的收入-消费曲线是（　　）的；劣质品的收入-消费曲线是（　　）的。★★

A. 背弯；向右上倾斜　　B. 向右上倾斜；背弯

C. 向右上倾斜；向右上倾斜　　D. 无固定趋势

12. 吉芬商品的需求曲线（　　）。★★

A. 向右上倾斜　　B. 向右下倾斜

C. 水平　　D. 垂直

13. 下列关于吉芬商品说法错误的是（　　）。★★★

A. 总效用＝替代效应－收入效应　　B. 吉芬商品是一种特殊的劣质品

C. 替代效应与价格成反方向的变动　　D. 收入效应与价格成同方向的变动

14. 风险爱好者的效用函数是（　　）的。★★

A. 向右上倾斜的　　B. 平行于横轴

C. 严格向上凸　　D. 严格向下凹

15. 图 3-1 是（　　）的效用函数。★★

A. 风险爱好者　　B. 风险中立者

C. 风险回避者　　D. 无法判断

16. 消费者愿意支付的保险费的原则就是：费用 s 应该（　　）他的财产的期望损失。★★

A. 大于　　B. 小于

C. 等于　　D. 无法判断

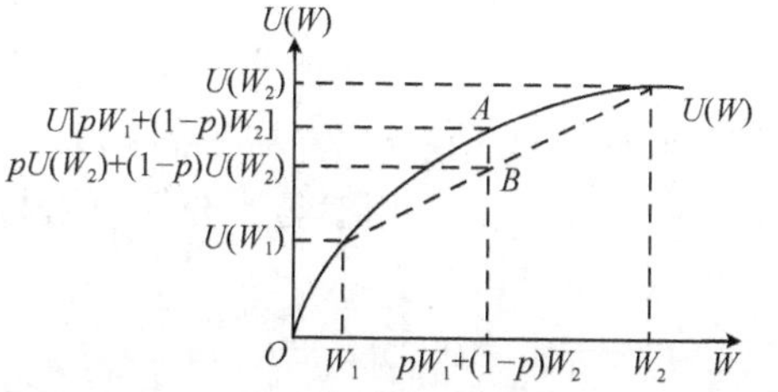

图 3-1

17. 当总效用曲线到达顶点时，下列说法正确的是（　　）。★★

A. 此时边际效用为0

B. 此时边际效用为负

C. 此时边际效用达到最大值

D. 此时边际效用为正

18. 已知消费者的收入为50元，商品1的价格是5元，商品2的价格是4元，假定该消费者打算买6单位商品1和5单位商品2，这时商品1和商品2给该消费者带来的效用分别为38和24，若想获得最大效用，则应该（　　）。★★

A. 增加商品1的购买数量，减少商品2的购买数量

B. 减少商品1的购买数量，增加商品2的购买数量

C. 已经达到最大效用

D. 条件不足，无法判断

19. 给定商品X和商品Y的价格为P_X、P_Y。若此时$MRS_{XY} < P_X P_Y$，若要使消费者达到最大满足，则应该（　　）。★★

A. 增加商品X的购买数量，减少商品Y的购买数量

B. 减少商品X的购买数量，增加商品Y的购买数量

C. 已经达到最大效用

D. 条件不足，无法判断

20. 某低档商品的价格下降，在其他情况不变的情况下，（　　）。★★

A. 替代效应和收入效应都使需求量增加

B. 替代效应和收入效应都使供给量增加

C. 替代效应使需求量增加，收入效应使需求量减少

D. 替代效应使需求量减少，收入效应使需求量增加

21. 假设商品X和商品Y的价格为P_1和P_2，是已知的，当$MRS_{XY} > P_1 / P_2$时，消费者为在商品X和商品Y的选择中获取最大的满足感则应该（　　）。★★

A. 减少商品X的购买，增加商品Y的购买

B. 减少商品X的购买，同时减少商品Y的购买

C. 增加商品X的购买，减少商品Y的购买

D. 条件不足，无法判断

22. 假设消费者的效用函数为 $U(x, y) = \ln(x^{0.5} + y)$，同时消费者面临的商品空间由商品X和商品Y构成。在二维的商品空间中，如果我们以商品X的数量为横轴，以商品Y的数量为纵轴，那么消费者在此商品空间中的无差异曲线的斜率为（　　）。★★★

A. $-1(2x^{-0.5})$

B. $-1(y+x^{0.5})/(2x)$

C. $-1(2x^{0.5}+1)$

D. $-1(y+x^{0.5})/(2yx^{0.5})$

23. 若甲参与一场比赛，赢的概率为0.2，可得1600元奖金；输的概率为0.8，可得225元为安慰。参与比赛需缴纳900元参与费，为甲的全部钱款。甲的财富效用函数为$u(w) = w^{1/2}$，则甲参与比赛的效用与不参与比赛的效用分别为多少？（　　）★★★

A. 10；30

B. 30；10

C. −30；10

D. −10；30

24. 序数效用论认为，商品效用大小（　　）。★

A. 取决于它的使用价值　　B. 取决于它的价格

C. 不可比较　　D. 可以比较

25. 无差异曲线的形状取决于（　　）。★

A. 消费者偏好　　B. 消费者收入

C. 所购商品价格　　D. 商品效用水平的大小

26. 无差异曲线为斜率不变的直线时，表示相组合的两种商品（　　）。★

A. 可以替代　　B. 完全替代

C. 互补　　D. 互不相关

27. 若横轴代表商品 X 的数量，纵轴代表商品 Y 的数量。某条无差异曲线是水平的，这表明消费者对（　　）的消费已达到饱和。★★

A. 商品 Y　　B. 商品 X

C. 商品 X 和商品 Y　　D. 无法确定

28. 同一条无差异曲线上的不同点表示（　　）。★★

A. 效用水平不同，但所消费的两种商品的组合比例相同

B. 效用水平相同，但所消费的两种商品的组合比例不同

C. 效用水平不同，所消费的两种商品的组合比例也不同

D. 效用水平相同，所消费的两种商品的组合比例也相同

29. 无差异曲线上的任一点的商品 X 和商品 Y 的边际替代率等于它们的（　　）。★★

A. 价格之比　　B. 数量之比

C. 边际效用之比　　D. 边际成本之比

30. 商品 X 和商品 Y 的价格按相同的比率上升，而收入水平保持不变，预算线的移动状况是（　　）。★★

A. 向左下方平行移动　　B. 向右上方平行移动

C. 不变动　　D. 向左下方或右上方平行移动

31. 预算线反映了（　　）。★★

A. 消费者的收入约束　　B. 消费者的偏好

C. 消费者人数　　D. 货币的购买力

32. 随着收入和价格的变化，消费者的均衡也发生变化。假如在新均衡下，各种商品的边际效用均低于原均衡状态的边际效用，这意味着（　　）。★

A. 无法判断消费者的生活状态　　B. 消费者生活状态有了改善

C. 消费者生活状态恶化了　　D. 消费者生活状态没有变化

33. 若阿苏的 MRS_{XY} 小于阿卉的 MRS_{XY}，对阿苏来说，要想提高效用，就可以（　　）。★★★

A. 放弃 X，用以与阿卉交换 Y　　B. 放弃 Y，从阿卉处换取 X

C. 或者放弃 X，或者放弃 Y　　D. 放弃 X，同时放弃 Y

34. 在均衡条件下，消费者购买的商品的总效用一定（　　）。★

A. 偏大　　B. 偏小

C. 相等　　D. 无法判断

35. 当消费者的偏好保持不变时，消费者（　　）也将保持不变。★
A. 均衡点　　B. 满足程度
C. 所喜爱的两种商品的无差异曲线　　D. 购买的商品数量
36. 消费者剩余是（　　）。★★
A. 消费过剩的商品
B. 消费者得到的总效用
C. 消费者买商品所得到的总效用减去支出的货币的总效用
D. 支出的货币的总效用
37. 正常商品价格上升导致需求量减少的原因在于（　　）。★★
A. 替代效应使需求量增加，收入效应使需求量减少
B. 替代效应使需求量增加，收入效应使需求量增加
C. 替代效应使需求量减少，收入效应使需求量减少
D. 替代效应使需求量减少，收入效应使需求量增加
38. 当吉芬商品价格上升时，应该有（　　）。★★
A. 替代效应为正值，收入效应为负值，且前者的作用小于后者
B. 替代效应为负值，收入效应为正值，且前者的作用小于后者
C. 替代效应为负值，收入效应为正值，且前者的作用大于后者
D. 替代效应为正值，收入效应为负值，且前者的作用大于后者
39. 消费者预算线发生平移时，连接消费者诸均衡点的曲线称为（　　）。★★
A. 需求曲线　　B. 价格-消费曲线
C. 收入-消费曲线　　D. 恩格尔曲线
40. 消费品价格变化，连接消费者诸均衡点的线称为（　　）。★★
A. 需求曲线　　B. 价格-消费曲线
C. 收入-消费曲线　　D. 恩格尔曲线
41. 假定茶的价格为一杯 12 元，果汁价格为一杯 6 元，当两者的 MRS>2 时，消费者为了达到最大的满足，会选择（　　）。★★
A. 增购茶，减少果汁的购买　　B. 增购果汁，减少茶的购买
C. 同时增加茶和果汁的购买　　D. 同时减少茶和果汁的购买
42. 一般来说，无差异曲线是（　　）。★
A. 向右上方倾斜的曲线　　B. 向右下方倾斜的曲线
C. 垂线　　D. 水平线

二、多项选择题

1. 在效用概念基础上形成了分析消费者行为的两种方法，分别为（　　）。★
A. 基数效用论　　B. 序数效用论
C. 最小效用论　　D. 最大效用论

2. 下列关于序数效用法说法正确的有（　　）。★

A. 序数是指 1，2，3，…，是可以加总求和的

B. 序数只表示顺序或等级

C. 序数要表明的是第二大于第一，第三大于第二

D. 序数中除表明排序，还注重具体的数量意义

3. 边际效用递减规律成立的原因有（　　）。★

A. 心理的满足程度递增

B. 心理的满足程度递减

C. 消费者总是将第一单位的消费品用在最重要的用途上

D. 消费的不饱和性

4. 下列关于货币的边际效用的说法正确的有（　　）。★

A. 由于货币是一般等价物，因此不具有边际效用

B. 货币具有边际效用，但很小可以忽略不计或以常数计

C. 货币具有边际效用，但与商品的边际效用不同

D. 货币具有边际效用且与商品的边际效用相同

5. 下列关于消费者剩余说法正确的有（　　）。★

A. 消费者剩余是消费者的主观心理评价

B. 反映消费者通过购买和消费商品所感受到的状态的改善

C. 消费者剩余通常被用来度量和分析社会福利问题

D. 消费者剩余的数学表达为：$CS=\int_0^{Q_0} f(Q)\mathrm{d}Q-P_0Q_0$

6. 消费者偏好的基本假定有（　　）。★

A. 偏好的完全性　　B. 偏好的可传递性

C. 偏好的可比较性　　D. 偏好的非饱和性

7. 下列关于无差异曲线的说法正确的有（　　）。★

A. 平面中有无数条无差异曲线

B. 同一平面内任意两条无差异曲线不会相交

C. 无差异曲线是凹向原点的

D. 无差异曲线向右下方倾斜

8. 下列关于线性效用函数的描述正确的有（　　）。★★

A. 效用函数为 $U(x_1, x_2)=\min(x_1, x_2)$

B. 表述的是完全替代品的相互替代程度

C. 表述的商品是替代率不变的两种商品

D. $MRS_{12}=a/b$

9. 如图 3-2 所示，下列说法正确的有（　　）。★★

A. 该图表述的商品是正常品

B. $X_1^2X_1^3$ 为收入效应

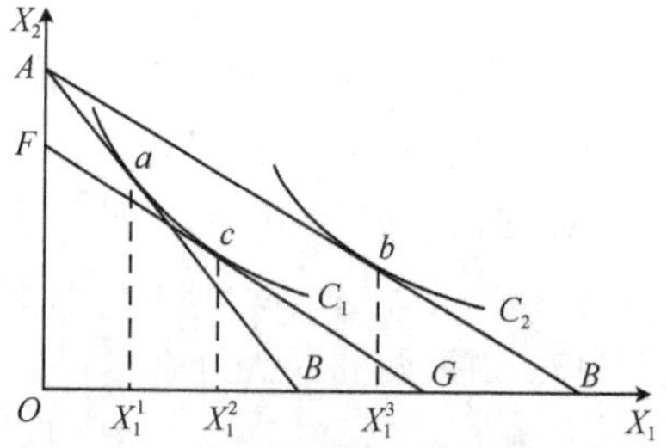

图 3-2

C. $X_1^1X_1^3$为总效应

D. 价格与替代效应呈同方向变化

10.下列关于劣质品说法正确的有（　　）。★★

A. 总效用＝替代效应＋收入效应

B. 替代效应与价格呈反方向的变动

C. 收入效应与价格呈同方向的变动

D. 替代效应的作用大于收入效应的作用

11. 消费者对待风险的态度分为（　　）。★★

A. 风险爱好者　　B. 风险无关者

C. 风险回避者　　D. 风险中立者

12. 假定阿弃的效用函数为$U=x_1^{\alpha}x_2^{\beta}$，两商品的价格分别为 P_1 和 P_2，阿弃的收入为 M。则下列等式正确的有（　　）。★★

A. $x_1=\alpha M / P_1$　　B. $x_1=\beta M / P_1$

C. $x_2=\alpha M / P_2$　　D. $x_2=\beta M / P_2$

13. 某种商品的市场价格为 8 元，某人在购买此种商品的 1 单位至 5 单位时分别愿意支付的价格为 17 元，13 元，10 元，8 元，7 元。如消费者最终决定购买 4 单位该商品，则（　　）。★★

A. 因为购买 4 单位时消费者愿意支付的价格等于市场价格，因此不存在消费者剩余

B. 存在消费者剩余，但由于缺少连续函数因此数量无法确定

C. 存在消费者剩余，消费者剩余为 16

D. 若消费者决定减少购买的数量，消费者剩余减少

14. 在同一条无差异曲线上的不同点表示（　　）。★★

A. 效用水平不同

B. 效用水平相同

C. 两种商品的组合不同，消费比例相同

D. 两种商品的组合不同，消费比例不同

15. MRS_{XY}递增，MU_X和 MU_Y可以是下列哪种情况？（　　）★★★

A. MU_X增加，MU_Y减少

B. MU_X减少，MU_Y增加

C. MU_X增加，MU_Y增加，且 MU_X增加的比例大于 MU_Y

D. MU_X增加，MU_Y增加，且 MU_X增加的比例小于 MU_Y

16. 当商品 X 和商品 Y 的效用函数为 $u(x,y)=xy$（x，y 不为 0）时，下列哪个效用函数描述了相同的偏好次序？（　　）★★

A. $u(x, y)=(x^{1/2})(y^{1/2})$　　B. $u(x, y)=(x/25)(y/25)$

C. $u(x, y)=(x-8)(y-8)$　　D. $u(x, y)=(x+8)(y+8)$

17. 如果两商品为互补商品，则其斜率可以为（　　）。★★

A. 0　　B. 1　　C. 90　　D. 无穷大

18. 下列哪种情况属于消费者均衡的条件？（ ）★★

A. $\frac{MU_X}{P_X}=\frac{MU_Y}{P_Y}=\frac{MU_Z}{P_Z}$ B. 货币在每种用途上的边际效用相等

C. $MU=\lambda P$ D. 各种商品的边际效用相等

三、判断题

1. 效用是消费者对商品满足自己欲望的能力的一种客观心理评价。（ ）★
2. 基数无法加总求和，只能用第一、第二等来衡量。（ ）★
3. 边际量的一般含义是表示自变量的变化量所引起的因变量的变化量。（ ）★
4. 消费者实现效用最大化的均衡条件是：使自己花费在各种商品购买上的最后一元钱所带来的边际效用相等。（ ）★
5. 某一单位的某种商品的边际效用越小，则消费者为购买这一单位的该种商品所愿意支付的最高价格就越高。（ ）★
6. 消费者对每一单位商品所愿意支付的最高价格都等于该商品在市场上的实际价格。（ ）★
7. 离原点越远的无差异曲线代表的效用水平越低，离原点越近的无差异曲线代表的效用水平越高。（ ）★★
8. 完全替代品指两种商品之间的替代比例是同时增减的情况。（ ）★★★
9. $U(x_1, x_2)=ax_1+bx_2$ 中表示的两种商品为完全互补的关系。（ ）★★
10. 通常效用曲线不会与坐标轴相交。（ ）★
11. 预算线是用来表示以假设的货币收入的增减来维持消费者的实际收入水平不变的一种分析工具。（ ）★
12. 劣质品的需求量与消费者的收入水平成同方向的变动。（ ）★★
13. 对于劣质品来说，价格越低，需求量越大。（ ）★★
14. 市场需求曲线是单个消费者的需求曲线的垂直加总。（ ）★★
15. 在微观经济学中期望效用和期望值的效用表达的是相同的含义。（ ）★
16. 经验表明，在一般的情况下，消费者都是风险回避者。（ ）★
17. 因为购买保险需要付出一笔确定的费用无法收回，因此风险爱好者的选择是购买保险。（ ）★
18. 水平的无差异曲线代表增加横轴上的商品消费，效用不会增加。（ ）★★
19. 商品的需求价格是由消费者的偏好决定的。（ ）★★
20. 一个消费者在超市购买所需商品，如果他认为商品 1 比商品 2 更急需，主要原因是商品 2 是一种紧缺商品。（ ）★
21. 对于某种确定的商品来说，其效用对所有消费者都是一样的，只是价格有所不同。（ ）★
22. 当某个消费者对某种商品的数量感到足够了，这说明他对该种商品的边际效用

已达到极大值。（ ）★

23. 随着商品数量的增加，消费者的全部效用达到最大，说明其边际效用等于 0。（ ）★★

24. 对所有人来说，钱的边际效用是不会递减的。（ ）★

25. 在收入制约条件下的效用最大化在现实中的实现程度较低。（ ）★

26. 若两种商品的价格相同，根据比价原则，对消费者来说，两种商品的效用一般是相同的。（ ）★

27. 吉芬商品是一种低等品，但低等品不一定是吉芬商品。（ ）★

28. 恩格尔曲线是根据价格—消费曲线引致出来的。（ ）★

29. 价格变化会引起预算线的斜率的变化。（ ）★

30. 预算线的平行一定说明消费者收入发生变化，价格没有发生变化。（ ）★

31. 无差异曲线的斜率等于两种商品的效用之比。（ ）★

32. 预算线上的点说明每种商品的组合是相同的。（ ）★★

33. 消费者的效用最大化要求预算线与无差异曲线相交。（ ）★★

34. 无论什么商品，其替代效应总是负数（价格与数量的关系）。（ ）★★

35. 商品的价格越高，无差异曲线就越向原点移动。（ ）★★

36. 某消费者偏好商品 A 甚于商品 B，究其原因是对该消费者而言，商品 A 带给他的效用水平最高。（ ）★★

37. 在边际效用大于 0 时，边际效用与总效用一般呈反方向变动关系。（ ）★★

38. 已知某吉芬商品的价格下降时，替代效应增加，则收入效应减少。（ ）★★

39. 预算线向左平移的原因可能是横轴商品和纵轴商品的价格按同一比率下降。（ ）★★

四、名词解释

1. 效用★
2. 边际效用（MU）★★
3. 总效用（TU）★
4. 消费者均衡★★
5. 无差异曲线★
6. 边际替代率★★
7. 预算线★
8. 价格-消费曲线★★
9. 收入-消费曲线★★
10. 替代效应★★
11. 收入效应★★
12. 不确定性★
13. 风险★

五、简答题

1. 简述边际效用递减规律并举例说明。★
2. 简述边际替代率递减规律。★
3. 简述无差异曲线的基本特征。★
4. 图示简述消费者剩余。★
5. 简述消费者效用最大化的均衡条件。★

六、计算题

1. 假设某消费者的均衡如图 3-3 所示。其中，横轴 OX_1 和纵轴 OX_2 分别表示商品 1 和商品 2 的数量，线段 AB 为消费者的预算线，曲线 U 为消费者的无差别曲线，E 点为效用最大化的均衡点。已知商品 1 的价格 $P_1=2$ 元。★★

（1）求消费者的收入。

（2）求商品 2 的价格 P_2。

（3）写出预算线方程。

（4）求预算线的斜率。

（5）求 E 点的 MRS_{12} 的值。

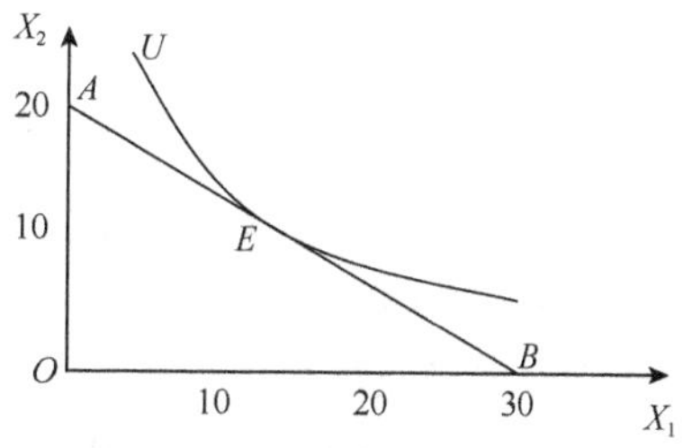

图 3-3

2. 若消费者阿苏的收入为 200 元，他在商品 X 和商品 Y 的无差异曲线上的斜率为 $\frac{dy}{dx}=-\frac{10}{y}$ 的点上实现均衡。已知商品 X 和商品 Y 的价格分别为 $P_X=2$，$P_Y=4$，那么此时阿苏将消费商品 X 和商品 Y 各多少？★★

3. 已知消费者每年用于商品 1 和商品 2 的收入为 540 元，两商品的价格分别为 $P_1=20$ 元，$P_2=30$ 元，该消费者的效用函数为 $U=3X_1X_2^2$。★★

（1）该消费者每年购买这两种商品的消费量应各是多少？

（2）每年从中获得的总效用是多少？

4. 已知效用函数为 $U=q^{0.5}+2M$，其中 M 为收入，求：★★

（1）需求曲线。

（2）反需求曲线。

（3）当 $p=0.05$ 时的消费者剩余。

5. 一居民有财富 10 万元，包括 2 万元的债权，他有 25%的可能得不到偿还，假定他的效用函数为：$u(w)=\ln(w)$，其中 w 表示财富价值。★★

要求：

（1）求他的效用期望。

（2）根据（1）判断他是风险规避还是风险爱好？

（3）如果有全保，他最多愿意出多少钱？

（4）在该保险费中，公平的保险费（他的期望损失）为多少？保险公司在扣除公平的保险费后的纯收入是多少？

七、论述题

1. 论述消费者效用最大化的均衡条件。★★
2. 论述由价格—消费曲线推导需求曲线的过程。★★
3. 许多消费者愿意多付钱来购买名牌产品，论述你的看法。（中山大学考研题）★★

八、案例分析

案例一：

贵阳城市发展之痛：守着98条河流仍“喊渴”

2010年以来，一向降雨量充沛的中国西南各省遭遇干旱，干旱波及面积相当于整个西欧，贵阳市正是其中的代表。地处长江、珠江两大流域分水岭地带的贵阳市，境内10千米以上的河流共98条，天然水资源充足。然而令人惊讶的是，贵阳市人均水资源占有量不足700立方米，是全国人均值的1/3，远远低于世界划定的城市缺水警戒线1700立方米，属工程型缺水地区。“地下水滚滚流，地面水贵如油”——贵阳市水交集团公司董事长郑勇如此形容贵阳面临的缺水威胁。他告诉记者，贵阳水资源在时空上分布不均衡，集中在5月至9月，更严重的是近一半的地表水会随着当地独特的喀斯特地貌蒸发或流失。不仅如此，不完善的城市供水基础设施与贵阳市迅速增加的人口之间的矛盾日益突出，加剧城市供水压力。受此影响，贵阳市农村地区也只有一半农村人口拥有自来水，约42万农村居民饮用水短缺。贵阳市的发展具有中国现代城市发展的典型特征：以消耗基础水资源为代价的快速发展。这一地区的缺水也引起国际机构的关注。亚洲开发银行研究显示，贵阳市经济每增长1%，用水量就会提高0.33%；到2020年，贵阳市的用水量将达到17亿立方米，如果不采取更高效的措施，届时贵阳市将不得不从其他行政区引水2亿立方米，同时还需要进行废水处理。在其未来发展道路上，水资源短缺无疑是一大威胁。

注：此案例摘自 http://gz.sina.com.cn/news/city/2015-08-09/detail-ifxftkps3738130.shtml，有改动。

（1）请根据边际效用递减规律设计一种方案供政府来缓解或者消除这个问题。

（2）该方案对消费者剩余有什么样的影响？

（3）该方案对生产资源的配置有何有力的影响？

（4）该方案对城市居民的收入分配有何影响？有何补救的办法？

案例二：

互联网对消费者行为的影响

互联网在我国被迅速广泛运用产生的深刻影响，渗透到社会生活的方方面面，人们消费方式的变化便是一个重要的体现。在10多年前，人们消费行为的基本特征是到商店去购买商品，即消费者和销售者是在一个实实在在的场所（如商店或餐馆等）完成交易活动。然而，互联网使得消费者的行为方式发生了根本性变化，它不仅催生了商业服务业的创新变革，而且为消费者带来了更大的利益。在此，我们从消费者的角度，来看一下互联网对消费者行为的影响及其给消费者选择所带来的好处。

首先在零售业，网购成了一种时尚便捷的购物方式。网购这种零售商业模式，不仅仅免去了消费者在各实体店之间的奔波劳累，更重要的是，这种模式极大地扩展了消费者的商品选择范围，更便于消费者购买到自己满意的商品。

其次在餐饮业，互联网也带来了全新的局面。如果消费者要外出就餐，只要事先通过手机进入一个餐饮网站，便可以看到美食信息应有尽有。消费者可以在网上浏览比较，并参考他人的评价，从中选择自己最喜好的餐馆和菜肴。此外，消费者可以在网上提前预订，以免去排队等候的时间。消费者还可以在网上进行团购或领取优惠券，以享受价格优惠。还有时下流行的“外卖O2O”模式。

最后在旅游业，由互联网支撑的在线旅游网站也很受消费者的青睐。当消费者计划外出旅游时，事先登录旅游网站便可获得一条龙服务，包括机票预订、酒店预订、旅游线路和景点选择，甚至接站服务预订等。正因为如此，在线旅游网站自然受到消费者的偏爱，尤其是那些热爱旅游的消费者。

综上所述，在零售业、餐饮业和旅游业中，互联网对消费者行为的影响是极其广泛和深刻的，消费者也由此获得更多的便利。

透过这些现象，深入地探讨这样一个问题：从整体而言，互联网到底是通过哪些方面影响消费者行为，并使消费者获利的呢？

案例三：

理财的冒险行为与保守行为

阿钰在理财上是个保守主义者。她的年收入20万元，她把其中的10万元存入了贵州银行，并且每月投资2000元在信誉卓著的债券和蓝筹股上。此外，每星期总有一两次，阿钰会用100元来买彩票碰碰运气。

阿钰是否像其他人一样，由于缺乏自制力或教育而把保守行为和冒险行为集于一身？或者说她是非理性的呢？（言之有理即可）

第四章

生 产 函 数

【重难点解析】

本章考查的重点主要有：学习生产函数，首先要对厂商的概念有基础的了解，并区分短期生产和长期生产。在充分理解边际报酬递减规律的基础上，学习短期生产函数和长期生产函数。掌握总产量、平均产量、边际产量之间的关系等。

本章考查的难点主要有：对边际报酬递减规律的理解；短期生产三个阶段的划分及其依据，以及相关计算；边际技术替代率的概念理解；长期生产理论中的规模报酬问题。

一、单项选择题

1. 下列关于公司制企业说法错误的是（　　）。★

A. 相对稳定，有利于生产的长期发展

B. 筹集资金的形式单一，不利于专业分工

C. 所有权和管理权的分离

D. 资金雄厚，有利于实现规模生产

2. 生产函数的前提条件是（　　）。★

A. 一定时期内的生产要素数量　　B. 任意时期内的生产要素数量

C. 一定时期内的生产技术水平　　D. 任意时期内的生产技术水平

3. 在生产中，短期和长期的划分标准是（　　）。★★

A. 企业生产产品周期的长短　　B. 企业资金周转周期的长短

C. 能否改变初始投入资金的金额　　D. 能否变动全部要素投入的数量

4. 边际报酬递减规律直接表述了（　　）。★★

A. TP_L 的先上升后下降　　B. AP_L 的先上升后下降

C. MP_L 的先上升后下降　　D. 三者的共同趋势

5. TP_L 上任意点切线的斜率值表示（　　）。★★

A. 该点的 TP_L 值　　B. 该点的 AP_L 值

C. 该点的 MP_L 值　　D. 不代表以上任何值

6. 当（　　）时，AP_L 曲线必达到最大值。★

A. TP_L 值增速变缓　　B. MP_L 值为 0

C. MP_L 值增速变缓　　D. AP_L 曲线与 MP_L 曲线相交

7. 在短期生产的第一阶段，生产者（　　），可以较大幅度地增加总产量。★

A. 减少不变要素劳动的投入量　　B. 减少可变要素劳动的投入量

C. 增加不变要素劳动的投入量　　D. 增加可变要素劳动的投入量

8. 短期生产厂商的决策区间为（　　）。★

A. 第一阶段　　B. 第二阶段

C. 第三阶段　　D. 根据厂商规模决定

9. 下列哪个是规模报酬递增的组合？（　　）★★

A. $\alpha=0.2$，$\beta=0.8$　　B. $\alpha=0.25$，$\beta=0.83$

C. $\alpha=0.15$，$\beta=0.72$　　D. $\alpha=0.62$，$\beta=0.28$

10. 在规模报酬分析中，是以（　　）都以（　　）发生变化来描述企业的生产规模的变化。★

A. 全部的生产要素；相同的比例　　B. 部分的生产要素；相同的比例

C. 全部的生产要素；不同的比例　　D. 部分的生产要素；不同的比例

11. 图 4-1 表示了（　　）的情况。★★

A. 规模报酬递增　　B. 规模报酬不变

C. 规模报酬递减　　D. 任意规模报酬

12. 如果 $f(\lambda L, \lambda K)<\lambda f(L, K)$ 且常数 $\lambda>1$，则生产函数具有（　　）的性质。★★

A. 规模报酬递增　　B. 规模报酬不变

C. 规模报酬递减　　D. 任意规模报酬

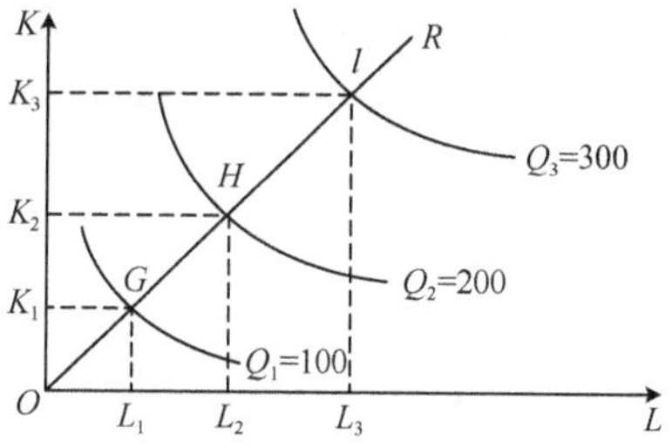

图 4-1

13. 在企业得到由生产规模扩大所带来的产量递增的全部好处以后，一般会继续扩大生产规模，将生产保持在（　　）。★★

A. 规模报酬递增阶段　　B. 规模报酬不变阶段

C. 规模报酬递减阶段　　D. 任意规模报酬阶段

14. 任何一种可变要素的短期边际产量曲线都呈现（　　）的趋势。★

A. 先上升后下降　　B. 先下降后上升

C. 无固定趋势　　D. 波浪式

15. 边际产出大于 0，随着投入的增加，总产量（　　），平均产量（　　）。★

A. 上升；上升　　B. 上升；下降

C. 下降；上升　　D. 上升；无法确定

16. 厂商的生产函数是 $f(x, y)=x+\min\{x, y\}$，令横轴表示 x，纵轴表示 y。则该厂商的等产量线（　　）。（复旦大学考研题）★★★

A. 是倒 L 形的，其拗折点在直线 $y=x$ 上

B. 是 L 形的，其拗折点在直线 $y=x+1$ 上

C. 由两条线组成，一条是垂线，另一条斜率为－1

D. 由两条线组成，一条是水平线，另一条斜率为－1

17. 某厂的生产函数为$Q=17\sqrt[3]{x}\cdot\sqrt[3]{y^2}$，其中$x$和$y$是两种生产要素投入量，它们的价格分别为3和1，为了使成本最小，两种投入该以（　　）的比例投入生产。★★★

A. 3/2　　B. 2/3

C. 17/13　　D. 11/17

18. 某厂商的生产函数为$f(x, y, z)=\min\left\{\frac{y^4}{x^2}, z^2, \frac{x^5}{z^3-y^3}\right\}$，那么对于该厂而言，它的规模报酬特点是怎样的？（　　）★★

A. 规模报酬递增　　B. 规模报酬不变

C. 规模报酬递减　　D. 无法确定

19. 以横轴表示生产要素X、纵轴表示生产要素Y的坐标系中，等成本曲线的斜率绝对值等于5表示的意义是（　　）。★★

A. $P_X/P_Y=-5$　　B. $Q_X/Q_Y=5$

C. $P_Y/P_X=5$　　D. $P_Y/P_X=1/5$

20. 在维持产量水平不变的条件下，如果企业增加2个单位的劳动投入量就可以减少4个单位的资本投入量，那么正确的选项是（　　）。★★

A. $MRTS_L=2$，且$MP_K/MP_L=2$　　B. $MRTS_L=1/2$，且$MP_K/MP_L=2$

C. $MRTS_L=2$，且$MP_K/MP_L=1/2$　　D. $MRTS_L=1/2$，且$MP_K/MP_L=1/2$

21. 在以横坐标表示劳动数量、纵坐标表示资本数量的平面坐标系中所绘出的等成本线的斜率为（　　）。★★★

A. w/r　　B. $-w/r$

C. r/w　　D. $-r/w$

22. 对于边际报酬的递增阶段，总产量曲线（　　）。★★

A. 以递增的速率上升　　B. 以递减的速率上升

C. 以递增的速率下降　　D. 以递减的速率下降

23. 下列情形表示生产仍有潜力可以挖掘的是（　　）。★

A. 生产可能性边界上的任意一点　　B. 生产可能性边界外的任意一点

C. 生产可能性边界内的任意一点　　D. 以上都有可能

24. 已知某企业的生产函数为$Q=2L^{1/3}K^{2/3}$，（其中Q为产量，L和K分别代表劳动要素投入量和资本要素投入量），则（　　）。★

A. 生产函数是规模报酬不变　　B. 生产函数是规模报酬递增

C. 生产函数是规模报酬递减　　D. 企业处于内部经济阶段

25. 等成本曲线横轴代表生产要素X，纵轴代表生产要素Y，若等成本线绕着它与Y轴的交点向外移动，表明（　　）。★★

A. 生产要素Y的价格下降了　　B. 生产要素X的价格上升了

C. 生产要素X的价格下降了　　D. 生产要素Y的价格上升了

26. 下列关于生产理论的原理，说法正确的是（　　）。★★
A. 生产要素的边际技术替代率递减是规模报酬递减造成的
B. 边际收益递减规律是规模报酬递减造成的
C. 规模报酬递减是边际收益递减规律造成的
D. 生产要素的边际技术替代率递减是边际收益递减规律造成的
27. 如果企业固定投资和雇用工人的数量增加导致企业生产经营效率提升，这是由于（　　）。★★
A. 规模的不经济性
B. 规模的经济性
C. 边际收益递减规律的作用
D. 以上都是
28. 规模收益递减成立的条件是（　　）。★★
A. 任一投入的总产量达到最大值后，随着投入的增加而下降
B. 任一投入的平均产量达到最小值后，随着所有投入成比例的增加而增加
C. 随着投入的增加，此项投入的边际产量最终开始下降
D. 随着投入成比例的增加，任一投入的边际产量最终开始下降
29. 如果规模收益递增，单位时间里增加 10%的劳动和资本使用量，则产出量将（　　）。★★
A. 增加 10%
B. 减少 10%
C. 增加大于 10%
D. 增加小于 10%
30. 等产量线是指在这条曲线的各点（　　）。★★
A. 为生产同等产量投入的要素组合比例不是不能变化的
B. 为生产同等产量投入要素的价格是不变的
C. 不管各种投入要素量如何，产量总是相等的
D. 投入要素的各种组合所能生产的产量都是相等的
31. 规模经济发生在厂商的（　　）。★★
A. 边际产量曲线的最高点
B. 总产量缓慢上升区间
C. 边际收益递减区间
D. 长期内每单位生产效率提升时
32. 随着产量的增加，短期不变成本（　　）。★
A. 上升
B. 下降
C. 既不上升，也不下降
D. 既可能上升，又可能下降
33. 总成本曲线上某一点斜率值就是该点所对应的产量处的（　　）。★★
A. 平均成本
B. 不变成本
C. 可变成本
D. 边际成本
34. 对于一种可变生产要素的生产函数 $Q=f(L, K)$ 而言，其中 K 不变，当 TP_L 处于达到最大值后逐步递减的阶段时，MP_L 处于（　　）的阶段。★★
A. 递减且 $MP_L<0$
B. 递减且 $MP_L>0$
C. $MP_L=0$
D. 无法确定 MP_L 值的变动特征
35. 边际报酬递减规律发生作用的前提是（　　）。★
A. 存在技术进步
B. 生产技术水平不变
C. 只有一种可变要素的生产
D. B 项和 C 项都正确

二、多项选择题

1. 厂商主要可以采取的三种组织形式有（　　）。★
A. 个人企业　　B. 合伙制企业
C. 公司制企业　　D. 股份制企业
2. 下列属于个人企业的特点的有（　　）。★
A. 单个人独资经营的厂商组织
B. 利润动机明确、强烈
C. 决策自由、灵活，企业规模小，易于管理
D. 资金充足，不易破产
3. 下列关于交易成本说法正确的有（　　）。★
A. 是围绕交易契约所产生的成本
B. 产生于签约时交易双方面临的偶然因素所带来的损失
C. 产生于签约时交易双方面临的必然因素所带来的损失
D. 签订契约以及监督和执行契约所花费的成本
4. 生产要素的一般类型有（　　）。★
A. 劳动　　B. 土地
C. 资本　　D. 企业家才能
5. 下列属于短期不变要素投入的有（　　）。★
A. 劳动　　B. 机器设备
C. 原材料　　D. 厂房
6. 下列说法正确的有（　　）。★★
A. MP_L 为正时，TP_L 为正　　B. MP_L 为负时，TP_L 为负
C. AP_L 为正时，TP_L 为正　　D. AP_L 为负时，TP_L 为负
7. 下列说法错误的有（　　）。★★
A. MP_L 达到最大时，TP_L 也达到最大
B. AP_L 达到最大时，TP_L 的增长率达到最大
C. AP_L、MP_L、TP_L 的趋势均为先上升后下降
D. MP_L 为负时，AP_L 从最高点下降
8. 下列关于短期生产第一阶段的说法正确的有（　　）。★★
A. 劳动的平均产量始终是上升的，且达到最大值
B. 劳动的边际产量始终是上升的，且达到最大值
C. 劳动的边际产量始终大于劳动的平均产量
D. 劳动的总产量始终是增加的
9. 下列关于短期生产第三阶段的说法正确的有（　　）。★★
A. 劳动的总产量、平均产量、边际产量都为正
B. 劳动的总产量、平均产量、边际产量都呈现下降趋势

C. 对厂商来说增加可变要素劳动的投入量是有利的

D. 理性的厂商不会选择停留在这一生产阶段

10. 下列关于固定投入比例的生产函数说法正确的有（ ）。★★

A. 函数表达式为 $Q=aL+bK$

B. 每一个产量水平上任何一对要素投入量之间的比例都是固定的

C. 当一种生产要素的数量不能变动时，另一种生产要素的数量再多，也不能增加产量

D. 两要素投入量最佳投入比例为生产系数之比

11. 企业的规模报酬变化可以分为（ ）等情况。★

A. 规模报酬递增　　B. 规模报酬不变

C. 规模报酬递减　　D. 任意规模报酬

12. 下列关于规模报酬递减说法正确的有（ ）。★

A. 主要原因是企业生产规模过大，使得生产的各个方面难以得到协调

B. 企业的生产效率在此时不是最高

C. 当全部生产要素劳动和资本都增加 100%时，产量的增加大于 100%

D. 产生的原因有可能是生产信息不完全

13. 企业短期生产的经济生产阶段，下列不等式正确的有（ ）。★★★

A. $\frac{\mathrm{dAP}}{\mathrm{d}L}<0$　　B. $\mathrm{MP}>0$

C. $\frac{\mathrm{dMP}}{\mathrm{d}L}<0$　　D. $\mathrm{AP}<0$

14. 已知生产函数为 $Q=\min\{(L, 2K)\}$，如果产量 $Q=20$ 单位，则下列说法正确的有（ ）。★★★

A. 均衡时的关系式为：$L/1=K/2$

B. 均衡时 $L=10$，$K=20$

C. 若生产要素价格为（1，1），则生产 10 单位 $L=10$，$K=5$

D. 若生产要素价格为（1，1），则生产 10 单位耗费总成本为 15

15. 某企业的短期生产中的生产函数为 $Q=-L^3+24L^2+240L$，则下列关于企业在三个阶段的 L 的取值范围说法正确的有（ ）。★★★

A. 第一阶段，$L<12$　　B. 第一阶段，$L<20$

C. 第二阶段，$12<L<20$　　D. 第二阶段，$L>20$

16. 已知某企业的生产函数为 $Q=5L+12K-2L^2-2$，其中 $P_L=3$，$P_K=6$，总成本 $\mathrm{TC}=160$，则该企业的最优要素组合为（ ）。★★★

A. $L=27/154$　　B. $L=154/27$

C. $K=27/643$　　D. $K=643/27$

三、判断题

1. 股份制企业主要利用发行债券和股票来筹集资金。（　　）★
2. 公司制企业指两个人以上合资经营的厂商组织。（　　）★
3. 交易成本可以看成围绕交易契约所产生的成本。（　　）★
4. 厂商追求最大利润的假定与单个人的“理性经济人”的假定无关。（　　）★
5. 信息不完全对企业的利润最大化目标的制订影响不大。（　　）★
6. 微观经济学中将一般财富抽象为货币，因此生产资本指货币形态的资本。（　　）★
7. 短期指生产者可以调整全部生产要素的数量的时间周期。（　　）★
8. 长期生产中不存在可变要素投入和不变要素投入的区分。（　　）★
9. 总产量的增减与边际产量的正负无关。（　　）★
10. 在 MP_L 曲线与 AP_L 曲线的交点处对应的 TP_L 曲线上的点与原点的连线的斜率值最大。（　　）★★
11. 当 MP_L 曲线高于 AP_L 曲线时，AP_L 曲线将 MP_L 曲线向下拉。（　　）★★
12. 在上升时段，MP_L 曲线的变动快于 AP_L 曲线的变动；在下降时段，AP_L 曲线的变动快于 MP_L 曲线的变动。（　　）★★
13. 在短期生产的第一阶段，生产者增加可变要素劳动的投入量是不利的。（　　）★
14. 理性的生产者的生产阶段会停留在第三阶段。（　　）★
15. 在第二阶段的起点处，AP_L 曲线和 MP_L 曲线相交，MP_L 达到最高点。（　　）★★
16. 等产量曲线上某一点的边际技术替代率就是等产量曲线在该点的斜率。（　　）★★
17. 生产函数指生产过程中的各种生产要素投入数量之间都存在固定不变的比例关系。（　　）★★
18. 企业的规模报酬分析属于短期生产理论问题。（　　）★★
19. 各种生产要素增加的比例大于产量增加的比例，称为规模报酬递增。（　　）★★
20. 等产量线的斜率表示边际替代率。（　　）★★
21. 企业扩大规模的长期生产过程中一般只会出现规模报酬中的一种情况。（　　）★★
22. 规模报酬的问题是资本主义企业和社会主义企业面临的共同问题。（　　）★★
23. 当厂商实现了既定产量条件下的最小成本时，那么该厂实现的利润等于 0。（　　）★★
24. 可变投入是指价格和数量都可以发生变化的投入。（　　）★★
25. 只有当边际产品下降时，总产出才会下降。（　　）★★
26. 可变投入收益递减说明要增加相同数量的产出可变投入应以递减比例增加。（　　）★★
27. 等产量线与等成本线相交，说明要保持原有的产出水平不变，应当减少成本开支。（　　）★★
28. 为实现一定量产出的成本最低的原则，要使每一种投入量边际产品彼此相等。（　　）★★

29. 如果各种要素投入增加的比例是12%，产出增加的比例是10%，说明这是可变投入收益递减。（　　）★★

30. 如果企业实现了以最低成本生产一定量产出，说明该企业一定实现了最大利润。（　　）★★

31. 边际产出是指增加一个产出单位所需增加的投入的数量。（　　）★★

32. 如果可变投入出现收益递减说明总产出一定是下降的。（　　）★★

33. 生产函数与投入的价格变化没有直接的关系。（　　）★★

34. 只要总产出是下降的，那么边际成本必然是负数。（　　）★★

35. 如果规模收益递减，说明可变投入收益一定递减。（　　）★★

36. 只要边际产品上升，平均产品也一定上升。（　　）★★

37. 如果总产出达到了极大值，那么边际产品曲线就会与平均产品曲线相交。（　　）★★

38. 经济学中的长期与短期的划分标准是时间。（　　）★★

39. 在长期中所有成本都是可变成本。（　　）★★

40. 边际成本大于平均成本，平均成本有可能上升，也有可能下降。（　　）★★

41. 生产500个单位商品的平均成本是10元，从500单位至505单位商品的平均成本是10.5元，那么，从1单位到505单位的平均成本有可能比10元大，也有可能比10元小。（　　）★★★

42. 边际成本可以理解为全部成本或全部可变成本的斜率。（　　）★★

四、名词解释

1. 生产函数★
2. 劳动的总产量（TP_L）★
3. 劳动的平均产量（AP_L）★
4. 劳动的边际产量（MP_L）★
5. 等产量曲线★
6. 边际技术替代率（MRTS）★
7. 边际技术替代率递减规律★★

五、简答题

1. 为什么在短期生产中，随着可变要素的增加，劳动的边际产量会上升？★★
2. 试述总产量与边际产量之间的关系。★
3. 试述总产量与平均产量之间的关系。★
4. 试述边际产量和平均产量之间的关系。★
5. 等产量曲线具有哪些特点？★

六、计算题

1. 已知生产函数 $Q=f(L, K)=2KL-0.5L^2-0.5K^2$，假定厂商目前处于短期生产且 $K=10$。★★

（1）写出在短期生产中该厂商关于劳动的总产量 TP_L 函数、劳动的平均产量 AP_L 函数和劳动的边际产量 MP_L 函数。

（2）分别计算当劳动的总产量 TP_L、劳动的平均产量 AP_L 和劳动的边际产量 MP_L 各自到极大值时的厂商的劳动投入量。

（3）什么时候 $AP_L=MP_L$？它的值又是多少？

2. 令生产函数 $f(L, K)=\alpha_0+\alpha_1(LK)^{\frac{1}{2}}+\alpha_2K+\alpha_3L$，其中 $0\leqslant\alpha_i\leqslant1$，$i=0, 1, 2, 3$。★★

（1）当满足什么条件时，该生产函数表现出规模报酬不变的特征？

（2）证明：在规模报酬不变的情况下，相应的边际产量是递减的。

3. 已知某企业的生产函数为 $Q=L^{\frac{2}{3}}K^{\frac{1}{3}}$，劳动的价格 $w=2$，资本的价格 $r=1$。求：★★

（1）当成本 $C=3000$ 时，企业实现最大产量时的 L、K 和 Q 的均衡值。

（2）当产量 $Q=800$ 时，企业实现最小成本时的 L、K 和 C 的均衡值。

4.某厂商使用两种要素 A 与 B，生产一种产品 Q，可以选用的生产函数有两种：第一种 $Q=\alpha A^{0.25}B^{0.75}$，第二种 $Q=\beta A^{0.75}B^{0.25}$，已知生产要素 A 的价格为 1 元，令生产要素 B 的价格为 P_B。求解：（复旦大学考研题）★★★

（1）生产要素 B 的价格为多少时两种生产方法对厂商并无区别？

（2）假如生产要素 B 的价格超过了上面计得的价格，厂商将选用哪种生产方法？

七、论述题

1. 论述边际报酬递减规律及其成因。★★

2. 论述柯布-道格拉斯生产函数。★★

3. 论述生产函数的边际报酬递减与边际技术替代率递减之间的关系。（华中科技大学考研题）★★

4. 生产的三个阶段是如何划分的？ 为什么生产者通常会选择在第二阶段生产？（南京财经大学考研题、北京理工大学考研题）★★

八、案例分析

案例一：

马尔萨斯人口论与边际报酬递减规律

经济学家马尔萨斯（1766～1834）的人口论的一个主要依据便是边际报酬递减规律。他认为，随着人口的膨胀，越来越多的劳动耕种土地，地球上有限的土地将无法提供足够的食物，最终劳动的边际产出与平均产出下降，但又有更多的人需要食物，因而会产生大的饥荒。幸运的是，人类的历史并没有按马尔萨斯的预言发展（尽管他正确地指出了“劳动边际报酬递减”）。

在 20 世纪，技术发展突飞猛进，改变了许多国家（包括发展中国家，如印度）的食物生产方式，劳动的平均产出因而上升。这些进步包括高产抗病的良种、更高效的化肥、更先进的收割机械。在第二次世界大战结束后，世界上总的食物生产的增幅总是或多或少地高于同期人口的增长。

粮食产量增长的源泉之一是农用土地的增加。例如，1961～1975 年，非洲农业用地所占的百分比从32%上升至33.3%，拉丁美洲则从19.6%上升至22.4%，在远东地区，该比值则从 21.9%上升至 22.6%。但同时，北美的农业用地则从 26.1%降至 25.5%，西欧由 46.3%降至 43.7%。显然，粮食产量的增加更大程度上是由于技术的改进，而不是农业用地的增加。

在非洲的一些地区，饥荒仍是个严重的问题。劳动生产率低下是原因之一。虽然其他一些国家存在着农业剩余，但由于食物从生产率高的地区向生产率低的地区的再分配的困难和生产率低的地区收入也低的缘故，饥荒仍威胁着部分人群。

注：此案例摘自西方经济学（微观部分）专栏案例版. 北京：中国人民大学出版社.

（1）什么是边际报酬递减规律？其发生作用的条件是什么？

（2）人类历史为什么没有按照马尔萨斯的预言发展？

（3）既然马尔萨斯的预言失败，你认为边际报酬递减规律还起作用吗？

案例二：

浙江温州小微企业转型

浙江企业特别是温州企业以“小型”“民营”“低成本”“劳动密集”而著称。这些特点在过去是优点，在今后还是优点。

经验都一再证明，“小”不一定弱（正像“大”不一定强一样）。而且，从企业竞争的逻辑来说，能够成长为大企业的小企业终究是少数。

浙江温州企业已经度过初创期。企业从小到大的成长过程，就是通过竞争不断培育自身竞争力的过程。

中国经济已经进入一个以住宅、汽车、电子通信、城市基础设施建设等行业为龙头，带动钢铁、机械、建材、石化、能源等行业快速增长的阶段。在这些行业中，多数具有较强的规模经济要求，也就是说，投资就要上大项目。

最大的挑战在于，企业从无到有不易，从小到大更难。如果说第一阶段的成功概率是 50%，第二阶段的成功概率可能不到 1%。

试根据材料分析为什么温州到了该出大企业的时候了。

案例三：

“小米奇迹”

2011 年 8 月 16 日，小米手机正式推出。2013 年 3 月，小米推出了互联网电视机顶盒小米盒子，引发中国机顶盒市场热潮。2013 年 9 月，小米公司董事长雷军再度用互联网思维改造电视，颠覆式创新的小米电视正式问世。2013 年 11 月，小米路由器问世。2012 年全年小米手机销量达到 719 万台，含税营业收入 126.5 亿元，2013 年全年销量预计约 1900 万台，含税营业收入将超过 300 亿人民币。这一切商业奇迹的取得只用了两年多时间！

小米科技创始人、小米公司董事长兼 CEO、金山软件公司董事长雷军获选 2013 年央视经济年度人物。雷军作为天使投资人，先后投资了凡客诚品、多玩、拉卡拉、UCweb 等多家创新型企业，其中多玩已成功在美国上市。小米的成功让不少传统企业也开始学习、复制。雷军认为，要学就先学小米所代表的态度和互联网思想，而不是软件、硬件。“我们做产品就是极其专注，就是极致。市场批评我们没关系，我愿意承认我能力不行，但不承认我态度不行。”他表示，小米对口碑的重视，被“庸俗化”为口碑营销或社交营销，实际上“我们认为最好的产品就是营销，你不用做营销，产品做好了，每个人就能传递出去”。他认为，小米代表的互联网思想，就是改造传统企业。小米是最注重用户体验的，它们通过互联网广泛收集用户意见，让消费者参与设计，把消费者的参与感做到极致。小米不仅仅是一家做手机的公司，它还是一家经营粉丝、经营用户的公司。例如，要按照典型“米粉”的需求，手机只要设计一个颜色就行了，但为了博取家里“领导”——女朋友和太太们的青睐，小米手机也设计了彩色款。另外，备受关注的小米电视，也只设计了一款，尺寸为 47 英寸。这同样是出于对“米粉”们需求的考虑。“他们的采购能力是多少？家里多大？客厅多大？47 英寸可能是他们能买的非常大的电视了。”雷军说，“我也不想所有人都用我的产品，我就把‘米粉’人群的需要做到极致就行了。”

注：此案例摘自西方经济学教学题库。

请结合有关企业本质的经济学知识，分析“小米奇迹”现象及其所包含的经济学意义。

第五章

成　本

【重难点解析】

本章考查的重点主要有：了解成本的基础概念，在短期成本曲线中掌握总成本、总不变成本、总可变成本、平均不变成本、平均可变成本和边际成本的定义、公式、图示和相关关系；在对长期成本曲线的学习中掌握其推导过程、图形和其与短期成本曲线的关系。

本章考查的难点主要有：短期成本中7条曲线的相关关系和相应的计算；长期成本曲线的推导和其与短期成本曲线的关系。

一、单项选择题

1. 成本必须按使用同样的经济资源在其他各种生产用途中所能获得的（　　）收入来衡量。★

A. 某一特定用途　　B. 平均

C. 最低　　D. 最高

2. 假定成本方程为$C=wL+rK$，以横轴表示劳动力，则纵轴的截距的含义为（　　）。★

A. 既定的全部成本都购买劳动时的数量

B. 既定的全部成本都购买资本时的数量

C. 劳动力的雇佣数量

D. 资本的数量

3. 生产者实现生产者均衡的条件为（　　）。★★

A. $MRTS_{LK}=\frac{r}{w}$　　B. $MRTS_{LK}=-\frac{r}{w}$

C. $MRTS_{LK}=\frac{w}{r}$　　D. $MRTS_{LK}=-\frac{w}{r}$

4. 扩展线上每一个生产均衡点都满足（　　）。★

A. 两要素的边际替代率等于两要素的价格比例

B. 两要素的边际替代率等于两要素的数量比例

C. 两要素的边际技术替代率等于两要素的价格比例

D. 两要素的边际技术替代率等于两要素的数量比例

5. 总不变成本（TFC）曲线是（　　）。★

A. 一条平行于横轴的直线

B. 一条平行于纵轴的直线

C. 一条由原点出发向右上方倾斜的曲线

D. 一条由原点上方出发向右上方倾斜的曲线

6. 总可变成本（TVC）曲线的形状是（　　）。★

A. 一条平行于横轴的直线

B. 一条平行于纵轴的直线

C. 一条由原点出发向右上方倾斜的曲线

D. 一条由原点上方出发向右上方倾斜的曲线

7. 在每一个产量水平上的边际成本 MC 值为（　　）。★★

A. 一个与企业规模有关的固定值（与产量无关）

B. 一个与企业规模有关的常数（与产量有关）

C. 相应的总成本 TC 曲线与原点连线的斜率

D. 相应的总成本 TC 曲线的斜率

8. 下列曲线中具有不同趋势的是（　　）。★

A. AVC　　B. TC　　C. AC　　D. MC

9. 下列关于 AC、AVC 和 MC 的关系说法正确的是（　　）。★★

A. MC 与 AC 相交于 AC 的最低点；MC 与 AVC 相交于 AVC 的最低点

B. MC 不交 AC 于 AC 的最低点；MC 与 AVC 相交于 AVC 的最低点

C. MC 与 AC 相交于 AC 的最低点；MC 不交 AVC 于 AVC 的最低点

D. MC 不交 AC 于 AC 的最低点；MC 不交 AVC 于 AVC 的最低点

10. 图 5-1 为总不变成本曲线，其中 b 点的 ATC 可以用（　　）来表示。★★

A. bQ_2　　B. OQ_2　　C. bQ_2/OQ_2　　D. OQ_2/bQ_2

11. 下列说法错误的是（　　）。★★

A. 图 5-2 描述的是总可变成本曲线　　B. $AC_a > AC_c > AC_b$

C. b 点为整条曲线中 AC 最小的点　　D. 图 5-2 对应的 AC 曲线为 U 形

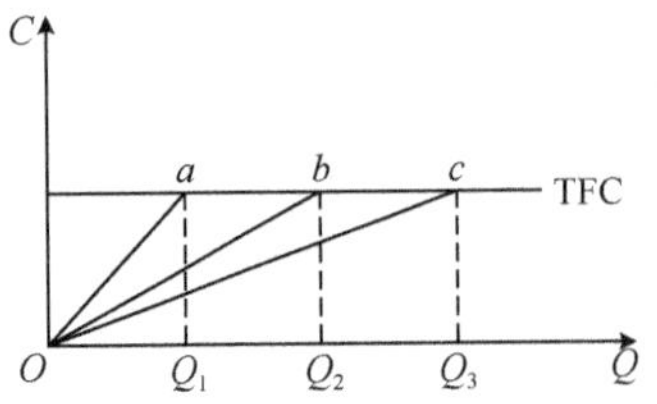

图 5-1

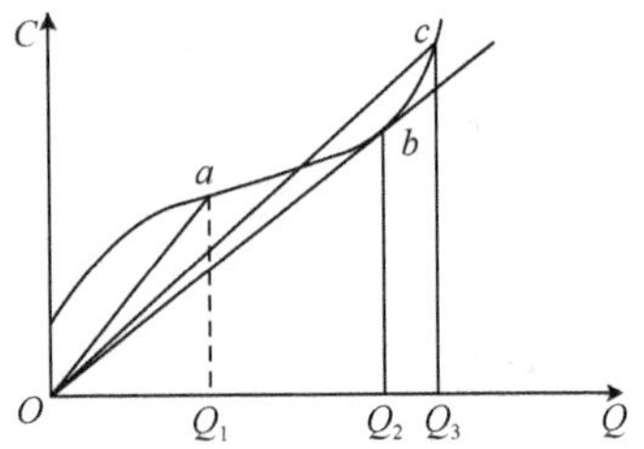

图 5-2

12. 若劳动的价格为5，短期边际成本为2，则劳动的边际产量为（ ）。★★

A. 10
B. 3
C. 2.5
D. 7

13. 当总产量 TP_L 曲线下凹时（ ）。★★

A. 总成本TC曲线是下凹的；总可变成本TVC曲线是下凹的
B. 总成本TC曲线是上凸的；总可变成本TVC曲线是下凹的
C. 总成本TC曲线是下凹的；总可变成本TVC曲线是上凸的
D. 总成本TC曲线是上凸的；总可变成本TVC曲线是上凸的

14. 在生产的第二阶段，边际成本的特点是（ ）。★★

A. 递减；小于或等于平均可变成本AVC
B. 递增；小于或等于平均可变成本AVC
C. 递减；大于或等于平均可变成本AVC
D. 递增；大于或等于平均可变成本AVC

15. 下列关于长期成本曲线说法错误的是（ ）。★★

A. 对于一条给定的LAC曲线分析规模经济和规模不经济才有意义
B. 企业的外在不经济会导致LAC曲线向下移动
C. 厂商的生产活动所依赖的外界环境恶化了，则为企业的外在不经济
D. LAC曲线的位置的变化可以用外在经济和外在不经济的概念解释

16. 任意一条短期平均成本曲线SAC与长期平均成本曲线LAC相交，下面选项正确的是（ ）。★

A. 每一条SAC曲线与LAC曲线都只有一个交点
B. 只有在最低点的那条SAC曲线与LAC曲线的交点位于SAC曲线的最低点
C. LAC为所有SAC的包络线，没有例外
D. 交点对应的SMC与LMC相等

17. 某厂商每年从企业的总收入中取出一部分作为自己管理企业的报酬，这部分的报酬属于（ ）。★

A. 显性成本
B. 隐性成本
C. 经济利润
D. 正常利润

18. 边际成本曲线达到最低时（ ）。★★

A. 边际产量最大
B. 平均可变成本最小
C. 总成本最大
D. 平均成本最小

19. 下列说法正确的是（ ）。★★

A. 边际产量大于平均产量时，平均产量上升
B. 边际产量小于平均产量时，平均产量达到极大值
C. 边际成本小于平均成本时，平均成本上升
D. 边际成本等于平均成本时，边际成本达到极大值

20. 从原点出发的射线与TVC曲线相切的产量上（ ）。★★★

A. AC最小
B. MC＝AVC

C. MC 最小　　D. MC 处于下降阶段

21. 在短期内，随着产量的增加，AFC 会越来越小，于是 ATC 曲线与 AVC 曲线（　　）。★★

A. 最终相交　　B. 仅可无限接近

C. 最终重合　　D. 不可预见的未来无法判断

22. 在短期内，每一产量上的 MC 值应该是（　　）。★★

A. 该产量上的 TVC 曲线的斜率，但不是该产量上的 TC 曲线的斜率

B. 该产量上的 TC 曲线的斜率，但不是该产量上的 TVC 曲线的斜率

C. 该产量上的 TVC 曲线的斜率，又是该产量上的 TC 曲线的斜率

D. 以上说法都不正确

23. SAC 曲线呈现 U 形特征的原因是（　　）。★★

A. MU 递减规律　　B. 规模经济与规模不经济

C. 边际报酬递减规律　　D. 以上都是

24. 在 LAC 曲线的最低点上（　　）。★★

A. LAC 曲线与 LMC 曲线相交

B. 代表最优规模的 SAC 曲线过 LAC 曲线与 LMC 曲线的交点

C. 代表最优规模的 SMC 曲线过 LAC 曲线与 LMC 曲线的交点

D. 代表最优规模的 SMC 曲线通过代表最优规模的 LMC 曲线的最低点

25. 已知产量为 200 单位时，平均成本是 2 元，产量增加到 250 单位时，平均成本等于 2.5 元，在这个产量变化范围内（　　）。★★

A. MC 上升，并且 MC＞AC　　B. MC 上升，并且 MC＜AC

C. MC 下降，并且 MC＜AC　　D. MC 下降，并且 MC＞AC

26. LTC 曲线是各种产量的（　　）。★★

A. 最低成本的轨迹　　B. 最低平均成本的轨迹

C. 最低边际成本的轨迹　　D. 平均成本变动的轨迹

27. 当产量增加时 LAC 曲线下降是由于（　　）。★★

A. 规模的不经济性　　B. 规模的经济性

C. 边际报酬递减规律　　D. 边际收益递减规律

28. 收益递减规律发挥作用时，总可变成本曲线（　　）。★★

A. 以递减的速率上升　　B. 以递增的速率下降

C. 以递减的速率下降　　D. 以递增的速率上升

29. 在从原点出发的射线与 TC 曲线的切点上，以下说法正确的是（　　）。★★

A. 平均成本最小

B. 平均成本等于平均可变成本加平均不变成本

C. 平均成本等于边际成本

D. 以上都是

30. 若 LAC＝SAC，且 LAC＞LMC，则（　　）。★★★

A. 规模报酬递减　　B. SMC＝LMC

C. LAC 正在上升　　　　D. B 项、C 项都正确

31. 在 LAC 曲线与一条代表最优生产规模的 SAC 曲线相切的产量上必定有（　）。★★★

A. 相应的LMC 曲线与代表最优生产规模的SAC 曲线相交，其中与LAC 曲线最低点形成的切点是LAC 的最低成本点

B. 代表最优生产规模的 SAC 曲线达到最低点

C. LAC 曲线达到最低点

D. LMC 曲线达到最低点

32. 已知 $MC=3Q^2-8Q+100$，$TFC=80$，$TC=Q^3-4Q^2+100Q-70$，则当 $Q=2$ 时，（　）。★★★

A. 总产量最大　　　　B. 边际产量最大

C. 平均产量最大　　　　D. 边际成本最小

33. 某公司用两个工厂生产一种产品，其总成本函数为 $TC=2Q_1^2+Q_2^2-Q_1Q_2$，其中 Q_1 表示第一个工厂生产的产量，Q_2 表示第二个工厂生产的产量。当公司生产的总产量为 40 时，使得公司生产成本最小的两工厂的产量组合为（　）。★★★

A. $Q_1=10$，$Q_2=30$　　　　B. $Q_1=30$，$Q_2=10$

C. $Q_1=15$，$Q_2=25$　　　　D. $Q_1=25$，$Q_2=15$

34. 厂商的长期成本中没有（　）。★

A. 长期总成本　　　　B. 长期不变成本

C. 长期边际成本　　　　D. 长期平均成本

35. 下列关于等成本线变动的描述错误的是（　）。★★

A. 在两种要素价格不变的条件下，成本增加使等成本曲线向右上方平移

B. 在两种要素价格不变的条件下，成本减少使等成本曲线向左下方平移

C. 在成本和另一种要素价格不变的条件下，一种要素的价格变动将导致等成本线旋转

D. 等成本线的斜率等于两种生产要素价格之比

二、多项选择题

1. 企业的生产成本分为（　）两部分。★

A. 显性成本　　　　B. 隐性成本

C. 会计成本　　　　D. 额外成本

2. 下列说法正确的有（　）。★

A. 所有的显性成本和隐性成本之和构成总成本

B. 企业的利润指企业的总收益和总成本之间的差额

C. 企业所追求的最大利润，指的就是最大的正常利润

D. 经济利润也被称为超额利润

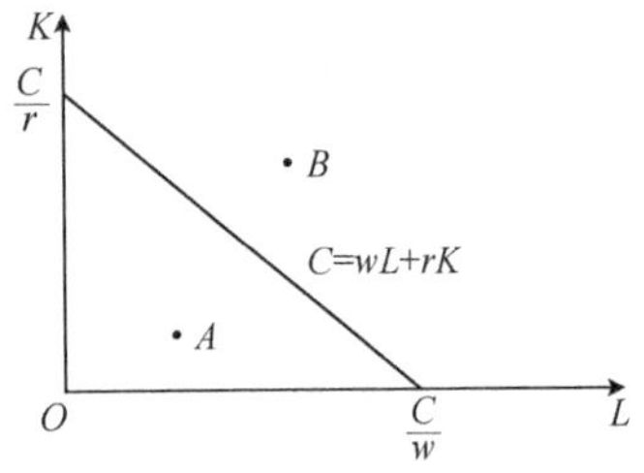

图 5-3

3. 关于图 5-3，下列说法正确的有（　　）。★

A. A 点表示用既定的全部成本购买该点的劳动和资本的组合以后还有剩余

B. B 点表示用既定的全部成本购买该点的劳动和资本的组合是不够的

C. 等成本线上的任何一点，表示用既定的全部成本能刚好购买到的劳动和资本的组合

D. 等成本线的斜率为两种生产要素价格之比

4. 如图 5-4 所示，下列关于扩展线的说法正确的有（　　）。★

A. E_3 点优于 E_1 点

B. E_1 点优于 E_3 点

C. 扩展线是厂商在长期扩张或收缩生产时所必须遵循的最优路径

D. 扩展线上的点既能实现既定产量条件下的最小成本，又能实现既定成本条件下的最大产量

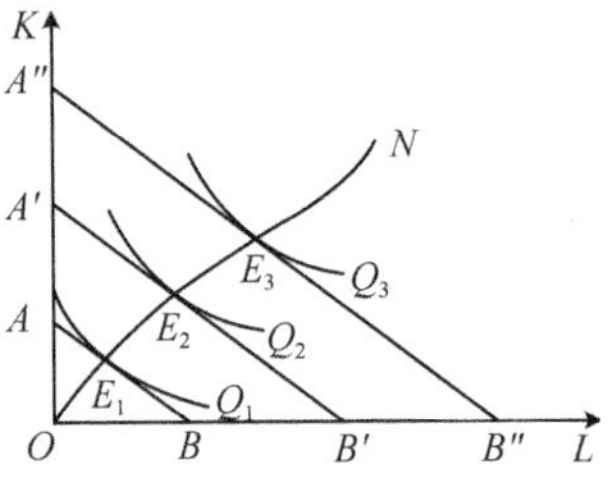

图 5-4

5. 下列属于厂商短期成本的有（　　）。★

A. 总不变成本　　B. 总可变成本

C. 平均不变成本　　D. 平均可变成本

6. 下列属于总不变成本的有（　　）。★

A. 建筑物　　B. 原材料

C. 燃料动力　　D. 固定资产折旧

7. 下列关于总成本（TC）说法正确的有（　　）。★★

A. TC 曲线为 TVC 曲线向下平移 TFC 个单位得到

B. TC（Q）＝TFC＋TVC（Q）

C. TC 曲线是从纵轴上相当于 TFC 高度的点出发的一条向右上方倾斜的曲线

D. TC 是厂商在短期内为生产一定数量的产品对全部生产要素所支出的总成本

8. 下列关于各类短期成本说法正确的有（　　）。★★

A. AC 曲线与 MC 曲线有共同的趋势

B. TVC 曲线与 AVC 曲线具有共同的趋势

C. 在各类短期成本曲线中，只有 AFC 曲线是向右下倾斜的

D. TC 曲线的纵轴截距为 TFC

9. 下列关于 TC、TVC 和 MC 说法正确的有（　　）。★★

A. 每一个产量水平上的 MC 值就是相应的 TC 曲线的斜率

B. 每一个产量水平上的 MC 值就是相应的 TVC 曲线的斜率

C. MC 曲线的特征为先下降后上升

D. TVC 曲线的斜率先递增后递减

10. 关于图 5-5，下列说法正确的有（　　）。★★

A. a 点的 AVC 值为 aQ_1/OQ_1

B. b 点的 AVC 值为三点中最小的

C. a 点与 c 点的 AVC 值无法比较

D. 不考虑边际成本等其他因素，但从平均成本考虑，应在 b 点进行生产

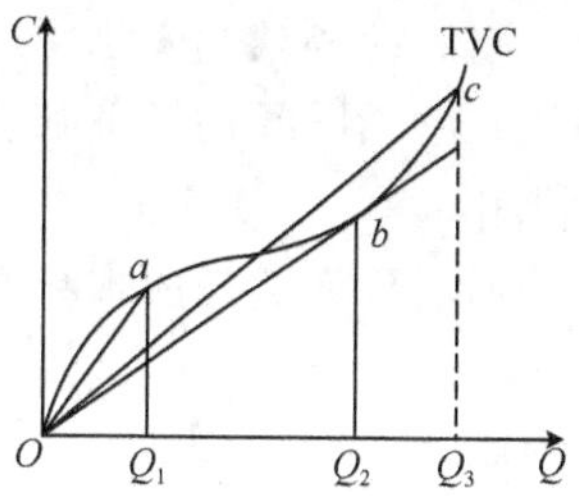

图 5-5

11. 下列关于短期边际成本与边际产量说法正确的有（　　）。★★

A. MP_L 曲线的上升段对应 MC 曲线的下降段；MP_L 曲线的下降段对应 MC 曲线的上升段

B. MP_L 曲线的上升段对应 MC 曲线的上升段；MP_L 曲线的下降段对应 MC 曲线的下降段

C. MP_L 曲线的最高点对应 MC 曲线的最低点

D. MP_L 曲线的最低点对应 MC 曲线的最高点

12. 下列说法正确的有（　　）。★★

A. AP_L 曲线呈递增时，AVC 曲线呈递减

B. AP_L 曲线的最高点对应 AVC 曲线的最低点

C. MC 曲线与 AVC 曲线交于 AVC 曲线的最低点

D. MP_L 曲线与 AP_L 曲线交于 AP_L 曲线的最低点

13. 下列关于规模经济与规模不经济的说法符合企业生产的有（　　）。★

A. 规模经济和规模不经济都是由市场商品价格变动引起的

B. 厂商产量增加的倍数大于成本增加的倍数，为规模经济

C. 厂商产量增加的倍数小于成本增加的倍数，为规模不经济

D. 企业生产会先经历规模经济，然后经历规模不经济，分两个阶段

14. 下列关于长期成本曲线说法正确的有（　　）。★

A. LAC 曲线与 SAC 曲线交点处切线斜率相等

B. 长期总成本曲线是无数条短期总成本曲线的包络线

C. 每一条最优生产规模的 SAC 曲线和 LAC 曲线至少有一个交点

D. 交点处 LMC 与 SMC 相等

15. 下列说法正确的有（　　）。★★

A. 在产量的某一变化范围内，只要边际成本曲线位于平均成本曲线的上方，平均成本曲线一定向下倾斜

B. 边际成本曲线呈 U 形，是由于边际收益递减规律

C. 长期平均成本曲线呈 U 形，是由于规模经济和规模不经济

D. 边际成本曲线与平均成本曲线交点以上的部分构成商品的供给曲线

三、判断题

1. 在厂商的实际生产中，根据会计成本所计算出的利润被缩小了。（　　）★

2. 经济利润中包含正常利润与额外利润。（　　）★

3. 当厂商的经济利润为 0 时，正常利润与额外利润同时减少，厂商获得部分正常利润。（　　）★

4. 任何关于成本和要素价格的变动，都会使等成本线发生变化。（　　）★

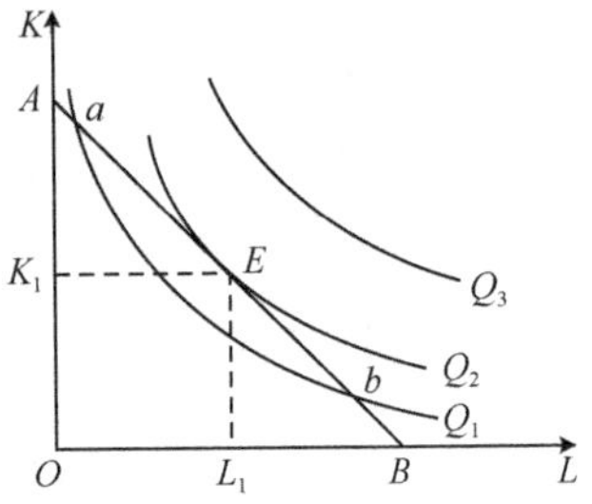

图 5-6

5. 图 5-6 描述的是厂商成本最小化的过程。（　　）★★

6. 在生产要素价格、生产技术和其他条件不变的情况下，当生产的成本或产量发生变化时，厂商的最优选择必然均匀等距分布在扩展线两侧。（　　）★★

7. 扩展线是厂商在短期扩张或收缩生产时所必须遵循的最优路径。（　　）★★

8. 在每一个产量水平上的平均可变成本 AVC 值就是相应的总成本 TC 曲线的斜率。（　　）★★

9. 决定短期成本变动的因素是边际报酬递减规律。（　　）★★

10. 平均可变成本与边际成本相交于 U 形边际成本曲线的下降段。（　　）★★

11. 平均成本与边际成本相交于 U 形边际成本曲线的下降段。（　　）★★

12. 在边际成本曲线下降段其变化慢于平均成本，在边际成本上升段其变化快于平均成本。（　　）★★

13. AC 曲线可以由 AVC 曲线沿 MC 曲线向右上平移得到。（　　）★★

14. 任何产量水平上的 AFC 值都可以由连接原点和 TFC 曲线上相应点的线段的斜率得到。（　　）★★

15. 短期生产的边际成本等于劳动这种生产要素的价格与劳动的边际产量的乘积。（　　）★★

16. 已知生产要素劳动的价格为 12，劳动的平均生产量为 4，则平均可变成本约为 0.33。（　　）★★

17. 平均可变成本 AVC 和平均产量 AP_L 两者的变动方向是相同的。（　　）★★

18. 长期平均成本曲线为 U 形，其下降阶段对应规模不经济阶段。（　　）★★

19. 规模经济和规模不经济也被称作外在经济和外在不经济。（　　）★★

20. 每一条 SAC 曲线与 LAC 曲线的交点处切线的斜率都为 0。（　　）★★

21. 长期边际成本曲线呈 U 形，它与长期平均成本曲线相交于长期平均成本曲线的最低点。（　　）★★

22. 假如增加 1 单位产量所增加的成本小于增加前的平均成本，那么在产量增加后平均成本将下降。（　　）★★

23. 已知产量为 8 单位时，平均成本为 10 元，当产量增加到 9 单位时，平均成本为 11 元，此时边际成本为 11 元。（　　）★★★

24. 已知某企业的短期总成本函数是 STC（Q）$=0.04Q^3-0.8Q^2+10Q+5$，则其平均可变成本最小值为 8。（　　）★★★

25. 一个厂商如果现在的产量水平处于这个产量水平的平均成本最低点上，而这时长期平均成本处于上升阶段，于是可以得出结论：这时短期边际成本大于短期平均成

本。（　　）★★★

26. 长期边际成本先于长期平均成本达到最低点。（　　）★★

27. 边际技术替代率具有递减趋势。（　　）★★

28. 假定生产 x 产品使用 A、B 两要素，则 A 的价格下降必导致 B 的使用量增加。（　　）★★

29. 在劳动替代资本过程中，随着劳动投入量的继续增加，每增加 1 单位劳动所能替代的资本量将越来越少。（　　）★★

四、名词解释

1. 机会成本★
2. 显性成本★
3. 隐性成本★
4. 经济利润★
5. 正常利润★
6. 等成本线★
7. 扩展线★
8. 长期总成本（LTC）★
9. 干中学★
10. 总不变成本（TFC）★
11. 总可变成本（TVC）★
12. 总成本（TC）★
13. 平均不变成本（AFC）★
14. 平均可变成本（AVC）★
15. 平均总成本（AC）★
16. 边际成本（MC）★

五、简答题

1. 简述生产过程中的对偶问题。★
2. 试说明 LMC＝SMC 的原因。★★
3. 试从短期总成本曲线推导出长期总成本曲线，并说明长期总成本曲线的经济含义。★★
4. 试从短期平均成本曲线推导出长期平均成本曲线，并说明长期平均成本曲线的经济含义。★★

六、计算题

1. 填制表 5-1。★

表 5-1

产量 Q	TFC	TVC	TC	MC	AFC	AVC	ATC
1	100	50					
2				30			
3						40	
4			270				
5							70

2. 假设某完全竞争厂商使用劳动和资本从事生产。在短期内，劳动的数量可变，资本的数量不变。厂商根据资本和劳动估计出的成本曲线为★★

$$\text{LTC}=\frac{2}{3}Q^3-16Q^2+180Q,$$

$$\text{STC}=2Q^3-24Q^2+120Q+400。$$

（1）厂商预期的长期最低价格是多少？

（2）如果要素价格不变，短期内，厂商将继续经营的最低产品价格是多少？

（3）如果产品价格为 120 元，那么在短期内厂商将生产多少产品？

3. 假定某厂商的生产函数是 $q=2\sqrt{KL}$ 。在短期，厂商的资本装备数量固定为 $K=100$。K 的租金价格为 $v=1$ 元，L 的工资率为 $w=4$ 元。★★

（1）计算厂商的短期总成本函数及短期平均成本函数。

（2）厂商的短期边际成本函数是什么？如果生产 25 个曲棍球棒，则厂商的 STC、SATC 与 SMC 是什么？若生产数量分别为 50、100、200，这些曲线是什么样的？

（3）画出厂商的 SATC 曲线与 SMC 曲线，标出（2）中所求得的点。

（4）SMC 曲线与 SATC 曲线在何处相交？解释为什么 SMC 曲线通常与 SATC 曲线交于 SATC 曲线的最低点。

4. 假定某厂商的生产函数是 $q=2\sqrt{KL}$ ，而资本投入在短期固定为 $\overline{K}$ 。★★

（1）计算厂商的总成本为 q、w、v 与 $\overline{K}$ 的函数。

（2）给定 q、w 与 v，在长期中，资本投入应如何加以选择以使成本最小化？

（3）用在（2）中求得的结果去计算生产的长期总成本。

（4）对于 $w=4$ 美元，$v=1$ 美元，试画出生产的长期总成本曲线。运用 $\overline{K}=100$，$\overline{K}=200$ 与 $\overline{K}=400$ 证明它是由（1）所计算出的短期成本曲线的包络线。

5. 厂商的生产函数为 $y=AL^{\alpha}K^{\beta}$，生产要素 L 和 K 的价格分别为 R_L，R_K。★★

（1）求厂商的生产要素最佳组合。

（2）如果资本的数量 $K=1$，求短期成本函数。

（3）求厂商的长期成本函数。

6. 已知某厂商的长期生产函数为 $Q=\alpha A^{0.5}B^{0.5}C^{0.25}$ ，Q 为每月产量，A、B 与 C 为每月投入的三种生产要素；三种生产要素的价格分别为 $P_A=1$ 元、$P_B=9$ 元、$P_C=8$ 元。★★★

（1）推导出厂商长期总成本函数、长期平均成本函数和长期边际成本函数。

（2）在短期内，C 为固定生产要素，A 与 B 是可变要素，推导出厂商的短期总成本函数、短期平均成本函数、短期平均可变成本函数和短期边际成本函数。

7. 试证明：扩展线是厂商在长期扩张或收缩生产时所必须遵循的最优路径。★★

七、论述题

1. 为什么短期平均成本曲线和长期平均成本曲线都是U形曲线？为什么由无数短期平均成本曲线推导出来的长期平均成本曲线必有一点也只有一点和最低短期平均成本曲线相切？ ★★

2. 规模经济和规模报酬有何不同？ ★★

八、案例分析

案例一：

旅游城市淡旺季的航班排列

贵阳龙洞堡国际机场（Guiyang Longdongbao International Airport，IATA：KWE，ICAO：ZUGY）位于中国贵州省贵阳市东郊，海拔高度为1139米，距市中心11公里，为4E级民用国际机场，是中国西南地区重要的航空枢纽。贵阳龙洞堡国际机场于1997年5月28日正式投入空运，2007年底飞行区等级由4D级升级为4E级。2017年8月机场官网信息显示，贵阳龙洞堡国际机场主跑道长3200米、宽60米，等长平行滑行道1条，快速脱离道和垂直联络道各3条；拥有停机位47个，其中近机位为28个；候机楼面积21万平方米、货运站2.1万平方米、停车场（楼）10.5万平方米；共开通国内航线90条、国际及地区航线16条。在开通的90条国内航线中，有一条是专用于飞往哈尔滨的航线。哈尔滨为冬季旅游胜地，其雪乡景色与滑雪项目颇受南方人喜爱。但是，哈尔滨冰雪季节只有每年12月至次年3月，此为旺季，其余均为淡季。因此在4月至11月航空公司飞往哈尔滨的航班进入淡季。

注：此案例摘自 https://baike.baidu.com/item/ 贵阳龙洞堡国际机场，有改动。

假定某航空公司有条飞往哈尔滨的航线，在淡季，该航空公司开往哈尔滨的若干航班出现了亏损，公司的经营管理层需要做出决策：在淡季，这些亏损的航班到底是应该继续飞行，还是该停飞，等旺季来临再恢复航班？

案例二：

餐企联合建B2B采购平台

餐饮业是我国规模最大的产业之一。2013年，中国餐饮企业超过300万家，餐饮产业营业规模超过6万亿元，产业链上下游从业人员超过1亿人。中国烹饪协会发布的信息显示，2014 年 1～10 月，我国餐饮行业的经营状况有所提升，但行业的景气度依然不太理想。在新的市场条件下，餐饮业面临着重大挑战。譬如，为应对公务员、公款消费的直线下降，高端餐饮企业应如何尽快转型，与市场需求相契合？又譬如，随着居民消费水平提高，对大众餐饮的需求迅速增加，大众餐饮企业又应如何提升发展空间？其间，很重要的一点是，餐饮企业共同面临着高成本、低利润的严峻压力。数据显示，2013 年我国餐饮酒店业的食材成本和设备成本上升近两成，而利润率的上升却不到 5%。这种高成本、低利润的经营状态，威胁着餐饮企业的生存与发展，餐饮商家们在此压力下联合起来，尝试利用 B2B（business to business，企业对企业）电子商务，通过抱团建立行业的采购平台来降低成本，谋求发展。2014 年 12 月 11 日，由 300 家领袖品牌餐饮企业联合发起的众美联B2B云采购平台宣告成立并上线交易，这也是中国最大的餐饮酒店 B2B 全球采购平台，当时的协议订单就已经达到 120 亿元。相比传统的线下交易模式，预计餐饮企业至少可以节省成本 10%，利润率可以增加 5%以上。

我们知道，在生产活动中为了实现最大的利润，厂商必定会追求成本最小化。那么，餐饮企业联合起来触网求变，其 B2B 采购平台又是通过哪些渠道来降低餐饮企业的成本呢？

案例三：

服装店的张老板是盈利还是亏损的？

假定张老板是某服装店的所有者，并亲自管理服装店。此外，假定张老板还面临两种选择：选择之一是把所拥有的相同资源（包括经营管理才能、资金及店铺）投入赵老板的商店，即为赵老板管理商店，并将资金和店铺租借给赵老板使用，则他每年可以获 40 万元及店铺租金收入 30 万元、80 万元的利息收入，总计收入 150 万元。选择之二是把所拥有的相同资源投入王老板的商店，但他不亲自管理，则他每年可以获得各类收入总计 180 万元。

注：此案例摘自 https: //max.book118.com/html/2016/1224/76635974.shtm，有改动。

如果亲自管理服装店的张老板在去年总收益中扣除当年付给他人的成本支出后，计算得到的去年会计利润是 120 万元。那么，你认为，“张老板去年盈利 120 万元”的说法，是对的还是错的？

第六章

完全竞争市场

【重难点分析】

本章考查的重点主要有：完全竞争市场的条件、完全竞争厂商的需求曲线、完全竞争厂商的收益曲线、利润最大化的均衡条件。完全竞争厂商的短期均衡、完全竞争厂商的供给曲线。

本章考查的难点主要有：完全竞争行业的短期供给曲线、短期生产者剩余；完全竞争厂商的长期均衡、完全竞争行业的长期供给曲线、完全竞争市场的短期均衡和长期均衡、完全竞争市场的福利。

一、单项选择题

1. 在经济分析中，根据不同的市场结构的特征，可以将市场划分为（　　）种类型。★

A. 一　　B. 两

C. 三　　D. 四

2. 下列选项中是决定市场类型划分的主要因素之一的为（　　）。★

A. 市场上厂商的数目　　B. 市场上厂商规模的大小

C. 市场上产品生产的难易程度　　D. 市场成熟的程度

3. 下列行业中哪一个行业最接近于完全竞争市场？（　　）★

A. 手机　　B. 大米

C. 汽车　　D. 家具

4. 在完全竞争市场上，厂商是既定市场价格的（　　）。★

A. 制定者　　B. 控制者

C. 接受者　　D. 适应者

5. 在完全竞争市场条件下，厂商的需求曲线的形状是（　　）。★

A. 水平的　　B. 向右上方倾斜的

C. 向左下方倾斜的　　D. 垂直的

6. 完全竞争厂商的短期生产利润最大化的均衡条件为（　　）。★

A. SMC＝MR　　B. SAC＝MR

C. STC＝MR　　D. SMC＞MR

7. 在完全竞争市场上，当 MR＝MC 时，厂商实现（　　）。★★

A. 最大利润　　B. 必然亏损

C. 必然不可能亏损　　D. 利润减少或最小亏损

8. 完全竞争厂商的停止营业点是指（　　）。★

A. MR＝AR＝MC　　B. MR＝AR＝AVC

C. MR＝AR＝SAC　　D. MR＝AR＝STC

9. 完全竞争厂商的短期供给曲线是指（　　）。★★

A. 大于和等于停止营业点的 SMC 曲线

B. SMC 曲线

C. SMC 曲线与 SAC 曲线交点以上的 SMC 曲线

D. 停止营业点以下的 SMC 曲线

10. 当一个完全竞争行业实现长期均衡时，（　　）。★★

A. 每个企业经济利润都为 0　　B. 每个企业都拥有超额的经济利润

C. 该行业仍然有新企业进入　　D. 会出现某些企业亏损的情况

11. 厂商依据市场供求变化来改变自己的产量，说明（　　）。★★

A. 该厂商为价格制定者　　B. 该厂商控制不了自己的产量

C. 该厂商为价格接受者　　D. 该厂商拥有垄断能力

12. 完全竞争市场中的某个企业获得最大利润的条件是（　　）。★★

A. 边际成本等于商品价格，商品价格大于最低平均可变成本

B. 边际成本小于商品价格，商品价格大于最低平均可变成本

C. 总收益达到最大化

D. 商品的价格大于最低平均成本

13. 成本不变行业的长期供给曲线是一条（　　）。★

A. 水平线　　B. 向右上方倾斜的曲线

C. 向右下方倾斜的曲线　　D. 不确定

14. 在（　　）上，厂商是价格的接受者，而非决定者。★

A. 完全垄断市场　　B. 垄断竞争市场

C. 寡头垄断市场　　D. 完全竞争市场

15. 在完全竞争市场条件下，如果产品价格的上升导致相应的要素价格下降，则企业的长期供给曲线（　　）。★

A. 水平　　B. 向右上方倾斜

C. 向右下方倾斜　　D. 不确定

16. 在完全竞争市场上，厂商短期均衡的条件为（　　）。★

A. P＝MC　　B. P＞MC

C. P＜MC　　D. 无法确定

17. 成本递增行业的长期供给曲线（　　）。★

A. 向右上方倾斜　　B. 向右下方倾斜

C. 水平　　D. 垂直

18. 在完全竞争市场，厂商面临的价格低于下列哪个成本就停止营业？（　　）★

A. 边际成本　　B. 平均成本

C. 平均可变成本　　D. 平均不变成本

19. 在完全竞争市场上，平均收益曲线与边际收益曲线的关系为（　　）。★★

A. 平均收益曲线等于边际收益曲线

B. 平均收益曲线大于边际收益曲线

C. 平均收益曲线小于边际收益曲线

D. 无法确定

20. 若生产要素的数量和价格变化方向相反，则该行业是（　　）。★★

A. 成本递增行业　　B. 成本不变行业

C. 成本递减行业　　D. 以上哪个都不是

21. 在完全竞争市场上，下列关于行业的短期供给曲线描述错误的是（　　）。★★

A. 行业的短期供给曲线向右上方倾斜

B. 行业供给量等于行业内所有厂商的供给量的总和

C. 曲线上与每一价格水平相对应供给量都是可以使全体厂商在该价格水平获得最大利润或最小亏损的最优产量

D. 以上都不对

22. 完全竞争行业实现长期均衡时，每个企业（　　）。★

A. 都有经济利润

B. 既无利润，也不亏损

C. 市场价格大于长期平均成本最低点

D. 以上都对

23. 完全竞争市场厂商的总收益曲线的形状为（　　）。★

A. 向右上方倾斜的曲线

B. 水平直线

C. 由原点出发的斜率不变的上升直线

D. 垂直直线

24. 下列不属于竞争厂商的短期供给曲线特征的是（　　）。★

A. 向右上方倾斜

B. 它表示商品的价格和供给量之间同方向变化的关系

C. 表示厂商在每一个价格水平的供给量都是能够给它带来最大利润或最小亏损的最优产量

D. 向右下方倾斜

25. 完全竞争市场中的厂商长期均衡时的利润为（　　）。★

A. 0　　B. 大于0

C. 可能存在亏损　　D. 以上选项都可能

26. 在完全竞争市场单个厂商面对水平的需求曲线是因为（　　）。★

A. 单个厂商的产量占整个行业产量的份额很小

B. 单个厂商可以按照自己的想法随意生产

C. 单个厂商对于价格的影响力很大

D. 以上都不对

27. 下列关于销售税的描述错误的是（　　）。★★

A. 销售税导致商品价格上升

B. 销售税是由消费者和生产者共同承担的

C. 销售税最终导致市场福利的减少

D. 销售税对市场福利没有影响

28. 对于完全竞争市场中的企业来说，其总收益（　　）。★★

A. 等于价格乘以销售量

B. 随产出增加以既定的绝对量增加

C. 曲线是一条发自原点具有正斜率的直线

D. 具有以上全部特征

29. 完全竞争与垄断竞争的一个主要区别是（　　）。★★

A. 产品是否有差异　　B. 参与竞争的厂商的数量多少

C. 厂商获得的利润的大小　　D. 资源转移的灵活程度

30. 当一个完全竞争行业实现长期均衡时，下列说法正确的是（　　）。★★

A. 没有任何企业进入或退出该行业

B. 行业内每个企业的利润都为 0

C. 行业内的每个企业都实现了长期均衡

D. 以上都对

31. 在完全竞争市场中企业长期均衡（　　）。★★

A. 只能在成本递减的行业中实现　　B. 一旦达成就不会再改变

C. 未能实现经济有效率　　D. 使经济利润为 0

32. 完全竞争市场条件下，企业长期中的利润最大化实际上就是（　　）。★

A. 获得了无限大的利润　　B. 获得了最大可能的超额利润

C. 超额利润为 0　　D. 视各个企业的具体规模而定

33. 下列哪一项是完全竞争市场可能存在的缺陷？（　　）★★

A. $P>MC$，资源配置未达到最优　　B. 消费者对产品缺乏选择余地

C. 大量使用广告促销手段　　D. 企业未能以最低成本生产产品

34. 完全竞争企业具有两个最突出的特点，（　　）。★★

A. 一是其产量相对于整个市场而言微不足道，二是其可以自由进出市场

B. 一是其产量相对于整个市场而言微不足道，二是其产品与同一市场中其他企业的产品毫无区别

C. 一是其产品与同一市场中其他企业的产品毫无区别，二是其可以自由进出市场

D. 一是其对市场价格不具有任何控制力，二是其可以自由进出市场

35. 如果完全竞争市场中企业面临边际成本大于边际收益的局面，则（　　）。★★

A. 企业一定在亏损

B. 如果企业增加产量，利润将增加

C. 如果企业增加产量，利润将保持不变

D. 如果企业减少产量，利润将增加

36. 完全竞争市场在实现长期均衡时（　　）。★★

A. 企业都以最低成本提供产品，并且获得了最大利润

B. 消费者的价格支付最低，并且获得了最大效用

C. 市场均衡数量既等于市场上所有消费者的需求量，又等于市场上所有企业的供给量

D. 以上都对

37. 在完全竞争市场上，企业的短期供给曲线向右上方倾斜的原因是（　　）。★

A. 产量越大，边际成本越大　　B. 价格越高，利润越大

C. 边际报酬递减规律　　D. A 项和 C 项

38. 若一个完全竞争企业在短期利润最大化的均衡产量上其平均收益等于平均可变成本，那么该企业会选择（　　）。★★

A. 停产　　B. 继续原有的生产

C. 减少产量，但是不停产　　D. 可能停产，也可能继续原有的生产

39. 下列关于完全竞争企业的平均收益曲线，说法不正确的是（　　）。★★

A. 等于价格线

B. 与完全竞争企业的需求曲线重合

C. 位于完全竞争企业的边际收益曲线的上方

D. 是一条从既定的市场价格水平出发的水平线

40. 如果一个完全竞争市场处于长期均衡状态中，那么所有的企业（　　）。★★

A. 都能获得经济利润　　B. 采用完全相同的生产工艺

C. 具有相同的最低平均成本　　D. 以上都正确

41. 完全竞争企业的需求曲线将随着（　　）而发生垂直位移。★★

A. 市场需求的变化　　B. 市场供给的变化

C. 市场价格的变化　　D. 产品的需求价格弹性的变化

42. 在完全竞争市场中，企业短期均衡意味着（　　）。★★

A. 不存在经济利润　　B. 不存在经济亏损

C. P=MC　　D. P=最小的 AC

43. 在完全竞争条件下，长期中企业所能出现的最大经济亏损为（　　）。★

A. 0　　B. 总成本

C. 可变成本　　D. 不变成本

44. 在完全竞争市场中（　　）。★

A. 存在较小的进入障碍　　B. 存在较小的退出障碍

C. 存在较小的进入障碍和退出障碍
D. 不存在任何进入障碍和退出障碍

45. 完全竞争的企业不能控制（　　）。★★

A. 产量
B. 成本
C. 价格
D. 要素投入量

二、多项选择题

1. 在经济分析中，根据不同的市场结构的特征，可以将市场划分为（　　）。★

A. 完全竞争市场
B. 垄断竞争市场
C. 寡头市场
D. 垄断市场

2. 完全竞争市场上，厂商的平均收益等于（　　）。★

A. 边际收益
B. 商品价格
C. 总收益与出售量比值
D. 收益增量与出售量比值

3. 边际成本与平均成本的关系有（　　）。★★

A. 当边际成本小于平均成本时，平均成本下降
B. 当边际成本大于平均成本时，平均成本上升
C. 当边际成本小于平均成本时，边际成本下降
D. 当边际成本大于平均成本时，边际成本上升

4. 短期成本可以分为（　　）。★

A. 短期边际成本
B. 短期平均成本
C. 短期总成本
D. 短期机会成本

5. 长期平均成本曲线与短期平均成本曲线的关系有（　　）。★★

A. 长期平均成本曲线是短期平均成本曲线的包络线
B. 长期平均成本曲线是所有短期平均成本曲线最低点的连线
C. 长期平均成本曲线上的每一点都对应着一个短期平均成本曲线上的点
D. 长期平均成本曲线都在各短期平均成本曲线的下方

6. 厂商要获得经济利润，需要（　　）。★

A. TR＞STC
B. P＞AC
C. TR＞TVC
D. P＞AVC

7. 完全竞争厂商长期均衡时（　　）。★

A. 边际收益等于长期边际成本
B. 边际收益等于长期平均成本
C. 平均收益等于平均可变成本
D. 边际收益大于长期平均成本

8. 在经济学分析中，根据行业产量变化对生产要素价格所可能产生的影响，将完全竞争行业区分为（　　）。★

A. 成本不变行业
B. 成本递增行业
C. 成本递减行业
D. 成本递增与递减同时存在行业

9. 销售税的承担者有（ ）。★★

A. 生产者 B. 消费者

C. 都不承担 D. 无法确定

10. 下列属于完全竞争厂商均衡条件的有（ ）。★★

A. LAC＝SAC B. LMC＝SMC

C. LAC＞SAC D. LMC＞SMC

11. 决定市场类型划分的主要因素有（ ）。★★

A. 市场上厂商的数目 B. 厂商所生产的产品的差别程度

C. 单个厂商对市场价格的控制程度 D. 厂商进入或退出一个行业的难易程度

12. 下列哪些是完全竞争市场必须具备的条件？（ ）★★

A. 市场上有大量的买者和卖者

B. 市场上每一个厂商提供的商品都是完全同质的

C. 所有的资源具有完全的流动性

D. 信息是完全的

13. 厂商在长期生产中对全部生产要素的调整可以表现为（ ）。★★

A. 对最优的生产规模的选择 B. 对最优产量的选择

C. 进入或退出一个行业的决策 D. 以上都对

14. 完全竞争行业的长期供给曲线可以分为（ ）。★

A. 成本不变行业的长期供给曲线 B. 成本递增行业的长期供给曲线

C. 成本递减行业的长期供给曲线 D. 成本不确定行业的长期供给曲线

15. 在完全竞争市场上，厂商短期均衡条件为（ ）。★★

A. P＝MC B. MR＝SMC

C. MR＝AVC D. MR＝AR

16. 厂商位于停止营业点时（ ）。★★

A. AR＜AVC B. 厂商生产与不生产的结果一样

C. AR＝MC D. 厂商将继续生产

17. 在完全竞争市场上，厂商面临的需求曲线为一条水平直线，它表示（ ）。★★

A. 完全竞争市场的价格是固定不变的

B. 单个消费者和单个厂商无力影响市场价格

C. 完全竞争厂商可以自己决定产品价格

D. 完全竞争厂商是价格的接受者

18. 成本递减行业长期供给曲线向右下方倾斜表示（ ）。★★★

A. 在长期，行业的产品价格和供给量成反方向的变动

B. 市场需求的增加会引起行业长期均衡价格的反方向的变动

C. 市场需求的增加会引起行业长期均衡价格的同方向的变动

D. 市场需求的增加会引起行业长期均衡产量的同方向的变动

19. 在完全竞争市场上，厂商处于长期均衡时（ ）。★★

A. MR＝SMC＝AVC＝AR＝P B. MR＝AR＝P

C. MR＝LMC＝SMC＝LAC＝SAC　　D. 以上全对

20. 亏损状态下厂商继续生产的条件有（　　）。★★

A. P>AVC　　B. P＝AVC

C. P>AC　　D. P＝AC

三、判断题

1. 在完全竞争市场条件下，厂商的长期均衡条件是边际成本等于边际收益等于长期平均成本的最低值。（　　）★

2. 一旦企业发生亏损就会立即停止生产。（　　）★

3. 在完全竞争条件下，厂商的短期供给曲线就是厂商的短期边际成本曲线。（　　）★★

4. 完全竞争行业的长期供给曲线一定是向右上方倾斜的。（　　）★★

5. 在完全竞争行业中，企业的需求曲线是水平的，所以企业的边际成本曲线也是水平的。（　　）★★

6. 完全竞争市场中厂商处于停止营业点时，因为AR＝AVC，所以厂商并不存在亏损。（　　）★★

7. 在完全竞争市场中单个消费者和单个厂商都是价格的接受者，所以完全竞争市场的价格是固定不变的。（　　）★★

8. 在完全竞争的市场条件下，如果政府对商品的生产增加税收，则税收的负担主要落在生产者身上；相反，如果对商品的销售增加税收，则税收负担主要落在消费者身上。（　　）★★★

9. 因为在长期均衡时，完全竞争市场上利润为0，企业进入某行业最后都会处于0利润状态，因此企业不会进入该行业。（　　）★★

10. 当企业的边际成本等于边际收益时，其利润达到最大化。（　　）★★

11. 理论分析中所假设的完全竞争市场的四个条件是非常苛刻的，在现实经济生活中，真正符合这四个条件的市场是不存在的，因此也没有研究意义。（　　）★★★

12. 在完全竞争市场上存在低价买或高价卖的现象。（　　）★★

13. 完全竞争企业的需求曲线由市场价格决定，所以完全竞争企业的产品所面临的市场需求是完全缺乏弹性的。（　　）★★

14. 已知某完全竞争市场上单个企业的长期成本函数为 $LTC=Q^3-20Q^2+200Q$，市场的产品价格为P＝600，则该行业处于长期均衡。（　　）★★

15. 在完全竞争市场上，向右上方倾斜的行业长期供给曲线表示，对该行业产品的需求的变化，会引起行业长期均衡产量的同方向变动和行业产品长期均衡价格的反方向变动。（　　）★★

16. 当价格大于或等于平均可变成本曲线的最低点时，完全竞争企业短期利润最大化产量由价格线与边际成本曲线的交点决定。（　　）★

17. 在完全竞争市场上，任何一个买者或卖者都是价格的决定者。（ ）★

18. 在完全竞争市场上，每个企业生产的产品相互之间具有高度替代性。（ ）★

19. 完全竞争行业的长期供给曲线是由该行业内所有单个企业的长期供给曲线水平加总而成。（ ）★★

20. 在完全竞争市场实现长期均衡时，消费者和生产者都得到了最大满足。（ ）★★

21. 支持价格是政府规定的某种产品的最高价格。（ ）★

22. 当一个完全竞争行业实现长期均衡时，行业内的每个企业都获得了正常利润，并且经济利润都为0。（ ）★★

23. 完全竞争企业长期均衡时，正好收支相抵。（ ）★

24. 在完全竞争市场中，任何一个企业都不会单独地提价或降价。（ ）★★

25. 完全竞争厂商与垄断厂商的基本差别是后者可以影响产品的价格。（ ）★★

26. 在某完全竞争企业明知开工生产就必会亏损的情况下，该企业的理性决策便是停产。（ ）★★

27. 完全竞争企业的利润最大化产量一定位于边际成本曲线最低点的右边。（ ）★★

28. 在完全竞争市场上不存在非价格竞争所带来的资源浪费。（ ）★★

29. 完全竞争企业利润最大化的充要条件为MR＝MC。（ ）★

30. 垄断竞争与竞争的关键差别是前一种情况下存在产品差别。（ ）★★

31. 在多个企业共同调整的情况下，完全竞争企业的供给曲线一般不再等于其边际成本曲线。（ ）★★

32. 当市场价格等于最低的短期平均可变成本时，完全竞争企业的超额利润为 0。（ ）★★

四、名词解释

1. 完全竞争市场★
2. 停止营业点★
3. 成本递减行业★★
4. 生产者剩余★★
5. 消费者统治★★
6. 停业原则（浙江大学考研题）★★★
7. 竞争市场（武汉大学考研题）★★★
8. 成本不变行业★★
9. 成本递增行业（华中科技大学考研题、北京交通大学考研题）★★★

五、简答题

1. 完全竞争条件下，短期个别厂商的供给曲线是怎样形成的？★★

2. 为什么完全竞争市场上厂商和行业的短期供给曲线都是一条向右上方倾斜的曲线？★★

3. 评价销售税对福利的影响。★★

4. 完全竞争市场必须具备哪些条件？（中南财经政法大学考研题）★★★

5. 在完全竞争市场上，为什么厂商是一个价格接收者？（西南财经大学考研题）★★★

6. 为什么说完全竞争市场中不存在现实经济生活中的那种真正意义上的竞争？★★

六、计算题

1. 已知某个厂商在完全竞争且成本不变行业中长期总成本函数为 $LTC=Q^3-16Q^2+80Q$，求该行业长期均衡时的价格。★★

2. 某种产品属于竞争性行业，其中一个典型厂商的总成本函数为 $TC=q^3-20q^2+100q+8000$。而该产品的需求函数为 $Q_d=2500-3P$。（其中，q 是该产品的月产量；Q_d是每月的需求量；P 为单价。）（上海大学考研题）★★★

（1）求该行业的长期均衡价格。

（2）求该行业均衡厂商的数量。

3. 在一完全竞争行业中，某企业的产品单价为 960 元，其成本函数为 $TC=Q^3-15Q^2+360Q$。求利润最大化时该企业的产量，及此产量下该企业的单位成本和总利润。★★

七、论述题

1. 有人认为，完全竞争在现实中很难存在，也就没什么实际意义。对此，你怎么认为？（中山大学考研题）★★★

2. 分析完全竞争市场的长期均衡。★★

3. 在完全竞争市场条件下，商品的短期均衡供给曲线和长期均衡供给曲线与厂商的成本曲线之间的关系是什么？（中央财经大学考研题）★★★

八、案例分析

案例一：

对粮食最低收购价政策发展现状的探讨

从 2004 年、2006 年起国家先后对稻谷、小麦这两个粮食品种实行最低收购价政策。以稻谷为例，假设某年的稻谷收购价格为y元，而这个价格根本达不到农民收入的预期，或者是对于农民而言，以这个价格出售稻谷和小麦根本无法得到能够保障自己生活的收入，那么必然会使得农民的农业生产积极性受到很大的打击，进而可能造成更多的农村劳动力选择外出务工，造成田地荒废、粮食减产等一系列问题，更甚有可能影响国家的安全。但如果对其实行了最低收购价格的政策，那么价格就并不完全由市场来决定，那么也就使农民的收入得到了相应的保障，也就在一定程度上保证了农民生产的积极性。因此，粮食最低收购价政策实施的最直接、最主要的目的，就是保障粮食的供应安全，保障农民的利益。

国家实施这一政策以来，粮食最低收购价逐年增长。根据物价部门的有关信息，2004 年到 2007 年间，国际粮食价格波动幅度约在 20%，而 2008 年和 2012 年的波动更是达到了 40%以上。相对于国际粮食价格波动，近年来，国内的粮食价格水平依然较为稳定，原粮收购价和成品粮零售价分别以平均每年 10%以及 8%的幅度上涨，是一个较为缓和平稳的上涨过程。从这一方面的数据来看，粮食最低收购价格政策所取得的成效是很不错的，价格的稳定极好地维护了粮食生产者的利益，保证了其生产积极性。这一政策根本上以"市场价"作为基础，在此基础上进行必要的宏观调控，应该说充分地运用了国家宏观调控的优势，就最初实施这个政策的目的来说，该政策实施以来，在基本上保障农民利益、保证国家粮食安全两个重要方面取得了不错的效果，因而粮食最低收购价格政策在某种程度上是成功的。但是这种成功并非就是完整的成功，我们在关注它所取得的成效的同时，也不可忽视其在实施过程中所存在的一些问题。

虽然我们说粮食收购价格的提高有利于增加农民最基本的收入，提高农民生产积极性，但是价格提高过后，也同样有一些不可回避的问题摆在了我们前面。我们不难预测的是，最低收购价格必然会继续上涨。这种上涨不仅仅是顺应社会发展的，也同样是政府在执行该政策过程中的无奈之举。直接地说，政府对粮食品种的定价是不可能降低的，我们不难分析，政府实施最低定价之后，农民生产积极性是被调动了，因而粮食生产会增加，那么粮食消费缺口大大减少，这种情况之下粮食的供求关系应该缓和，最低价格应该下降，但如果贸然降低收购价格，势必会出现"谷贱伤农"的情况。因此，实际上最低收购价格是难以下降的。这也对政府部分造成了巨大的财政压力，使得政府收购粮食难度不断加大，如果持续下去，必然会导致政府财政不堪重负，最终导致新一轮的粮食供求失衡。

最低购买价格导致全国不同地区的同种粮食价格单一，不能体现差异，也可以说是导致价格上的不公平。例如，对于小麦而言，由于生产地域的环境因素不同，北方省份生产的小麦相对于南方小麦在口感、筋质等品质上是明显占优的。因而市场上的北方小麦价格高于南方小麦价格是能够被认同的一件事，但是由于国家在制定最低收购价格水平时，采用的是相同品种相同最低收购价。如此一来，便导致南方小麦按照最低收购价格收购的成本增高，又由于南方小麦缺乏品质上的优势，因此在市场上与北方小麦相比，便缺乏了价格上的竞争力。

再者就是委托企业与收购主体——中储粮企业利益关系难协调。在贷款主体、质量标准、费用补贴、粮食集并等诸多方面难以协调。按照国家粮食最低收购价政策的要求，中储粮企业是执行最低收购价政策的主体，但相对矛盾的是，前期贷款主体又不是中储粮企业。因此，在收购结算过程中，受委托的企业必须自己承担大量风险和负担前期贷款与农民结算，再和中储粮企业办理验收手续，但如果粮食出现不合格的情况，或者出现误差，受托企业就会承受这些损失。按照规定，受托企业可以获得每公斤 0.05 元的收购费用，但这无法承担集并费用。与此同时，一些没有被委托的粮食企业，将会按照市场价进行收购，大部分的农民是很难得到政策保护的。

注：此案例摘自 https: //wenku.baidu.com/view/6decb2c0cd22bcd126fff705cc17552707225e04.html，有改动。

根据上述案例结合所学经济学知识回答下列问题：

什么是最低限价？最低限价的作用是什么？

就粮食市场来讲，你认为其主要弊端是什么？

案例二：

基于价格管制视角浅析 G 市出租车市场

城市黑车是一种非常普遍的现象，一般的情况是正规出租车在市区行驶，经常出现空载，而黑车活跃在城市周边。但 G 市的情况又与其他城市有所不同，G 市的黑车和出租车同时活跃在市区，几乎是没有区别分工。而且两种车的起步价相当。但是以相对价格来看，黑车的价格还是偏高，因为黑车的成本远低于正规出租车。

出租车市场在我国一直是受到高管制的行业。先看 G 市出租车政府管制状况：G 市实行出租车准入数量管制，“控制总量、公司管理、司机承包”是目前的经营模式。具体是：政府部门控制行业规模和营运价格，出售经营许可；出租车管理公司或个人购买许可，向司机发包。2004 年之前，G 省出租车大部分一直由交通部门管理，2005 年和 2008 年实行了《G 省城市公共客运交通特许经营权管理条例》和《G 省城市公共交通管理条例》后，出租车陆续划转到建设部门管理。截至 2011 年 4 月，G 市拥有出租汽车 4069 辆，其中 2483 辆由私营车主自行经营，1586 辆由 G 市出租汽车公司经营。

从 2010 年 11 月 1 日起，G 市出租车起步价从白天 10 元、晚上 12 元调整为白天 8 元、晚上 10 元。根据计价调整方案，G 市出租车每天 6: 30 至 22: 00 之间，按“白天”计费，起步价从 10 元降至 8 元，起租里程 3 公里，每公里单价 1.6 元保持不变；22: 00 至次日 6: 30，按“夜间”计费，出租车起步价从 12 元降至 10 元，起租里程 3 公里，每公里单价 1.92 元保持不变。计价调整方案将“返空费”的计费里程从 10 公里下调至 5 公里，超过 5 公里后，每公里单价加收 50%。计费方式为：“白天”3 公里以上、5 公里以内，每行驶 500 米跳表 0.80 元，5 公里以上每行驶 500 米跳表 1.20 元；“夜间”3 公里以上、5 公里以内，每行驶 500 米跳表 0.96 元，5 公里以上每行驶 500 米跳表 1.44 元。政府颁布相关规定：每车每年让利 1 万元，即每年向出租车私营车主征收 0.5 万元的经营权使用费。与 2000 年之前花几十万元购买 10 年经营权相比，私营车主向政府缴纳的经营费用已经大幅降低。政府还对 5 公里加收“返空费”进行了解释：根据调查，如果白天起步价下调至 8 元，按照原价行驶至 6 公里时，出租车将出现亏损，跑得越远，亏损越多，从 5 公里起加收 50%“返空费”，将保证出租车跑长途时有利可图。据了解，现在私营出租车“台班费”大多定价为白班230元、夜班150元。

可见，G市出租车受到进入管制、数量限制、价格控制等管制。国外学者对出租车市场管制的问题有大量研究，国内从经济学角度进行分析的并不多见，有学者从管制以及制度角度来分析，并指出出租车行业是一个个体化经营非常鲜明的行业，而政府的管制恰恰忽略了这一特点。

管制租金是由于政府管制产生的，没有政府管制也就没有管制租金的存在。政府通过发放营运牌照来控制市场上出租车数量，租金的多少由市场上出租车数量决定，车越少，管制租金越多。通常的说法是在价格管制下，市场不会出清。但张五常认为，只要给定分配标准和市场交易在管制下继续存在，市场就必然存在下列意义的出清：需求的数量将等于供给的数量。价格管制可能会引起交易物的质量变化，或者以前发生在自由市场上的交易现在不再发生。但无论如何，市场都会出清。曹斌在研究北京出租车市场上租金分配状况时假设市场上不存在黑车，但在G市的出租车市场上黑车就是正规出租车的替代品，参与租金的分配，因此必须予以考虑。

出租车市场上与管制租金有关的利益群体：消费者、出租车司机、黑车司机、政府、出租车公司和监管者。

在这六个利益群体中，租金的来源是消费者，其他群体根据各种有形合约或无形合约形式不同而分得不同比例的租金。

自由竞争条件下，生产要素总是从无经济租金或经济租金较低的产业流入较高的产业，引起经济租金下降或消失，直至各个生产要素的机会成本和要素报酬相等为止。如果一个行业存在高额经济租金，而政府又进行管制，使得生产要素不能合法自由地流入该行业，租金不能自然消失的情况下，就会产生黑市。据统计，2011年G市一辆出租车经营权拍卖达40万元以上，一般是7年一轮，G市2011年拥有4069辆出租车，出租车市场进行准入、价格和数量的管制，政府管制租金的数额是很可观的，因此黑车盛行是必然。

注：此案例摘自 http: //www.doc88.com/p-1897575906730.html，有改动。

根据上述案例结合所学经济学知识，试分析政府管制租金怎样在除消费者以外的五个利益群体中分配才能达到最好的效果。

第七章

不完全竞争的市场

【重难点分析】

本章考查的重点主要有：垄断市场、寡头市场和垄断竞争市场。其中针对垄断市场主要考查：垄断市场的条件、垄断厂商的需求曲线和收益曲线、垄断厂商的短期均衡、垄断厂商的供给曲线以及垄断厂商的长期均衡和价格歧视；垄断竞争市场则主要考查：垄断竞争市场的条件、垄断竞争厂商的需求曲线、垄断竞争厂商的短期均衡、垄断竞争厂商的长期均衡、垄断竞争厂商的供给曲线、非价格竞争；寡头市场主要考查：寡头市场的特征和几个重要的寡头模型。

本章考查的难点主要有：不完全竞争市场的均衡条件以及寡头市场的各种模型。

一、单项选择题

1. 垄断市场是指整个行业有（　　）厂商的市场组织。★

A. 唯一一个　　B. 两个

C. 无数个　　D. 大于两个

2. 垄断厂商的边际收益曲线斜率是需求曲线斜率的（　　）。★★

A. 1 倍　　B. 2 倍

C. 3 倍　　D. 4 倍

3. 根据垄断行业的特点，下列哪个行业最易进入垄断？（　　）★

A. 水、电行业　　B. 家电行业

C. 汽车行业　　C. 服装行业

4. 垄断竞争厂商利润最大化的原则是（　　）。★★

A. 边际成本大于边际收益　　B. 边际成本小于边际收益

C. 边际成本等于边际收益　　D. 不确定

5. 下列哪一个是进入一个垄断行业的壁垒？（　　）★★

A. 专利权　　B. 垄断利润

C. 价格优势　　D. 行业特性

6. 下列哪种情况可以称为二级价格歧视？（ ）★★

A. 供电部门根据电的消费量制定出不同的价格

B. 景区根据游客的类型制定出不同的票价

C. 厂商以消费者愿意支付的最高价格制定产品的价格

D. 以上都不是

7. 下列行业中最接近寡头市场的是（ ）。★

A. 铁路运输行业　　B. 汽车行业

C. 零售业　　D. 以上都不是

8. 寡头市场的主要特征是（ ）。★★

A. 厂商生产的商品具有差别　　B. 对产品的价格有一定的控制力

C. 厂商之间存在相互依存关系　　D. 可以获得经济利润

9. 形成寡头市场的主要原因不包括（ ）。★★

A. 某些产品的生产必须在相当大的生产规模上运行才能达到最好的经济效益

B. 行业中少数几家厂商对生产所需的基本生产资源供给的控制

C. 政府的扶植和支持

D. 为了获取高额经济利润

10. 古诺模型是指市场有（ ）个寡头厂商的模型。★

A. 1 个　　B. 2 个

C. 3 个　　D. 4 个

11. 垄断厂商面对的需求曲线为向右下方倾斜的直线，当厂商获得的边际收益为 0 时，对应的需求价格弹性（ ）。★★

A. 大于 1　　B. 小于 1

C. 等于 1　　D. 等于 0

12. 对于一个垄断厂商来说，其确定的供给曲线（ ）。★★

A. 向右上方倾斜　　B. 等同于边际收益曲线

C. 为平行的直线　　D. 不存在

13. 在垄断竞争市场中（ ）。★★

A. 数目很少的厂商生产有差异的产品　　B. 数目很少的几个厂商生产同质的产品

C. 有许多厂商生产同质的产品　　D. 有许多厂商生产有差异的产品

14. 寡头市场上，厂商面临弯折的需求曲线的模型是（ ）。★★

A. 古诺模型　　B. 斯塔克伯格模型

C. 斯威齐模型　　D. 价格领导模型

15. 垄断竞争厂商长期均衡时（ ）。★★

A. 厂商可以获得超额利润　　B. 边际收益大于长期边际成本

C. 平均收益大于长期平均成本　　D. 经济利润为 0

16. 寡头垄断与垄断竞争的主要区别是（ ）。★

A. 厂商之间相互影响的程度不同　　B. 厂商竞争方式不同

C. 厂商的价格和产量不同　　D. 厂商生产的产品不同

17. 垄断竞争厂商所面临的需求曲线（　　）。★★

A. 向右下方倾斜　　B. 水平

C. 向右上方倾斜　　D. 不确定

18. 寡头垄断与垄断竞争的主要区别是（　　）。★★

A. 厂商的广告开支不同　　B. 厂商的竞争手段不同

C. 厂商之间相互影响的程度不同　　D. 价格和产量的高低不同

19. 在短期内，垄断厂商通过什么来实现 MR＝SMC 的利润最大化原则？（　　）★★

A. 改变固定要素投入量　　B. 对产量和价格的调整

C. 改变价格　　D. 以上都不是

20. 无论是竞争性厂商还是垄断性厂商都只有在（　　）时才会扩大产出。★★

A. MR＞MC　　B. MR＝MC

C. MR＜MC　　D. 以上都不会

21. 下列哪一项不是垄断厂商实施价格歧视的条件？（　　）★★

A. 市场的消费者具有不同的偏好

B. 不同的消费者群体或不同的销售市场是相互隔离的

C. 转售非常困难

D. 垄断厂商在所有市场都必须面对一条富有弹性的需求曲线

22. 一个实行价格歧视的厂商将在需求（　　）的市场索取最高的价格。★★

A. 价格弹性最大　　B. 价格弹性最小

C. 缺乏价格弹性　　D. 富有价格弹性

23. 下列属于寡头市场特征的是（　　）。★

A. 厂商数量很少，每个厂商都必须考虑其竞争对手的行为

B. 厂商数量很少，每个厂商都不必考虑其竞争对手的行为

C. 厂商数量很多，每个厂商都必须考虑其竞争对手的行为

D. 厂商数量很多，每个厂商都不必考虑其竞争对手的行为

24. 价格领导模型中，价格领先者（　　）。★★

A. 制定行业的最高价格

B. 制定行业的价格，其他厂商跟随

C. 控制价格，从而禁止其他厂商进入该行业

D. 无法确定

25. 下列属于非价格竞争的是（　　）。★

A. 改进产品品质　　B. 精心设计商标和包装

C. 广告宣传　　D. 以上都是

26. 在斯威齐模型中（　　）。★★

A. 如果一个寡头厂商提高价格，行业中的其他寡头厂商都不会跟着改变自己的价格

B. 如果一个寡头厂商提高价格，行业中的其他寡头厂商都会跟着改变自己的价格

C. 如果一个寡头厂商降低价格，行业中的其他寡头厂商不会将价格下降到相同的水平

D. 无法确定

27. 下列市场中存在供给曲线的是（　　）。★

A. 完全垄断市场　B. 垄断竞争市场

C. 完全竞争市场　D. 寡头市场

28. 下列不属于垄断竞争特征的是（　　）。★

A. 长期利润为正　B. 需求曲线向右下方倾斜

C. 进出行业很容易　D. 存在产品差异

29. 垄断厂商不会选择在需求价格弹性（　　）处进行生产。★

A. 大于 1　B. 等于 0

C. 小于 1　D. 无穷大

30. 下列不属于垄断厂商在长期内对生产调整的结果的是（　　）。★★★

A. 垄断厂商在短期内是亏损的，但在长期内，又不存在一个可以使其获得利润（或至少使其亏损为 0）的最优生产规模，于是，该厂商退出生产

B. 垄断厂商在短期内是亏损的，但在长期内，该厂商通过对最优生产规模的选择，摆脱了亏损的状况，甚至获得利润

C. 垄断厂商在短期内利用既定的生产规模获得了利润，在长期内，该厂商通过对生产规模的调整，使自己获得更大的利润

D. 垄断厂商在短期内利用既定的生产规模获得了利润，在长期内，维持这个利润

31. 买方垄断是指（　　）。★★

A. 销售者的垄断　B. 购买者的垄断

C. 购买者和销售者都有垄断力　D. 寡头的另一种说法

32. 已知某垄断厂商的短期总成本函数为 $STC=0.1Q^3-6Q^2+140Q+3000$，反需求函数为 $P=150-3.25Q$，那么该垄断厂商的短期均衡产量是（　　）。★★

A. 20　B. 15

C. 30　D. 40

33. 无论是竞争性厂商还是垄断性厂商，只有在（　　）时才扩大产出。★

A. $P>MC$　B. $P<MC$

C. $MR>MC$　D. $MR<MC$

34. 下列关于完全竞争厂商与垄断厂商的描述正确的是（　　）。★★

A. 前者能影响产品的价格而后者不能

B. 后者能影响产品的价格而前者不能

C. 两者都能影响产品的价格

D. 两者都不能影响产品的价格

35. 垄断竞争厂商处于长期均衡时，会产生剩余产量，这是因为（　　）。★★

A. 厂商可以通过生产更多的产品来减少平均固定成本

B. 厂商可以通过超额产出来使利润达到最大化

C. 长期产出水平的确定取决于平均成本下降的时刻

D. 厂商不能使平均固定成本最小化

36. 如果垄断竞争行业存在超额利润，则（　　）。★★
A. 新企业将进入
B. 现有企业将提高价格
C. 因为有进入障碍，不会有新企业进入
D. 生产成本会上升
37. 作为市场价格接受者的厂商是（　　）。★
A. 垄断厂商　　B. 寡头厂商
C. 垄断竞争厂商　　D. 完全竞争厂商
38. MR＝MC 原则适用于（　　）。★★
A. 所有市场类型的厂商　　B. 仅仅当厂商是价格接受者时
C. 仅仅是在垄断市场中　　D. 仅仅是完全竞争厂商
39. 垄断厂商面对的需求曲线为向右下方倾斜的直线，当厂商获得的边际收益为0时，对应的需求价格弹性（　　）。★★
A. 大于 1　　B. 小于 1
C. 等于 1　　D. 不确定
40. 垄断竞争厂商达到短期均衡时，（　　）。★★
A. 厂商一定能获得超额利润
B. 厂商一定不能获得超额利润
C. 厂商只能得到正常利润
D. 取得超额利润、发生亏损及获得正常利润均有可能
41. 垄断竞争厂商在长期均衡点上，长期平均成本曲线处于（　　）。★★
A. 上升阶段　　B. 下降阶段
C. 水平阶段　　D. 以上情况均有可能
42. 寡头垄断与完全垄断的主要相同之处是（　　）。★★
A. 都存在阴谋勾结以限制产量　　B. 在长期中，生产的效率都高
C. 行业中都存在进入壁垒　　D. 在长期中，生产的效率都一样的低
43. 要得到古诺模型中的均衡，必须假定（　　）。★★
A. 该行业中只有两个厂商
B. 边际成本为 0
C. 每个厂商都假定别的厂商的价格保持不变
D. 以上都不对
44. 在长期中，垄断竞争行业的经济利润即超额利润为 0，这是因为（　　）。★★
A. 产品存在差异　　B. 缺乏进入壁垒
C. 过剩的生产能力　　D. 单个企业的需求曲线向下倾斜
45. 自然垄断是指（　　）。★★
A. 从经济上看允许多个厂商存在，但技术上不允许
B. 从技术上看允许多个厂商存在，但经济上不允许
C. 从经济上和技术上看都允许多个厂商存在

D. 从经济上和技术上看都只允许一个厂商存在

46. 垄断厂商利润最大时，有（　　）。★★

A. P=MR=MC　　B. P>MR=MC

C. P>MR=AC　　D. P>MC=AC

47. 垄断竞争行业中，竞争是不完全的，因为（　　）。★★

A. 每个厂商面对着一条完全有弹性的需求曲线

B. 每个厂商做决策时都要考虑其竞争对手的反应

C. 每个厂商面对着一条向右下倾斜的需求曲线

D. 每个厂商都得到了正的利润

48. 政府对垄断厂商进行管制时，有两种价格：一是帕累托最优价格，二是零经济利润价格，这二者分别由（　　）确定。★★

A. 平均成本与需求曲线的交点，平均成本与边际收益的交点

B. 平均收益与边际成本的交点，平均收益与平均成本的交点

C. 需求曲线与边际成本的交点，平均收益与平均成本的交点

D. 平均收益与平均成本的交点，需求曲线与边际成本的交点

49. 完全垄断厂商的产品需求价格弹性的绝对值大于 1 时，厂商的总收益与商品销售量的变化关系是（　　）。★★

A. 同方向　　B. 反方向

C. 没关系　　D. 以上都对

50. 有些因素可以阻止竞争出现，这些因素被统称为（　　）。★★

A. 政府管制　　B. 进入障碍

C. 广告　　D. 不变成本

51. 如果垄断竞争行业存在超额利润，则（　　）。★★

A. 新企业将进入　　B. 现有企业将提高价格

C. 因为有进入障碍，不会有新企业进入　　D. 生产成本会上升

52. 当一个行业由自由竞争演变成垄断时，则（　　）。★★

A. 垄断市场的价格等于竞争市场的价格

B. 垄断市场的价格高于竞争市场的价格

C. 垄断市场的价格低于竞争市场的价格

D. 垄断市场的价格具有任意性

53. 一个垄断厂商如果有一线性需求函数，则总收益增加时是（　　）。★★

A. 边际收益为正且递增　　B. 边际收益为正且递减

C. 边际收益为负值　　D. 边际收益为 0

54. 在总收益递减的产量区间，垄断厂商的边际收益（　　）。★★

A. 递增　　B. 递减且为正值

C. 为 0　　D. 递减且为负值

55. 完全垄断厂商如果处于（　　）。★★

A. 长期均衡，一定处于短期均衡　　B. 长期均衡，不一定处于短期均衡

C. 短期均衡，一定处于长期均衡　　D. 以上都不对

56. 如果垄断竞争行业存在正的利润，那么（　　）。★★

A. 新企业将进入该行业　　B. 现存企业将提高产品的价格

C. 生产成本将上升　　D. 产品差异将不再存在

57. 寡头垄断市场的产量（　　）。★★

A. 比在完全竞争条件下要小，但比在完全垄断条件下要大

B. 比在完全竞争条件下要小，比在完全垄断条件下也要小

C. 比在完全竞争条件下要大，但比在完全垄断条件下要小

D. 比在完全竞争条件下要小，与在完全垄断条件下相同

二、多项选择题

1. 形成垄断的主要原因有（　　）。★★

A. 独家厂商控制了生产某种商品的全部资源或基本资源的供给

B. 独家厂商拥有生产某种商品的专利权

C. 政府的特许

D. 自然垄断

2. 垄断厂商对生产的调整可能有（　　）结果。★★

A. 短期亏损，长期也不可能获得利润

B. 短期亏损，长期摆脱亏损甚至获得利润

C. 短期获得利润，长期调整生产规模获得更大利润

D. 不确定

3. 垄断竞争市场的条件主要有（　　）。★★

A. 在生产集团中有大量的企业生产有差别的同种产品，这些产品彼此之间都是非常接近的替代品

B. 一个生产集团中的企业数量非常多

C. 厂商的生产规模比较小

D. 厂商获得经济利润

4. 垄断竞争厂商长期均衡时，其产量满足（　　）。★★

A. AR＝LMC　　B. MR＝LMC

C. AR＝LAC　　D. MR＝LAC

5. 形成寡头市场的主要原因有（　　）。★★

A. 某些产品的生产必须在相当大的生产规模上运行才能达到最好的经济效益

B. 行业中少数几家企业对生产所需的基本生产资源供给的控制

C. 政府的扶植和支持

D. 厂商的生产规模比较大

6. 寡头市场上弯折的需求曲线表明（　　）。★★
A. 假定一个厂商降低价格，其他厂商会将价格下降到相同的水平
B. 寡头市场需求曲线特有的特征
C. 假定一个厂商提高价格，其他厂商不会跟着改变自己的价格
D. 假定一个厂商提高价格，其他厂商会将价格提高到相同的水平
7. 下列属于完全垄断市场特征的有（　　）。★★
A. 行业中一个企业对市场提供所有产品
B. 垄断企业对产品价格有完全控制权
C. 只有很小的竞争关系
D. 行业中几个企业对市场提供所有产品
8. 实行三级价格歧视的条件有（　　）。★★★
A. 存在着可以分隔的市场
B. 消费者剩余能够被生产者完全剥夺
C. 被分隔的各个市场上需求价格弹性不同
D. 厂商在不同市场上定价应相同
9. 在垄断竞争市场上属于非价格竞争的方式有（　　）。★★
A. 改进产品品质　　B. 精心设计商标和包装
C. 增加广告投入量　　D. 以上都不是
10. 下列选项属于三级价格歧视的有（　　）。★★
A. 同种产品根据富裕程度不同的人群制定不同的价格
B. 旅游景区存在学生票
C. 不同的消费数量段规定不同的价格
D. 以上都是
11. 下列属于寡头市场模型的有（　　）。★★
A. 古诺模型　　B. 托拉斯模型
C. 斯塔克伯格模型　　D. 以上都不是
12. 下列属于古诺模型的基本假设的有（　　）。★★
A. 市场上只有两个厂商生产和销售相同的产品
B. 厂商生产成本为0
C. 市场上有两个厂商，且一个为实力相对雄厚而处于支配地位的领导者而另一个则为追随者
D. 以上都对
13. 垄断竞争市场与寡头市场的相同点有（　　）。★★
A. 都是不完全竞争市场　　B. 都没有确定的供给曲线
C. 长期利润都为0　　D. 以上都是
14. 垄断竞争市场的特征有（　　）。★
A. 市场上生产和出售的产品有差别　　B. 生产同类产品的企业很多
C. 企业进入或退出比较容易　　D. 市场上生产和出售的产品同质

15. 垄断竞争市场与寡头市场的不同点有（　　）。★★

A. 垄断市场进出比较自由

B. 寡头市场厂商生产的产品有差别，垄断竞争市场厂商生产的产品没有差别

C. 垄断竞争市场的厂商长期利润为0，而寡头市场不为0

D. 以上都对

16. 政府一般对于一些自然垄断的企业实行价格管制的方法有（　　）。★

A. 边际成本定价法　　B. 平均可变成本定价法

C. 平均不变成本定价法　　D. 平均成本定价法

17. 价格歧视一般可以分为（　　）。★

A. 一级价格歧视　　B. 二级价格歧视

C. 三级价格歧视　　D. 四级价格歧视

18. 完全垄断与完全竞争的区别有（　　）。★★

A. 完全垄断只有一个厂商，完全竞争市场厂商有无限多个

B. 完全垄断市场的产品不能替代，完全竞争市场的产品具有同质性

C. 完全垄断厂商独自决定价格，完全竞争厂商是价格的接受者

D. 以上都对

三、判断题

1. 实施一级价格歧视的垄断者将消费者剩余全部转化为生产者剩余。（　　）★★

2. 垄断厂商可以随便定价。（　　）★

3. 垄断厂商串谋是因为可以控制产量水平获取高额利润。（北京大学考研题）（　　）★★★

4. 弯折的需求曲线表示一个寡头垄断厂商降价时，对手企业也同时降价。（　　）★★

5. 垄断厂商在长期内一定能获得利润。（　　）★★

6. 二级价格歧视垄断厂商占有了全部的消费者剩余。（　　）★★

7. 垄断竞争厂商不能控制自己的产品的价格。（　　）★★

8. 实行三级价格歧视时垄断厂商应该使各个市场的边际收益相等。（　　）★★★

9. 在垄断竞争市场上，不存在具有规律性的供给曲线。（　　）★★

10. 垄断厂商长期均衡时，垄断者的生产规模一定会使短期平均成本和长期平均成本达到最小。（　　）★★

11. 垄断是缺乏效率的，因为厂商有超额利润。（　　）★★

12. 寡头垄断厂商都面对一条弯折的需求曲线。（　　）★

13. 垄断与垄断竞争的比较大的一个差别就是垄断竞争存在自由进入。（　　）★★★

14. 垄断厂商是不会发生亏损的。（　　）★★

15. 垄断厂商不必像垄断竞争厂商那样采用广告战略，因为前者没有竞争对手。（　　）★★

16. 在垄断竞争行业中，每个企业都面临向右下方倾斜的需求曲线。（　　）★★

17. 垄断竞争与完全竞争的关键差别是前一种情况下存在产品差别。（　　）★★

18. 一个垄断厂商可以随心所欲地定价，以取得最大利润。（　　）★★

19. 垄断竞争厂商短期内不一定存在利润，长期中一定不存在利润。（　　）★★

20. 在主导厂商的价格领导模型中，主导厂商决定价格，以便把其他所有厂商挤出该行业。（　　）★★★

21. 垄断厂商的价格总是比竞争条件下的价格高，而产出少。（　　）★★★

22. 自然垄断，意味着规模经济在一个产量充分大的范围内仍旧存在。（　　）★★★

23. 长期中，由于新企业的进入，垄断竞争市场的价格等于厂商的最小长期平均成本。（　　）★★

24. 弯折的需求曲线表示一个寡头垄断厂商提价时，对手企业也同时提价。（　　）★★★

四、名词解释

1. 自然垄断★
2. 价格歧视★★
3. 寡头市场★★
4. 斯塔克伯格模型★★
5. 非价格竞争★★
6. 垄断市场★
7. 垄断利润（南京财经大学考研题）★★
8. 垄断厂商的需求曲线★★
9. 古诺模型★★

五、简答题

1. 垄断竞争市场形成的条件是什么？★★

2. 旅游景区对外地旅游者收取高额的票价，而本地居民则可以凭借身份证或其他有效证件以远低于正常票价的价格去旅游景区游玩，为什么要收取不同的票价？同时具备什么条件才能有效实施这项政策？★★★

3. 试分析比较古诺模型与斯塔克伯格模型的异同。★★

4. 垄断竞争厂商 d 需求曲线和 D 需求曲线之间的关系是什么？★★

5. 什么是价格歧视？垄断厂商实行价格歧视的条件是什么？★★

6. 简述垄断厂商的需求曲线。★★

7. 垄断竞争市场中 d 需求曲线和 D 需求曲线分别代表什么？★★

六、计算题

1. 某国电信市场原本由一家公司经营，其成本函数为 $TC=Q^2-10Q+30$，市场需求为 $Q_d=15-P$。（重庆大学考研题）★★★

（1）求市场均衡产量、均衡价格和利润。

（2）现将该公司拆分为 A、B 两公司，由于技术水平和规模状态的不同，A、B 两公司的成本函数分别为：$TC_A=Q_A^2-10Q_A+30$，$TC_B=Q_B^2-4Q_B+10$。

①假设两公司独立行动，各自谋求本公司利润最大化，求均衡时 A、B 两公司的产量、利润和市场价格。

②若两公司共谋形成卡特尔，求均衡时 A、B 两公司的产量、利润和市场价格。

2. 已知某垄断厂商的短期总成本函数为 $STC=0.2Q^3-12Q^2+280Q$，反需求函数为 $P=300-6.5Q$。

求该垄断厂商的短期均衡产量和均衡价格。★★

3. 已知某垄断竞争厂商的长期成本函数为 $LTC=0.001Q^3-0.51Q^2+200Q$，如果该产品的生产集团内所有厂商都按相同的比例调整价格，那么，每个厂商的实际 $STC=0.2Q^3-12Q^2+280Q+6000$，需求曲线为 $P=238-0.5Q$。求：★★

（1）该厂商长期均衡时的产量与价格。

（2）该厂商长期均衡时主观需求曲线上的需求的价格点弹性值（保留整数部分）。

七、论述题

1. 论述垄断竞争厂商的短期均衡。★★

2. 说明不同市场结构的各自特征。（北京理工大学考研题）★★★

3. 结合图形讨论并比较一下完全竞争市场、古诺双寡头市场、独家垄断市场各自在均衡条件下的产量情况。（东北财经大学考研题）★★★

八、案例分析

案例一：

价格歧视

电影票：许多电影院对儿童和老年人收取低于其他观众的价格。在竞争市场上很难解释这个事实。在竞争市场上，价格等于边际成本，为儿童和老年人提供一个座位的边际成本与为其他人提供一个座位的边际成本相同。但如果电影院有某种地区性垄断力量，而且，如果儿童与老年人对电影票的支付意愿较低，就很容易解释差异化定价这个事实。在这种情况下，电影院通过价格歧视增加了利润。

飞机票：飞机上的许多座位以不同的价格出售。许多航空公司对在两个城市间往返，但周六在对方城市住一个晚上的旅客收取低价格。乍一看，这有点令人费解。为什么乘客周六是否停留一个晚上与航空公司有关呢？原因是这条规定是区别公务乘客与休闲乘客的一种方法。公务乘客支付意愿高，而且很可能不想在周六停留一个晚上。因此，航空公司可以通过对周六停留一晚的乘客收取低价格而成功地实行价格歧视。

折扣券：许多公司在报纸和杂志上向公众提供折扣券。买者为了得到下次购买时 0.5 美元的折扣而剪下折扣券。为什么公司提供这些折扣券？为什么不直接把产品价格降低 0.5 美元？答案是折扣券使公司可以实行价格歧视。公司知道，并不是所有顾客都愿意花时间剪下折扣券。此外，剪折扣券的意愿与顾客对物品的支付意愿是相关的。富裕而繁忙的高层管理人员不大可能花时间从报纸上剪下折扣券，而且，他也许愿意为许多物品支付较高的价格。一个失业者更可能剪下折扣券并且支付意愿较低。因此，通过只对这些剪下折扣券的顾客收取较低价格，企业就可以成功地实行价格歧视。

助学金：许多学院和大学对贫困学生提供助学金。可以认为这种政策是一种价格歧视。富有的学生钱多，因此支付意愿比穷人高。通过收取高学费并有选择地提供助学金，学校实际上是根据学生们对上学的评价来收取学费。这种行为与任何一个价格歧视垄断者的行为相似。

数量折扣：到现在为止，在我们价格歧视的例子中，垄断者对不同顾客收取不同的价格。但是，有时垄断者也通过对购买不同数量的同一顾客收取不同价格来实行价格歧视。例如，许多企业对购买量大的顾客提供低价格。面包店可能对每个面包收取 0.5 美元的价格，但对一打面包收取 5 美元的价格。这之所以是一种价格歧视，是因为顾客对购买的第一单位付出的价格高于第二单位。数量折扣通常是一种成功的价格歧视方法，因为随着购买量的增加，顾客对增加的一单位的支付意愿减少了。

注：此案例摘自 https: //baijiahao.baidu.com/s?id＝1569641139861855&wfr＝spider&for＝pc，有改动。

根据上述案例结合所学经济学知识回答下列问题：

（1）什么是价格歧视？其实行条件是什么？价格歧视可以分为几种情况？

（2）航空公司对于在两个城市间往返，但在对方城市停留时间不同的乘客收取不同费用的行为属于几级价格歧视？并对此做出简要分析。

案例二：

贵州茅台控制最高售价涉嫌价格垄断

2013 年贵州茅台因价格垄断被处罚，是因为其限制经销商最低销售价。2012 年年底，受塑化剂和打击政府消费等影响，贵州茅台价格在终端市场上从2000多元跌下来，一度还跌破千元。

贵州茅台为了维护价格体系，对经销商发出最低限价令，要求经销商不得擅自降低销售价格。在 2012 年 12 月 18 日召开的经销商大会上，贵州茅台集团董事长袁仁国要求经销商必须坚持53度飞天茅台的价格不能低于每瓶1519元，团购价不能低于每瓶1400元。2013年1月，贵州茅台对3家经销商低价和跨区域销售处以暂停执行茅台酒合同计划，并扣减20%保证金，以及提出黄牌警告等惩戒措施。

2013年，国家发改委处罚贵州茅台2.47亿元，为这家白酒巨头2012年销售额的1%。一般而言，公众认为的垄断是几个企业缔结价格合约，共同控制市场，或者一个优势企业利用垄断优势将销售价格提高，攫取超额利益。而贵州茅台的做法，只是为了防止价格继续下滑，很难和垄断联系起来。

其实《中华人民共和国反垄断法》(以下简称《反垄断法》)规定的垄断情形有很多。贵州茅台违反的是我国《反垄断法》第十四条，该条例规定："禁止经营者与交易相对人达成下列垄断协议：（一）固定向第三人转售商品的价格；（二）限定向第三人转售商品的最低价格……"

贵州茅台后来不再限价，废止有关违反《反垄断法》的文件，对给予相关经销商的处理决定予以撤销，退还已扣减的保证金。

而现在贵州茅台再次决定终端销售价格，不同的是，贵州茅台上次是规定最低销售价，现在则因为价格上涨而规定最高销售价，前者是为了保价格不跌，后者是为了保价格不涨。部分法律学者认为，这依然涉嫌价格垄断。

按《反垄断法》第十四条的规定，固定向第三人转售商品的价格，属经营者与交易相对人达成的垄断协议。

同济大学知识产权与竞争法研究中心研究员刘旭认为，2017年5月茅台集团的"限价令"，涉嫌限制批发商最低转售价格，通过对终端零售商的指定授权机制与取消授权等惩罚手段，以限制最高零售价格，变相实施固定零售价格。

刘旭认为，执行这一价格体系的经销商，也涉嫌垄断。例如，北京有70家茅台销售网点在中秋节期间拿出50%的供应量来确保零售，一律以1299元／瓶的价格出售。这70家网点不仅对500毫升装53度飞天茅台酒的零售价进行了统一，更对各自的销售量进行了约定。

《反垄断法》第十三条第一款对横向限制竞争协议就禁止限制价格竞争，以及限制销量竞争。所以，经销商共同限制特定产品的销售量和销售价格一样都是违反《反垄断法》的。

刘旭认为，发改委此前对海外一些企业进行反垄断调查时，将经销商作为处罚对象，贵州茅台的经销商也应在涉嫌违法之列。

上海财经大学反垄断法与竞争经济学研究中心执行主任居恒认为，贵州茅台是否垄断，先要分析当前的经销商协议文本，是否存在明确的、严格的零售价格约束，如是否固定了经销商的零售价格，或者设定了最低零售价。此外，要分析当前的相关市场竞争状况是否发生显著变化，确认贵州茅台公司是否具有市场支配力，更重要的一点是要分析该销售限制是否构成了反垄断法意义上的垄断协议，也就是要证明该协议是否产生了"排除、限制竞争"的效果，还是能够促进市场竞争。

某参与起草《反垄断法》的权威人士表示，对终端销售进行最高限价有可能是有益的，所以在立法的时候没有写进去，但此行为也有可能限制经销商的竞争，有组成横向卡特尔的可能性。

他认为，如果最高限价让其他品牌商模仿，那就会限制价格竞争，但有这种能力的企业必须是寡头，贵州茅台是不可替代的，在行业内有特殊地位，但是否是寡头，还很难界定。贵州茅台这种行为是否垄断不可直接判断，要具体分析。可以用《反垄断法》第十四条进行调查，调查对象可以用《反垄断法》第十五条进行抗辩。

《反垄断法》第十五条规定的是垄断协议的豁免情形，包括:（一）为改进技术、研究开发新产品的；（二）为提高产品质量、降低成本、增进效率，统一产品规格、标准或者实行专业化分工的；（三）为提高中小经营者经营效率，增强中小经营者竞争力的；等等。

这些豁免情形中，找不到与最高控价有关联的款项。北京律师协会竞争与反垄断法律专业委员会主任魏士廪认为，只要供应商向经销商控制终端转售价格，并对违反者实施惩罚措施，就可以认定其涉嫌进行价格垄断，除非有证据证明存在豁免情形。

刘旭认为，自2016年以来，伴随贵州茅台一系列保价措施的落实，加剧了批发商和非授权经销商对这款白酒产品价格上涨的预期，导致囤积居奇，进一步恶化短缺行情，其价格波动应交由市场自行调节，应通过反垄断执法，允许500毫升装53度飞天茅台酒价格继续上涨，让经销商自行达成或通过上游厂家组织达成的销量控制瓦解，可以缓解该产品在各地的供需紧张，打破饥饿营销可能带来的非理性涨价预期。

注：此案例摘自 http: //www.sohu.com/a/165251316_161623，有改动。

根据上述案例结合所学经济学知识回答下列问题：

（1）什么是垄断，垄断形成的原因是什么？

（2）针对垄断，政府可以采取什么方法？

第八章

生产要素价格的决定

【重难点分析】

本章考查的重点主要有：边际产品价值、完全竞争厂商对生产要素的需求曲线，厂商的需求曲线与市场的需求曲线之间的关系，要素供给原则，用无差异曲线分析要素供给原则，土地的供给曲线和地租的决定，洛伦兹曲线和基尼系数。

本章考查的难点主要有：完全竞争厂商使用生产要素的原则，要素供给问题，劳动供给曲线和工资率的决定。

一、单项选择题

1. 下列需求为派生需求的是（　　）。★

A. 对汽车的需求　　B. 对生产汽车中使用劳动的需求

C. 对钢铁的需求　　D. 以上都不对

2. 在完全竞争产品市场中，某厂商仅用要素 K 去生产产品，则该厂商对要素 K 的需求曲线与下列哪条曲线重合？（　　）★

A. MP_K 曲线　　B. MP 曲线

C. VMP_l 曲线　　D. 以上都不对

3. 某工人在工资为每天 100 元时，每个月赚 2500 元，在每天 200 元时，每个月赚 4000 元，由此可得（　　）。★★

A. 收入效应＞替代效应　　B. 收入效应＝替代效应

C. 收入效应＜替代效应　　D. 无法确定

4. 在完全竞争市场上，厂商对劳动的需求主要取决于（　　）。★

A. 劳动要素的重要性　　B. 劳动的供给情况

C. 劳动要素的边际产品收益　　D. 劳动的价格

5. 随着工资的增加，劳动的供给量（　　）。★

A. 一直增加　　B. 先增加后减少

C. 先减少后增加　　D. 无法确定

6. 下列属于资本的特点的是（ ）。★★

A. 它的数量是可以改变的
B. 它与资金并没有什么区别
C. 它不属于生产要素的一种
D. 以上都不对

7. 土地的供给曲线的形状为（ ）。★★

A. 平行于横轴 q 的水平直线
B. 垂直于横轴 q 的水平直线
C. 向右上方倾斜的曲线
D. 向右下方倾斜的曲线

8. 经济租金是（ ）。★★

A. 使用 1 公顷土地所需支付的价格
B. 使用 100 万元资本所需支付的利息
C. 所需支付给工人劳动的工资
D. 某种生产要素量既定时大于所要求的那部分收入

9. 资本与土地及劳动的根本区别为（ ）。★★★

A. 利息与地租及工资的计算方法不同
B. 资本的数量是可以变化的
C. 资本的重要程度比土地和劳动更强
D. 以上都不对

10. 下列不属于生产服务源泉的是（ ）。★★

A. 劳动者
B. 土地
C. 使用 1 公顷土地 1 年
D. 建筑物和机器

11. 准租金与厂商的总利润相比（ ）。★★

A. 前者大
B. 相等
C. 后者大
D. 无法确定

12. 工资率上升有收入效应和替代效应，如果工资率一直增长，则劳动供给曲线（ ）。★★

A. 向上倾斜
B. 水平
C. 垂直
D. 向后弯曲

13. 完全竞争厂商使用要素的原则为（ ）。★★

A. 边际成本等于边际收益
B. 边际产品大于边际收益
C. 边际收益等于边际产品价值
D. 边际收益大于边际产品价值

14. 劳动供给者是在（ ）中进行选择。★

A. 消费和闲暇
B. 劳动和闲暇
C. 收入和闲暇
D. 以上都对

15. 在完全竞争市场上，厂商对于要素的需求曲线向右下方倾斜的原因是（ ）。★★

A. 生产要素的边际产品递减
B. 厂商对于生产要素的边际需求递减
C. 厂商的边际生产能力递减
D. 以上都不对

16. 边际产品价值 VMP 与产品的边际收益 MR 的区别为（ ）。★★

A. 产品的边际收益通常是对产量而言，边际产品价值则是对要素而言
B. 产品的边际收益通常是对要素而言，边际产品价值则是对产量而言

C. 产品的边际收益通常是对要素而言，边际产品价值则是对收益而言
D. 产品的边际收益通常是对收益而言，边际产品价值则是对收益而言
17. 边际产品价值函数与边际产品函数的相对位置关系取决于（　　）。★★
A. 边际产品价值函数大于 1 还是小于或等于 1
B. 边际产品函数大于 1 还是小于或等于 1
C. 产品价格是大于 1 还是小于或等于 1
D. 以上都不对
18. 完全竞争厂商的要素需求曲线的形状为（　　）。★★
A. 向左下方倾斜　　B. 平行
C. 垂直　　D. 向右下方倾斜
19. 用于生产某种产品所投入的生产要素的边际产品价值可解释为（　　）。★★
A. 该要素的边际产量乘以投入要素的价格
B. 该要素的平均产量乘以投入要素的价格
C. 该要素的边际产量乘以该产品的价格
D. 该要素的平均产量乘以该产品的价格
20. 要素供给效用最大化条件为（　　）。★★
A. 作为要素供给的资源的边际效用等于作为保留自用的资源的边际效用
B. 作为要素供给的资源的边际效用大于作为保留自用的资源的边际效用
C. 作为要素供给的资源的边际效用小于作为保留自用的资源的边际效用
D. 以上都不对
21. 下列关于准租金描述不正确的是（　　）。★★
A. 准租金等于固定总成本与经济利润之和
B. 准租金可能小于固定总成本
C. 准租金可能等于固定总成本
D. 以上都不对
22. 如果工资率上升，替代效应会激励人们（　　）。★★
A. 提高其保留工资　　B. 增加闲暇时间，减少劳动供给时间
C. 增加劳动供给时间，减少闲暇时间　　D. 同时增加闲暇时间和劳动供给时间
23. 下列关于基尼系数的讨论不正确的是（　　）。★★
A. 当基尼系数为 0 时收入分配绝对平均
B. 当基尼系数为 1 时收入分配绝对不平均
C. 基尼系数越小收入分配越平均
D. 基尼系数越大收入分配越平均
24. 地租不断上升的原因是（　　）。★★
A. 土地的边际产量递增　　B. 土地的供给量不变而需求量不断增加
C. 土地的供给量和需求量都不断增加　　D. 以上都不对
25. 下列关于土地供给曲线垂直的原因描述正确的是（　　）。★★
A. 土地的自然供给是固定不变的

B. 假定土地只有一种用途即生产性用途，而没有自用用途
C. 土地的用途有多种多样
D. 以上都不对
26. 贷款供给曲线的形状为（ ）。★★
A. 向左上方倾斜随着利率增加可能向后弯曲
B. 向右下方倾斜随着利率增加可能向后弯曲
C. 向左下方倾斜随着利率增加可能向后弯曲
D. 向右上方倾斜随着利率增加可能向后弯曲
27. 经济租金的含义是（ ）。★★
A. 使用 1 单位资本所支付的价格
B. 使用 1 公顷土地所支付的价格
C. 某种生产要素的支付大于所要求的那部分收入
D. 某种生产要素的支付小于所要求的那部分收入
28. 如果工资率上升，收入效应会激励人们（ ）。★★
A. 提高其保留工资
B. 增加闲暇时间，减少劳动供给时间
C. 增加劳动供给时间，减少闲暇时间
D. 同时增加闲暇时间和劳动供给时间
29. 当要素价格随着企业进出市场的调整下降时，完全竞争市场的厂商的要素需求曲线（ ）。★★
A. 向右上方倾斜 B. 水平
C. 向右下方倾斜 D. 不确定

二、多项选择题

1. 完全竞争要素市场的基本性质有（ ）。★
A. 要素的供求双方人数都很多 B. 要素没有任何区别
C. 要素供求双方都具有完全的信息 D. 要素可以充分自由地流动
2. 不完全竞争厂商包括的情况有（ ）。★
A. 在产品市场上完全竞争，但在要素市场上不完全竞争
B. 在要素市场上完全竞争，但在产品市场上不完全竞争
C. 在产品市场和要素市场上都不完全竞争
D. 在产品市场和要素市场都完全竞争
3. 劳动供给曲线位置变化的原因有（ ）。★★
A. 非劳动收入 B. 社会习俗
C. 人口 D. 劳动收入

4. 西方经济学在传统上按职能划分的三种生产要素为（　　）。★

A. 劳动　　B. 土地

C. 资本　　D. 财富

5. 资本包括（　　）。★

A. 工厂和住房　　B. 生产设备

C. 存货　　D. 现金余额

6. 要素的需求曲线等于边际产品价值曲线的结论所依赖的潜在假定有（　　）。★★

A. 要素的边际产品曲线不受要素价格变化的影响

B. 要素的边际产品曲线与要素价格变化正相关

C. 产品价格不受要素价格变化的影响

D. 产品价格与要素价格变化正相关

7. 在要素市场上厂商对任何生产要素的需求都是（　　）。★★

A. 直接需求　　B. 间接需求

C. 引致需求　　D. 派生需求

8. 要素供给曲线的形状有（　　）。★

A. 向右上方倾斜　　B. 垂直

C. 向右下方倾斜　　D. 以上都对

9. 表示社会分配公平程度的分析工具有（　　）。★★

A. 引致需求　　B. 基尼系数

C. 欧拉定理　　D. 洛伦兹曲线

10. 作为与劳动和土地并列的一种生产要素，资本的独特特点有（　　）。★★

A. 资本的使用需要支付利息

B. 它的数量是可以改变的，即它可以通过人们的经济活动生产出来

C. 它之所以被生产出来，其目的是以此而获得更多的商品和劳务

D. 它是作为投入要素，即通过用于生产过程来得到更多的商品和劳务的

11. 劳动供给曲线位置的变化原因有（　　）。★★

A. 非劳动收入即财富　　B. 社会习俗

C. 人口　　D. 土地所有量

12. 尽管要素的需求曲线与其边际产品价值曲线重合为一条线，但这一条线在两个场合的含义不同点有（　　）。★★

A. 包含的信息不同　　B. 包含的变量的含义不同

C. 反映的函数关系不同　　D. 以上都对

13. 在正式讨论土地（以及资本）的供给之前，我们需要明确的概念有（　　）。★★

A. 生产服务的源泉和生产服务本身

B. 源泉的供给（以及需求）和服务的供给（以及需求）

C. 源泉的价格和服务的价格

D. 以上都对

14. 产品市场理论与要素市场理论的相同点有（　　）。★★

A. 需求都是来源于消费者

B. 价格决定都是通过供求均衡来实现的

C. 对经济当事人的行为分析是一致的

D. 以上都对

15. 劳动、土地和资本等生产要素的价格分别是（　　）。★★

A. 工资　　B. 地租

C. 利润　　D. 利息

16. 边际产品价值曲线的位置高低取决于（　　）。★★

A. 要素的边际产品函数　　B. 产品的边际收益

C. 产品价格　　D. 劳动要素的数量

17. 完全竞争厂商使用要素的原则可以表示为（　　）。★★★

A. $VMP > W$　　B. $VMP = W$

C. $MP \cdot P > W$　　D. $MP \cdot P = W$

三、判断题

1. 产品价格大于 1，边际产品价值曲线低于边际产品曲线。（　　）★

2. 在完全竞争条件下，厂商对单一要素的需求曲线将与其边际产品价值曲线完全重合。（　　）★★

3. 完全竞争厂商的要素需求曲线与其边际产品价值曲线一样向右下方倾斜。（　　）★★

4. 单个消费者的劳动供给曲线可能会向后弯曲，所以劳动的市场供给曲线也可能会向后弯曲。（　　）★

5. 生产服务的源泉和生产服务本身没有什么区别。（　　）★★

6. 要素供给效用最大化条件是作为要素供给的资源的边际效用要与作为保留自用的资源的边际效用相等。（　　）★★

7. 要素供给曲线越平缓，经济租金部分就越大。（　　）★★

8. 根据新古典经济理论，提高工人边际产量的技术进步，将提高工人的工资率。（上海财经大学考研题）（　　）★★★

9. MRP 值与 MR 值，MFC 值与 MC 值是分别相等的。（华中师范大学考研题）（　　）★★★

10. 在研究使用一种要素的完全竞争厂商 m 的要素需求曲线时，如果不考虑其他厂商的调整活动，则要素价格的变化就不会影响产品的价格，从而不会改变要素的边际产品价值曲线。（　　）★★★

四、名词解释

1. 边际产品价值★
2. 要素供给的边际效用★
3. 准租金★★
4. 基尼系数（山东大学考研题）★★
5. 经济租金★★
6. 洛伦兹曲线★★
7. 引致需求（武汉大学考研题）★★★
8. 租金★★
9. 利息★
10. 欧拉定理（中央财经大学考研题、华中科技大学考研题）★★★

五、简答题

1. 完全竞争厂商使用要素的原则是什么？★
2. 为什么劳动供给曲线会向后弯曲？★★
3. 比较说明“边际产品价值”与“边际收益产品”之间的异同。（南开大学考研题）★★★
4. 土地的供给曲线为什么垂直？（东北财经大学考研题、中南财经大学考研题）★★★
5. 什么是资本？简述其特点。★★

六、计算题

1. 某劳动市场的供求曲线分别为 $D_L=8000-100W$；$S_L=100W$。请问：★★

（1）均衡工资为多少？

（2）假如政府对工人提供的每单位劳动征税 10 美元，则新的均衡工资为多少？

（3）实际上对单位劳动征收的 10 美元税收由谁支付？

（4）政府征收到的税收总额为多少？

2. 一厂商生产某产品，其单价为 30 元，月产量 100 单位，产品的平均可变成本为 16 元，平均不变成本为 10 元。试求准租金和经济利润。★★

3. 近年来，我国政府逐步推行最低工资制度，本题旨在分析推行这一制度的效果。假设劳动力供给为 $L^S=10W$，其中 L^S 为劳动力数量（以千万人 / 年计），W 为工资率（以元 / 小时计），劳动力需求为 $L^D=60-10W$。（中国人民大学考研题）★★

（1）计算不存在政府干预时的工资率与就业水平。

（2）假定政府规定最低工资为 4 元 / 小时，就业人数会发生什么变化？

（3）假设政府不规定最低工资，改为向每个就业者支付 1 元补贴，这时的就业水平是多少？均衡工资率又发生多少变化？

七、论述题

1. 试用无差异曲线分析要素供给原则。★★

2. 商品价格变动、利率变动和工资率变动的收入效应与替代效应是什么？为什么会有这些效应？（武汉大学考研题）★★★

八、案例分析

人民日报人民时评：基尼系数提示了什么

只有深化改革、创新制度，勇于冲破思想观念的束缚，才能让每个人都能分享中国发展的红利。

2013 年 1 月 20 日，国家统计局首次公布 2003～2012 年基尼系数。数据显示，2008 年基尼系数曾高达 0.491，2012 年回落至 0.474。

基尼系数是衡量收入差距的一个参考值，首次晒出基尼系数，表明党和政府对这个问题的重视。我国基尼系数处于 0.47～0.49 区间，不能算低。尽管有人基于一般发达国家的薪酬制度、收入结构和社会福利体系所设的标准，把 0.4 作为基尼系数的“警戒线”，同时对基尼系数到底有多高还存在争议，但正视和解决好收入分配差距问题应该提上日程。

近年来，从中央到地方，在缩小收入分配差距上做了不少工作。完善医保社保制度、提高国有资本收益上缴比例、民生投入力度逐年加大……一系列有力的惠民举措，遏制了基尼系数走高的态势。但是更要看到，收入分配差距问题相当复杂，“提低、扩中、限高”需要在实践中进一步完善。

有这样一个发人深思的案例。在广州市政协分组讨论会上，针对环卫工薪水低问题，有关部门表示，环卫工的工资怎么涨，能否实现同工同酬，因目前没有上位法规定，在实践中难以操作。

因为制度不完善，所以很“难办”，类似困境在收入分配领域并不少见。例如，在一些地方，工资集体协商因为没有平衡劳资关系的制度配套，又加上外部经济环境的不利影响，实际上陷入空转，未能发挥维护一线职工权益的作用。

现实问题说明，缩小收入分配差距，目前的难点是，“提低”，上位法难以提供法律支持；“扩中”，缺乏配套的财税制度；“限高”，还需要有更完善的政策措施。因此，解决收入差距扩大趋势的关键点和突破口，都在优化顶层设计、增加制度供给，以实现综合治理。正如党的十八大指出的，必须深化收入分配制度改革，调整国民收入分配格局，改革工资制度，规范收入分配秩序，使发展成果更多、更公平，惠及全体人民。

一般发达国家的基尼系数在 0.24～0.36，而一些落入中等收入陷阱的经济体，基尼系数都在 0.5 上下徘徊。面对前车之鉴，我们更应增强忧患意识和问题意识，以积极态度和谨慎政策加以探讨与解决。

当基尼系数不再神秘，收入分配改革需要新的破题。只有深化改革、创新制度，勇于冲破思想观念的束缚，才能让每个人都能分享中国发展的红利，这应该是我们的努力方向。

统计局：2016 年基尼系数为 0.465 较 2015 年有所上升

国家发展改革委副主任兼国家统计局局长宁吉喆于 2017 年 1 月 20 日表示，近年来，中国的基尼系数总体上呈下降趋势，2012～2015 年，中国居民收入的基尼系数是 0.474、0.473、0.469、0.462。2016 年是 0.465，比 2015 年提高了 0.003，但是它并没有改变中国基尼系数总体下降的趋势。

宁吉喆称，2016 年，中国城乡居民收入的相对差距缩小，从 2015 年的城乡收入倍差 2.73 下降到 2016 年的 2.72。

但是基尼系数为何又有所扩大？宁吉喆表示，根据调查，主要是城市一部分低收入者养老金的收入增速略有放缓，农村一部分只靠粮食生产收入为主的农民，由于粮价的下跌，收入略有减少，可能主要是这两个原因。总的趋势没有改变，而且政府加大脱贫扶贫攻坚的力度和城乡一体化的步伐，居民收入差距会保持逐步缩小的趋势，这是可以预期的。

注：此案例摘自 http: //opinion.people.com.cn/n/2013/0121/c1003-20264118.html；http: //www.chinanews. com/cj/2017/01-20/8130559.shtml，有改动。

根据上述案例结合所学经济学知识回答：

什么是基尼系数，基尼对于衡量贫富差距的作用。

第九章

一般均衡论和福利经济学

【重难点分析】

本章考查的重点主要有：瓦尔拉斯定律、交换与生产的帕累托最优、一般均衡、局部均衡的概念、不可能定理、生产可能性曲线的意义。

本章考查的难点主要有：福利经济学、社会福利函数、效率与公平，根据实际例子分析理解这三个概念。

一、单项选择题

1. 瓦尔拉斯定律意味着（　　）。★★

A. 所有市场皆供求平衡　　B. 超额供给等于 0

C. 绝对价格的存在性　　D. 以上都不对

2. 下列哪种情况是帕累托最优？（　　）★

A. 劳务报酬分配公平

B. 不存在一种重新配置资源的途径，使一些人的境况变好而不使其他人变坏

C. 存在一种重新配置资源的途径，能使每个人的境况变好

D. 不损害他人福利而改善部分人的福利

3. 在两个人（甲和乙）、两种商品（X 和 Y）的经济中，达到交换的全面均衡的条件是（　　）。★

A. 对甲和乙，$MRT_{XY}=MRS_{XY}$　　B. 对甲和乙，$MRS_{XY}=P_X/P_Y$

C. $MRS_{XY}^{\text{甲}}=MRS_{XY}^{\text{乙}}$　　D. 上述所有条件

4. 在两种商品（X 和 Y）、两种生产要素（L 和 K）的经济中，达到生产的全面均衡的条件是（　　）。★

A. $MRTS_{LK}=P_L/P_K$　　B. $MRTS_{LK}^{X}=MRTS_{LK}^{Y}$

C. $MRT_{XY}=MRS_X$　　D. $MRS_{XY}=MRTS_{LK}$

5. 两种产品在两个人之间的分配，能被称为帕累托最优的条件是（　　）。★

A. 满足交换的边际条件：$MRS_{XY}^{A}=MRS_{XY}^{B}$

B. 满足生产的边际条件：$MRTS_{LK}^{X}=MRTS_{LK}^{Y}$

C. 满足生产和交换的边际条件：$MRS_{XY}=MRS_{XY}$

D. 同时满足以上三个条件

6. 边际产品转换率是下列哪一条曲线的斜率？（　　）★

A. 需求曲线　　B. 边际产量曲线

C. 生产可能性曲线　　D. 契约曲线

7. 推导下列哪条曲线时，需要我们进行价值判断？（　　）★★

A. 社会福利曲线　　B. 转换曲线

C. 契约曲线　　D. 生产可能性曲线

8. 对放弃 1 单位某种商品，经济可以增加多少单位另一种商品的度量叫作边际（　　）率。★★

A. 替代　　B. 效用

C. 转换　　D. 技术替代

9. 效用可能性边界是指（　　）。★★

A. 经济能负担得起的两种商品组合

B. 在给定了固定的资源、稳定的技术、充分的就业和完全有效率的情况下，一个经济能生产出两种商品的最大化产量

C. 给消费者带来相同效用的两种商品的组合

D. 经济所能达到的效用水平的限制

10. 与一般均衡分析不同，局部均衡（　　）。★

A. 集中考虑市场和市场参与者相互依赖的性质

B. 在经济中其他因素固定的情况下，考虑一个单个市场、居民户和企业的行为

C. 分析所有居民户、企业和市场同时相互作用怎样解决基本经济问题

D. 以上都是

11. 当经济处于充分的一般均衡时，下列哪一种说法不正确？（　　）★★

A. 劳动供给等于劳动需求　　B. 产品供给等于产品需求

C. 资本供给等于资本需求　　D. 收入公平分配

12. 福利经济学是（　　）。★★

A. 实证经济学　　B. 规范经济学

C. 宏观经济学　　D. 科学经济学

13. 社会福利函数是（　　）。★★

A. 个人福利函数的综合　　B. 是社会偏好的表达方式之一

C. 是整个社会对事物进行排序的原则　　D. 以上都对

14. 社会福利最大化的条件是（　　）。★★

A. 社会无差异曲线与效用可能曲线相切

B. 社会无差异曲线与生产可能性曲线相切

C. 收入分配平等

D. 人均收入最大化

15. 福利经济学第二定理说明（　　）。★★

A. 竞争性均衡能使消费者的总效用达到最大

B. 任何竞争性均衡都是帕累托有效的

C. 在一定条件下，每一个帕累托分配均能实现竞争性均衡

D. 竞争性均衡存在

二、多项选择题

1. 下列说法正确的有（　　）。★

A. 局部均衡是指在假设其他市场不变的情况下，某一特定的产品或者市场的市场均衡

B. 一般均衡是指在一个经济体系中，所有市场的供给和需求同时达到均衡的状态

C. 当消费者偏好、要素供给和生产函数为已知时，就能从数学上论证所有商品市场和要素市场可以同时达到均衡状态，即整个经济可以处于局部均衡状态

D. 在一定的假设条件全部得到满足的时候，一般均衡体系就有均衡解存在

2. 下列说法不正确的有（　　）。★★

A. 实证经济学是以一定的社会价值判断作为出发点，对一个经济体系的运行进行评价

B. 规范经济学是在做出与经济行为有关的假设前提下，来分析和预测人们的经济行为及后果，并试图对结论进行检验

C. 实证经济学力求回答一个经济体系应当怎样运行，以及为此提出相应的经济政策，它力求回答应该是什么

D. 规范经济学力求说明和回答经济现象是什么

3. 帕累托最优状态的实现条件有（　　）。★

A. 交换的帕累托最优条件：$MRS_{XY}^{A}=MRTS_{XY}^{B}$

B. 生产的帕累托最优条件：$MRTS_{LK}^{X}=MRTS_{LK}^{Y}$

C. 满足生产和交换的边际条件：$MRS_{XY}=MRS_{XY}$

D. 不能同时满足以上条件

4. 下列说法正确的有（　　）。★★

A. 满足交换的帕累托最优的点的连线所形成的曲线，称为分配的契约曲线

B. 满足生产的帕累托最优的点的连线所形成的曲线，称为生产的契约曲线

C. 由生产的契约曲线可以推导出生产可能性曲线

D. 生产可能性曲线又称生产可能性边界，也称产品转换曲线

5. 下列说法正确的有（　　）。★★

A. 生产可能性曲线是指在其他条件（如技术、要素供给等）不变的情况下，一个社会用其全部资源所能生产的各种产品的最大数量的组合

B. 生产可能性曲线的斜率为正

C. 生产可能性曲线凸向原点，即曲线自上而下变得越来越陡峭

D. 边际产品转换率 MRT_{XY}，等于两种产品的边际成本之比，即有 $MRT_{XY}=MC_X/MC_Y$

6. 下列说法不正确的有（　　）。★★

A. 福利经济学第一定理是说任何一个帕累托最优配置都可以通过竞争市场实现

B. 福利经济学第二定理是说任何竞争均衡都是帕累托最优状态

C. 社会福利必须在该效用可能性区域的边界，即在效用可能性曲线上达到

D. 社会福利可以在效用可能性曲线上的一点或者一些点上达到

三、判断题

1. 局部均衡分析法忽略了市场之间的相互影响，影响我们真正理解市场经济。（　　）★

2. 根据瓦尔拉斯定理，在一个只有两种商品的经济中，如果一个商品市场供求相等了，另外一个市场一定也达到了平衡。（　　）★★

3. 当两种商品的边际替代率等于这两种商品的价格比率时，就满足了交换的帕累托最优条件。（　　）★★

4. 一般均衡分析同时决定所有市场的价格和数量。（　　）★

5. 在交换的契约曲线上，点的位置越高，表示效率越高。（　　）★★

6. 生产可能性曲线以内的点是有效率的。（　　）★

7. 生产中的契约曲线表达的是有效率的产量组合。（　　）★

8. 社会福利函数本质上是社会偏好的一种表现。（　　）★★

9. 对于福利最大化来说，完全竞争长期一般均衡既是必要的，又是充分的。（　　）★★

10. 如果资源配置是帕累托最优状态，则存在一种重新配置资源的途径，使一些人的情况变好而不使其他人变坏。（　　）★

11. 为了达到帕累托最优状态，任何使用两种投入要素的两个厂商，即使它们生产的产品很不相同，也必须使该要素之间的边际技术替代率相等。（　　）★

12. 两种商品在消费者之间的有效配置意味着这两种商品的边际替代率对所有消费者来说都是相同的。（　　）★★

13. 竞争均衡不一定是帕累托最优的。（　　）★★

14. 将社会资源平均分配是帕累托有效的。（　　）★★

15. 理性独裁者的选择一定是帕累托最优配置。（　　）★★

四、名词解释

1. 瓦尔拉斯定律★
2. 效用可能性曲线★
3. 生产可能性曲线★
4. 契约曲线★
5. 帕累托改进★
6. 帕累托最优状态★
7. 阿罗不可能定理★
8. 局部均衡★
9. 一般均衡★
10. 社会福利函数★★

五、简答题

1. 为什么完全竞争的市场机制符合帕累托最优状态？（考研高频考点）★★
2. 瓦尔拉斯如何解决一般均衡的存在性问题？不足之处何在？（考研高频考点）★★
3. 简述一般均衡分析和局部均衡分析的区别。（北京师范大学考研题、中央财经大学考研题）★★
4. 为什么生产的最优条件加消费的最优条件不等于生产与交换的最优条件？（考研高频考点）★★
5. 简述福利经济学第一定律。（南开大学考研题、上海交通大学考研题）★★
6. 什么是帕累托最优状态？说明交换的帕累托最优条件的关系式是如何达到的。（中国人民大学考研题）★★
7. 简述阿罗不可能定理（中国地质大学考研题、中央财经大学考研题）★★
8. 试证明边际转换率 MRT_{XY} 递增。（考研高频考点）★★
9. 简述生产可能性边界。（考研高频考点）★★

六、计算题

1. 假设某人每月工作10天，他可生产两种产品X和Y供自己消费，已知两种产品的生产函数分别为

$$q_X=10L_1;\ q_Y=5L_2$$

如果该消费者的效用函数为

$$u=q_Xq_Y+2q_X+4q_Y$$

试求：此人如何配置他的时间 L 用于生产，可使得效用最大？★★

2. 由A、B两人以及X、Y两产品构成的经济中，A、B的效用函数分别为$U_A=XY$，$U_B=40(X+Y)$，X、Y 的禀赋存量为（120，120），该经济的社会福利函数为 $W=U_AU_B$，求：

（1）该经济的效用边界。

（2）社会福利最大化时的资源配置。★★

3. 已知X商品的生产函数为$X=5L^{0.4}K^{0.6}$，而Y商品的生产函数为$Y=4L^{0.5}K^{0.5}$，若社会上有L的均值为100，K的均值为200，且只生产X和Y商品，试问：该社会的生产的契约曲线是什么？★★

4. 在鲁滨逊经济中，有两种物品。物品A是鲁滨逊的初始资源禀赋；物品B是根据生产函数 $B=(A_P)^{1/2}$ 按照利润最大化原则生产出来的，此处 A_P 是用于生产物品B的物品A数量。企业从鲁滨逊购买生产要素，同时又由于鲁滨逊是该经济体中唯一的一个人，所以他又拥有企业。因此，他获得企业所有利润。鲁滨逊的效用函数为$U(A_C, B)=(A_C)^{1/2}B^{1/2}$，此处$A_C$是用于消费的A物品量，且$A_C+A_P=10$。求：★★

（1）帕累托最优的A_C和B。

（2）找出该经济体中的一般竞争性均衡。

5. 所有捕鱼者可以自由进入一个大湖捕鱼，假设每个捕鱼者拥有一条船。如果有b条船在湖上捕鱼，每天总捕鱼数量为 $b^{1/2}$。假设每天每条船只的捕鱼机会均等，总捕鱼量在每条船只均等分配。捕鱼的成本（如柴油费）为$c>0$。每单位鱼的市价为$p>0$，且不受捕鱼量的数量的影响。求：★★

（1）在没有干扰的情况下，均衡时有多少捕鱼者在湖上作业？

（2）帕累托最优情况下的捕鱼船只应该是多少？

（3）假设政府对每条船只征收柴油税，那么税率应该为多少才能保证帕累托最优？

6. 假定两个人，初始财富是w_i，两人同时决定向公共项目贡献c_i，剩下的w_i-c_i用于私人消费，福利函数为$u_i=v_i(c_1+c_2)+w_i-c_i$，$i=1, 2$。（上海财经大学考研题）★★

（1）社会福利函数为 u_1+u_2，$v_1=3(c_1+c_2)/4$，$v_2=3(c_1+c_2)/2$，求社会最优资源配置以及公共贡献总量。

（2）如果两人同时决定贡献量，找出纯策略纳什均衡，计算均衡下公共项目总量，并判断是否最优，以及为什么会产生这种结果。

7. 在两个消费者和两种商品的纯交换经济里，张三初始禀赋有9单位商品1和6单位商品2；李四初始禀赋有18单位商品1和3单位商品2，他们具有公共的效用函数$U(X_1, X_2)=X_1X_2$，X_1和X_2表示商品1和商品2的数量。求：（上海交通大学考研题）★★

（1）达到竞争均衡的相对价格。

（2）表示帕累托最优分配的契约线表达式。

8. 一个经济中有两个消费者A和B，两种商品x_1和x_2，消费者A的效用函数是$U_A=(10+x_1^A)(20+x_2^A)$，消费者 B 的效用函数是$U_B=\ln x_1^B+\ln x_2^B$。这个经济的资源禀赋是$(w_1, w_2)=(30, 20)$。★★

（1）求出所有帕累托有效的配置满足的条件。

（2）如果市场价格为（p_1，p_2）=（1，1），消费者A和B的资源禀赋各为多少？

（3）如果消费者A的资源禀赋是（w_1^A，w_2^A）=（8，0），市场均衡的价格比率应该是多少？

9. 假定小王（A）和小李（B）的效用函数分别为：$U_A=x_Ay_A$，$U_B=x_B+y_B$。★★

（1）请针对两人分别写出商品X对商品Y的边际替代率公式。

（2）如果交易通过价格体系来实施，请写出均衡时的（可行的）价格比率。

（3）假定共有100单位的商品X和200单位的商品Y。最初，小王有25单位的商品X和75单位的商品Y，而小李有75单位的商品X和125单位的商品Y。请说明经过市场交易后，均衡时两人分别拥有的两种商品的数量。

七、论述题

1. 根据李嘉图分工原理，国家应该专业化生产自己具有比较优势的产品，然后进行自由贸易，所有国家的福利都能因此提高。但为什么在现实生活中，我们仍看到有很多人反对自由贸易，国家也常常会对自由贸易采取一些限制性措施呢？★★

2. 显然，中国的不同省份之间应该具有非常不同的比较优势，那么，我们为什么会看到产业同构、重复建设、市场分割这些现象呢？如何促进不同地区之间的分工合作呢？★★

3. 福利经济学定理告诉我们，在满足特定约束的前提下，所有市场均衡都是帕累托有效的，同时在一定条件下每一帕累托有效配置均能达到竞争均衡。那么，对于实现帕累托最优的资源配置结果来说，完全竞争的市场是必要的吗？★★

4. "由于契约曲线上的所有点都是有效率的，因此从社会的观点来看它们都是同样理想的。"你同意这种说法吗？请解释。★★

5. 请用规模经济递增、规模经济不变和规模经济递减，来分析福利经济学的第一定理和第二定理。（中国人民大学考研题）★★

6. 试述微观经济学的一般经济均衡的模型和意义。（武汉大学考研题）★★

八、案例分析

贵州茅台酒的需求

如果市场对某几种产品的需求相互影响，可能出现什么情况呢？其中一种情形就是，导致一种产品价格发生变化的因素，将同时影响对另一产品的需求。

举例而言，贵州茅台酒产于中国西南贵州省仁怀市茅台镇，同英国苏格兰威士忌和法国柯涅克白兰地并称为"世界三大名酒"。茅台酒素以色清透明、醇香馥郁、入口柔绵、清冽甘爽、回香持久等特点而名闻天下，被称为中国的"国酒"。它的生产可以追溯到距今2000余年前的汉代。到清代中期，茅台酒的生产已具有一定的规模，年产量可达170吨，在中国古代酿酒史上是罕见的。中华人民共和国成立前，生产茅台酒的主要有 3 家酒坊，它们所产的分别称为“华茅”（现在茅台酒的前身）、“王茅”和“赖茅”。1915 年巴拿马万国博览会上，茅台酒（华茅）被评为金奖产品，自此得以扬名世界。中华人民共和国成立后，国家十分重视发展和扶持这一名优产品的生产工作，经过 30 余年的建设，到 1987 年，茅台酒的年产量已达 1700 吨，除满足了国内需求外，还远销到世界各地的许多国家。

贵州茅台酒股份有限公司成立于 1999 年 11 月 20 日，成立时注册资本为人民币 18 500 万元。公司于 2001 年 7 月 31 日在上海证券交易所公开发行 7150 万（其中，国有股存量发行 650 万股）A 股股票，公司股本总额增至 25 000 万股。2001 年 8 月 20 日，公司向贵州省工商行政管理局办理了注册资本变更登记手续。

贵州茅台酒的股价近年来不断上涨。2017 年，贵州茅台股价连破 400 元、500 元、600 元和 700 元。截至 2018 年 1 月 3 日收盘，茅台报价 703.85 元。有专家分析指出，整个酒行业进入了明显的恢复性的发展，重新进入了一个上升周期的过程中。消费者认牌消费，好东西肯定是需要多花些价钱去买。然而，即使你是茅台酒的拥护者，在近千元的价格面前，难道就不觉得有必要考虑一下其他酒类可能有着更高的性价比吗？

注：此案例摘自 http: //finance.sina.com.cn/stock/s/2017-04-13/doc-ifyeimqc3431043.shtml，有改动。

从一般均衡分析角度，分析价格和供求的关系。

第十章

博弈论初步

【重难点分析】

本章考查的重点主要有：囚徒困境、纳什均衡的含义以及在实际生活中的应用。

本章考查的难点主要有：策略式博弈、扩展式博弈、子博弈精炼纳什均衡、占优均衡的概念，各种均衡之间的联系以及区别。

一、单项选择题

1. 博弈论中，局中人从一个博弈得到的结果被称为（　　）。★

A. 收益　　B. 支付　　C. 决策　　D. 利润

2. 下列关于策略的论述，错误的是（　　）。★★

A. 策略是局中人的一套行动计划

B. 参与博弈的每一个局中人都有若干个策略

C. 一个局中人在原博弈中的策略和在子博弈中的策略相同

D. 在扩展式博弈中，策略有时难以直接体现

3. 囚徒困境说明（　　）。★

A. 双方都依照自己的利益行事，结果一方赢、一方输

B. 双方都独立依照自己的利益行事，则双方不能得到最好的结果

C. 双方都独立依照自己的利益行事，则双方都能得到最好的结果

D. 双方都独立依照自己的利益行事，没有一方赢，也没有一方输

4. 用囚徒困境来分析两个寡头企业的情况，说明了（　　）。★

A. 每个企业在做决策时，不需考虑竞争对手的反应

B. 一个企业制定的价格对其他企业没有影响

C. 企业为了避免最差的结果，将不能得到最好的结果

D. 一个企业确定的产量对其他企业的产量没有影响

5. 一个博弈中，直接决定局中人支付的因素是（　　）。★

A. 策略组合　　B. 行动　　C. 信息　　D. 策略

6. 下列哪一个不是构成扩展式博弈的要素？（　　）★★

A. 行动　　B. 策略　　C. 信息集　　D. 支付

7. 下列关于信息集的说法，正确的是（　　）。★★

A. 在一个博弈中，一个局外人只有一个信息集

B. 在一个博弈中，一个节点只能属于一个信息集

C. 同一个信息集不能有3个以上的节点

D. 信息集的节点越多，说明该局中人所掌握的信息也就越多

8. 下列关于策略式博弈的说法，正确的是（　　）。★★

A. 策略式博弈无法刻画动态博弈　　B. 策略式博弈无法表明行动顺序

C. 策略式博弈更容易求解　　D. 策略式博弈就是一个支付矩阵

9. 下列关于扩展式博弈，说法正确的是（　　）。★

A. 一个枝杈代表一个行动　　B. 一个枝杈代表一个策略

C. 一个节点代表一个信息集　　D. 一个节点代表一个参与者

10. 如果一个博弈树上所有信息集都是单点集，该博弈树刻画的博弈一定是（　　）。★★

A. 合作博弈　　B. 静态博弈

C. 完全信息博弈　　D. 不完全信息博弈

11. 下列关于共同知识的说法，正确的是（　　）。★★

A. 每一个局中人都知道的事情，就是共同知识

B. 一般地，假定支付为共同知识

C. 共同知识的假定要求局中人的计算能力不是很强

D. 纳什均衡不需要共同知识的假定

12. 下列关于子博弈精炼纳什均衡说法，正确的是（　　）。★★

A. 是一个纳什均衡

B. 不是一个纳什均衡

C. 和纳什均衡没有关系

D. 不是每一个博弈都有子博弈精炼纳什均衡

13. 下列关于合作博弈，叙述正确的是（　　）。★★

A. 合作博弈是研究合作的

B. 合作博弈中形成联盟的协议具有约束力

C. 合作博弈的参与者不是个人，而是联盟

D. 合作博弈中，联盟的成员固定不变

14. 下列关于核的陈述，不正确的是（　　）。★★

A. 无法得到进一步的帕累托改进

B. 无法被任何一个联盟弃置

C. 无法被任何一个联盟封锁

D. 每一个联盟都乐意接受作为核的结果

15. 下列属于组成博弈树的结构是（　　）。★

A. 点

B. 连接点的线段

C. 标在这些点和线段旁边的文字和数字

D. 以上都对

二、判断题

1. 囚徒困境说明个人的理性选择不一定是集体的理性选择。（　　）★

2. 在动态博弈中，因为后行动的博弈方可以先观察对方行为再选择行为，因此总是有利的。（　　）★★

3. 纳什均衡即任一博弈方单独改变策略都只能得到更小利益的策略组合。（　　）★★

4. 不存在纯战略纳什均衡和存在唯一的纯战略纳什均衡，作为原博弈构成的有限次重复博弈，其共同特点是重复博弈本质上不过是原博弈的简单重复，重复博弈的子博弈完美纳什均衡就是每次重复采用原博弈的纳什均衡。（　　）★★

5. 囚徒困境博弈中两个囚徒之所以会处于困境，无法得到较理想的结果，是因为两个囚徒都不在乎坐牢时间长短本身，只在乎不能比对方坐牢的时间更长。（　　）★★

6. 在一个博弈中只可能存在一个纳什均衡。（　　）★★

7. 在一个博弈中博弈方可以有很多个。（　　）★

8. 在博弈中纳什均衡是博弈双方能获得的最好结果。（　　）★

9. 因为零和博弈中博弈方之间关系都是竞争性的、对立的，因此零和博弈就是非合作博弈。（　　）★★

10. 多个纯战略纳什均衡博弈的有限次重复博弈子博弈完美纳什均衡路径：两阶段都采用原博弈同一个纯战略纳什均衡，或者轮流采用不同纯战略纳什均衡，或者两次都采用混合战略纳什均衡，或者混合战略和纯战略轮流采用。（　　）★★

11. 零和博弈的无限次重复博弈中，可能发生合作，局中人不一定会一直重复原博弈的混合战略纳什均衡。（　　）★★

12. 原博弈唯一的纳什均衡本身是帕累托效率意义上最佳战略组合，符合各局中人最大利益，不存在潜在合作利益的囚徒困境博弈。（　　）★

13. 根据参与人行动的先后顺序，博弈可以划分为静态博弈和动态博弈。（　　）★

14. 在囚犯的两难处境中，每个参与者所能做出的选择就是交代或者不交代。（　　）★★

三、名词解释

1. 参与人★

2. 策略★

3. 支付★
4. 纳什均衡★
5. 博弈★
6. 动态博弈★
7. 静态博弈★
8. 完全信息博弈★★
9. 完全信息动态博弈★★
10. 完全信息静态博弈★★
11. 混合策略★★
12. 占优策略★★

四、简答题

1. 请比较占优策略均衡与纳什均衡的定义及其关系，并判断古诺模型均衡解的博弈性质。（南开大学考研题）★★

2. 什么是合作博弈和非合作博弈？这两个纳什均衡概念相同吗？（考研高频考点）★★

3. 无限次重复博弈与有限次重复博弈的区别是什么？（考研高频考点）★★

4. 用博弈分析“承诺和威胁”。（中央财经大学考研题）★★

5. 用囚徒困境解释滞涨现象。（清华大学考研题）★★

五、计算题

1. 喝酒的过程中，人们经常玩“虫、鸡、杠子、老虎”的游戏以助兴。这个游戏的规则是，双方同时说出上面四种物品中的一个，如果是虫对鸡，鸡对老虎，老虎对杠子，杠子对虫，则是一负一胜，负者罚酒一杯。假定罚一杯酒所带来的效用是－1，每一个局中人的支付以罚酒的效用来衡量。★★

（1）一个局中人的策略有哪些？

（2）写出这个博弈的支付矩阵。

（3）试着找出纯策略的纳什均衡。

2. 考虑表 10-1 的扩展式博弈。★

（1）找出每一个局中人的策略。

（2）找出每一个局中人的信息集。

（3）写出该博弈的策略形式。

表 10-1

		乙	
		上	下
甲	上	（1，2）	（2，1）
	下	（2，1）	（1，2）

3. 猪圈里有一头大猪和一头小猪，猪圈的一头有一个饲料槽，另一头装有控制饲料供应的按钮。按一下按钮就会有 10 单位饲料进槽，但谁按谁就要付出 2 单位的成本。谁去按按钮则谁后到；都去按则同时到。若大猪先到，大猪吃到9单位，小猪吃到

1单位；若同时到，大猪吃7单位，小猪吃 3 单位；若小猪先到，大猪吃 6 单位，小猪吃 4 单位。各种情况组合扣除成本后的支付矩阵可如表 10-2 所示（每格第一个数字是大猪的得益，第二个数字是小猪的得益）。

表 10-2

		小猪	
		按	等待
大猪	按	（5，1）	（4，4）
	等待	（9，−1）	（0，0）

求纳什均衡。★

4. 北方航空公司和新华航空公司分享了从北京到南方冬天度假胜地的市场。如果它们合作，各获得500 000元的垄断利润，但不受限制的竞争会使每一方的利润降至60 000元。如果一方在价格决策方面选择合作而另一方却选择降低价格，则合作的厂商获利将为0，竞争厂商将获利 900 000 元。★

（1）将这一市场用囚徒困境的博弈加以表示。

（2）解释为什么均衡结果可能是两家公司都选择竞争性策略。

5. A、B 两企业利用广告进行竞争。若 A、B 两企业都做广告，在未来销售中，A 企业可获得 20 万元利润，B 企业可获得 8 万元利润；若 A 企业做广告，B 企业不做广告，A 企业可获得 25 万元利润，B 企业可获得 2 万元利润；若 A 企业不做广告，B 企业做广告，A 企业可获得 10 万元利润，B 企业可获得 12 万元利润；若 A、B 两企业都不做广告，A 企业可获得 30 万元利润，B 企业可获得 6 万元利润。★

（1)画出A、B两企业的支付矩阵。

（2）求纳什均衡。

6. 某产品市场上有两个厂商，各自都可以选择生产的产品是高质量还是低质量。相应的利润由表 10-3 矩阵给出。该博弈是否存在纳什均衡？如果存在，哪些结果是纳什均衡？★

表 10-3

		乙厂商	
		高质量	低质量
甲厂商	高质量	（50，50）	（100，800）
	低质量	（900，600）	（−20，−30）

7. 博弈的收益矩阵如表 10-4 所示。

（1）如果（上，左）是占优策略均衡，则 a、b、c、d、e、f、g、h 之间必然满足哪些关系？(尽量把所有必要的关系式都写出来）★

（2）如果（上，左）是纳什均衡，则（1）中的关系式哪些必须满足？

（3）如果（上，左）是占优策略均衡，那么它是否必定是纳什均衡？为什么？

（4）在什么情况下，纯战略纳什均衡不存在？

表 10-4

		乙	
		左	右
甲	上	（a，b）	（c，d）
	下	（e，f）	（g，h）

8. Smith 和 John 玩数字匹配游戏，每个人选择 1、2、3，如果数字相同，John 给 Smith 3 美元，如果不同，Smith 给 John 1 美元。★★

（1）列出收益矩阵。

（2）如果参与者以 1/3 的概率选择每一个数字，证明该混合策略存在一个纳什均衡，它为多少？

9. 给定两家酿酒企业 A、B 的收益矩阵如表 10-5 所示。

表中每组数字前一个表示 B 企业的收益，后一个表示 A 企业的收益。★

（1）求出该博弈问题的均衡解，是占优策略均衡还是纳什均衡？

（2）存在帕累托改进吗？如果存在，在什么条件下可以实现？福利增量是多少？

（3）如何改变上述 A、B 企业的收益才能使均衡成为纳什均衡或占优策略均衡？如何改变上述 A、B 企业的收益才能使该博弈不存在均衡？

10. 在纳税检查的博弈中，假设 A 为应纳税款，C 为检查成本，F 是偷税罚款，且 $C<A+F$；S 为税务机关检查的概率，E 为纳税人逃税的概率；不存在纯战略纳什均衡。★★

（1）写出支付矩阵。

（2）分析混合策略纳什均衡。

11. 假设两家厂商 A 和 B 之间就做广告与不做广告展开博弈，它们的博弈矩阵如表 10-6 所示。（利润单位：百万元）

表 10-5

		A 企业	
		白酒	啤酒
B 企业	白酒	（700，600）	（900，1000）
	啤酒	（800，900）	（600，800）

表 10-6

		厂商 B	
		做广告	不做广告
厂商 A	做广告	（100，100）	（300，0）
	不做广告	（0，300）	（200，200）

现假设博弈是可重复的，但只进行 5 次，两家厂商均采取“以牙还牙”的对策，厂商 A 在第一回合不做广告，对于厂商 B 则有两种情况：在第一次做广告或不做广告。试分别计算这两种情况下厂商 B 的累积利润，并判断厂商 B 该采取何种行动。（东南大学考研题）★★

12. 甲、乙两个学生决定是否打扫宿舍。无论对方是否参与，每个参与人的打扫成本都是 8；而每个人从打扫中的获益则是 5 乘以参与人数。（中山大学考研题）★★

（1）请用一个博弈简单描述上述情景。

（2）找出该博弈的所有纳什均衡。

六、论述题

1. 简要评论博弈论在微观经济学运用中的优缺点。★★
2. 解释“囚徒困境”，并举商业案例说明。★
3. 解释“智猪博弈”，并举商业案例说明。★★
4. 帕累托占优均衡和纳什均衡是什么关系？★
5. 简要评论一下完全信息静态博弈和完全信息动态博弈。★★
6. 论述博弈论的基本原理及主要均衡策略。（浙江大学考研题）★★

7. 分别设计一个占优策略均衡和纳什均衡的收益矩阵，并比较二者。（浙江大学考研题）★★

七、案例分析

案例一：

电信价格竞争

根据我国电信业的实际情况，我们来构造电信业价格战的博弈模型。假设此博弈的参加者为电信运营商A与B，它们在电信某一领域展开竞争，一开始的价格都是P_0。A是老牌企业，实力雄厚，占据了绝大多数的市场份额；B则刚刚成立不久，羽翼还未丰满，是政府为了打破垄断鼓励竞争而筹建起来的。正因为B是政府扶植起来鼓励竞争的，所以B得到了政府的一些优惠，其中就有B的价格可以比P_0低10%。这一举动，还不会对A产生多大的影响，因为A的根基实在是太牢固了。在这样的市场分配下，A、B可以达到平衡，但由于B在价格方面的优势，其市场份额逐步壮大，到了一定程度，对A造成了影响。这时候，A该怎么做？不妨假定以下几种情况。

A降价而B维持，则A获利15，B损失5，整体获利10。

A维持且B也维持，则A获利5，B获利10，整体获利15。

A维持而B降价，则A损失10，B获利15，整体获利5。

A降价且B也降价，则A损失5，B损失5，整体损失10。

从博弈论的角度，联系囚徒困境现象，分析A和B的选择方案及原因。

案例二：

知道得越多越好

爱因斯坦曾经形象地描绘过有知与无知的关系，他说，让我们来画一个圈，一个人所知道的东西好比是圈子的里面，一个人所无知的东西好比是圈子的外面。一个人知道的东西越多，这个圈子就越大，同时这个圈子的外面也就越大。也就是说，一个人知道得越多，他所知道的无知也就越多。

从博弈论的角度分析“知道得越多越好”，并且运用适当的博弈论模型举例分析。

案例三：

美国娱乐业巨头事件

2004年3月初，美国娱乐业巨头——迪士尼公司上演了一出股东“逼宫”的大戏，身兼公司董事长和首席执行官的迈克尔·艾斯纳被剥夺了董事长一职。迫于股东的压力，微波世界通信公司出台了一项新规定：公司董事会在任命新董事时必须向持股数量超过15%的大股东征询意见。自从迪士尼股东炒了老板的“鱿鱼”之后，美国一些公司股东要求变革的呼声日益强烈，就连美国证券交易委员会（以下简称“美国证交会”）也变得积极起来。美国证交会计划推出新的政策，其核心内容是，允许拥有5%变通股的公司股东直接推选董事人选。按照美国证交会的说法，此举的目的是使股东更充分地行使对公司事务的监督权，同时也可以减少由于监督不力导致的公司管理层的各种违规行为。

运用博弈论中“智猪博弈”以及“占优策略”分析股东和公司间的关系。

第十一章

市场失灵和微观经济政策

【重难点分析】

本章考查的重点主要有：市场失灵、搭便车问题、外部影响、科斯定理、公共物品、公共资源、信息不对称、逆向选择、道德风险。

本章考查的难点主要有：政府管制、公地悲剧、委托-代理问题、寻租理论。

一、单项选择题

1. 市场失灵是指（　　）。★

A. 市场没有达到可能达到的最佳结果

B. 市场没能使社会资源的分配达到最有效率

C. 市场未能达到社会收入的公平分配

D. 以上都是

2. 某一经济活动存在外部不经济是指该活动的（　　）。★

A. 私人成本大于社会成本　　B. 私人成本小于社会成本

C. 私人收益大于社会收益　　D. 私人收益小于社会收益

3. 汽车排放废气导致的对健康的影响属于下列哪种情况？（　　）★

A. 私人成本　　B. 外部成本

C. 内部成本　　D. 以上都不是

4. 科斯定理是指（　　）。★★

A. 若交易成本为 0，则只要财产权明确，市场交易的结果都是有效率的

B. 若交易成本为 0，则财产权明确与否并不影响市场交易效率

C. 只有当交易成本为 0 时，市场交易才是有效率的

D. 以上都是

5. 下列表述中，正确的是（　　）。★★

A. 公共物品的市场需求曲线是由各个消费者需求曲线横向加总求得的

B. 政府提供的产品都是公共物品

C. 像公路、桥梁及电视广播等是纯公共物品

D. “庇古税”的实质是社会成本的内在化

6. 下列哪一项不能够帮助消费者有效减少信息不对称的问题？（　　）★★

A. 品牌　　B. 低价格

C. 产品保证　　D. 长期质量保证书

7. 地主 A 拥有一块土地的所有权而雇用农民 B 和农民 C 在其土地上进行生产。地主和农民之间签订有合约，地主 A 每年支付农民 B 和农民 C 一个固定的工资 W。对此，经济学家认为，固定工资加土地产出提成的合约形式能更好地激励农民努力劳动，同时还有利于地主和农民之间进行恰当的风险分担。请问经济学家所提出的合约形式期望解决下列哪种问题？（　　）★

A. 道德风险　　B. 搭便车问题

C. 信号甄别　　D. 逆向选择

8. 研究发现，向保险公司购买医疗保险的人购买保险后的住院可能性高于不购买此类保险的人，则上述事实说明了下列哪种情况？（　　）★

A. 道德风险　　B. 逆向选择

C. 对称信息　　D. 囚徒困境

9. 下列说法错误的是（　　）。★★

A. 信号发送和信息甄别都会导致效率损失

B. 信号要能发挥作用必须使不同类型代理人发送信号的成本有一定的差异

C. 信号发送机制的存在对高能力劳动力总是有利的

D. 信号发送机制下代理人先行动，信息甄别机制下委托人先行动

10. 公共物品供应的最优均衡条件是（　　）。★★

A. 每一个消费者的边际替代率彼此相等

B. 消费者的边际意愿支付之和等于该公共物品的边际成本

C. 提供公共物品的私人成本等于提供公共物品的社会成本

D. 每个消费者的边际意愿支付等于提供该公共物品的边际成本

11. 缓和逆向选择问题的机制包括（　　）。★

A. 市场信号　　B. 声誉

C. 标准化　　D. 以上都是

12. 可用下列哪一个概念来描述一个养蜂主与其邻近的经营果园的农场主之间的相互影响？（　　）★

A. 负外部性　　B. 正外部性

C. 公共物品　　D. 以上都不是

13. 某人的吸烟行为会造成（　　）。★★

A. 生产的外部经济　　B. 消费的外部经济

C. 生产的外部不经济　　D. 消费的外部不经济

14. 解决外部不经济可采取下列哪一种办法？（　　）★

A. 通过征税的办法　　B. 通过产权界定的办法

C. 通过将外部性内在化的办法　　D. 以上都是

15. “搭便车”现象是对下列哪个问题的一种形象的比喻？（ ）★★

A. 社会福利问题　　B. 市场失灵问题

C. 公共物品问题　　D. 以上都是

16. 公共物品具有下列哪个特性？（ ）★

A. 外部性　　B. 非排他性

C. 非竞用性　　D. 以上都是

17. 导致市场失灵的因素是（ ）。★

A. 信息不对称　　B. 公共物品

C. 自然垄断　　D. 以上都是

18. 市场不能提供纯粹的公共物品是因为（ ）。★

A. 公共物品不具有排他性　　B. 公共物品不具有竞争性

C. 消费者都想“搭便车”　　D. 以上都是

19. 自然垄断产品包括（ ）。★★

A. 消防　　B. 有线电视

C. 不拥挤的收费道路　　D. 以上都是

20. 公共资源是指（ ）。★

A. 海洋里的鱼　　B. 拥挤的集体草场

C. 拥挤的不收费道路　　D. 以上都是

21. 当市场不能对经济效率发挥作用时，这种情况叫作（ ）。★

A. 看不见的手　　B. 国家最高征用权

C. 市场失灵　　D. 边际成本

22. 政府把价格限制在均衡水平以下可能导致（ ）。★★

A. 大量积压　　B. 黑市交易

C. 买者按低价买到想买的商品数量　　D. A 项和 B 项

23. 某化肥厂在其生产过程中，向附近的河流排放了大量的污水，并因此导致附近地区粮食产量大幅度下降，但该厂并没有对附近种粮农民进行相应的赔偿，这种现象被称为（ ）。★

A. 生产的外部不经济　　B. 生产的外部经济

C. 消费的外部经济　　D. 消费的外部不经济

24. 化工厂污染渔场主要是（ ），而相邻的养蜂场和果园之间则是（ ）。★★

A. 相互的外部性；相互的外部性　　B. 相互的外部性；单方面的外部性

C. 单方面的外部性；相互的外部性　　D. 单方面的外部性；单方面的外部性

25. 旧车市场上的差车的存在导致许多较好的车也卖不出去，这是（ ）。★

A. 道德风险　　B. 逆向选择

C. 信号传递　　D. 信息甄别

26. 在保险市场上，保险公司对具有不同风险的投保人收取相同的保费，这使得许多低风险的人不愿意购买保险，这是（ ）。★

A. 道德风险　　B. 逆向选择

C. 信号传递　　D. 信息甄别

27. 科斯定理假设交易成本为（　　）。★

A. 0　　B. 1

C. 大于 1　　D. 大于 0 且小于 1

28. 公共物品的生产可通过特定的社会体制决定，称为公共选择理论，下列属公共选择理论的内容为（　　）。★★

A. 集权决策　　B. 投票决策

C. 阿罗不可能定理　　D. 以上都是

29. 政府提供的物品（　　）公共物品。★★

A. 一定是　　B. 不都是

C. 大部分是　　D. 少部分是

30. 公地悲剧是指（　　）。★★

A. 公共资源的私人使用量大于其帕累托最优数量

B. 公共资源的私人使用量等于其帕累托最优数量

C. 公共资源的私人使用量小于其帕累托最优数量

D. 以上都有可能

31. 如果某种产品的生产正在造成污染，因而社会边际成本大于私人边际成本，适当的政策是征税，征税额（　　）。★★

A. 足够高，使该产品的产量下降为 0

B. 等于社会边际成本

C. 等于社会边际成本和私人边际成本之差

D. 等于私人边际成本

32. 当政府试图处理消极的外部性时，它的基本目标是（　　）。★★

A. 消除社会成本　　B. 激励决策者考虑全部成本

C. 消除引起外部性的行为　　D. 增加私人成本使之等于社会成本

33. 交易双方信息不对称，如买方不清楚卖方一些情况，是由于（　　）。★★

A. 卖方故意要隐瞒自己一些情况　　B. 买方认识能力有限

C. 完全掌握情况所费成本太高　　D. 以上三种情况都有可能

34. 信息商品不同于普通商品的特征是（　　）。★

①信息不具有竞用性；②信息具有竞用性；③信息价值是新的信息导致经济主体预期收益的增量，其确定不同于普通商品。

A. ①　　B. ①③　　C. ②③　　D. ③

35. 旅馆一般不愿意对其住房提供最有效的维护，在这个模型中（　　）。★★

A. 房东是委托人　　B. 旅客是委托人

C. 道德风险行为有损于房东　　D. 信息对称

36. 某人为了证明自己的实力以获得更好的职位，考取了许多对他而言并不能提高其能力的证书，这属于（　　）。★

A. 道德风险　　B. 逆向选择

C. 信号传递　　D. 信息甄别

37. 如果上游工厂污染了下游居民的饮水，按科斯定理，（　　），问题就可得到妥善解决。★★

A. 不管产权是否明确，只要交易成本为0

B. 只要产权明确，且交易成本为0

C. 只要产权明确，不管交易成本为多大

D. 不论产权是否明确，交易成本只要为0

38. 当人们无偿地享有额外的收益时，称作（　　）。★

A. 公共物品　　B. 外部不经济

C. 交易成本　　D. 外部经济

39. 现实中纠正外部性的方法之所以难以奏效，主要原因在于（　　）。★★

A. 政府无能

B. 交易费用的存在使得纠正外部性以避免效率损失的措施难以实现

C. 缺乏清楚界定产权的法律

D. 界定产权的交易费用小于外部性带来的效率损失

40. 著名的“劣币驱良币”规律是（　　）。★

A. 道德风险　　B. 逆向选择

C. 信号传递　　D. 信息甄别

二、多项选择题

1. 公共物品是指具有下列（　　）特点的物品。★

A. 排他性　　B. 非排他性

C. 竞争性　　D. 非竞争性

E. 垄断性

2. 公共资源是指具有下列（　　）特点的物品。★

A. 排他性　　B. 非排他性

C. 竞争性　　D. 非竞争性

E. 垄断性

3. 导致市场失灵的情况有（　　）。★

A. 垄断　　B. 外部影响

C. 政府干预　　D. 公共物品

E. 不完全信息

4. 某一经济活动存在外部影响是指该活动的（　　）。★★

A. 私人成本大于社会成本　　B. 私人成本小于社会成本

C. 私人利益大于社会利益　　D. 私人利益小于社会利益

E. 私人成本等于社会成本和私人利益等于社会利益

5. 下列不产生外部性的有（　　）。★★

A. 一个消费者吃一条巧克力

B. 一个企业向空间中排放污染物

C. 一个家庭主妇铲掉自家院子的雪

D. 一个人在一个没有其他人的封闭环境里吸烟

E. 一个养蜂人的蜜蜂给邻居的果树授粉

三、判断题

1. 市场失灵是指市场完全不好。（　　）★

2. 市场失灵是指市场没有达到可能达到的最佳结果。（　　）★

3. 完全竞争市场一定比垄断市场更能保证生产资源的有效利用。（　　）★★

4. 信息不对称与市场失灵无关。（　　）★

5. 垄断对社会造成的损害只在于企业获得超额利润。（　　）★★

6. 逆向选择是指由于信息不对称导致的低质量产品将高质量产品驱逐出市场的现象。（　　）★

7. 公用事业委员会执行严格的价格管制会导致经营者经营效率的下降。（　　）★★

8. 市场的需求条件只允许一个企业达到最低限度的效率规模时，称为自然垄断。（　　）★★

9. 委托-代理问题与道德风险无关。（　　）★

10. 公共物品的一个显著特点是非排他性。（　　）★

11. 公共物品在一定条件下具有竞用性。（　　）★

12. 公共物品一般在消费时不具有外部性。（　　）★

13. 在一定条件下，增加公共物品消费者人数并不需要减少其他消费品的生产。（　　）★

14. 排污费与排污许可证制度的经济效果是无差异的。（　　）★★

15. 当存在外部不经济时，厂商的私人成本高于社会成本。（　　）★★

16. 私人成本和社会成本的差异是导致市场失灵的唯一原因。（　　）★

17. 外部不经济的一种解决方法是对该活动征税。（　　）★

18. 在存在外部性的情况下，竞争性市场的结果仍会是帕累托最优的。（　　）★★

19. 一种物品有竞用性，但无排他性，通常我们称之为公共资源。（　　）★

20. 私人企业收归政府并由政府经营，叫作政府管制。（　　）★

21. 政府管制是指变私人企业为政府拥有和经营。（　　）★★

22. 一个产品是非排他性的，是指排除他人使用的成本昂贵。（　　）★

23. 公共物品的生产决策与私人物品的生产决策一样由市场经济的运行规则决定。（　　）★★

24. 在任何条件下，增加公共物品消费者人数并不需要减少其他消费品的生产。（　　）★★

25. 公共道路在使用时不具有排他性。（　　）★

26. 大学图书馆中的书籍在使用上具有竞用性。（　　）★

四、名词解释

1. 市场失灵★
2. 搭便车问题★
3. 外部性★
4. 外部经济★
5. 外部不经济★
6. 科斯定理★
7. 排他性★
8. 竞用性★
9. 公共物品★
10. 公共资源★
11. 逆向选择★
12. 信息不对称★

五、简答题

1. 什么叫市场失灵？哪些情况会导致市场失灵？（考研高频考点）★

2. 垄断为什么不能实现帕累托最优？（考研高频考点）★★

3. 外部性如何干扰市场对资源的配置？（考研高频考点）★★

4. 公共物品和私人物品相比有什么特点？这个特点怎样说明在公共物品生产上市场是失灵的？（考研高频考点）★★

5. 如何纠正由于外部影响所造成的资源配置不当？（考研高频考点）★

六、计算题

1. 假设一个养蜂场和一个梨园比邻，它们都位于完全竞争市场上。记蜂蜜的产量为 M，梨的产量为 L。假设养蜂场的成本函数为 $C_M=M^2/100$，梨园的成本函数为 $C_L=L^2/100-2M$，蜂蜜的价格是 2 元，梨的价格是 3 元。计算：（厦门大学考研题）★

（1）养蜂场和梨园独立经营时，各自的均衡产量。

（2）养蜂场和梨园合并经营时，蜂蜜和梨的均衡产量。

（3）养蜂场和梨园独立经营，实现帕累托最优产量时对每单位蜂蜜产出的补贴量。

2. 某湖泊周围居民以渔业为生。假设经营一条渔船的成本为每月 4000 元，且假设每个渔民只经营一条渔船。当 q 条渔船同时作业时，渔业的月总收入 $R=20\,000q-1000q^2$。计算：★

（1）不存在进入障碍时，湾港作业的渔船数量。

（2）对社会而言的帕累托最优渔船数量 q^*。

（3）如果我们对每艘渔船的进入征收价格为 T 的捕捞许可证费，要使渔船数量保持在 q^*，则这个 T 应为多少？

3. 设一个公共牧场的成本是 $C=5x^2+3000$，其中，x 是牧场上养牛的头数。牛的价格为 $P=1000$ 元。★★

（1）求牧场净收益最大时的养牛数。

（2）若该牧场有 5 户牧民，牧场成本由他们平均分担。这时牧场上将会养多少头牛？从中会引起什么问题？

4. 假设一个村庄的村主任决定修建村里的道路。但他不知道村民对修建交通道路的估价。修建道路的成本与道路的长度 x 有关，且 $C(x)=1/2x^2$。每个村民的边际支付意愿为 $P(x)=1-x$。★★

（1）确定所修建道路的最优长度的条件是什么？如果村民的人数为 1000，那么该村需修建多长的道路？

（2）假设修建道路的成本是固定的，且 $C(x)=500$。那么当居民人数是多少时才应该实施修路工程？

5. 假定某社会只有甲、乙、丙 3 个公民，他们对共用品的需求分别为：$P_1=100-x$，$P_2=100-2x$，$P_3=100-3x$。其中，x 是共用品数量，每单位共用品成本是 4 元。★★

（1）求社会对共用品的需求函数。

（2）该社会共用品最优数量是多少？

（3）每个公民支付的价格是多少？

6. 某种产品由企业 H 和企业 L 两企业生产，各自的成本函数分别为 $C_H=1/2q_H^2+10q_H$，$C_L=1/2q_L^2$。q_H、q_L 分别为各自的产量。两企业的产品质量有差别，企业 H 的质量指标为 20，企业 L 的质量指标为 10。市场上的消费者购买时无法知道产品的质量，两企业的产品以同一价格在市场上出售。假设各消费者知道该产品的平均质量为 μ，消费者的预期效用依存于该产品的购买量 x、该产品的质量 μ 以及剩余货币 y，即 $u=y+\mu x$。如果各消费者拥有的货币为 100，消费者追求预期效用最大化、企业追求利润最大化。要求：★★

（1）求产品的价格为 p 时，企业 H 和企业 L 的供给量。

（2）求市场供给曲线，并求 p 和 μ 的关系。

（3）求需求函数与 μ 的关系。

七、论述题

1. 为什么信息不对称的存在会导致资源配置偏离帕累托效率？试结合实例加以阐述。★★

2. 什么是市场信号？市场信号如何发挥作用？常见的市场信号有哪些？★★

3. 讨论市场失灵的原因及其纠正方案。★★

4. 中国正处在一个城市化的过程当中，大量的农业用地通过“征地”被转化为非农业用地。你认为应该如何界定农民的土地承包权？这对土地资源的有效配置和农民收入有何影响？★★

5. 简述寻租理论。★★

6. 什么是科斯定理？科斯定理对解决外部性的理论意义和实践意义是什么？（天津财经大学考研题）★★

八、案例分析

三鹿奶粉事件

2008年中国奶制品污染事件（或称2008年中国奶粉污染事故）是一起食品安全事故。事故起因是很多食用三鹿集团生产的奶粉的婴儿被发现患有肾结石，随后在其奶粉中发现化工原料三聚氰胺。根据公布的数字，截至2008年9月21日，因使用三鹿婴幼儿奶粉而接受门诊治疗咨询且已康复的婴幼儿累计39 965人，正在住院的有12 892人，此前已治愈出院1579人，死亡4人，另截至9月25日，香港地区有5人、澳门地区有1人确诊患病。事件引起社会的高度关注和对乳制品安全的担忧。9月24日，中国国家质检总局（现为国家市场监督管理总局）表示，牛奶事件已得到控制，9月14日以后新生产的酸乳、巴氏杀菌乳、灭菌乳等主要品种的液态奶样本的三聚氰胺抽样检测中均未检出三聚氰胺。2010年9月，中国多地政府下达最后通牒：若在2010年9月30日前上缴2008年的问题奶粉，不处罚。2011年中国中央电视台《每周质量报告》调查发现，仍有七成中国民众不敢买国产奶。早在2008年3月左右，三鹿集团就收到投诉，说生产的产品有问题，食用过的婴儿出现尿结石和肾结石的现象。但是三鹿集团不仅没有重视问题，及时调回市场上有问题的产品，还以各种理由狡辩，只为保护自己公司的形象和利益。与此同时，石家庄市政府也没有采取有力的措施，导致事件的危害越来越大。2008年9月，中央政府开始严肃对待此事，三鹿集团便开始找各种理由，如声称此事件的真凶是不法奶农为获取更多的利润而向鲜奶中加入三聚氰胺。因为种种不负责任的行为，三鹿集团最终受到法律制裁，并于2009年2月宣告破产。在这场风波中，还有很多的集团因为不合格的产品而被曝光，中国的乳业也受到了一次巨大的冲击，失去了在世界市场的诚信。食品安全问题再次成为社会的核心议题，政府监管职能因此得到民众的关注。2000年后，因为我国经济的迅速发展，乳制品市场转变成一个很大的市场，且因消费群体巨大，更可划分为高、中、低三个消费层次。

为了调节市场供应与需求，除了从海外的日本、新西兰等国进口将近 30 万吨乳制品以应付高、中消费层次外，中国绝大多数消费群体包括婴幼儿，还是以我国自主生产的产品为主。在此因素下，三鹿集团顺势以一袋 18 元人民币（约 3 美元）、不到进口奶粉价格一半的价格推出婴幼儿配方奶粉以应付大规模的奶业市场，之后成为重要且知名婴幼儿奶粉品牌，多年蝉联中国自制乳品市场的首位。不过因为需求甚殷、价格竞争等因素，公司均漠视生产流程及质量控管，终于爆发此事件。虽然经相关单位调查后，中国检察机构认为该污染事件应由乳品收购站负主要责任，并严惩逮捕相关当事人。不过，也有人质疑，该毒奶粉事件原因是三鹿集团抢夺农村市场，为降低成本偷工减料所衍生出来的。

从信息不对称、公共产品特性、外部性等角度分析导致食品质量安全的市场机制失灵的因素。

参考答案及解析

第一章参考答案及解析

一、单项选择题

1. B【解析】略

2. A【解析】微观经济学以单个经济单位为考察对象，运用个量分析方法，研究单个经济单位的经济行为以及相应的经济变量如何决定，分析的是资源配置问题；宏观经济学以整个国民经济活动作为考察对象，运用总量分析方法，研究社会总体经济问题以及相应的经济变量如何决定，研究这些经济变量的相互关系。

3. D【解析】微观经济学以单个经济单位（家庭、企业和单个产品市场）为考察对象，运用个量分析方法，研究单个经济单位的经济行为以及相应的经济变量如何决定，分析的是资源配置问题。

4. C【解析】略

5. C【解析】略

6. B【解析】略

7. D【解析】略

8. B【解析】略

9. C【解析】微观经济学又称价格理论，研究的中心问题是价格问题。

10. C【解析】略

11. B【解析】西方经济学分为宏观经济学和微观经济学。

12. B【解析】略

13. D【解析】经济学研究的基本问题包括：生产什么，生产多少；怎样生产；为谁生产；何时生产。

14. D【解析】略

15. D【解析】略

16. D【解析】略

17. A【解析】略

18. B【解析】略

19. C【解析】略

20. B【解析】略

21. A【解析】略

22. A【解析】杀鸡焉用宰牛刀比喻办小事情，何必花费大力气，也就是不要小题大做。机会成本是指企业为从事某项经营活动而放弃另一项经营活动的机会，或利用一定资源获得某种收入时所放弃的另一种收入。

23. B【解析】略

24. A【解析】略

25. B【解析】略

26. D【解析】略

27. C【解析】略

28. C【解析】略

29. B【解析】略

30. B【解析】略

31. C【解析】略

32. D【解析】略

33. C【解析】略

34. C【解析】略

35. C【解析】略

36. B【解析】规范经济学是指那些依据一定的价值判断，提出某些分析和处理经济问题的标准，并以此树立起经济理论的前提，作为经济政策制定的依据。专题属于价值判断。

37. C【解析】略

38. C【解析】略

39. A【解析】略

40. B【解析】略

41. A【解析】略

42. A【解析】略

43. B【解析】略

44. B【解析】略

45. C【解析】略

46. D【解析】略

47. B【解析】略

48. D【解析】略

49. D【解析】略

50. C【解析】略

51. C【解析】略

52. A【解析】略

53. A【解析】略

54. B【解析】略

二、判断题

1. 对【解析】略

2. 对【解析】略

3. 错【解析】经济学研究的基本问题包括：生产什么，生产多少；怎样生产；为谁生产；何时生产。

4. 对【解析】略

5. 对【解析】略

6. 错【解析】微观经济学要解决的问题是资源配置，宏观经济学要解决的问题是资源利用以及用什么政策改善资源的利用。

7. 错【解析】微观经济学的基本假设是合乎理性人的假设。

8. 对【解析】略

9. 对【解析】略

10. 错【解析】资源的稀缺性是指相对于人类无限增长的需求而言，在一定时间与空间范围内资源总是有限的，相对不足的资源与人类绝对增长的需求相比造成了资源的稀缺性。

11. 错【解析】略

12. 错【解析】社会生产位于生产可能线之内意味着资源没有得到充分利用，社会生产位于生产可能线之外意味着可以利用的资源稀缺，社会生产位于生产可能线上意味着资源得到了充分利用。

13. 错【解析】会计成本是指企业在经营过程中所实际发生的一切成本。

14. 对【解析】略

15. 错【解析】机会成本是指企业为从事某项经营活动而放弃另一项经营活动的机会，或利用一定资源获得某种收入时所放弃的另一种收入。

16. 对【解析】略

17. 错【解析】资源的稀缺性是指相对于人类无限增长的需求而言，在一定时间与空间范围内资源总是有限的，相对不足的资源与人类绝对增长的需求相比造成了资源的稀缺性。

18. 错【解析】社会生产位于生产可能线之内意味着资源没有得到充分利用。

19. 错【解析】资源的稀缺性是指相对于人类无限增长的需求而言，在一定时间与空间范围内资源总是有限的，相对不足的资源与人类绝对增长的需求相比造成了资源的稀缺性。

20. 错【解析】略

21. 对【解析】略

22. 对【解析】略

23. 错【解析】略

24. 对【解析】略

25. 对【解析】略

26. 对【解析】略

27. 错【解析】“人们的收入差距大一点好还是小一点好”的命题属于规范经济学问题。

28. 对【解析】略

29. 错【解析】实证经济学要解决“是什么”的问题，规范经济学要解决“应该是什么”的问题。

30. 错【解析】实证经济学主要强调“怎么样”。

31. 对【解析】略

32. 错【解析】企业产品的库存是存量。

33. 错【解析】“联邦所得税对中等收入家庭是不公平的”这一说法属于规范经济学命题。

34. 错【解析】经济学所建立的理论是从一系列假设中推导出来的结论。

35. 错【解析】经济人就是以完全追求物质利益为目的而进行经济活动的主体，人都希望以尽可能少的付出，获得最大限度的收获，并为此可不择手段。

36. 错【解析】假说指按照预先设定，对某种现象进行的解释，即根据已知的科学事实和科学原理，对所研究的自然现象及其规律性提出的推测和说明，而且数据经过详细的分类、归纳与分析，得到一个暂时性但是可以被接受的解释。

37. 对【解析】略

38. 对【解析】略

39. 对【解析】略

三、简答题

1. 西方经济学是一个内容相当广泛而松散的名词，迄今在世界上尚不存在一个众所同意的定义。一般说来至少应含有下列三种类别的内容。

第一，企事业的经营管理方法和经验。例如行情研究、存货管理、产品质量控制、车间生产流程布局等。这类主题着重使用运筹学、数理统计和其他的方法来研究经营企事业的有效手段与总结企事业的营运经验。

第二，对一个经济部门或经济领域或经济问题的集中研究成果。如资源经济学、商业经济学、农业经济学、石油经济学，对税收、财政、通货膨胀问题的论述等。它们的研究对象关系到经济生活中的某一特定部门或领域。

第三，经济理论的研究和考察。如微观经济学、宏观经济学、数理经济学、动态经济学、福利经济学、经济思想史等。这一方面的主要内容为经济理论以及根据经济理论而制定的经济政策和有关问题的解决途径。

2. 西方经济学的研究对象，通常认为是经济资源的配置和利用，原因是人类一切经济活动都是为了满足他们的欲望以及由这些欲望引起的对各种物品和服务的需求，人的欲望和需求是无穷无尽的，而满足这些需要的经济资源（包括它们生产的产品）在一定时期内总是有限的，这就是稀缺性。由于资源相对需求而言的稀缺性，便产生了如何利用稀缺资源去生产“经济物品”（人类必须付出代价才能得到的物品）

来更好满足人类需要的所谓的选择问题。选择所要解决的问题包括：①生产什么（what）以及多少；②如何（how）生产；③为谁（for whom）生产；④何时（when）生产。

第二章参考答案及解析

一、单项选择题

1. A【解析】微观经济学通过对个体经济单位的经济行为的研究，说明现代西方经济社会市场机制的运行和作用，以及改善这种运行的途径。

2. B【解析】价格分析是微观经济学分析的核心，微观经济学也被称为价格理论。

3. D【解析】价格分析是微观经济学分析的核心，微观经济学也被称为价格理论。

4. D【解析】在微观经济学中，任何商品的价格都是由商品的需求和供给这两个因素共同决定的，即由产品市场和需求市场共同决定。

5. C【解析】在微观经济学中，任何商品的价格都是由商品的需求和供给这两个因素共同决定的。因此，微观经济学分析的出发点是对需求曲线和供给曲线的初步论述。

6. A【解析】微观经济学对个体经济单位的考察，是在三个逐步深入的层次上进行的。第一个层次是分析单个消费者和单个生产者的经济行为。它分析单个消费者如何进行最优的消费决策以获得最大的效用，分析单个生产者如何进行最优的生产决策以获取最大的利润。

7. B【解析】在经济学里，“合乎理性的人”的假设条件也被简称为“理性人”或者“经济人”的假设条件。西方经济学家指出，所谓的“理性人”或者“经济人”的假设是对在经济社会中从事经济活动的所有人的基本特征的一个一般性的抽象。

8. C【解析】在微观经济分析中，为了简化分析过程，在不影响结论的前提下，大多使用线性需求函数。线性需求函数的通常形式为：$Q^d=\alpha-\beta\cdot P$。式中，α、β为常数，且$\alpha>0$，$\beta>0$。该函数所对应的需求曲线为一条直线。

9. C【解析】在微观经济分析中，使用较多的是线性供给函数。它的通常形式为：$Q^s=\delta+\gamma\cdot P$。式中，δ、γ为常数，且δ、$\gamma>0$。与该函数相对应的供给曲线为一条直线。

10. A【解析】线性需求曲线上的点弹性有一个明显的特征：在线性需求曲线上的点的位置越高，相应的点弹性系数值就越大；相反，位置越低，相应的点弹性系数值就越小。

11. B【解析】若两种商品之间存在着替代关系，则一种商品的价格与它的替代品的需求量之间成同方向的变动。相应的需求的交叉价格弹性系数为正值。

12. D【解析】供给曲线斜率的绝对值等于需求曲线斜率的绝对值，即供给曲线和需求曲线具有相同的陡峭或平坦的程度，为蛛网以相同的幅度上下波动的条件，相应的蛛网被称为“封闭型蛛网”。

13. A【解析】乒乓球拍价格下降导致对乒乓球拍的需求增加，由于乒乓球与乒乓球拍为互补商品，人们对乒乓球的需求也会随之增加。因此需求曲线向右移动。

14. A【解析】根据公式：$MR=P(1-1/E_d)$，代入即可得到边际收益为4。上述公式的推导过程如下：

$$\frac{dTR}{dQ}=\frac{d(P \cdot Q)}{dQ}=P(Q)+Q \cdot \frac{dP(Q)}{dP}=P\left(1+\frac{Q}{P} \cdot \frac{dP(Q)}{dQ}\right)=P(1-1/E_d)$$

15. B【解析】一般地，我们有如下结论：在以纵轴表示价格、横轴表示数量的坐标平面中，当供给曲线的延长线过坐标原点的左边时（负半轴），供给价格弹性大于1；当供给曲线刚好过原点时，供给价格弹性等于1；当供给曲线穿过坐标原点的右边时（正半轴），供给价格弹性小于1。

16. C【解析】需求曲线上的点代表需求数量和需求价格的组合。

17. A【解析】根据既定的外生变量值来求得内生变量值的分析方法，被称为静态分析。

18. B【解析】当$E_d>1$时，厂商降价所引起的需求量的增加率大于价格的下降率。这意味着价格下降所造成的销售收入的减少量必定小于需求量增加所带来的销售收入的增加量。所以，降价最终带来的销售收入是增加的。

19. B【解析】只要供给曲线或其延长线经过原点则供给价格弹性恒为1。

20. C【解析】根据弹性公式 $E_d=-\frac{\Delta Q}{\Delta P} \cdot \frac{\frac{P_1+P_2}{2}}{\frac{Q_1+Q_2}{2}}=-\frac{75-50}{8-12} \cdot \frac{\frac{8+12}{2}}{\frac{75+50}{2}}=\frac{500}{500}=1$，因此为单位弹性。

21. B【解析】由$Q=100-20P$可得$P=5-Q/20$。利润$\pi=PQ=(5-Q/20)Q$，将利润对数量求导即可得$\frac{d\pi}{dQ}=5-\frac{Q}{10}$，令其等于0即可得$Q=50$。

22. A【解析】随着不可再生资源的消耗，其供给曲线将向左上方移动；如果没有替代性资源或新技术的出现，长期内需求曲线至少是不变的，甚至会向右上方移动，因此均衡价格将上涨。

23. A【解析】某商品的替代品价格上升则对替代品的需求减少，对该商品的需求就会因为替代而增加。

24. B【解析】若某种商品价格缺乏弹性，意味着价格变动不会大幅度影响购买量，价格变化的方向与销售收入的变化方向是相反的，商家应提价销售。

25. C【解析】需求与价格的反方向变动是两种效应的共同作用，比较两种效应的作用方向与大小最终呈现的结果。

26. B【解析】正常商品若预期价格增加则现期购买增加，吉芬商品恰好与之相反，因此现期购买减少。

27. B【解析】因为需求曲线为向下弯曲的曲线，因此并非严格的线性关系，无法确定具体数值。

28. A【解析】A项为规范说法。

29. B【解析】未减税的均衡价格为 10，实行减税政策后，一部分利润由政府补偿，福利被让渡给消费者，因此价格降低。

30. D【解析】因为有很多同类产品，可替代性很强，因此需求弹性很大。

31. A【解析】因为曲线切点处切线与直线重合，斜率相同，因此弹性相同。

32. D【解析】因为交叉弹性为负，因此是互补品。

33. C【解析】根据恩格尔系数的含义，当收入水平增加的时候，恩格尔系数下降，即食物支出比重下降。

34. B【解析】价格从高降低，点就会沿着需求曲线从左上至右下移动，所形成的矩形面积就会从小变大再变小，存在最值。

35. C【解析】劣质商品需求的收入弹性小于 0，即收入越高对劣质品的需求量越小。

36. A【解析】供给曲线的斜率绝对值小于需求曲线的斜率绝对值形成发散型蛛网，相等的情况形成闭合的矩形。

37. B【解析】理性经济人的假设就是指可以获得完全信息并从中做出利己且不损人的行为。

38. D【解析】随着需求的增加和供给的减少，均衡价格一定会上升；随着需求的减少和供给的增加，均衡价格一定会下降。其余则不能确定。

39. A【解析】画图即可确定。征税会导致同等价格水平下的供给减少，因此供给曲线左移，新形成的均衡价格在图中显示会上升但小于 5 美分。

40. A【解析】因为价格过低，大家都不愿意生产，需求反而因价格降低而提高。造成货物供不应求，想买的都买不到。仅有的交易是商家只愿意卖给 VIP 客户。明面上有价无市。

41. A【解析】设原价格 P，买者购买数量 Q，总支出为 PQ，

$P'=(1-20\%)P$

$P'Q'=(1+2\%)PQ=0.8PQ'$

$Q'/Q=51/40$

$|E_d|=|(Q'-Q)/(P'-P)P/Q|$

$=11/8>1$

富有弹性。

42. B【解析】当价格为 10 时，数量为 30。$|E_d|=|\mathrm{d}Q/\mathrm{d}P\times P/Q|=|-2\times 10/30|=0.67$。

43. B【解析】为了研究价格对数量的影响，恰当地隐去其他因素是经济学常用的手段，但这并不代表价格是唯一的影响因素。

44. D【解析】在供给曲线的推导过程中，商品价格是唯一的变量。

45. C【解析】对于富有弹性的商品来说，提高价格会导致销售数量的大幅度下降，因此总收入会减少。

46. A【解析】通常所说物品需求量减少是因为收入减少而导致的需求减少。

47. A【解析】对于该消费者来说，牛肉与猪肉既不是替代品，又不是互补品，因此交叉弹性为 0。

48. A【解析】商品的个人需求曲线表明了个人愿望的最大限度。

49. C【解析】偏好增加使同样价格下需求增多，即需求曲线右移；技术进步使相同数量上价格下降，即供给曲线右移。结果使得均衡价格一定上升，但数量无法确定。

50. B【解析】消费者从物品与劳务的消费中得到的满足程度称为效用。

51. B【解析】在劳动供给曲线上升阶段，替代效应大于收入效应；在劳动供给曲线背弯阶段，收入效应大于替代效应。低于最低工资水平，当工资增加时必然处于上升阶段。

52. B【解析】商品的需求完全没有价格弹性即无论价格怎样变化，需求量都没有变化，因此是呈垂直状。

53. A【解析】根据效用最大化条件，因为只有两个商品，所以 $MP_X/P_X = MP_Y/P_Y$，其中 MP_X 表示商品 X 的边际效用，P_X 表示商品 X 的价格。

二、多项选择题

1. ABC【解析】微观经济学的具体研究对象是个体经济单位。个体经济单位指单个消费者、单个生产者和单个市场等。

2. ABD【解析】微观经济学对个体经济单位的考察的三个层次分别是：第一个层次是分析单个消费者和单个生产者的经济行为。第二个层次是分析单个市场的均衡价格的决定。第三个层次是分析所有单个市场均衡价格的同时决定。

3. AC【解析】一种商品的需求是指消费者在一定时期内在各种可能的价格水平愿意而且能够购买的该商品的数量。根据定义，如果消费者对某种商品只有购买的欲望而没有购买的能力，就不能算作需求。需求必须是指消费者既有购买欲望又有购买能力的有效需求。

4. ABCD【解析】一种商品的需求数量是由许多因素共同决定的，其中主要的因素有：该商品的价格、消费者的收入水平、相关商品的价格、消费者的偏好、消费者对该商品的价格预期，以及消费者的人数等。

5. ABCD【解析】一种商品的供给数量取决于多种因素的影响，其中主要的因素有：该商品的价格、生产的成本、生产的技术水平、相关商品的价格、生产者对未来的预期，以及生产者的人数等。

6. AC【解析】市场均衡可以分为局部均衡和一般均衡。局部均衡是就单个市场或部分市场的供求与价格之间的关系和均衡状态进行分析。一般均衡是就一个经济社会中的所有市场的供求与价格之间的关系和均衡状态进行分析。

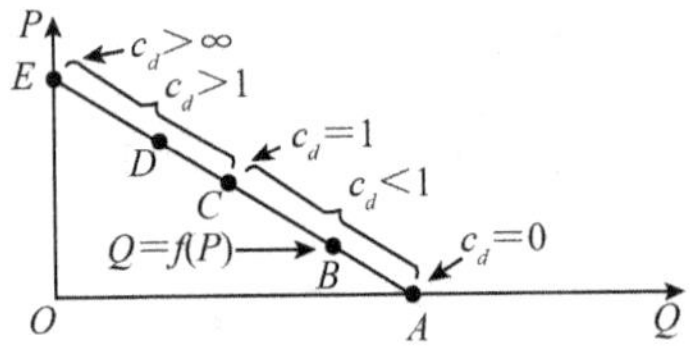

答图 2-1

7. ACD【解析】“蛛网模型”的形态有收敛型蛛网、发散型蛛网、封闭型蛛网。

8. BD【解析】经济模型可以被区分为静态模型和动态模型。

9. AB【解析】需求的价格弹性分为点弹性和弧弹性。

10. ABC【解析】如答图 2-1 所示。

11. BCD【解析】蛛网模型是指西方经济学中分析

生产周期较长商品的产量和价格波动情况的模型。

12. BC【解析】将方程联立即可解得，价格为 2，数量为 8。

13. ABD【解析】对于 A 项，经济学并不否认有一部分人类行为是无法用理性假设来分析的，如当被分析的对象是某类型的病人，那么他们就并不一定具有理性决策的能力。

对于 B 项，经济学对于行为人的假设本身就包括了人类行为的道德维度，而且，道德本身作为一种规范也成为人类行为的约束。但是，经济学通常不假设人类达到了这样的道德水平，以至于每个人都自动地采取了有利于社会的行为。

对于 D 项，如果防止犯罪的成本不是 0，那么，当犯罪率下降到一定程度时，治理犯罪越来越难（边际成本越来越高），社会资源用来减少犯罪就可能不如用于在其他方面改善社会福利。

14. BD【解析】经济发展需要高新技术人才支撑，因此人才的需求曲线将向右上方移动，如果人才的供给曲线不发生变化，则薪资会上涨。

15. ABC【解析】假设市场价格为 P，A 类消费者个人需求量为 2，则 A 类市场总需求量为 $q_A=2\times20=40$，B 类消费者个人需求量为 1，则 B 类市场总需求量为 $q_B=1\times30=30$，则市场总需求量为 $Q=q_B+q_B=40+30=70$，因为

$$E_d=\frac{P}{Q}\cdot\frac{dQ}{dP}=\frac{d(q_A+q_B)}{dP}\cdot\frac{P}{Q}=\frac{dq_A}{dP}\cdot\frac{P}{q_A}\cdot\frac{q_A}{Q}+\frac{dq_B}{dP}\cdot\frac{P}{q_B}\cdot\frac{q_B}{Q}=E_d^A\cdot\frac{q_A}{Q}+E_d^B\cdot\frac{q_B}{Q},$$

将数据代入即可得市场整体的消费弹性为 11 / 14。从公式中可以看出，市场整体的消费弹性与 A 和 B 的消费弹性以及消费比例都有关系。

16. CD【解析】垂直需求曲线的价格弹性为 0；对于拥有向右下方倾斜但绝对值很大的需求曲线的商品，应提价销售。

17. ABC【解析】商品 A 的价格下降其需求曲线不移动，只是在原来的需求曲线上点的移动；商品 B 的需求因为商品 A 的降价而减少，因此向左下方移动。

18. AD【解析】供给增加的同时需求减少必然导致均衡价格下降；供给减少的同时需求增加必然会导致供给价格上升，因此这两种情况均衡价格必然变动。

19. ABD【解析】对于富有弹性的商品，应稍微降低其价格，因为较少的价格变动即会引起较大的销售数量的增长，与原来相比，销售收益会增加。

20. BCD【解析】因为价格变化时需求变化方向相同，因此两种商品为互补品，其交叉需求弹性系数不可能为正。

21. ABC【解析】均衡价格相对于原来的均衡价格来说是无法确定的，但是均衡交易量必然低于原来的数量，可通过图形来解决，供给曲线和需求曲线同时向左移动。

22. BCD【解析】商品价格的变化只会导致点在需求曲线上的移动，并不会引起需求曲线的变动，其他三种则会引起需求曲线的变动。

23. ABC【解析】在得出供给曲线的过程中除了价格以外的因素都要保持其不变性。

24. ABD【解析】随着消费者消费某种商品量的持续增加，人们的欲望强度会降低。

三、判断题

1. 错【解析】微观经济学的基本假设条件就是“合乎理性的人”的假设条件。

2. 错【解析】“合乎理性的人”这一微观经济学基本特征就是：每一个从事经济活动的人都是利己的。

3. 对【解析】价格机制是在供给市场和需求市场中同时达到均衡的调节机制，可以使经济资源得到有效率的配置。

4. 错【解析】消费者对某种商品只有购买的欲望而没有购买的能力，就不能算作需求。微观经济学中强调的需求必须是有欲望并且有购买能力的有效需求。

5. 错【解析】如果生产者对某种商品只有提供出售的愿望，而没有提供出售的能力，则不能形成有效供给，也不能算作供给。

6. 错【解析】一种商品的供给量是所有影响这种商品供给量的因素的函数。

7. 错【解析】供给曲线和需求曲线可以是曲线型，只是为了便于分析，将其简化为直线型。

8. 错【解析】若两种商品之间存在着互补关系，则一种商品的价格与它的互补品的需求量之间成反方向的变动。相应的需求的交叉价格弹性系数为负值。

9. 错【解析】政府实行最高限价的目的往往是抑制某些产品的价格上涨，尤其是应对通货膨胀。有时，为了限制某些行业，特别是限制一些垄断性很强的公用事业的价格，政府也会采取最高限价的做法。因此，最高限价总是低于市场的均衡价格。

10. 错【解析】政府实行最低限价的目的通常是扶持某些行业的发展。

11. 错【解析】发散型蛛网相对于价格轴，需求曲线斜率的绝对值小于供给曲线斜率的绝对值。

12. 错【解析】收入弹性大于 0，无法说明该种商品就是高档商品。

13. 错【解析】如果一种商品的用途很广泛，会使该种商品的价格弹性变大。

14. 错【解析】对于吉芬商品来说，价格下降，对其购买的数量也会下降。

15. 错【解析】水平的需求曲线的价格弹性无穷大。

16. 对【解析】替代品价格上升则其供给会减少，相对于替代品来说某种商品的相对价格低，因此供给量增加。

17. 错【解析】购买某种商品的支出占全部收入的比例越小，其价格弹性越小。

18. 对【解析】政府限价是在市场价格以下的，由于价格的限制，利润空间变得小了，厂商不愿供给。

19. 错【解析】线性需求曲线上每点的斜率都是相等的，但每点的点弹性值却都是不相等的。

20. 对【解析】在给定中国铁矿石供给不变的大环境下，贵州钢铁产量的增长将使中国铁矿石需求曲线向右上方移动，因此均衡价格将上升。

21. 对【解析】根据需求曲线的意义，确实如此，吉芬商品的需求曲线即为此种类型。

22. 错【解析】价格下降会导致需求上升，两种商品的需求同时上升说明为互补品。

23. 错【解析】垂直的需求曲线说明消费者对该商品的需求为常数。

24. 错【解析】线性需求曲线的上半部分的需求价格弹性绝对值总是大于 1。

25. 对【解析】交叉弹性是用来衡量两种商品之间的弹性关系的，值为 0 则说明无关。

26. 错【解析】必需品的价格弹性通常来说低于奢侈品的价格弹性。

27. 对【解析】由于双曲线的特征为任意点的乘积为一定值，价格上升引起点在线上的移动，但是横纵坐标值乘积即总花费不变。

28. 错【解析】需求曲线上任意一点对应的价格是需求价格。

29. 错【解析】已知某商品的收入弹性小于 0，则这种商品是劣质品。

30. 错【解析】如果价格高于均衡价格，消费者将减少对该商品的需求。

31. 错【解析】收入效应和替代效应同时产生作用。

32. 错【解析】缺少前提：其他条件不变的情况下。

四、名词解释

1. 需求：是指消费者在一定时期内在各种可能的价格水平愿意而且能够购买的该商品的数量。

2. 需求函数：表示一种商品的需求数量和影响该需求数量的各种因素之间的相互关系。如果假定其他因素均不发生变化，仅考虑一种商品的价格变动对其需求量的影响，需求函数就可以用下式表示：$Q^d=f(P)$。式中，P 为商品的价格；Q^d 为商品的需求量。

3. 供给：一种商品的供给是指生产者在一定时期内在各种可能的价格下愿意而且能够提供出售的该种商品的数量。

4. 供给函数：一种商品的供给量是所有影响这种商品供给量的因素的函数。如果假定其他因素均不发生变化，仅考虑一种商品的价格变化对其供给量的影响，即把一种商品的供给量只看成这种商品价格的函数，则供给函数就可以表示为：$Q^s=f(P)$ 式中，P 为商品的价格；Q^s 为商品的供给量。

5. 均衡：均衡的一般的意义是指经济事物中有关的变量在一定条件的相互作用下所达到的一种相对静止的状态。经济事物之所以能够处于这样一种静止状态，是由于在这样的状态中有关该经济事物的各参与者的力量能够相互制约和相互抵消，也由于在这样的状态中有关该经济事物的各方面的经济行为者的愿望都能得到满足。正因为如此，西方经济学家认为，经济学的研究往往在于寻找在一定条件下经济事物的变化最终趋于相对静止之点的均衡状态。

6. 均衡价格：一种商品的均衡价格是指该种商品的市场需求量和市场供给量相等时的价格。在均衡价格水平下的相等的供求数量被称为均衡数量。

7. 供求定理：在其他条件不变的情况下，需求变动分别引起均衡价格和均衡数量的同方向的变动；供给变动引起均衡价格的反方向的变动，引起均衡数量的同方向的变动。

8. 需求的价格弹性：表示在一定时期内一种商品的需求量变动对于该商品的价格变动的反应程度。或者说，表示在一定时期内当一种商品的价格变化 1%时所引起的该商品的需求量变化的百分比。其公式为

需求的价格弹性＝－需求变动率 / 价格变动率。

9. 需求的交叉价格弹性：表示在一定时期内一种商品的需求量的变动对于该商品的相关商品的价格的变动的反应程度。或者说，表示在一定时期内当一种商品的价格变化 1%时所引起的另一种商品的需求量变化的百分比。它是该商品的需求量的变动率和该商品的相关商品的价格的变动率的比值。

10. 最高限价：也称限制价格。它是政府所规定的某种产品的最高价格。最高限价总是高于市场的均衡价格。

11. 最低限价：也称支持价格。它是政府所规定的某种产品的最低价格。最低限价总是低于市场的均衡价格。

五、简答题

1.（1）关于商品的自身价格。一般说来，一种商品的价格越高，该商品的需求量就会越小；相反，价格越低，需求量就会越大。

（2）关于消费者的收入水平。对于大多数商品来说，当消费者的收入水平提高时，就会增加对商品的需求量；相反，当消费者的收入水平下降时，就会减少对商品的需求量。

（3）关于相关商品的价格。当一种商品本身的价格保持不变，而与它相关的其他商品的价格发生变化时，这种商品本身的需求量也会发生变化。

（4）关于消费者的偏好。当消费者对某种商品的偏好程度增强时，该商品的需求量就会增加；相反，偏好程度减弱，需求量就会减少。

（5）关于消费者对商品的价格预期。当消费者预期某种商品的价格在下一期会上升时，就会增加对该商品的现期需求量；当消费者预期某商品的价格在下一期会下降时，就会减少对该商品的现期需求量。

（6）关于消费者人数的变化。一个商品市场上消费者人数的增减会直接影响该市场上需求数量的多少。

2.（1）关于商品的自身价格。一般说来，一种商品的价格越高，生产者提供的产量就越大；相反，商品的价格越低，生产者提供的产量就越小。

（2）关于生产的成本。在商品自身价格不变的条件下，生产成本上升会减少利润，从而使得商品的供给量减少；相反，生产成本下降会增加利润，从而使得商品的供给量增加。

（3）关于生产的技术水平。在一般的情况下，生产技术水平的提高可以降低生产成本，增加生产者的利润，生产者会提供更多的产量。

（4）关于相关商品的价格。在一种商品的价格不变，而其他相关商品的价格发生变化时，该商品的供给量会发生变化。

（5）关于生产者对未来的预期。如果生产者对未来的预期是乐观的，如预期商品的

价格会上涨，生产者往往会扩大生产，增加商品供给。如果生产者对未来的预期是悲观的，如预期商品的价格会下降，生产者往往会缩减生产，减少商品供给。

（6）关于生产者人数。一个商品市场上生产者数量增加，会使市场上该商品的供给数量增加；或者相反。

3. 由于 $E_d>1$ 表示需求量的变动率大于价格的变动率，即需求量对于价格变动的反应是比较敏感的，所以，$E_d>1$ 被称为富有弹性。由于 $E_d<1$ 表示需求量的变动率小于价格的变动率，即需求量对于价格变动的反应欠敏感，所以，$E_d<1$ 被称为缺乏弹性。$E_d=1$ 是一种巧合的情况，它表示需求量和价格的变动率刚好相等。$E_d=1$ 被称为单一弹性或单位弹性。以上这三种类型的需求的价格弧弹性分别如答图 2-2（a）、答图 2-2（b）和答图 2-2（c）所示。

答图 2-2（d）中需求曲线为一条水平线。水平的需求曲线表示在既定的价格水平需求量是无限的。从需求的价格弹性的角度看，对于水平的需求曲线来说，只要价格有一个微小的上升，就会使无穷大的需求量一下子减少为 0。也就是说，相对于无穷小的价格变化率，需求量的变化率是无穷大的，即有 $E_d=\infty$，这种情况被称为完全弹性。答图 2-2（e）中的需求曲线是一条垂直线。垂直的需求曲线表示相对于任何价格水平需求量都是固定不变的。从需求的价格弹性的角度看，对于垂直的需求曲线来说，无论价格如何变化，需求量的变化量总为 0，即有 $E_d=0$，这种情况被称为完全无弹性。

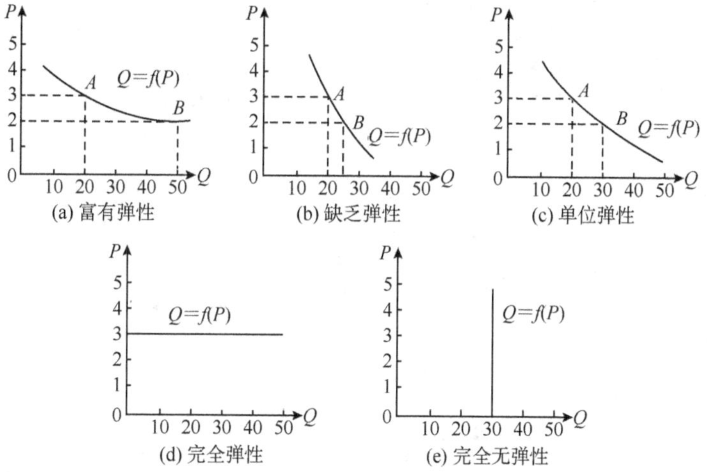

答图 2-2

4. 影响需求的价格弹性的因素很多，其中主要有以下几个。

第一，商品的可替代性。一般说来，一种商品的可替代品越多，相近程度越高，则该商品的需求的价格弹性往往就越大；相反，该商品的需求的价格弹性往往就越小。

第二，商品用途的广泛性。一般说来，一种商品的用途越是广泛，它的需求的价格弹性就可能越大；相反，用途越是狭窄，它的需求的价格弹性就可能越小。

第三，商品对消费者生活的重要程度。一般说来，生活必需品的需求的价格弹性小，非必需品的需求的价格弹性大。

第四，商品的消费支出在消费者预算总支出中所占的比重。消费者在某商品上的消费支出在预算总支出中所占的比重越大，该商品的需求的价格弹性可能越大；反之，则越小。

第五，所考察的消费者调节需求量的时间。一般说来，所考察的调节时间越长，则需求的价格弹性就可能越大。

六、计算题

1.（1）当供给等于需求时，市场上的价格为需求价格，此时的交易量称为均衡交易量$\begin{cases}Q=500-P\\Q=P+200\end{cases}$，此时解得均衡价格 $P=150$ 元，均衡数量为 $Q=350$。

（2）此时的需求价格弹性 $E_d=-\dfrac{\mathrm{d}Q}{\mathrm{d}P}\cdot\dfrac{P}{Q}=\dfrac{3}{7}\approx 0.43$。

2.（1）假设 X 公司生产的产品为 x，Y 公司生产的产品为 y，则

$$E_{xy}=\frac{\Delta Q_x}{\Delta P_y}\cdot\frac{P_y}{Q_x}=\frac{(28\,000-18\,000)}{(20-12)}\cdot\frac{15}{28\,000}\approx 0.67>0$$

因此，这两家公司生产的 A 字裙是替代品。

（2）假设 X 公司为达到预期目标的价格为 P，则

$$E_d=-\frac{\Delta Q}{\Delta P}\cdot\frac{\frac{P_1+P_2}{2}}{\frac{Q_1+Q_2}{2}}=-\frac{18\,000-28\,000}{20-P}\cdot\frac{15+P}{18\,000+28\,000}=2$$

得出 $P=16.57$。

3.（1）因为 $E_d=\dfrac{\frac{\Delta Q_d}{Q_d}}{\frac{\Delta P}{P}}$，将 $E_d=-1.5$，$\dfrac{\Delta P}{P}=4\%$代入可得

$$-1.5=\frac{\frac{\Delta Q_d}{Q_d}}{0.04}\rightarrow\frac{\Delta Q_d}{Q_d}=-0.06$$

所以在其他条件不变的情况下，价格提高 3%使需求降低 6%。

（2）$E_y=\dfrac{\Delta Q}{\Delta Y}\cdot\dfrac{Y}{Q}$，将 $\dfrac{\Delta Y}{Y}=0.03$，$E_y=3$ 代入可得

$$3.0=\frac{\frac{\Delta Q}{Q}}{0.03}\rightarrow\frac{\Delta Q}{Q}=0.09$$

因此，其他条件不变，收入提高 3%时，需求增加 9%。

（3）假设价格提高 8%，收入增加 10%。2012 年新能源汽车销售量为 800 万辆。

$$\Delta Q'=(-1.5\times 8\%+3\times 10\%)\times 800=144\text{（万辆）。}$$

2013年新能源汽车销售量为800＋144＝944（万辆）。

4.（1）商品X的市场需求量为"个人1"与"个人2"对商品X的需求量加总之和，也即$D=D_1+D_2=\dfrac{P_Y+k_1Y_1}{P_X}+\dfrac{k_2Y_2}{P_X}=\dfrac{P_Y+k_1Y_1+k_2Y_2}{P_X}$。

（2）商品X的市场需求价格弹性为

$$E_d=-\frac{dQ_X}{dP_X}\cdot\frac{P_X}{Q_X}=\frac{P_Y+k_1Y_1+k_2Y_2}{P_X^2}\cdot\frac{P_X}{\dfrac{P_Y+k_1Y_1+k_2Y_2}{P_X}}=1$$

所以该商品是单位弹性。

商品X对商品Y的市场需求交叉弹性（Y的价格变化对X需求量的影响）为

$$E_{XY}=-\frac{dQ_X}{dP_X}\cdot\frac{P_X}{Q_X}=\frac{1}{P_X}\cdot\frac{P_X}{\dfrac{P_Y+k_1Y_1+k_2Y_2}{P_X}}=\frac{P_Y}{P_Y+k_1Y_1+k_2Y_2}>0$$

所以两者是替代品。

（3）若ΔY_2的收入从"个人2"转移到"个人1"，则

$$Y_1'=Y_1+\Delta Y_2，\ Y_2'=Y_2-\Delta Y_2，\ 且 Y_1'+Y_2'=Y_1+Y_2=\overline{Y}。$$

这样通过收入分配以后，$D_1'=\dfrac{P_Y+k_1Y_1'}{P_X}=\dfrac{P_Y+k_1(Y_1+\Delta Y_2)}{P_X}$，$D_2'=\dfrac{k_2Y_2'}{P_X}=\dfrac{k_2(Y_2+\Delta Y_2)}{P_X}$

于是对商品X新的市场需求为

$$D'=D_1'+D_2'=\frac{P_Y+k_1(Y_1+\Delta Y_2)}{P_X}+\frac{k_2(Y_2+\Delta Y_2)}{P_X}=\frac{P_Y+k_1(Y_1+\Delta Y_2)+k_2(Y_2+\Delta Y_2)}{P_X}$$

对商品X需求的变化量为

$$\Delta D=D'-D=\frac{P_Y+k_1(Y_1+\Delta Y_2)+k_2(Y_2+\Delta Y_2)}{P_X}-\frac{P_Y+k_1Y_1+k_2Y_2}{P_X}=\frac{(k_1-k_2)\Delta Y_2}{P_X}$$

所以，收入再分配以后，市场需求量的增减取决于k_1和k_2之差，若$k_1>k_2$，则需求量增加；若$k_1=k_2$，则需求量不变；若$k_1<k_2$，则需求量减少。

七、论述题

1. 在西方经济学中，一种商品的均衡价格是指该种商品的市场需求量和市场供给量相等时的价格。在均衡价格水平下的相等的供求数量被称为均衡数量。从几何意义上说，一种商品市场的均衡出现在该商品的市场需求曲线和市场供给曲线相交的点上，该交点被称为均衡点。均衡点上的价格和相等的供求量分别被称为均衡价格和均衡数量。市场上需求量和供给量相等的状态，也被称为市场出清的状态。现在把需求曲线和供给曲线结合在一起，用答图2-3说明一种商品的市场均衡价格的决定。在答图2-3中，假定D曲线为市场的需求曲线，S曲线为市场的供给曲线。需求曲线D和供给曲线S

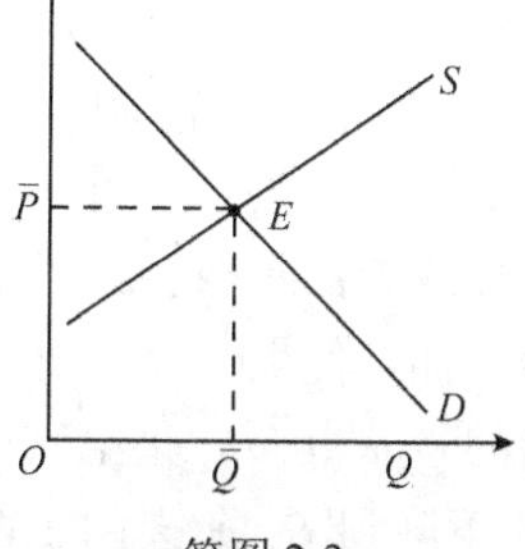

答图2-3

相交于 E 点，E 点为均衡点。商品的均衡价格表现为商品市场上需求和供给这两种相反的力量共同作用的结果，它是在市场的供求力量的自发调节下形成的。当市场价格偏离均衡价格时，市场上会出现需求量和供给量不相等的非均衡的状态。一般说来，在市场机制的作用下，这种供求不相等的非均衡状态会逐步消失，实际的市场价格会自动地回复到均衡价格水平。

2. 市场需求可以用需求曲线来刻画。任何一条市场需求曲线都表示在其他条件不变时，由某商品的价格变动所引起的该商品需求数量的变动。具体表现为商品的价格-需求数量组合点沿着一条既定的需求曲线的运动。在一种商品的价格保持不变时，还有其他一系列因素会影响该商品市场的需求数量。除商品自身价格以外的这些其他因素变化所导致的市场需求数量的变化，通常称为需求的变动。答图 2-4 中原有的需求曲线为 D_1。在商品价格不变的前提下，如果其他因素的变化使得需求增加，则需求曲线向右平移，如由图中的 D_1 曲线向右平移到 D_2 曲线的位置。如果其他因素的变化使得需求减少，则需求曲线向左平移，如由图中的 D_1 曲线向左平移到 D_3 曲线的位置。由需求变动所引起的这种需求曲线位置的移动，表示在每一个既定的价格水平需求数量都增加或者都减少了。例如，在既定的价格水平 P_0，原来的需求数量为 D_1 曲线上的 Q_1，需求增加后的需求数量为 D_2 曲线上的 Q_2，需求减少后的需求数量为 D_3 曲线上的 Q_3。而且，这种在原有价格水平上所发生的需求增加量 Q_1Q_2 和需求减少量 Q_3Q_1 都是由其他因素的变动所引起的。显然，需求的变动所引起的需求曲线的位置的移动，表示整个需求状态的变化。

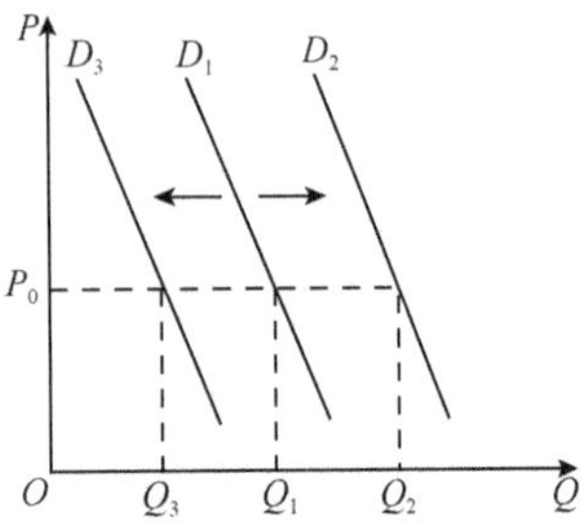

答图 2-4

3. 市场的供给用供给曲线来表示。在影响商品供给数量的诸多因素中，如果在其他条件不变时，只考虑商品自身价格的变化对该商品供给数量的影响，则用一条供给曲线来表示。它具体表现为商品的价格-供给数量组合点沿着一条既定的供给曲线的运动。此外，在一种商品的自身价格保持不变时，其他一些因素也会影响该商品市场的供给数量。除商品自身价格以外的这些其他要素变化所导致的市场供给数量的变化，通常称为供给的变动。在几何图形中，供给的变动表现为供给曲线的位置发生移动。如答图 2-5 所示，原有的供给曲线为 S_1。在除商品价格以外的其他因素变动的影响下，供给增加，则使供给曲线由 S_1 曲线向右平移到 S_2 曲线的位置；供给减少，则使供给曲线由 S_1 曲线向左平移到 S_3 曲线的位置。由供给的变化所引起的供给曲线位置的移动，表示在每一个既定的价格水平供给数量都增加或者都减少了。例如，在既定的价格水平 P_0，供给增加，使供给数量由 S_1 曲线上的 Q_1 上升到 S_2 曲线上的 Q_2；相反，供给减少，使供给数量由 S_1 曲线上的 Q_1 下降到 S_3 曲线上的 Q_3。这种在原有价格水平所发生的供给增加量 Q_1Q_2 和减少量 Q_3Q_1，都是由其他因

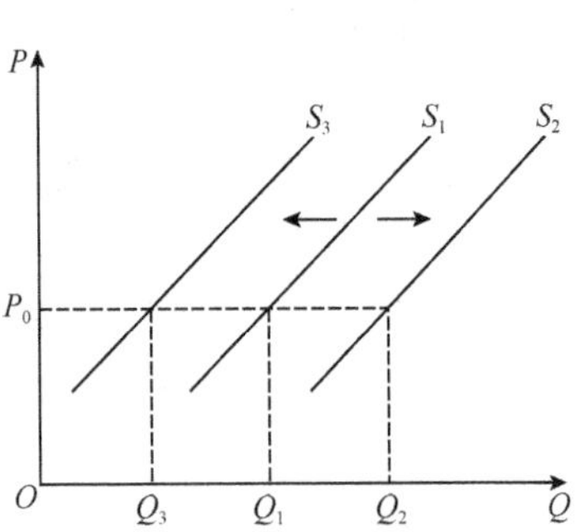

答图 2-5

素的变化所带来的。很显然，供给的变动所引起的供给曲线位置的移动，表示整个供给状态的变化。

4.（1）需求变动的影响。

在供给不变的情况下，需求增加会使需求曲线向右平移，从而使得均衡价格和均衡数量都增加；需求减少会使需求曲线向左平移，从而使得均衡价格和均衡数量都减少。如答图 2-6 所示。在答图 2-6 中，既定的供给曲线 S 和最初的需求曲线 D_1 相交于 E_1 点。在均衡点 E_1，均衡价格为 P_1，均衡数量为 Q_1。需求增加使需求曲线向右平移至 D_2 曲线的位置，D_2 曲线与 S 曲线相交于 E_2 点。在均衡点 E_2，均衡价格上升为 P_2，均衡数量增加为 Q_2。相反，需求减少使需求曲线向左平移至 D_3 曲线的位置，D_3 曲线与 S 曲线相交于 E_3 点。在均衡点 E_3，均衡价格下降为 P_3，均衡数量减少为 Q_3。

（2）供给变动的影响。

在需求不变的情况下，供给增加会使供给曲线向右平移，从而使得均衡价格下降，均衡数量增加；供给减少会使供给曲线向左平移，从而使得均衡价格上升，均衡数量减少。如答图 2-7 所示。在答图 2-7 中，既定的需求曲线 D 和最初的供给曲线 S_1 相交于 E_1 点。在均衡点 E_1 的均衡价格和均衡数量分别为 P_1 和 Q_1。供给增加使供给曲线向右平移至 S_2 曲线的位置，并与 D 曲线相交于 E_2 点。在均衡点 E_2，均衡价格下降为 P_2，均衡数量增加为 Q_2。相反，供给减少使供给曲线向左平移至 S_3 曲线的位置，且与 D 曲线相交于 E_3 点。在均衡点 E_3，均衡价格上升为 P_3，均衡数量减少为 Q_3。

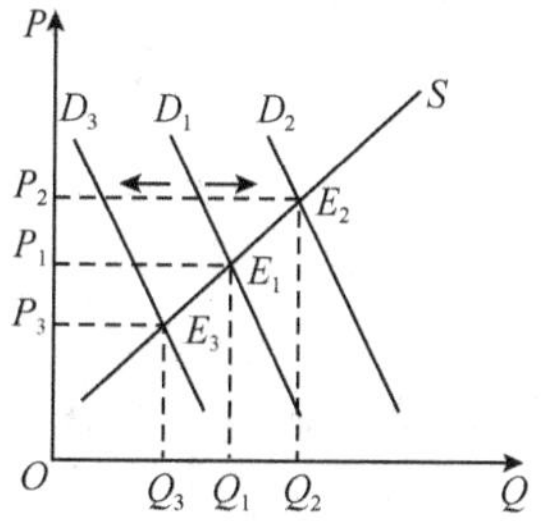

答图 2-6

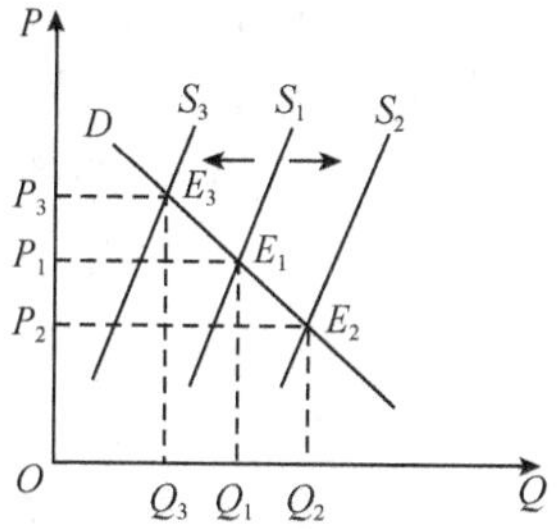

答图 2-7

综上所述，可以得到供求定理：在其他条件不变的情况下，需求变动分别引起均衡价格和均衡数量的同方向的变动；供给变动引起均衡价格的反方向的变动，引起均衡数量的同方向的变动。最后，需要指出的是，如果需求和供给同时发生变动，则商品的均衡价格和均衡数量的变化是难以确定的，这要结合需求和供给变化的具体情况来确定。

5. 首先，经济学使用弹性而不是曲线的斜率来衡量因变量对自变量反应的敏感程度，由于弹性没有度量单位，所以，弹性之间大小的比较很方便。不同的是，斜率是可以有度量单位的，如草莓的价格变化（以人民币元计）所引起的草莓需求量的变化（以斤计），等等。此外，不同的物品往往又会使用不同的计量单位。所以，为了比较弹性数值的大小，度量单位的消除是很必要的。

其次，由前面对需求的价格点弹性的分析可以清楚地看到，需求曲线在某一点的斜率为负。而根据需求的价格点弹性的计算公式，需求的价格点弹性不仅取决于需求曲线在该点的斜率的倒数值，还取决于该点的价格需求量的比值。所以，这两个概念虽有联系，但区别也是很明显的。

由此可见，直接把需求曲线的斜率和需求的价格弹性等同起来是错误的。严格区分这两个概念，不仅对于线性需求曲线的点弹性，而且对于任何形状的需求曲线的弧弹性和点弹性来说，都是有必要的。

八、案例分析

案例一：

案例反映了经济学中的“谷贱伤农”这一现象。“谷贱伤农”指风调雨顺时，农民粮食增收，粮价却下降，卖粮收入反而比往年少的现象。

（1）“谷贱伤农”的经济学原因分析。

商品的需求价格弹性表示在一定时期内一种商品的需求量变动对于该商品的价格变动的反应程度。对于缺乏弹性的商品，降低价格会使厂商的销售收入减少，相反，提高价格会使厂商的销售收入增加，即商品的价格与销售收入呈同方向的变动。其原因在于，对于缺乏弹性的商品，厂商降价所引起的需求量的增加率小于价格的下降率，这意味着需求量的增加所带来的销售收入的增加并不能全部抵消价格下降所造成的销售收入的减少量。所以，降价最终会使销售收入减少。造成“谷贱伤农”这种现象的根本原因在于农产品往往是缺乏需求弹性的商品。

（2）政府在农业领域可以发挥的作用。

由于农产品是缺乏弹性的商品，农产品的丰收反而会降低农民的收入，这会降低农民生产的积极性。因此政府需要采取措施保证农民的收入，具体来说，可以采取以下两个措施。

第一，政府保护价收购。在农业丰收时，为了避免价格大幅度下降，政府设定农产品收购保护价，这就保证了农民可以以较高的价格出售农产品，从而使得农产品丰收时农民也可以获得较高的收入，保证了农民农业生产的积极性。

第二，对农业生产进行补贴。政府可以采取直接补贴的形式，对进行农业生产的农民进行财政补贴，这种补贴实质上降低了农业生产的成本。农民不会因为农产品丰收反而收入减少，这保证了农民未来对农业生产的积极性。

案例二：

（1）需求价格弹性的含义。

需求价格弹性指需求量变化百分比与价格变化百分比之比，它用来测度商品需求量变动对于商品自身价格变动反应的敏感性程度。其表达式为

$$E_d=-\frac{\text{需求量变动百分比}}{\text{价格变动百分比}}=-\frac{\frac{\Delta Q}{Q}}{\frac{\Delta P}{P}}=-\frac{\Delta Q}{\Delta P}\cdot\frac{P}{Q}$$

（2）需求变动与总利润的关系。

由于 TR=$P\times Q$，所以$\frac{\mathrm{dTR}}{\mathrm{d}P}=\frac{\mathrm{d}(P\cdot Q)}{\mathrm{d}P}=Q+P\cdot\frac{\mathrm{d}Q}{\mathrm{d}P}=Q\left(1+\frac{P}{Q}\cdot\frac{\mathrm{d}Q}{\mathrm{d}P}\right)=Q(1-E_d)$。

当$E_d>1$时，有$\frac{\mathrm{dTR}}{\mathrm{d}P}<0$，从而总收益 TR 与商品的价格 P 反方向变动。因此，为了增加总收益，厂商应该降价销售。

当$E_d<1$时，有$\frac{\mathrm{dTR}}{\mathrm{d}P}>0$，从而总收益 TR 与商品的价格 P 同方向变动。因此，为了增加总收益，厂商应该涨价销售。

当$E_d=1$时，有$\frac{\mathrm{dTR}}{\mathrm{d}P}=0$，从而总收益 TR 与商品的价格 P 的变动无关。因此，涨价或降价对厂商的总收益没有影响。

（3）餐饮业可以降价促销，而教科书则不采用降价促销的方式的解释。所谓降价促销，就是指通过降低商品的价格，虽然每单位商品的利润会减少，但通过销售量的扩大，厂商的总利润可以扩大。餐饮业提供的产品的需求价格弹性一般比较大，当产品价格下降一点时，销售量会有更大幅度的增加，由销售量增加引起的总利润的增加会大于价格下降引起的总利润的减少，因此，降价会带来总利润的增加。教科书是缺乏需求弹性的商品，即使价格下降很多，销售量也不会大幅增加，由销售量增加引起的总利润的增加会小于价格下降引起的总利润的减少，因此，降价是不利的。

综上所述，餐饮业适合降价促销，而教科书则不采用降价促销的方式。

案例三：

上述新闻可以用经济学中的蛛网模型进行模拟。

蛛网模型分析了商品的价格和产量波动情况，在此利用图解法来加以说明。相对于价格轴，需求曲线斜率的绝对值大于供给曲线斜率的绝对值。当市场由于受到干扰偏离原有的均衡状态以后，实际价格和实际产量会围绕均衡水平上下波动，但波动的幅度越来越小，最后会回复到原来的均衡点。如答图 2-8 所示。

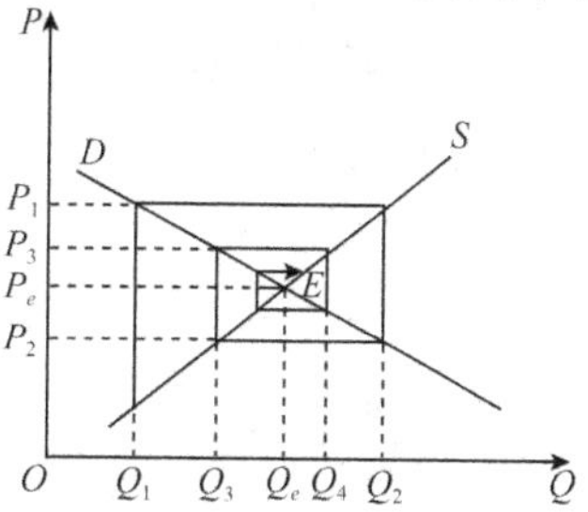

答图 2-8

假定在第一期由于某种外在原因的干扰，如恶劣的气候条件，实际产量由均衡水平 Q_e 减少为 Q_1。根据需求曲线，消费者愿意支付 P_1 的价格购买全部的产量 Q_1，于是，实际价格上升为 P_1。根据第一期的较高的价格水平 P_1，按照供给曲线，生产者将第二期的产量增加为 Q_2。

在第二期，生产者为了出售全部的产量 Q_2，接受消费者所愿意支付的价格 P_2，于是，实际价格下降为 P_2。根据第二期的较低的价格水平 P_2，生产者将第三期的产量减少为 Q_3。

在第三期，消费者愿意支付 P_3 的价格购买全部的产量 Q_3，于是，实际价格又上升为 P_3。

根据第三期的较高的价格水平 P_3，生产者又将第四期的产量增加为 Q_4。如此循环下去，见答图 2-8，实际产量和实际价格的波动幅度越来越小，最后恢复到均衡点 E 所代表的水平。由此可见，图中的均衡点 E 所代表的均衡状态是稳定的。

也就是说，由于外在的原因，当价格和产量偏离均衡数值（P_e 和 Q_e）后，经济体系中存在着自发的因素，能使价格和产量自动地恢复均衡状态。在图中，产量和价格变化的路径形成了一个蜘蛛网似的图形，这也就是蛛网模型名称的由来。

从图 2-8 中可以看到，只有当相对于价格轴的需求曲线斜率的绝对值大于供给曲线斜率的绝对值时，即相对于价格轴而言，需求曲线比供给曲线较为陡峭时，才能得到蛛网稳定的结果，所以，供求曲线的上述关系是蛛网趋于稳定的条件，相应的蛛网被称为“收敛型蛛网”。

第三章参考答案及解析

一、单项选择题

1. D【解析】消费者选择行为的目标是在一定的约束条件下追求自身的最大效用。

2. A【解析】基数效用论采用边际效用分析方法。

3. B【解析】序数效用论采用无差异曲线分析方法。

4. D【解析】消费者应使自己花费在各种商品购买上的最后一元钱所带来的边际效用相等。因此对商品愿意支付的最高价格应该取决于商品的边际效用。

5. C【解析】消费者对每一单位商品所愿意支付的最高价格并不等于该商品在市场上的实际价格，而其购买时是按实际的市场价格支付的，这个差额便构成了消费者剩余的基础。

6. B【解析】题中说明对三者的偏好是具有一致性的，不会出现对 C 的偏好大于对 A 的偏好这种情况，即偏好的可传递性。

7. D【解析】咖啡与茶为完全替代品。

8. A【解析】$ax_1=bx_2$，只有在无差异曲线的直角点上，两种互补商品才能刚好按固定比例被消费。

9. C【解析】当 P_1 降低，预算线斜率为 $-P_1/P_2$，变得平缓，与纵轴交点 I/P_2，不发生变化，与横轴交点 I/P_1，向右移动。

10. C【解析】价格-消费曲线是在消费者的偏好、收入以及其他商品价格不变的条件下，与某一种商品的不同价格水平相联系的消费者效用最大化的均衡点的轨迹。

11. B【解析】正常品的收入-消费曲线是向右上倾斜的；劣质品的收入-消费曲线是背弯的。

12. A【解析】吉芬商品与正常商品向右下倾斜的需求曲线不同，吉芬商品是向右上倾斜的，价格越高，需求量越大。

13. A【解析】吉芬商品的总效用＝收入效应－替代效应。

14. D【解析】风险爱好者对风险持喜欢态度，因此效用函数是严格下凹的。

15. C【解析】风险回避者对风险持厌恶态度，因此效用函数是严格上凸的。

16. C【解析】若保险费大于期望损失则宁愿承受损失，若保险费小于期望损失则无法与保险公司达成协议。

17. A【解析】当总效用具有最大值时，在几何图形上表示为该点的斜率为 0，因此边际效用为 0。

18. A【解析】此时购买商品 1 的单位货币带来的效用（38 / 5）大于购买商品 2 的单位货币带来的效用（24 / 4），因此应该增购商品 1，减购商品 2。

19. B【解析】因为此时 $MRS_{XY}<P_X/P_Y$，若达到效用最大则应该 $MRS_{XY}=P_X/P_Y$，因此应该减少商品 X 的购买，增加商品 Y 的购买。

20. C【解析】对于低档商品来说，因为降价变得便宜了，可以替代其他相对高价的商品，因此替代效应使对其的需求量增加。又因为商品降价相当于收入提高，对低档商品的需求量就会减少。

21. C【解析】由 $MRS_{12}=P_1/P_2$ 和 $MRS_{12}=MU_1/MU_2$ 可得 $MU_1/P_1>MU_2/P_2$，花费同等的价钱购买商品 X 的效应大于购买商品 Y 的效用，因此应增加商品 X 的购买，减少商品 Y 的购买。

22. A【解析】已知无差异曲线上某一点斜率的绝对值就是该点处两商品的边际替代率，而 $MRS_{XY}>MU_X/MU_Y$，所以无差异曲线的斜率为两商品的边际效用比值的负数，即，$k=-\dfrac{MU_X}{MU_Y}=-\dfrac{2x^{-0.5}/(x^{0.5}+y)}{1/(x^{0.5}+y)}=-2x^{-0.5}$。

23. D【解析】参与比赛的财富效用 $u=p_1{w_1}^{0.5}+p_2{w_2}^{0.5}-{w_3}^{0.5}=0.2\times1600^{0.5}+0.8\times225^{0.5}-900^{0.5}=-10$；不参与比赛的财富效用 $u={w_3}^{0.5}=30$。

24. D【解析】序数效用论认为效用无法数量化比较大小，只能排序。

25. A【解析】无差异曲线的形状取决于消费者的偏好。

26. B【解析】只有完全替代的两种商品的无差异曲线为斜率不变的直线。

27. B【解析】水平的无差异曲线表明无论商品 X 的数量再怎样增加其效用水平都是不变的。

28. B【解析】同一条无差异曲线代表效用相同，不同的无差异曲线代表效用不同；同一条无差异曲线上不同点代表不同的商品组合。

29. C【解析】无差异曲线上的任一点的商品 X 和商品 Y 的边际替代率等于它们的边际效用之比。

30. A【解析】预算线方程为 $P_1X_1+P_2X_2=I$，化为 $X_2=-P_1/P_2\times X_1+I/P_2$ 的形式，即可看出斜率保持不变，截距发生变化。

31. A【解析】预算线就是表示在一定收入水平下，给定价格的两种商品的消费组合。

32. B【解析】边际效用降低代表原来可以带来效用的商品现在已经无法带来同等的效用，原来的商品无法对现在进行满足。

33. A【解析】放弃 X 同时增加 Y 可以使阿苏的效用水平整体提高。

34. C【解析】在均衡条件下的交换，只有在两者效用相等的条件下才能实现。

35. C【解析】当消费者的偏好保持不变时，消费者所喜爱的两种商品的无差异曲线也将保持不变。偏好会对无差异曲线的形状有影响。

36. C【解析】消费者剩余被定义为消费者买商品所得到的总效用减去支出的货币的

总效用，即消费者获得的利益。

37. C【解析】正常商品的总效应等于收入效应与替代效应之和，两者均减少。

38. B【解析】吉芬商品的特殊之处在于其收入效应大于替代效应，且方向是相反的。

39. C【解析】预算线代表收入，因此预算线平移代表收入变化，即形成收入—消费曲线。

40. B【解析】因为是价格变化引起的消费变化，所以为价格—消费曲线。

41. A【解析】因为茶和果汁的 MRS＞2，此时茶的边际效用大于果汁，增加茶的购买可以增加总效用，减少果汁的购买同理。

42. B【解析】无差异曲线的特点决定其为向右下方倾斜凸向原点的曲线。

二、多项选择题

1. AB【解析】效用是用来表示消费者在消费商品时所感受到的满足程度的，于是，就产生了对这种“满足程度”即效用大小的度量问题。在这一问题上，西方经济学家先后提出了基数效用和序数效用的概念。

2. BC【解析】序数是指第一，第二，第三……，序数只表示顺序或等级，序数是不能加总求和的。例如，序数第一、第二和第三，可以是 10、20 和 50，也可以是 11、19 和 21。它所要表明的仅仅是第二大于第一，第三大于第二，至于第一、第二和第三本身各自的数量具体是多少，往往是没有意义的。

3. BC【解析】随着相同消费品的连续增加，从人的生理和心理的角度讲，从每一单位消费品中所感受到的满足程度和对重复刺激的反应程度是递减的。在现实生活中消费者对任何一种商品的消费都有饱和点。

4. BD【解析】货币如同商品一样，也具有效用。消费者用货币购买商品，就是用货币的效用去交换商品的效用。商品的边际效用递减规律对于货币也同样适用。当消费者对某种商品的购买量发生很小的变化时，所支出的货币的边际效用的变化是非常小的。对于这种微小的货币的边际效用的变化，可以忽略不计。

5. ABCD【解析】消费者剩余是消费者的主观心理评价，是对所消费商品所感受到的状态的改善，是一种社会福利问题，如果用数学来解释，就是从 0 到 Q_0 的积分。

6. ABD【解析】完全性、可传递性、非饱和性为偏好的三个基本假定。

7. ABD【解析】由于商品具有边际替代率递减规律，因此无差异曲线是凸向原点的。

8. BCD【解析】A 项中的效用函数为 $U(x_1, x_2)=ax_1+bx_2$。

9. ABC【解析】D 项中价格与替代效应呈反方向变化。

10. BCD【解析】总效用＝替代效应－收入效应。

11. ACD【解析】经济学家将消费者对待风险的态度分为三类：风险回避者、风险爱好者和风险中立者。

12. AD【解析】构建拉格朗日函数 $L(x_1, x_2, \lambda)=x_1^{\alpha}x_2^{\beta}+\lambda(P_1x_1+P_2x_2-M)$，分别对 x_1、x_2 以及 λ 求导，令其等于 0，即可得 $x_1=\alpha M/P_1$，$x_2=\beta M/P_2$。

13. CD【解析】存在消费者剩余，且其数量为（17－8＋13－8＋10－8＋8－8）＝16。

14. BC【解析】同一条无差异曲线上的点代表消费组合的效用相同但与消费比例没有关系。消费比例可通过斜率看出。

15. AC【解析】$MRS_{XY}=MU_X/MU_Y$，只有 MU_X 增加，MU_Y 减少和 MU_X、MU_Y 同时增加，且 MU_X 增加的比例大于 MU_Y 才能保证 MRS_{XY} 是增加的。

16. AB【解析】效用函数经过单调变换之后还是效用函数，且经过单调变换后的效用函数与原效用函数描述的是相同的偏好次序，A 项中 $u'=u(x, y)^{0.5}$，B 项中 $u'=(1/625)\times u(x, y)$，其他两项不具有同样变换。

17. AD【解析】互补商品的效用曲线由垂直段与水平段组成，斜率不可能为 0 与无穷大之间的任何数。

18. ABC【解析】各种商品的边际效用与价格的比相等。

三、判断题

1. 错【解析】效用是消费者对商品满足自己欲望的能力的一种主观心理评价。

2. 错【解析】基数效用法中是可以将效用加总求和的。

3. 错【解析】边际量的一般含义是表示 1 单位的自变量的变化量所引起的因变量的变化量。

4. 对【解析】在基数效用论者看来，消费者实现效用最大化的均衡条件是：如果消费者的货币收入水平是固定的，市场上各种商品的价格是已知的，那么，消费者应该使自己所购买的各种商品的边际效用与价格之比相等。或者说，消费者应使自己花费在各种商品购买上的最后一元钱所带来的边际效用相等。

5. 错【解析】消费者对商品愿意支付的最高价格应该取决于商品的边际效用，因此商品的边际效用越小，消费者所愿意支付的最高价格越低。

6. 错【解析】由于消费者剩余的存在，愿意支付的最高价格并不等于实际价格。

7. 错【解析】离原点越远的无差异曲线代表的效用水平越高，离原点越近的无差异曲线代表的效用水平越低。

8. 错【解析】完全替代品指两种商品之间的替代比例是固定不变的情况。

9. 错【解析】$U(x_1, x_2)=ax_1+bx_2$ 中表示的两种商品为完全替代的关系。

10. 对【解析】通常两种商品无法完全相互替代，因此曲线不会与坐标轴相交。

11. 错【解析】补偿预算线是用来表示以假设的货币收入的增减来维持消费者的实际收入水平不变的一种分析工具。

12. 错【解析】劣质品的需求量与消费者的收入水平成反方向的变动。

13. 错【解析】对于吉芬商品来说，价格越低，需求量越大。

14. 错【解析】市场需求曲线是单个消费者的需求曲线的水平加总。

15. 对【解析】在微观经济学中期望效用和期望值的效用表达的是相同的含义。

16. 对【解析】在现实生活中，人们都不愿冒太大风险而选择保守投资。

17. 错【解析】风险回避的消费者会采用购买保险的手段，来回避或化解自己所面临的风险。

18. 对【解析】这种情况下只有增加纵轴所代表的商品消费，才能增加效用。

19. 对【解析】商品的需求价格是由消费者的偏好决定的。

20. 错【解析】在某一消费者心中商品 2 比商品 1 更急需，说明对该消费者来说商品 2 可以满足的效用更高。

21. 错【解析】即使是确定的商品对于不同的消费者来说效用也是不同的，每个人的偏好会有不同。

22. 错【解析】当某个消费者对某种商品的数量感到足够了，说明他对该种商品的边际效用已从最大值降低至 0。

23. 对【解析】随着商品数量的增加，消费者的全部效用达到最大，说明其边际效用等于 0。

24. 错【解析】钱与其他商品一样，其边际效用也是会递减的。

25. 对【解析】现实生活中的制约因素除收入外还有很多，如不同商品选择和储蓄等，因此往往难以达到最大化。

26. 错【解析】若两种商品的价格相同，根据比价原则，对消费者来说，两种商品的效用无法确定，因为对不同的消费者来说偏好不同。

27. 对【解析】吉芬商品是特殊地点、特殊时期出现的特殊商品类型，只发生在低等品的范围内。

28. 错【解析】恩格尔曲线表示消费者在每一收入水平对某商品的需求量。因此恩格尔曲线是根据收入-消费曲线引致出来的。

29. 对【解析】预算线的斜率为$-P_1 / P_2$，因此任何一个价格单独变动都会引起斜率的变动。

30. 对【解析】相同斜率的预算线只代表价格相同但收入不同。

31. 错【解析】无差异曲线的斜率等于边际替代率。

32. 错【解析】预算线上的点说明每种商品的组合是不同的。预算线上的点的相同之处是收入相同，但是是不同的消费组合。

33. 错【解析】消费者的效用最大化要求预算线与无差异曲线相切。

34. 对【解析】替代效应指的就是商品由于替代品存在而对价格变动的反应，因此在数量关系上总是相反的。

35. 错【解析】无差异曲线描述的是两种商品对某一个消费者的效用，与价格无关。

36. 对【解析】偏好究其原因是效用。

37. 错【解析】有可能呈同方向变动。

38. 对【解析】吉芬商品的收入效应与替代效应在相反的方向起作用。

39. 错【解析】预算线向左平移的原因可能是横轴商品和纵轴商品的价格按同一比率上升。

四、名词解释

1. 效用：是指商品满足人的欲望的能力评价。或者说，效用是指消费者在消费商品时所感受到的满足程度。

2. 边际效用（MU）：是指消费者在一定时间内增加 1 单位商品的消费所得到的效

用量的增量。

3. 总效用（TU）：是指消费者在一定时间内从一定数量商品的消费中所得到的效用量的总和。

4. 消费者均衡：是研究单个消费者如何把有限的货币收入分配在各种商品的购买中以获得最大的效用。也可以说，它是研究单个消费者在既定收入下实现效用最大化的均衡条件。这里的均衡是指消费者实现最大效用时既不想再增加、也不想再减少任何商品购买数量的一种相对静止的状态。

5. 无差异曲线：是用来表示消费者偏好相同的两种商品的所有组合的。或者说，它是表示能够给消费者带来相同的效用水平或满足程度的两种商品的所有组合。

6. 边际替代率：是指在维持效用水平不变的前提下，消费者增加 1 单位某种商品的消费数量时所需要放弃的另一种商品的消费数量。

7. 预算线：又称预算约束线、消费可能线和价格线。预算线表示在消费者的收入和商品的价格给定的条件下，消费者的全部收入所能购买到的两种商品的各种组合。

8. 价格-消费曲线：是在消费者的偏好、收入以及其他商品价格不变的条件下，与某一种商品的不同价格水平相联系的消费者效用最大化的均衡点的轨迹。

9. 收入-消费曲线：是在消费者的偏好和商品的价格不变的条件下，与消费者的不同收入水平相联系的消费者效用最大化的均衡点的轨迹。

10. 替代效应：是指由商品的价格变动所引起的商品相对价格的变动，进而由商品的相对价格变动所引起的商品需求量的变动。

11. 收入效应：是指由商品的价格变动所引起的实际收入水平变动，进而由实际收入水平变动所引起的商品需求量的变动。

12. 不确定性：是指经济行为者在事先不能准确地知道自己的某个决策的结果，或者说，经济行为者的一个决策的可能结果不止一种。

13. 风险：是指消费者在知道自己某种行为决策的各种可能结果的同时，如果还知道各种可能的结果发生的概率，则可以称这种不确定的情况为风险。

五、简答题

1. 边际效用递减规律的内容是：在一定时间内，其他商品的消费数量保持不变的条件下，随着消费者对某种商品消费量的增加，消费者从该商品连续增加的每一消费单位中所得到的效用增量即边际效用是递减的。通常被用来体现该规律的例子如下：在一个人饥饿的时候，吃第一个包子给他带来的效用是很大的。之后，随着这个人所吃的包子数量的连续增加，虽然总效用是不断增加的，但每一个包子给他所带来的效用增量即边际效用却是递减的。当他完全吃饱的时候，包子的总效用达到最大值，而边际效用却降为 0。如果他还继续吃包子，就会感到不适，这意味着包子的边际效用进一步降为负值，总效用也开始下降。

2. 商品的边际替代率递减规律是指：在维持效用水平不变的前提下，随着一种商品的消费数量的连续增加，消费者为得到每一单位的这种商品所需要放弃的另一种商品的消费数量是递减的。之所以会普遍发生商品的边际替代率递减的现象，其原因在于，随着一种商品的消费数量的逐步增加，消费者想要获得更多的这种商品的愿望就会递减，从而，他为了多获得1单位的这种商品而愿意放弃的另一种商品的数量就会越来越少。

从几何意义上讲，由于无差异曲线上某一点的两商品的边际替代率就是无差异曲线在该点的斜率的绝对值，所以，在连续的意义上，边际替代率递减规律决定无差异曲线的斜率的绝对值是递减的，即无差异曲线是凸向原点的。

3. 无差异曲线具有以下三个基本特征。

第一个特征，由于通常假定效用函数是连续的，所以，在同一坐标平面上的任何两条无差异曲线之间，可以有无数条无差异曲线。可以这样想象：我们可以画出无数条无差异曲线，以致覆盖整个平面坐标图。所有这些无差异曲线之间的相互关系是：离原点越远的无差异曲线代表的效用水平越高，离原点越近的无差异曲线代表的效用水平越低。

第二个特征，在同一坐标平面图上的任何两条无差异曲线均不会相交。其理由在于：根据无差异曲线的定义，同一条无差异曲线的效用水平是相等的，不同无差异曲线的效用水平不同。若两条无差异曲线相交，交点代表的消费组合同时位于两条无差异曲线上，代表了不同的效用，这与偏好的完全性假定是相悖的。

第三个特征，无差异曲线是凸向原点的。这就是说，无差异曲线不仅向右下方倾斜，即无差异曲线的斜率为负值，而且，无差异曲线是以凸向原点的形状向右下方倾斜的，即无差异曲线的斜率的绝对值是递减的。

4. 消费者剩余是消费者在购买一定数量的某种商品时愿意支付的最高总价格和实际支付的总价格之间的差额。

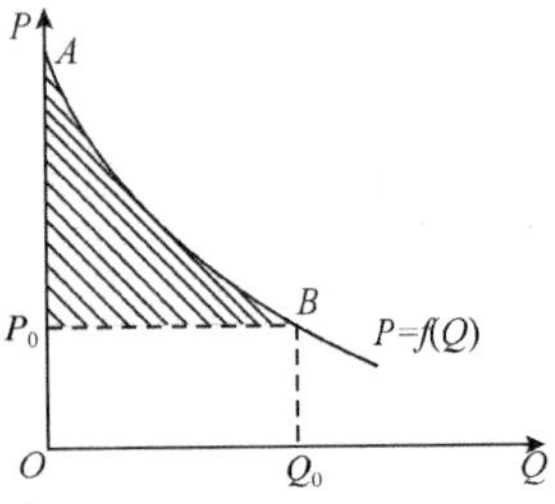

答图 3-1

消费者剩余可以用几何图形来表示。简单地说，消费者剩余可以用消费者需求曲线以下、市场价格线以上的面积来表示，如答图 3-1 中的阴影部分面积。具体地看，需求曲线以反需求函数 $P^d=f(Q)$ 的形式给出，它可以用来表示消费者对每一单位商品所愿意支付的最高价格。假定该商品的市场价格为 P_0，消费者的购买量为 Q_0。那么，根据消费者剩余的定义，我们可以推断，在商品数量 0 到 Q_0 区间需求曲线以下的面积表示消费者为购买 Q_0 数量的商品所愿意支付的最高总金额（总价格），即相当于图中的面积 $OABQ_0$。

而实际支付的总金额（总价格）等于市场价格 P_0 乘以购买量 Q_0，即相当于图中的矩形面积 OP_0BQ_0。这两块面积的差额即答图 3-1 中的阴影部分面积 P_0AB，就是消费者剩余。

消费者剩余也可以用数学公式来表示。令反需求函数为 $P^d=f(Q)$，价格为 P_0 时的消费者的需求量为 Q_0，则消费者剩余为

$$\mathrm{CS}=\int_0^{Q_0} f(Q)\mathrm{d}Q-P_0Q_0$$

式中，CS 为消费者剩余的英文简写。式子右边的第一项即积分项表示消费者愿意支付

的最高总金额，第二项表示消费者实际支付的总金额。

5. $MRS_{12}=\dfrac{P_1}{P_2}$就是消费者效用最大化的均衡条件。

它表示：在一定的预算约束下，为了实现最大的效用，消费者应该选择最优的商品组合，使得两商品的边际替代率等于两商品的价格之比。也可以这样理解：在消费者的均衡点上，消费者愿意用1单位的某种商品去交换的另一种商品的数量（MRS_{12}），应该等于该消费者能够在市场上用 1 单位的这种商品去交换得到的另一种商品的数量$\left(\dfrac{P_1}{P_2}\right)$。

六、计算题

1.（1）图中的横截距表示消费者的收入全部购买商品 1 的数量为 30 单位，且已知 $P_1=2$ 元，所以，消费者的收入 $M=2\times30=60$（元）。

（2）图中的纵截距表示消费者的收入全部购买商品 2 的数量为 20 单位，且由（1）已知收入 $M=60$ 元，所以，商品 2 的价格 $P_2=\dfrac{M}{20}=\dfrac{60}{20}=3$（元）。

（3）由于预算线方程的一般形式为

$$P_1x_1+P_2x_2=M$$

所以，由（1）、（2）可将预算线方程具体写为：$2x_1+3x_2=60$。

（4）将（3）中的预算线方程进一步整理为 $x_2=-\dfrac{2}{3}x_1+20$，显然，预算线的斜率为 $k=-\dfrac{2}{3}$。

（5）在消费者效用最大化的均衡点 E 上，有 $MRS_{12}=\dfrac{P_1}{P_2}$，即无差异曲线的斜率的绝对值 MRS 等于预算线斜率的绝对值$\dfrac{P_1}{P_2}$。因此，$MRS_{12}=\dfrac{P_1}{P_2}=\dfrac{2}{3}$。

2. 根据约束条件下实现效用最大化的均衡条件$MRS_{12}=\dfrac{P_X}{P_Y}$，有$\dfrac{10}{Y}=\dfrac{2}{4}$，解得：$Y=20$。

将 $P_X=2$，$P_Y=4$ 以及 $Y=20$ 代入预算约束方程$P_XX+P_YY=M$，可得：$2X+4\times20=200$，解得 $X=60$。

所以，此时阿苏将消费商品 X 和商品 Y 的数量分别为 60 和 20。

3.（1）据题意有：$M=540$，$P_1=20$，$P_2=30$，$U=3X_1X_2^2$。

根据消费者效用最大化的均衡条件有，$\dfrac{MU_1}{P_1}=\dfrac{MU_2}{P_2}$。

其中由 $U=3X_1X_2^2$ 可得 $\begin{cases} MU_1=\dfrac{dTU}{dX_1}=3X_2^2 \\ MU_2=\dfrac{dTU}{dX_2}=6X_1X_2 \end{cases}$

于是有：$\dfrac{3X_2^2}{6X_1X_2}=\dfrac{20}{30}$，整理得 $X_2=\dfrac{4}{3}X_1$，代入预算约束式 $P_1X_1+P_2X_2=M$，即 $20X_1+30X_2=540$。

解得：$X_1^*=9$，$X_2^*=12$。

因此消费者每年购买这两种商品的数量应该为 9 和 12。

（2）将以上商品组合代入效用函数，得：$U^*=3X_1X_2^2=3888$，所以该消费者最优商品购买组合给他带来的最大效用水平为 3888。

4.（1）消费者的效用最大化问题为

$$\max U=q^{0.5}+5M$$
$$s.t. pq=M$$

消费者效用最大化的一阶条件为

$$\frac{\partial U}{\partial q}=0.5q^{-0.5}+5p=0$$

从而可得需求虚线为：$q=\dfrac{1}{100p^2}$。

（2）由（1）中的需求曲线可得，反需求曲线为：$p=\dfrac{1}{10\sqrt{q}}$。

（3）当 $p=0.05$，$q=1/(100p^2)=4$，而此时的消费者剩余为

$$\mathrm{CS}=\int_0^4\frac{1}{10\sqrt{q}}\mathrm{d}q-pq=0.8-0.2=0.6$$

5.（1）该居民的效用期望为：75%×ln100 000＋25%×ln80 000＝11.46。

（2）$u''(w)=-\dfrac{1}{w^2}<0$，故该居民是风险规避者。

（3）缴纳保险费 x 后，该居民的财富确定的为（100 000－x）；不缴纳保险费，该居民的预期效用为 11.46。

由 ln（100 000－x）＝11.46 得，x＝5434（元），故居民最多愿意支付 5434 元。

（4）公平的保险费为 2×25%＝0.5（万元）。故保险公司扣除公平的保险费后的纯收入是 434 元。

七、论述题

1. 消费者应使自己花费在各种商品购买上的最后一元钱所带来的边际效用相等。

公式表示：$\begin{cases}P_1X_1+P_2X_2+\cdots+P_nX_n=I\\ \dfrac{\mathrm{MU}_1}{P_1}+\dfrac{\mathrm{MU}_2}{P_2}+\cdots+\dfrac{\mathrm{MU}_n}{P_n}=\lambda\end{cases}$。

先从$\frac{MU_1}{P_1}=\frac{MU_2}{P_2}$的关系分析。

当$\frac{MU_1}{P_1}<\frac{MU_2}{P_2}$时，对于消费者来说，同样的一元钱购买商品1所得到的边际效用小于购买商品2所得到的边际效用。这样，理性的消费者就会调整这两种商品的购买数量：减少对商品1的购买量，增加对商品2的购买量。在这样的调整过程中，一方面，在消费者用减少一元钱的商品1的购买来相应地增加一元钱的商品2的购买时，由此带来的商品1的边际效用的减少量是小于商品2的边际效用的增加量的，这意味着消费者的总效用是增加的。另一方面，在边际效用递减规律的作用下，商品1的边际效用会随其购买量的不断减少而递增，商品2的边际效用会随其购买量的不断增加而递减。当消费者将其购买组合调整到同样一元钱购买这两种商品所得到的边际效用相等时，即达到$\frac{MU_1}{P_1}=\frac{MU_2}{P_2}$时，他便得到了由减少商品1购买和增加商品2购买所带来的总效用增加的全部好处，即消费者此时获得了最大的效用。

相反，当$\frac{MU_1}{P_1}>\frac{MU_2}{P_2}$时，对于消费者来说，同样的一元钱购买商品1所得到的边际效用大于购买商品2所得到的边际效用。根据相同的道理，理性的消费者会进行与前面相反的调整过程，即增加对商品1的购买，减少对商品2的购买，直至$\frac{MU_1}{P_1}=\frac{MU_2}{P_2}$，从而获得最大的效用。

再从$\frac{MU_i}{P_i}=\lambda(i=1,2)$的关系分析。

当$\frac{MU_i}{P_i}<\lambda(i=1,2)$时，消费者用一元钱购买第 i 种商品所得到的边际效用小于所付出的这一元钱的边际效用。也可以理解为，消费者这时购买的第i种商品的数量太多了，事实上，消费者可以把这一元钱用在至少能产生相等的边际效用的其他商品的购买上去，以获得尽可能大的效用。这样，理性的消费者就会减少对第i种商品的购买，在边际效用递减规律的作用下，直至$\frac{MU_i}{P_i}=\lambda(i=1,2)$的条件实现为止。

相反，当$\frac{MU_i}{P_i}>\lambda(i=1,2)$时，消费者用一元钱购买第 i 种商品所得到的边际效用大于所付出的这一元钱的边际效用。也可以理解为，消费者对第i种商品的消费量是不足的，消费者应该继续购买第i种商品，以获得更多的效用。这样，理性的消费者就会增加对第 i 种商品的购买。同样，在边际效用递减规律的作用下，直至$\frac{MU_i}{P_i}=\lambda(i=1,2)$的条件实现为止。

2. 在其他条件均保持不变时，一种商品价格的变化会使消费者效用最大化的均衡点的位置发生移动，并由此可以得到价格-消费曲线。价格-消费曲线是在消费者的偏好、收入以及其他商品价格不变的条件下，与某一种商品的不同价格水平相联系的消费者效用最大化的均衡点的轨迹。由消费者的价格-消费曲线可以推导出消费者的需求曲线。

分析答图 3-2（a）中价格-消费曲线上的三个均衡点 E_1、E_2 和 E_3，可以看出，在每一个均衡点上，都存在着商品 1 的价格与商品 1 的需求量之间一一对应的关系。这就是：在均衡点 E_1 处，商品 1 的价格为 P_1^1，则商品 1 的需求量为 X_1^1。在均衡点 E_2 处，商品 1 的价格由 P_1^1 下降为 P_1^2，则商品 1 的需求量由 X_1^1 增加为 X_1^2。在均衡点 E_3 处，商品 1 的价格进一步由 P_1^2 下降为 P_1^3，则商品 1 的需求量由 X_1^2 再增加为 X_1^3。根据商品 1 的价格和需求量之间的这种对应关系，把每一个 P_1 数值和相应的均衡点上的 X_1 数值绘制在商品的价格-数量坐标图上，便可以得到单个消费者的需求曲线。这便是答图 3-2（b）中的需求曲线。在答图 3-2（b）中，横轴表示商品 1 的数量 X_1，纵轴表示商品 1 的价格 P_1。答图 3-2（b）中需求曲线上的 a、b、c 点分别和答图 3-2（a）中的价格-消费曲线上的均衡点 E_1、E_2、E_3 相对应。

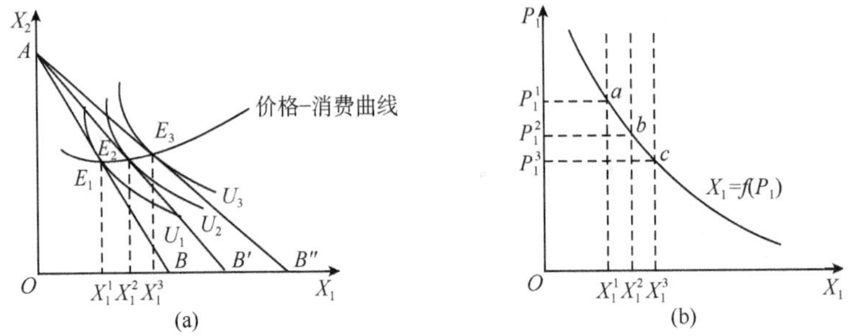

答图 3-2

3.（1）消费者愿意多付钱购买名牌产品，实际上反映的是名牌产品给消费者带来的效用问题。

（2）效用指商品满足人的欲望的能力，或者说效用是指消费者在消费商品时所感受到的满足程度。一种商品对消费者是否具有效用，取决于消费者是否有消费这种商品的欲望以及这种商品是否具有满足消费者欲望的能力。效用这一概念是与欲望联系在一起的，它是消费者对商品满足自己欲望能力的一种主观心理评价。

（3）正因为效用是消费者对商品满足自己欲望能力的一种主观心理评价，因此决定效用大小的不是产品的实用程度，而是产品的稀缺性和对消费者主观的满足程度。消费者愿意多付钱购买名牌产品，正是因为名牌产品的稀缺性和名牌产品能够比普通产品给消费者带来更大的满足，导致名牌产品具有更多的效用，从而也导致名牌产品的价格更高。从稀缺性方面看，在同种产品类型中，名牌产品一般就只有几种，产品的稀缺性决定了消费者拥有名牌产品的有限性。而对于消费者来说，边际效用是递减的，因此稀缺性也决定了消费者消费的有限性，继而决定了消费者对名牌产品的效用总是维持在一个较高的水平。从带来的心理满足程度看，名牌产品属于一种炫耀产品，它能显示拥有者的身份和社会地位。因此，对名牌产品的追逐主要是满足心理的愉悦感和满足感，而不是产品的实用程度，也就是名牌产品心理满足程度远远大于非名牌产品。

（4）从经济学角度说，由于效用的主观决定性，消费者行为是理性的，所以消费者愿意多付钱购买名牌产品只是反映消费者自己的选择，本身不存在价值判断问题。但在实际生活中，消费者行为并不是理性的，名牌产品给消费者带来的实际效用往往低于消费者的期望效用，从而导致名牌产品的价格高于其应有的价格水平。

八、案例分析

案例一：

（1）根据边际效用递减规律，人们总是倾向于将第一单位商品用于效用最高的用途上，那么，提高自来水的使用价格可以缓解供水紧张这一问题。提高价格可以使消费者自觉形成节约意识，从消费的方面减少消费量；同时，提高价格可以促使市场上自来水公司的利润空间提高，为获取更多利润加大生产，从供给的方面增加供给量。

（2）使用抬高自来水价格的方法会导致消费者剩余的减少。

消费者剩余是消费者在购买一定数量的某种商品时愿意支付的最高总价格和实际支付的总价格之间的差额。

答图 3-3 中横轴代表消费数量，纵轴代表单位消费量的价格，d 为自来水的需求曲线。A 点价格为 P_1 时，自来水需求量为 Q_1，若此时自来水公司提高价格至 P_2，数量就会相应地减少为 Q_2，减少量为（Q_1-Q_2），消费量与价格的组合落于 B 点。未提价之前，消费者剩余为 ACP_1，提价之后消费者剩余为 BCP_2。消费者剩余减少，减少量为 ABP_2P_1 的面积。

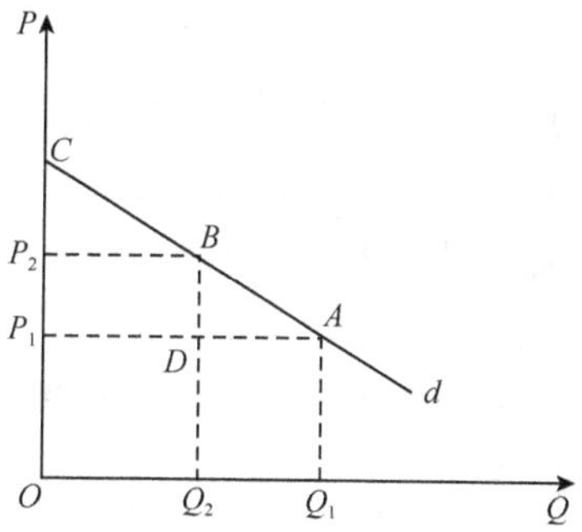

答图 3-3

（3）提高自来水价格的做法提高了生产资源配置的效率。由于贵阳为缺水城市，缺水已经严重限制了贵阳的经济发展。根据边际效用理论，提高自来水的价格可以使相对贵的资源用到满足最大效用的用途上，从而使水资源得到更有效的利用。

（4）在城市居民收入水平不变的条件下，贸然提高自来水价格相当于降低居民收入，会增加居民的日常生活成本。因此政府可以采取适当的措施来降低日常生活成本。例如，给居民增加货币工资，弥补自来水价格的提高，或者政府可以对自来水厂进行价格补贴。

案例二：

第一，各类消费网站的出现，极大地扩展了消费者的商品可选择范围，更有利于消费者根据自身的偏好去选择最优的商品组合，以实现最大的效用。

第二，利用各类消费网站来购买各种商品和劳务，为消费者节省了大量的时间和精力，即节约了消费者购物的“隐性”成本，使得购物的过程变得便捷有效，从而增加了消费者的满足程度。此外，还应该看到，这些被节省下来的大量的宝贵时间和精力，无论是被消费者用于工作、学习还是被消费者用于闲暇，最终都会增加消费者的效用。

第三，在网站上商家们提供的商品和劳务的价格通常是比较低的。其原因可能是在网上开店省去了实体店的巨额投资而降低了销售成本，也可能是互联网带来的产销对接的环节简化而降低了人力成本等支出，还可能是不少商家利用网站销售模式聚集了人气，能够大批量采购而获得低价位进货，等等。此外，网站上提供同种商品的众多商家之间存在着激烈的竞争，其类似于垄断竞争市场结构，这种竞争也往往压低了商品的价格。所以，消费者通常能够在网站上购买到相对便宜的商品和劳务，这显然有利于提高消费者的效用水平或满足程度。

第四，在其他条件不变时，商品价格下降是通过替代效应和收入效应这两个机制发生作用，从而导致商品需求数量的增加和消费者效用水平的提高。因此，当网站上的商家以较低价格出售商品时，一方面，由于商品相对价格的下降，消费者增加该商品购买量，从而拉高效用水平，这便是替代效应的作用。另一方面，由于商品价格下降导致的消费者实际收入水平上升，消费者会增加商品购买量并提高效用水平，这便是收入效应的作用。尤其是，随着进入网站消费人数的不断增加以及每个消费者网购商品范围的不断扩大，由商品价格下降所导致的收入效应也愈加显著。这种收入效应不仅包括单个消费者实际收入水平的提高，还包括加总意义上的商品市场上全体消费者实际收入水平的提高，这无疑是提高消费者效用水平的一个重要机制。当然，在将互联网运用到商业服务业发展的过程中，还面临着一些亟待解决的问题和挑战。譬如，如何更好地维护网上消费者的权益，如何建立和完善更有效的相关法律与法规，以更好地维护商业网站的市场运行秩序与效率，如何更好地利用物流与快递模式，等等。总之，我们相信互联网将会更多更好地被运用于消费领域，它所带来的商业模式的改革将会持续使得消费者得到更多的实惠与利益。

案例三：

对不确定条件下消费者行为的分析通常仅指对风险条件下消费者行为的分析。一般说来，在实际经济生活中，大多数的消费者都是风险回避者，阿钰也不例外。由风险回避者的基本特征可知，保障以后所拥有的稳定可靠财产的效用一定大于风险情况下的财产的期望效用。阿钰和许多人一样是长期储蓄和投资积累方面的保守主义者，或者说是风险规避者。储蓄和投资行为自身并无效用，其仅是达到理财目的的工具而已。

第四章参考答案及解析

一、单项选择题

1. B【解析】公司制企业能够通过发行债券和股票的形式筹集大量的资金，有利于实现规模生产，也有利于进一步强化分工和专业化。

2. C【解析】任何生产函数都以一定时期内的生产技术水平作为前提条件，一旦生产技术水平发生变化，原有的生产函数就会发生变化，从而形成新的生产函数。

3. D【解析】短期和长期的划分是以生产者能否变动全部要素投入的数量作为标准的。

4. C【解析】边际递减规律直接表述了边际产量即 MP_L 的先上升后下降的趋势。

5. C【解析】根据边际产量的定义 $MP_L=\dfrac{dTP_L(L,\ \bar{K})}{dL}$ 可以推知，过 TP_L 曲线任何一点的切线的斜率就是相应的 MP_L 值。

6. D【解析】当 MP_L 曲线和 AP_L 曲线相交时，AP_L 曲线必达到最大值。

7. D【解析】因为在第一阶段中，劳动的边际产量始终大于劳动的平均产量，生产者只要增加可变要素劳动的投入量，就可以较大幅度地增加总产量。

8. B【解析】理性的厂商会将生产决定区间放在第二阶段，既可以得到由第一阶段增加可变要素投入所带来的全部好处，又可以避免将可变要素投入增加到第三阶段而带来的不利影响。

9. B【解析】当 $\alpha+\beta>1$，则为规模报酬递增。

10. A【解析】在规模报酬分析中，是以全部的生产要素都以相同的比例发生变化来定义企业的生产规模的变化。

11. C【解析】产量增加的比例小于两要素增加的比例，即等量增加的等产量线之间的距离是递减的。

12. C【解析】要素投入比例大于产量增加比例，因此为规模报酬递减。

13. B【解析】在企业得到由生产规模扩大所带来的产量递增的全部好处以后，一般会继续扩大生产规模，将生产保持在规模报酬不变的阶段。

14. A【解析】由于边际报酬递减规律的存在，因此任意生产要素的边际产量曲线为先上升后下降的倒 U 形。

15. D【解析】短期生产的第一、二阶段边际产量都大于 0，平均产量只在第一阶段递增，在第二阶段是递减的。

16. C【解析】令 $f(x,y)=Q_0$。则当 $x<y$ 时，$Q_0=2x$，即 $x=Q_0/2$，这是一个固定的常数，所以促使等产量线垂直于 x 轴；当 $x>y$ 时，$Q_0=x+y$，即 $y=-x+Q_0$，等产量线是斜率为-1 的直线。

17. B【解析】最佳要素使用原则为 $\dfrac{17\cdot\frac{1}{3}\cdot x^{-\frac{2}{3}}\cdot y^{\frac{2}{3}}}{17\cdot\frac{2}{3}\cdot x^{\frac{1}{3}}\cdot y^{-\frac{1}{3}}}=3$，即得 $x/y=2/3$。

18. A【解析】$f(\lambda x,\ \lambda y,\ \lambda z)=\min\left\{\dfrac{(\lambda y)^4}{(\lambda x)^2},\ (\lambda z)^2,\ \dfrac{(\lambda x)^5}{(\lambda z)^3-(\lambda y)^3}\right\}=\lambda^2 f(x,\ y,\ z)$，由于规模报酬参数为 2，大于 1，所以规模报酬递增。

19. A【解析】成本方程 $C=P_XX+P_YY$，可推导出 $Y=C/P_Y-P_X/P_Y\times X$，成本曲线的斜率为$-P_X/P_Y$。

20. C【解析】劳动的边际技术替代率为增加的劳动投入与单位产量 1 之比，$MRTS_L=2/1=2$，资本的边际产量与劳动的边际产量之比为增加的劳动投入与减少的技术投入之比，$MP_K/MP_L=2/4=1/2$。

21. B【解析】函数 $C=wL+rK$，根据题中要求以纵坐标表示资本数量可以化为 $K=-w/r\times L+C/r$ 的形式，其斜率为 $-w/r$。

22. A【解析】边际报酬为正即总产量上升，边际报酬递增，则总产量的上升速度加快，因此总产量曲线以递增的速率上升。

23. C【解析】生产可能性曲线上的一点已经是可能达到的最大值，其外的点是无法达到的生产数量，因此只有在曲线内的才是有潜力可挖掘的部分。

24. A【解析】因为其生产函数为 $Q=2L^{1/3}K^{2/3}$，两指数之和为 1，即规模报酬不变。

25. C【解析】等成本曲线围绕它与 Y 轴的交点向外移动说明它与 Y 轴的交点没有发生变化，它与 X 轴的交点外移，即全部的钱用来买要素 X 的数量增加，因此要素 X 降价。

26. D【解析】边际收益递减规律与规模报酬递减不存在互为因果的关系。

27. B【解析】由于企业处于规模经济的阶段，因此增加一种要素的投入可以使效率提升。其他均不符合题意。

28. C【解析】规模收益指的是规模经济和规模不经济两个阶段，在规模不经济阶段，只是边际产量下降而不是总产量下降。成比例地增加 / 减少是规模报酬的条件。

29. C【解析】因为规模收益递增，因此产量增加的比例肯定大于生产要素投入的比例。

30. D【解析】等产量线的意义在于此曲线上的任何一组要素投入的产量是不发生变化的，将所有的等产量的点连接在一起即成曲线。

31. D【解析】首先明确规模经济是在长期生产时才会发生的，其次规模经济指的是投入要素增加时产量效率随之提升。

32. C【解析】既然是短期不变成本，即为不随产量变化。

33. D【解析】对总成本求导即为边际成本，图形中表示为该点的斜率。

34. A【解析】总产量递减意味着边际产量为负。

35. D【解析】边际报酬递减规律发生作用的前提即为生产技术水平不变，只有一种可变要素的生产。

二、多项选择题

1. ABC【解析】厂商主要可以采取的三种组织形式有：个人企业、合伙制企业和公司制企业。

2. ABC【解析】个人企业指单个人独资经营的厂商组织。个人企业家同时是所有者和经营者。个人企业的利润动机明确、强烈；决策自由、灵活；企业规模小，易于管理。但个人企业往往资金有限，限制生产的发展，而且也较易破产。

3. ABD【解析】交易成本中有一类产生于签约时交易双方面临的偶然因素所带来的损失。这些偶然因素或者是由于事先不可能被预见到而未写进契约，或者虽然能被预见到，但由于因素太多而无法写进契约。

4. ABCD【解析】生产要素一般被划分为劳动、土地、资本和企业家才能四种类型。

5. BD【解析】劳动与原材料属于短期可变要素投入。

6. AC【解析】MP_L 为负时，TP_L 依旧为正，只是总量降低；AP_L 与 TP_L 同号但无法为负。

7. ABD【解析】MP_L 达到最大时，TP_L 的增长率达到最大。AP_L 达到最大时，TP_L 达到最大。MP_L 为负时，MP_L 从最高点下降。

8. ACD【解析】劳动的边际产量上升达到最大值，然后开始下降。

9. BD【解析】劳动的边际产量降为负值；因为边际产量为负，厂商会通过减少劳动投入量来增加总产量。

10. BCD【解析】函数表达式为 $Q=\min\left(\frac{L}{u},\ \frac{K}{v}\right)$。

11. ABC【解析】企业的规模报酬变化可以分为规模报酬递增、规模报酬不变和规模报酬递减三种情况。

12. ABD【解析】当全部生产要素劳动和资本都增加100%时，产量的增加小于100%。

13. AB【解析】短期生产的经济阶段为生产的第二阶段，在第二阶段上AP递减且大于0，MP大于0，当AP对 L 的导数小于0时，AP递减。

14. CD【解析】厂商均衡时的关系式为 $Q=L=2K$。将 $Q=20$ 代入上述等式可得，$L=20$，$K=10$。由此关系式同样可得，当 $Q=10$ 时，$L=10$，$K=5$，将要素价格 $P_L=P_K=1$ 代入成本方程即可以得到厂商生产既定产量时的最小成本：$TC=P_LL+P_KK=10+5=15$。

15. AC【解析】$AP_L=-L^2+24L+240$，当（AP_L）$'$ $=0$ 时，AP_L 最大，即 $-2L+24=0$，$L=12$。$MP_L=-3L^2+48L+240=0$ 时，$L_1=20$，$L_2=-4$（舍去），因此第一阶段，$L<12$；第二阶段，$12<L<20$。

16. BD【解析】已知总成本 $TC=160$，即 $3L+6K=160$。而 $MP_L/MP_K=P_L/P_K=3/6$，又 $MP_L=5-4L$，$MP_K=12-2K$，解方程组得 $L=154/27$，$K=643/27$。

三、判断题

1. 错【解析】公司制企业主要利用发行债券和股票来筹集资金。

2. 错【解析】合伙制企业指两个人以上合资经营的厂商组织。

3. 对【解析】任何交易都可以看成交易双方所达成的一项契约。所谓交易成本可以看成围绕交易契约所产生的成本。

4. 错【解析】假定厂商的目标是追求最大的利润。这一基本假定是理性经济人的假定在生产理论中的具体化。

5. 错【解析】在信息不完全的条件下，厂商所面临的市场需求可能是不确定的，而且，厂商也有可能对产量变化所引起的生产成本的变化情况缺乏准确的了解，因此有极大的影响。

6. 错【解析】资本可以表现为实物形态或货币形态。实物资本也是一个很重要的部分。

7. 错【解析】长期指生产者可以调整全部生产要素的数量的时间周期。

8. 对【解析】由于在长期所有的要素投入量都是可变的，因而也就不存在可变要素投入和不变要素投入的区分。

9. 错【解析】当边际产量为正时，总产量增加；当边际产量为负时，总产量下降。

10. 对【解析】在 MP_L 曲线与 AP_L 曲线的交点处 AP_L 取最大值，即 TP_L 曲线上的点与原点连线的斜率值最大。

11. 错【解析】MP_L 曲线高于 AP_L 曲线，MP_L 曲线将 AP_L 曲线向上拉。

12. 错【解析】不管是上升还是下降，MP_L 曲线的变动都快于 AP_L 曲线的变动。

13. 错【解析】在这一阶段，不变要素资本的投入量相对过多，生产者增加可变要素劳动的投入量是有利的。

14. 错【解析】理性的生产者会选择让自己的生产停留在第二阶段。

15. 错【解析】在第二阶段的起点处，AP_L 曲线和 MP_L 曲线相交，AP_L 达到最高点。

16. 错【解析】等产量曲线上某一点的边际技术替代率就是等产量曲线在该点斜率的绝对值。

17. 错【解析】线性生产函数表示在每一产量水平上任何两种生产要素之间的替代比例都是固定的。

18. 错【解析】企业的规模报酬分析属于长期生产理论问题。

19. 错【解析】产量增加的比例大于各种生产要素增加的比例，称为规模报酬递增。

20. 错【解析】等产量线的斜率表示边际技术替代率。

21. 错【解析】企业扩大规模的长期生产过程中，一般会先后经历规模报酬递增、规模报酬不变和规模报酬递减这三个阶段。

22. 对【解析】规模报酬与社会形态无关，只与长期生产阶段有关。

23. 错【解析】既定产量下实现了成本最小化也就意味着该厂商实现了利润最大化，但利润最大化并不意味着利润一定是大于 0 的。只有当产品价格大于平均成本时，利润才是大于0的，当产品价格等于平均成本时，厂商刚好得到正常利润，此时经济利润为 0。而当产品价格大于平均可变成本且小于平均成本时，利润是负值。因此无论是大于 0、小于 0 或是等于 0 都是有可能的。

24. 错【解析】可变投入是指数量可以发生变化的投入。

25. 错【解析】只有当边际成本为负时，总产出才会下降。

26. 错【解析】可变投入收益递减，说明要增加相同数量的产出，可变投入应以递增比例增加。

27. 对【解析】可以减少成本，使成本线由相交状态平移至相切状态。

28. 错【解析】为实现一定量产出的成本最低的原则，要使边际技术替代率与等成本线的斜率相等。

29. 错【解析】如果各种要素投入增加的比例是 12%，产出增加的比例是 10%，产出增加比例小于要素投入增加比例，说明这是规模报酬递减。

30. 错【解析】成本最低点未必是利润最大点。

31. 错【解析】边际产出是指增加一个单位的要素投入所增加的产出量。

32. 错【解析】如果可变投入出现收益递减，说明边际产出一定是下降的。

33. 错【解析】生产函数是在要素价格基础上的函数，与投入的价格变化有直接的关系。

34. 错【解析】只有当边际成本为负的时候，总产量才会下降。

35. 错【解析】如果规模收益递减，说明可变投入收益的增长比例小于要素投入比例，并不是总量的递减。

36. 对【解析】只要边际产品上升，平均产品也一定上升，但平均成本上升，边际产品不一定上升。

37. 错【解析】边际产品曲线会与平均产品曲线相交在总产出达到极大值之前。

38. 错【解析】经济学中长期与短期的划分标准是是否可以变动全部生产要素。

39. 错【解析】在长期中至少有一种成本是可变成本。

40. 错【解析】当边际成本大于平均成本时，平均成本只可能上升，不可能下降。

41. 错【解析】增加生产的结果是平均成本上升，那么就说明边际成本大于平均成本，只要边际成本大于平均成本就会将平均成本向上拉动，因此只会大于 10 元。

42. 对【解析】边际成本就是由全部成本或可变成本求导得来的，因此可以理解为斜率。

四、名词解释

1. 生产函数：表示在一定时期内，在一定技术条件下，生产中所使用的各种生产要素的数量与所能生产的最大产量之间的关系。

2. 劳动的总产量（TP_L）：是指与一定的可变要素劳动的投入量相对应的最大产量。它的定义公式为：$TP_L=f(L,\ \bar{K})$。

3. 劳动的平均产量（AP_L）：是指平均每一单位可变要素劳动的投入量所生产的产量。它的定义公式为：$AP_L=\dfrac{TP_L(L,\ \bar{K})}{L}$。

4. 劳动的边际产量(MP_L)：是指增加 1 单位可变要素劳动的投入量所增加的产量。它的定义公式为：$MP_L=\dfrac{dTP_L(L,\ \bar{K})}{dL}$。

5. 等产量曲线：是在技术水平不变的条件下，生产同一产量的两种生产要素投入量的所有不同组合的轨迹。

6. 边际技术替代率（MRTS）：是指在维持产量水平不变的条件下，增加 1 单位某种生产要素的投入量时所减少的另一种生产要素的投入量。

7. 边际技术替代率递减规律：在维持产量不变的前提下，当一种生产要素的投入量不断增加时，每一单位的这种生产要素所能替代的另一种生产要素的数量是递减的。

五、简答题

1.（1）边际产量的含义：劳动的边际产量 MP，是最后一单位劳动所带来的总产出的增加量。概括而言，可用以下关系表示：劳动边际产量＝产出变化量÷劳动变化。

（2）短期生产中劳动的边际产量先上升的原因：当资本投入不变时，随着劳动投入的增加，劳动的边际产量会呈现出先上升后下降的现象。这是因为在短期生产中，可变要素投入和固定要素投入之间存在一个最佳的数量组合比例。在开始时由于资本投入量给定，而劳动投入为0，随着劳动投入的增加，资本和劳动投入量逐步接近最佳组合比例，劳动的边际产量呈现上升趋势。一旦资本和劳动的投入量达到最佳比例，在这一点劳动的边际产量达到最大值，随着劳动投入量的继续增加，资本和劳动的投入量偏离最佳组合比例，劳动的边际产量呈现递减趋势。

2. 关于边际产量和总产量之间的关系。根据边际产量的定义公式$MP_L=\frac{dTP_L(L,\ \bar{K})}{dL}$可以推知，过$TP_L$曲线任何一点的切线的斜率就是相应的$MP_L$值。例如，当劳动投入量为$L_1$时，过$TP_L$曲线上对应的$A$点的切线的斜率，就是相应的$MP_L$值，它等于$A'L_1$的高度。正是由于每一个劳动投入量上的边际产量$MP_L$值就是相应的总产量$TP_L$曲线的斜率，所以，$MP_L$曲线和$TP_L$曲线之间存在着这样的对应关系：在劳动投入量小于$L_4$的区域，$MP_L$均为正值，则相应的$TP_L$曲线的斜率为正，即$TP_L$曲线是上升的；在劳动投入量大于$L_4$的区域，$MP_L$均为负值，则相应的$TP_L$曲线的斜率为负，即$TP_L$曲线是下降的。当劳动投入量恰好为$L_4$时，$MP_L$为0，则相应的$TP_L$曲线的斜率为0，即$TP_L$曲线达到极大值点，即$MP_L$曲线的0值点$D'$和$TP_L$曲线的最大值点$D$是相互对应的。以上这种关系可以简单地表述为：只要边际产量是正的，总产量总是增加的；只要边际产量是负的，总产量总是减少的；当边际产量为0时，总产量达到最大值点。

进一步地，由于在边际报酬递减规律作用下的边际产量MP_L曲线先上升，在B'点达到最大值，然后下降，所以，相应的总产量TP_L曲线的斜率先是递增的，在B点为拐点，然后是递减的。也就是说，MP_L曲线的最大值点B'和TP_L曲线的拐点B是相互对应的。（注：图形详见《西方经济学（微观部分）（第七版）》105页图4-3）

3. 关于平均产量和总产量之间的关系。根据平均产量的定义公式$AP_L=\frac{TP_L(L,\ \bar{K})}{L}$可以推知，连接$TP_L$曲线上任何一点和坐标原点的线段的斜率，就是相应的$AP_L$值。例如，在答图4-1中，当劳动投入量为$L_1$时，连接$TP_L$曲线上$A$点和坐标原点的线段$OA$的斜率即$\frac{AL_1}{OL_1}$，就是相应的$AP_L$值，它等于$A''L$的高度。

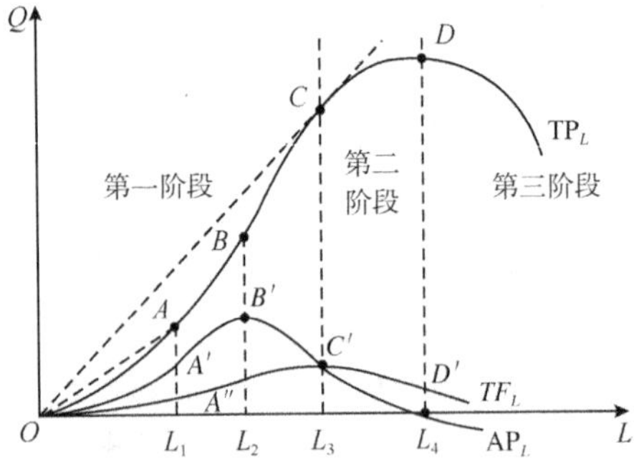

答图 4-1

正是由于这种关系，当AP_L曲线在C'点达到最大值时，TP_L曲线必然有一条从原点出发的切线，其切点为C点；该切线是连接TP_L曲线上每一个点和坐标原点的所有线段中最陡的一条，它意味AP_L达到极大值。

4. 在答图4-1中，我们可以看到MP_L曲线和AP_L曲线之间存在着这样的关系：两条曲线相交于AP_L曲线的最高点C'。在C'点以前，MP_L曲线高于AP_L曲线，MP_L曲线将AP_L曲线向上拉；在C'点以后，MP_L曲线低于AP_L曲线，MP_L曲线将AP_L曲线向下拉。不管是上升还是下降，MP_L 曲线的变动都快于 AP_L 曲线的变动。

就任何一对边际量和平均量而言，只要边际量大于平均量，边际量就把平均量向上拉；只要边际量小于平均量，边际量就把平均量向下拉。举一个简单的实际例子：假定一个篮球队队员的平均身高为 1.90 米。如果新加入的一名队员的身高为 1.95 米（相当于边际量），那么整个队的平均身高就会增加。相反，如果新加入的一名队员的身高为 1.85 米（相当于边际量），那么，整个队的平均身高会下降。因此，就平均产量 AP_L 和边际产量 MP_L 来说，当 $MP_L > AP_L$ 时，AP_L 曲线是上升的；当 $MP_L < AP_L$ 时，AP_L 曲线是下降的；当 $MP_L = AP_L$ 时，AP_L 曲线达到极大值。又由于边际报酬递减规律作用下的 MP_L 曲线是先升后降的，所以，当 MP_L 曲线和 AP_L 曲线相交时，AP_L 曲线必将达到最大值。

此外，由于在可变要素劳动投入量的变化过程中，边际产量的变动相对平均产量的变动而言要更敏感一些，所以，不管是增加还是减少，边际产量的变动都快于平均产量的变动。

5. 等产量曲线是指在技术水平不变的条件下生产同一产量的两种生产要素投入等产量曲线，其具有以下重要特点。

（1）等产量曲线是一条从左上方向右下方倾斜的曲线，具有负斜率。它表示增加一种生产要素的投入量，可以减少另一种生产要素的投入量。只有具有负斜率的等产量曲线表示劳动和资本互相替代才是有效率的。

（2）坐标图上可以有无数条等产量曲线。它们按产量大小顺次排列，越接近原点的等产量曲线所代表的产量越少，越远离原点的等产量曲线所代表的产量越多。

（3）任何两条等产量曲线都不能相交。

（4）等产量曲线向原点凸出。它表示随着一种生产要素每增加一个单位，可以替代的另一种生产要素的数量将逐次减少。这一点可由边际技术替代率递减规律来解释。

六、计算题

1.（1）将 $K=10$ 代入生产函数 $Q=f(L,K)=2KL-0.5L^2-0.5K^2$ 中，得：$Q=-0.5L^2+20L-50$。

于是，根据总产量、平均产量和边际产量的定义，有以下函数。

劳动的总产量函数 $TP_L=-0.5L^2+20L-50$。

劳动的平均产量函数 $AP_L=-0.5L+20-\dfrac{50}{L}$。

劳动的边际产量函数 $MP_L=-L+20$。

（2）令 $MP_L=0$，解得 $L=20$，即当劳动的投入量为 20 时，劳动的总产量 TP_L 达到最大值。

令 $AP_L=-0.5+\dfrac{50}{L^2}=0$，解得 $L=10$（负值舍去），且有 $\dfrac{d^2AP_L}{dL^2}=-100L^{-3}<0$，所以，当劳动投入量为 $L=10$ 时，劳动的平均产量 AP_L 达到最大值。

由劳动的边际产量函数 $MP_L=-L+20$ 可知，MP_L 函数的斜率为 -1，小于 0，边际产量曲线是一条斜率为负的直线。所以边际产量函数递减，当劳动投入量 $L=0$ 时，劳动的边际产量 MP_L 达到极大值。

（3）当劳动的平均产量 AP_L 达到最大时，一定有 $AP_L=MP_L$，即 $-0.5L+20-\dfrac{50}{L}=-L+20$，得：$L=10$。

此时 $AP_L=MP_L=10$。

2.（1）由 $f(L，K)=\alpha_0+\alpha_1(LK)^{\frac{1}{2}}+\alpha_2K+\alpha_3L$，则

$$\begin{aligned}f(\lambda L，\lambda K)&=\alpha_0+\alpha_1(\lambda^2LK)^{\frac{1}{2}}+\alpha_2(\lambda K)+\alpha_3(\lambda L)\\&=\alpha_0+\lambda\alpha_1\lambda(LK)^{\frac{1}{2}}+\alpha_2\lambda K+\alpha_3\lambda L\\&=\lambda[\alpha_0+\alpha_1(LK)^{\frac{1}{2}}+\alpha_2K+\alpha_3L]+(1-\lambda)\alpha_0\\&=\lambda f(L，K)+(1-\lambda)\alpha_0。\end{aligned}$$

如果该生产函数表现出规模报酬不变，则 $f(L，K)=\lambda f(L，K)$，这就意味着对于任何常数 $\lambda>0$ 都必有 $(1-\lambda)\alpha_0=0$，解得 $\alpha_0=0$。

可见，当 $\alpha_0=0$ 时，该生产函数表现出规模报酬不变的特征。

（2）在规模报酬不变的情况下，生产函数为 $f(L，K)=\alpha_1(LK)^{\frac{1}{2}}+\alpha_2K+\alpha_3L$，这时有

$$MP_L=\frac{df(L，K)}{dL}=\frac{1}{2}\alpha_1\left(\frac{K}{L}\right)^{\frac{1}{2}}+\alpha_3$$

$$MP_k=\frac{df(L，K)}{dK}=\frac{1}{2}\alpha_1\left(\frac{L}{K}\right)^{\frac{1}{2}}+\alpha_2$$

$$\frac{dMP_L}{dL}=-\frac{1}{4}L^{-\frac{3}{2}}K^{\frac{1}{2}}<0$$

$$\frac{dMP_K}{dK}=-\frac{1}{4}L^{\frac{1}{2}}K^{-\frac{3}{2}}<0$$

这表明在规模报酬不变的情况下，该函数相应的边际产量是递减的。

3.（1）根据企业实现给定成本条件产量最大化的均衡条件

$$\frac{MP_L}{MP_K}=\frac{w}{r}$$

其中

$$MP_L=\frac{dQ}{dL}=\frac{2}{3}L^{-\frac{1}{3}}K^{\frac{1}{3}}$$

$$MP_K=\frac{dQ}{dK}=\frac{1}{3}L^{\frac{2}{3}}K^{-\frac{2}{3}}$$

$$w=2，r=1$$

于是有：$\dfrac{\frac{2}{3}L^{-\frac{1}{3}}K^{\frac{1}{3}}}{\frac{1}{3}L^{\frac{2}{3}}K^{-\frac{2}{3}}}=\dfrac{2}{1}$，整理得：$\dfrac{K}{L}=\dfrac{1}{1}$，即 $K=L$。

再将 $K=L$ 代入约束条件 $2\times L+1\times K=3000$，有

$$2L+L=3000$$

解得：$L^*=1000$，且有：$K^*=1000$。

将 $L^*=K^*=1000$ 代入生产函数，求得最大的产量

$$Q^*=(L^*)^{\frac{2}{3}}(K^*)^{\frac{1}{3}}=1000^{\frac{2}{3}+\frac{1}{3}}=1000。$$

以上结果表明，在 $C=3000$ 时，厂商以 $L^*=1000$，$K^*=1000$ 进行生产所达到的最大产量为 $Q^*=1000$。

（2）根据厂商实现给定产量条件下成本最小化的均衡条件

$$\frac{\mathrm{MP}_L}{\mathrm{MP}_K}=\frac{w}{r}$$

其中

$$\mathrm{MP}_L=\frac{\mathrm{d}Q}{\mathrm{d}L}=\frac{2}{3}L^{-\frac{1}{3}}K^{\frac{1}{3}}$$

$$\mathrm{MP}_K=\frac{\mathrm{d}Q}{\mathrm{d}K}=\frac{1}{3}L^{\frac{2}{3}}K^{-\frac{2}{3}}$$

$$w=2，r=1$$

于是有：$\dfrac{\frac{2}{3}L^{-\frac{1}{3}}K^{\frac{1}{3}}}{\frac{1}{3}L^{\frac{2}{3}}K^{-\frac{2}{3}}}=\dfrac{2}{1}$，整理得：$\dfrac{K}{L}=\dfrac{1}{1}$，即 $K=L$。

再将 $K=L$ 代入约束条件 $L^{\frac{2}{3}}K^{\frac{1}{3}}=800$，有

$$L^{\frac{2}{3}}K^{\frac{1}{3}}=800$$

解得：$L^*=800$，且有：$K^*=800$。

将 $L^*=K^*=800$ 代入成本方程 $2L+1K=C$，求得最小成本

$$C^*=2L^*+1K^*=2\times 800+1\times 800=2400$$

本题的计算结果表示：在 $Q=800$ 时，厂商以 $L^*=800$，$K^*=800$ 进行生产的最小成本为 $C^*=2400$。

4.（1）两种生产方法对厂商无区别意味着：在每一相同产量水平上，生产方法 1 和生产方法 2 在厂商所费成本上相等，即 $C_1=C_2|Q_1=Q_2$。为此，先求出两种方法下的成本函数 $C_1(Q_1)$，$C_2(Q_2)$，其中 C_1、C_2 都含有变量 P_B，在 $Q_1=Q_2$ 的条件下，通过 $C_1=C_2$ 即可求得 P_B 之值。

先求出生产方法 1 的成本函数 C_1。

由 $\mathrm{MPP_A}/P_A=\mathrm{MPP_B}/P_B$ 得

$$\frac{0.25\alpha A^{-0.75}B^{0.75}}{1}=\frac{0.75\alpha A^{0.25}B^{-0.25}}{P_{\mathrm{B}}}$$

可求得 $P_{\mathrm{B}}\cdot B=3A$，即 $B=\dfrac{3A}{P_B}$ ①

将式①代入生产函数 1 中，得

$$Q_1=\alpha A^{0.25}B^{0.75}=\alpha A^{0.25}\left(\frac{3A}{P_{\mathrm{B}}}\right)^{0.75}=3^{0.75}\cdot\alpha A\cdot P_{\mathrm{B}}^{-0.75}$$

因此，$A=3^{-0.75}\cdot\dfrac{1}{\alpha}\cdot P_{\mathrm{B}}^{0.75}\cdot Q_1$ ②

将式①和式②代入成本方程 $C_1=P_{\mathrm{A}}A+P_{\mathrm{B}}B$ 中，得

$$C_1=A+3A=4A=4\cdot 3^{-0.75}\cdot\frac{1}{\alpha}\cdot P_{\mathrm{B}}^{0.75}\cdot Q_1$$

再求生产方法 2 的成本函数 C_2。

由 $\mathrm{MPP_A}/P_{\mathrm{A}}=\mathrm{MPP_B}/P_{\mathrm{B}}$ 得

$$\frac{0.75\beta A^{-0.25}B^{0.25}}{1}=\frac{0.25\beta A^{0.75}B^{-0.75}}{P_{\mathrm{B}}}$$

可求得 $3P_{\mathrm{B}}\cdot B=A$，即 $B=\dfrac{A}{3P_{\mathrm{B}}}$ ③

将式③代入生产函数 2 中，得

$$Q_2=\beta A^{0.75}B^{0.25}=\beta A^{0.75}\left(\frac{A}{3P_{\mathrm{B}}}\right)^{0.25}=3^{-0.25}\cdot\beta\cdot P_{\mathrm{B}}^{-0.25}\cdot A$$

因此，$A=3^{0.25}\cdot\dfrac{1}{\beta}\cdot P_{\mathrm{B}}^{0.25}\cdot Q_2$ ④

将式④代入成本方程 $C_2=P_{\mathrm{A}}A+P_{\mathrm{B}}B$ 中，得

$$C_2=A+\frac{1}{3}A=\frac{4}{3}A=\frac{4}{3}\times 3^{0.25}\cdot\frac{1}{\beta}\cdot P_{\mathrm{B}}^{0.25}\cdot Q_2$$

若生产方法 1 和生产方法 2 对厂商无区别，则在 $Q_1=Q_2=Q$ 的情况下，$C_1=C_2$。

即
$$4\times 3^{-0.75}\cdot\frac{1}{\alpha}\cdot P_{\mathrm{B}}^{0.75}Q=4\times 3^{-0.75}\cdot\frac{1}{\beta}\cdot P_{\mathrm{B}}^{0.25}Q$$

$$P_{\mathrm{B}}^{0.25}=\frac{\alpha}{\beta}\ ;\ P_{\mathrm{B}}=\left(\frac{\alpha}{\beta}\right)^2$$

即当生产要素 B 的价格为$\left(\dfrac{\alpha}{\beta}\right)^2$时，两种生产方法对厂商无区别。

（2）由上可知，对于第一种生产函数，产品单位成本为

$$\frac{C_1}{Q_1}=\frac{4\times 3^{-0.75}\cdot\frac{1}{\alpha}\cdot P_{\mathrm{B}}^{0.75}\cdot Q_1}{Q_1}=\frac{4P_{\mathrm{B}}^{0.75}}{3^{0.75}\alpha}$$

对于第二种生产函数，产品单位成本为

$$\frac{C_2}{Q_2}=\frac{4\times 3^{-0.75}\cdot\dfrac{1}{\beta}\cdot P_B\cdot Q_2}{Q_2}=\frac{4P_B^{0.25}}{3^{0.75}\beta}$$

所以两种生产函数产品单位成本之比为

$$\frac{C_1/Q_1}{C_2/Q_2}=\frac{4P_B^{\ 0.75}/(3^{0.75}\alpha)}{4P_B^{\ 0.25}/(3^{0.75}\beta)}=P_B^{\ 0.5}\frac{\beta}{\alpha}$$

这样一来，当 $P_B>\left(\dfrac{\alpha}{\beta}\right)^2$ 时，$\dfrac{C_1/Q_1}{C_2/Q_2}>1$，厂商选择第二种生产方法。

七、论述题

1. 在生产中普遍存在这么一种现象——在技术水平不变的条件下，连续等量地把某一种可变生产要素增加到其他一种或几种数量不变的生产要素上去的过程中，当这种可变生产要素的投入量小于某一特定值时，增加该要素投入所带来的边际产量是递增的；当这种可变要素的投入量连续增加并超过这个特定值时，增加该要素投入所带来的边际产量是递减的。这就是边际报酬递减规律。边际报酬递减规律是短期生产的一条基本规律。

从理论上讲，边际报酬递减规律成立的原因在于：对于任何产品的短期生产来说，可变要素投入和固定要素投入之间都存在着一个最佳的数量组合比例。在开始时，由于不变要素投入量给定，而可变要素投入量为 0，因此，生产要素的投入量远远没有达到最佳的组合比例。随着可变要素投入量的逐渐增加且逐步接近最佳的组合比例，相应的可变要素的边际产量呈现出递增的趋势。一旦生产要素的投入量达到最佳的组合比例，可变要素的边际产量达到最大值。在这一点之后，随着可变要素投入量的继续增加且越来越偏离最佳的组合比例，相应的可变要素的边际产量便呈现出递减的趋势。边际报酬递减规律强调的是：在任何一种产品的短期生产中，随着一种可变要素投入量的增加，边际产量最终必然会呈现出递减的特征。或者说，该规律提醒人们，要看到在边际产量递增阶段后必然会出现的边际产量递减阶段。

最后，需要提醒的是，该规律成立有两个基本的前提条件：一是生产技术是给定的，二是其他要素投入量是固定不变的。因为，如果生产技术发生变化譬如技术水平提高，或者如果原先固定的某种要素投入数量发生变化譬如车间的数量增加，都有可能使得原本已经递减的边际产量又逆转为递增，这样就违背了该规律。

2. 柯布-道格拉斯（Cobb-Douglas）生产函数是由数学家柯布和经济学家道格拉斯于 20 世纪 30 年代初提出来的。柯布-道格拉斯生产函数被认为是一种很有用的生产函数，因为该函数以其简单的形式描述了经济学家所关心的一些性质，它在经济理论的分析和实证研究中都具有一定意义。该生产函数的一般形式为：$Q=AL^{\alpha}K^{\beta}$。式中，Q 为产量；L 和 K 分别为劳动和资本投入量；A、α 和 β 为三个参数，$A>0$，$\alpha<0,\beta<1$。

柯布-道格拉斯生产函数中的参数 α 和 β 的经济含义是：当 $\alpha+\beta=1$ 时，α 和 β 分

别表示劳动和资本在生产过程中的相对重要性，α 为劳动所得在总产量中所占的份额，β 为资本所得在总产量中所占的份额。若 α 值约为 0.75，β 值约为 0.25，则说明，在这一期间的总产量中，劳动所得的相对份额为 75%，资本所得的相对份额为 25%。

此外，根据柯布-道格拉斯生产函数中的参数 α 和 β 之和，还可以判断规模报酬的情况。

若 $\alpha+\beta>1$，则为规模报酬递增；若 $\alpha+\beta=1$，则为规模报酬不变；若 $\alpha+\beta<1$，则为规模报酬递减。

柯布-道格拉斯生产函数所对应的等产量曲线满足 $Q=AL^{\alpha}K^{\beta}=Q^0$ 。

在上式中，由于产量 Q^0 是给定的常数，故 L 和 K 必定成反方向变化。这表明柯布-道格拉斯生产函数所对应的是一条凸向原点的“常态”等产量曲线。柯布-道格拉斯生产函数所对应的等产量曲线体现了等产量曲线的一般情况，即服从边际技术替代率递减规律。

3.（1）边际报酬递减规律是指在技术水平不变的条件下，连续等量地把一种可变生产要素增加到一种或几种数量不变的生产要素上去的过程中，当这种可变生产要素的投入量小于某一特定值时，增加该要素投入所带来的边际产量是递增的；当这种可变要素的投入量连续增加并超过这个特定值时，增加该要素投入所带来的边际产量是递减的。边际报酬递减规律是短期生产的一条基本规律。从理论上讲，边际报酬递减规律成立的原因在于：对于任何产品的短期生产来说，可变要素投入和固定要素投入之间存在着一个最佳的数量组合比例。随着可变要素投入量的逐渐增加，生产要素的投入量逐步接近最佳的组合比例，相应的可变要素的边际产量呈现出递增的趋势。一旦生产要素的投入量达到最佳的组合比例，可变要素的边际产量达到最大值。在这一点之后，随着可变要素投入量的继续增加，生产要素的投入量越来越偏离最佳的组合比例，相应的可变要素的边际产量便呈现出递减的趋势。

（2）边际技术替代率递减规律是指在维持产量不变的前提下，当一种生产要素的投入量不断增加时，每一单位的这种生产要素所能替代的另一种生产要素的数量是递减的。边际技术替代率递减的主要原因在于：任何一种产品的生产技术都要求各要素投入之间有适当的比例，这意味着要素之间的替代是有限的。简单地说，以劳动和资本两种要素投入为例，在劳动投入量很少和资本投入量很多的情况下，减少一些资本投入量可以很容易地通过增加劳动投入量来弥补，以维持原有的产量水平，即劳动对资本的替代是很容易的。但是，在劳动投入量增加到相当多和资本投入量减少到相当少的情况下，再用劳动去替代资本将是很困难的了。

（3）生产函数的边际报酬递减和边际技术替代率递减的共同原因是两种生产要素之间存在着一个最佳的数量组合比例，且以生产技术不变为假设前提。其区别表现在：边际报酬递减是短期生产函数或一种可变生产要素的生产函数的性质。一种可变生产要素的生产函数表示在技术水平和其他投入不变的条件下，一种可变生产要素的投入量与其所生产的最大产量之间的关系。而边际技术替代率递减反映了两种可变生产要素的生产函数的性质，长期内生产者可以调整全部生产要素的数量。边际技术替代率表示在保持产量水平不变的条件下，增加一个单位的某种要素的投入量可以替代另一种生产要素的投入量。

4.（1）生产的三个阶段是在假定生产技术水平和其他要素投入量不变，只有劳动收入可变的条件下，以劳动投入多少来划分的生产不同阶段。

具体而言，生产的三个阶段是根据总产量曲线、平均产量曲线和边际产量曲线的形状及其相互之间的关系来划分的。第一阶段，平均产量递增阶段，即平均产量从 0 增加到平均产量最高的阶段，这一阶段是从原点到 AP 曲线、MP 曲线的交点，即劳动投入量由 0 到 L_3 的区间。第二阶段，平均产量的递减阶段，边际产量仍然大于 0，所以总产量仍然是递增的，直到总产量达到最高点。这一阶段是从 AP、MP 两曲线的交点到 MP 曲线与横轴的交点，即劳动投入量由 L_3 到 L_4 的区间。第三阶段，边际产量为负，总产量是递减的，这一阶段是 MP 曲线和横轴的交点以后的阶段，即劳动投入量 L_4 以后的区间。

（2）首先，厂商肯定不会在第三阶段进行生产，因为这个阶段的边际产量为负值，生产不会带来任何的好处。其次，厂商也不会在第一阶段进行生产，因为平均产量在增加，投入的这种生产要素还没有发挥最大的作用，厂商没有获得预期的好处，继续扩大可变要素的使用量从而使产量扩大是有利可图的，至少到使平均产量达到最高点为止。因此厂商可以在第二阶段进行生产，此时平均产量和边际产量都下降，但是总产量还在不断增加，收入也增加，只是增加的速度逐渐减慢，直到停止增加为止。

八、案例分析

案例一：

（1）在技术水平不变的条件下，连续等量地把某一种可变生产要素增加到其他一种或几种数量不变的生产要素上去的过程中，当这种可变生产要素的投入量小于某一特定值时，增加该要素投入所带来的边际产量是递增的；当这种可变要素的投入量连续增加并超过这个特定值时，增加该要素投入所带来的边际产量是递减的。这就是边际报酬递减规律。

其发生作用的条件是：在生产的技术水平恒定不变的情况下，这一规律才会发挥作用。

（2）材料中提到“在 20 世纪，技术发展突飞猛进，改变了许多国家（包括发展中国家，如印度）的食物生产方式，劳动的平均产出因而上升。这些进步包括高产抗病的良种、更高效的化肥、更先进的收割机械。在第二次世界大战结束后，世界上总的食物生产的增幅总是或多或少地高于同期人口的增长”。在原始的生产技术水平下，由于边际报酬递减规律，无法维持更多的人口生存——马尔萨斯的这一结论忽略了技术的进步，只是以当时的生产技术水平来衡量，因此与事实不符。

（3）边际报酬递减规律依旧起着至关重要的作用。边际报酬递减规律所阐述的经济学原理是正确的，但在使用时要注意其“生产技术条件不变”的前提。本案例中，马尔萨斯忽略了这一前提导致预测失误，但不代表其背后的规律是错误的。另外，案例中还提到了生产技术未进步的落后地区，的确出现了马尔萨斯所说的“饥荒”的现象。这就可以证明，若未出现生产技术进步所带来的后果，也足以说明边际报酬递减规律的作用。

案例二：

（1）根据生产阶段理论，厂商在第一个生产阶段，投入一种要素时，总产量、边际产量和平均产量都是递增的。尤其需要说明的是，此时的边际产量是大于0的，即投入生产要素对总产量带来的影响是正面的。因此，厂商要想获得此阶段全部的好处，就应该增加生产要素的投入，即此时可变要素的投入，以避免此时已经投入的不变要素的浪费。理性的厂商不会停留在这一阶段，正如案例中温州的小企业，为了不浪费前期机器设备这些要素的投入，应增加可变要素的投入，如劳动力和原材料等，以期生产可以扩张到第二阶段。在生产的第二阶段，总产量与平均产量继续增加，边际产量虽然呈下降趋势但依旧大于0，这也就意味着，虽然投入单位生产要素获得的产量没有在第一阶段获得的产量多，但是依旧处于增加状态，对于理性的厂商来说这是合理的生产区间。因此要扩大小企业的规模，向大中型企业发展。

（2）从长期发展来看，案例中的温州小企业属于规模报酬递增的企业，即增加的生产要素的比例大于产出的比例，从经济理论上来说，规模报酬递增的企业增加产量是理性的选择，这些小企业通过成比例投入生产要素的方法可以获得更大的收益，这也是企业在决策的过程中最大化利润的方式。

案例三：

小米手机通过基于互联网的电子商务，通过与消费者沟通，与生产者签订长期供货合同的方式，从一个创意理念迅速成长为一个销售额过百亿的电子消费企业，“小米奇迹”让我们更加深刻地思考这样一个传统的问题：企业的本质到底是什么？根据科斯的观点，企业是一个市场组织，其功能在于其能通过有效地降低和控制交易成本，完成对市场交易功能的替代。小米的成功正是基于其迅速把握住互联网时代，市场交易成本迅速下降，企业的传统经营模式的边界迅速被重新界定，这种变化是技术和制度双重作用下的结果。小米只是一个品牌，它没有工厂、没有技术，甚至创业之初没有客户服务、没有公司总部，几乎是一个“三无”公司，但是它紧紧扣住客户需求和体验，通过把消费者的意见和建议集中起来进行从客户到产品的定向设计，通过与硬件厂商、零部件供应商签订大规模的供货合同来控制成本，并逐步通过产量和市场来实现规模经济，强化品牌识别。因此在小米这样一家基于互联网的企业，基于交易成本控制的考虑，将大量能够通过市场交易完成的企业经营功能分离外包，而把需要强化的产品设计和客户需求以及营销渠道作为核心业务进行强化并努力控制其成本。市场和企业的替代随着技术和市场的变化而变化，企业没有一成不变的边界，如何根据交易成本的变化，灵活地变化企业的边界，找到企业盈利和实现增长的动态模式，是小米奇迹告诉我们的关于企业本质的深刻理解。

第五章参考答案及解析

一、单项选择题

1. D【解析】成本必须按使用同样的经济资源在其他各种生产用途中所能获得的最

高收入来衡量。

2. B【解析】将成本方程化为$K=-\frac{w}{r}L+\frac{C}{r}$，纵截距$\frac{C}{r}$表示既定的全部成本都购买资本时的数量。

3. C【解析】厂商应该选择最优的生产要素组合，使得两要素的边际技术替代率等于两要素的价格之比，从而实现既定产量条件下的最小成本。

4. C【解析】扩展线上每一个生产均衡点都满足成本最小化和产量最大化的均衡原则：两要素的边际技术替代率等于两要素的价格比例。

5. A【解析】总不变成本是一个常数，它不随产量的变化而变化，因此为一条平行于横轴的直线。

6. C【解析】总可变成本随产量的变动而变动。当产量为 0 时，总可变成本也为 0。在这以后，总可变成本随着产量的增加而增加。

7. D【解析】边际成本为总成本在该点的导数，即斜率。

8. B【解析】除 TC 以外，其余三项曲线均为先下降后上升的 U 形。

9. A【解析】对于任何一对边际量和平均量而言，只要边际量小于平均量，边际量就把平均量向下拉；只要边际量大于平均量，边际量就把平均量向上拉；当边际量等于平均量时，平均量必达本身的极值点。

10. C【解析】因为$AVC(Q)=\frac{TFC(Q)}{Q}$，因此 b 点的 AVC 值为 b 点与 O 点连线的斜率。

11. A【解析】图 5-2 中描述的是总成本曲线。

12. C【解析】$MC=w\cdot\frac{1}{MP_L}$，代入即可得劳动的边际产量为 2.5。

13. A【解析】当总产量 TP_L 曲线下凹时，总成本 TC 曲线和总可变成本 TVC 曲线是下凹的。

14. D【解析】在短期内厂商一定是在边际成本 MC 不仅递增、而且大于或等于平均可变成本 AVC 的阶段进行生产。

15. B【解析】企业的外在不经济会导致 LAC 曲线向上移动。

16. B【解析】只有在最低点的那条 SAC 曲线才与 LAC 曲线的交点位于 SAC 曲线的最低点。

17. C【解析】正常利润通常指厂商对自己所提供的企业家才能的报酬支付。正常利润是厂商生产成本的一部分，它是以隐性成本计入成本的。

18. A【解析】边际成本曲线与平均可变成本曲线和平均成本曲线的交点都不在它们的最低点上，因此当边际成本最小时，它们都不是最小的。随着产量的增多总成本会一直增加，因此，使用排除法选 A 项。

19. C【解析】边际成本是拉动平均成本的力量，当边际成本小于平均成本时，增加产量就会使平均成本向边际成本的一方发展。

20. B【解析】平均可变成本等于总可变成本与产量的商，即该点的边际成本。

21. B【解析】因为有固定成本的存在，总可变成本与总成本永远不会相等，但是随着产量的增加，固定成本对总成本的影响越来越小，因此只能无限接近。

22. C【解析】边际成本为总成本求导而来，即为总成本曲线上该点切线的斜率。而总成本曲线为总可变成本向上平移而来，因此在同一水平上斜率相等即 MC 相等。

23. C【解析】在短期生产的初始阶段，随着可变要素的投入和产量的增加，固定要素生产效能的发挥与专业化程度的提高使得标记产量增加，当产量增加到一定程度时边际报酬递减规律开始发挥作用，使得 SAC 曲线呈上升趋势。

24. A【解析】长期平均成本曲线与长期边际成本曲线相交于平均成本的最低点是长期成本曲线的最重要特征。只有与长期平均成本曲线相交于最低点的短期平均成本曲线才可以实现 SAC＝SMC＝LAC＝LMC。

25. A【解析】因为价格从 2 元上涨至 2.5 元，所以边际成本上升，在边际成本上升阶段，其值是大于平均成本的。

26. A【解析】对于长期总成本来说，每一个点都代表该产量的最低成本。换句话说，在长期中，成本曲线只表示最低成本。

27. B【解析】LAC 曲线下降代表长期平均成本的减少，由于规模经济的作用，生产过程中成本会逐步降低，由于规模不经济，平均成本达到最低点后会上升。

28. D【解析】收益递减规律发生作用时，处于总可变成本曲线的后半段，相对于原点是凸的，即加速上升阶段。

29. D【解析】位于总成本曲线上的点的切线过原点，则该点的边际成本和平均成本都为该切线的斜率且最小。任意点的平均成本等于平均可变成本加平均不变成本。

30. A【解析】LAC＞LMC 位于 LAC 曲线最低点的左侧，此时 LAC 下降，因此规模报酬递减。只有在 LAC＝LMC 时，即在 LMC 曲线最低点处 SMC＝LMC。

31. A【解析】在 LAC 曲线与一条代表最优生产规模的 SAC 曲线相切的产量上，除了切点位于 LAC 曲线最低点的 SAC 曲线与 LAC 曲线相切于 SAC 曲线的最低点，在切点上 LCA＝SAC，其余均不是。

32. C【解析】将 $Q=1$ 和 $Q=3$ 代入 MC 函数，即可得到当 $Q=2$ 时不是最小值，当边际成本出现最小值时边际产量有最大值，因此此时边际产量也不是最大。对总成本函数求二阶导数，其第二个为 0 的点即对应平均产量最大的点，此时 $Q=2$。

33. C【解析】题中要求求极值，但是只有总成本函数，因此需要构造拉格朗日函数 $L(Q)$，$L(Q)=2Q_1^2+Q_2^2-Q_1Q_2+\lambda(Q_1+Q_2-40)$，对 $L(Q)=2Q_1^2+Q_2^2-Q_1Q_2+\lambda(Q_1+Q_2-40)$ 分别求 Q_1 和 Q_2 的偏导并令其等于 0，则可得到 $Q_1=15$，$Q_2=25$，$\lambda=-35$。

34. B【解析】在长期中所有的成本都是可变的，因此不存在长期不变成本。

35. D【解析】等成本线的斜率等于两种生产要素价格之比的负值。

二、多项选择题

1. AB【解析】企业的生产成本可以分为显性成本和隐性成本两个部分。

2. ABD【解析】企业所追求的最大利润，指的就是最大的经济利润。

3. ABC【解析】等成本线的斜率为$-\frac{w}{r}$，即为两种生产要素价格之比的负值。

4. CD【解析】E_3点与E_1点在投入要素数量上有差别，都是最好的，没有优劣。

5. ABCD【解析】厂商的短期成本有以下七种：总不变成本、总可变成本、总成本、平均不变成本、平均可变成本、平均总成本和边际成本。它们的英文缩写顺次为：TFC、TVC、TC、AFC、AVC、AC 和 MC。

6. AD【解析】原材料与燃料动力属于总可变成本。

7. BCD【解析】TVC 曲线为 TC 曲线向下平移 TFC 个单位得到。

8. ACD【解析】TVC 为向右上倾斜的曲线，而 AVC 曲线为先下降后上升的曲线，二者不具有共同趋势。

9. ABC【解析】由于边际报酬递减规律作用下 MC 曲线的先降后升的特征，TVC 曲线的斜率也由递减变为递增。

10. ABD【解析】a 点的 AVC 值大于 c 点的 AVC 值，由斜率可以判断。

11. AC【解析】从$MC=w\cdot\frac{1}{MP_L}$中可以看出，边际成本 MC 和边际产量 MP_L 两者的变动方向是相反的。

12. ABC【解析】MP_L 曲线与 AP_L 曲线交于 AP_L 曲线的最高点。

13. BCD【解析】规模经济和规模不经济都是由厂商变动自己的企业生产规模引起的。

14. ABD【解析】每一条最优生产规模的 SAC 曲线和 LAC 曲线有且仅有一个交点。

15. BCD【解析】在产量的某一变化范围内，只要边际成本曲线位于平均成本曲线的上方，平均成本曲线一定向上倾斜。

三、判断题

1. 错【解析】在企业的现实经营活动中，显性成本总是被计入会计成本，隐性成本却往往被忽视而未计入成本。如此按照会计成本所计算出的利润便被不恰当地扩大了。

2. 错【解析】由于正常利润属于成本，因此，经济利润中不包含正常利润。

3. 错【解析】厂商仍获得全部的正常利润，同时强调，西方经济学中并无非正常利润这一概念。

4. 对【解析】由于给定成本和要素价格，便有一条等成本线与其相对应，所以，任何关于成本和要素价格的变动，都会使等成本线发生变化。

5. 错【解析】图 5-6 描述的是厂商产量最大化的过程。

6. 错【解析】扩展线是厂商在长期扩张或收缩生产时所必须遵循的最优路径，即最优选择在扩展线之上。

7. 错【解析】扩展线是厂商在长期扩张或收缩生产时所必须遵循的最优路径。

8. 错【解析】在每一个产量水平上的边际成本 MC 值就是相应的总成本 TC 曲线的斜率。

9. 对【解析】边际报酬递减规律是短期生产的一条基本规律，因此，它也决定了短期成本曲线的特征。

10. 错【解析】平均可变成本与边际成本相交于U形边际成本曲线的上升段。

11. 错【解析】平均成本与边际成本相交于U形边际成本曲线的上升段。

12. 错【解析】不管是下降还是上升，边际成本曲线的变动都快于平均成本曲线。

13. 错【解析】由于AFC不是一个恒定的常数，因此AVC曲线与AC曲线只是趋势相似而不是完全一致。

14. 对【解析】因为ATC（Q）$=\frac{\text{TFC}(Q)}{Q}$，所以，任何产量水平上的AFC值都可以由连接原点和TFC曲线上相应点的线段的斜率给出。

15. 错【解析】短期生产的边际成本等于劳动这种生产要素的价格与劳动的边际产量的倒数的乘积。

16. 错【解析】平均可变成本为12/4=3。

17. 错【解析】平均可变成本AVC和平均产量AP_L两者的变动方向是相反的。

18. 错【解析】长期平均成本曲线为U形，其下降阶段对应规模经济阶段。

19. 错【解析】规模经济和规模不经济都是由厂商变动自己的企业生产规模引起的。所以，也被称作内在经济和内在不经济。

20. 错【解析】每一条SAC曲线与LAC曲线的交点处切线的斜率都相等，但只有一条为0，即在LAC曲线最低处与SAC曲线相切的那一条。

21. 对【解析】根据边际量和平均量之间的关系可得出该结论。

22. 错【解析】假如增加1单位产量所增加的成本小于增加前的平均成本，那么在产量增加后平均成本将上升。

23. 错【解析】已知产量为8单位时，平均成本为10元，则总成本为80元。当产量增加到9单位时，平均成本为11元，则总成本为99元。增加1单位产品，成本增加99−80=19元。此时的边际成本应该为19元。

24. 错【解析】TVC（Q）$=0.04Q^3-0.8Q^2+10Q$，AVC（Q）$=0.04Q^2-0.8Q+10$，令 $\text{AVC}'=0.08Q-0.8=0$，得 $Q=10$。又因为 $\text{AVC}''=0.08>0$，所以当 $Q=10$ 时，$\text{AVC}_{\min}=6$。

25. 对【解析】在这一水平上，SAC曲线与LAC曲线相切（否则平均成本不是最低）。如果LAC在上升，则LAC曲线与各SAC曲线相切之点必然位于SAC曲线最低点的右边和上面，而SMC曲线和SAC曲线相交时，SAC最低。在此交点的右边，SMC必然大于SAC。

26. 对【解析】长期平均成本曲线在最低点交长期边际成本曲线于长期边际成本曲线的上升阶段。

27. 对【解析】由于边际产量递减规律的作用，边际技术替代率必然递减。

28. 错【解析】A的价格下降很大程度上导致A的使用量增加。

29. 对【解析】边际技术替代率递减造成这一现象。

四、名词解释

1. 机会成本：是指生产者所放弃的使用相同的生产要素在其他生产用途中所能获

得的最高收入。

2. 显性成本：是指厂商在生产要素市场上购买或租用他人所拥有的生产要素的实际支出。

3. 隐性成本：是指当厂商利用自己所拥有的生产要素进行生产时，事实上就放弃了使用相同的生产要素在其他生产用途中所获得的收入，这便是厂商从事当前生产的代价，即机会成本，而且其总额应该等于相同生产要素在其他生产用途中所能获得的最高收入。

4. 经济利润：企业所有的显性成本和隐性成本之和构成总成本。企业的经济利润是指企业的总收益和总成本之间的差额，简称企业的利润。企业所追求的最大利润，指的就是最大的经济利润。经济利润也被称为超额利润。

5. 正常利润：通常是指厂商对自己所提供的企业家才能的报酬支付。正常利润是厂商生产成本的一部分，它是以隐性成本计入成本的。

6. 等成本线：是指在既定的成本和生产要素价格条件下，生产者可以购买到的两种生产要素的各种不同数量组合的轨迹。

7. 扩展线：在生产要素的价格、生产技术和其他条件不变时，如果企业改变成本，等成本线就会发生平移；如果企业改变产量，等产量曲线就会发生平移。这些不同的等产量曲线将与不同的等成本线相切，形成一系列不同的生产均衡点。这些生产均衡点的轨迹就是扩展线。

8. 长期总成本（LTC）：是指厂商在长期中每一个产量水平上通过选择最优的生产规模所能达到的最低总成本。

9. 干中学：是指工人、工程技术人员和生产管理者等从经验中获得生产技能与知识，从而降低长期生产成本。

10. 总不变成本（TFC）：是指厂商在短期内为生产一定数量的产品对不变生产要素所支付的总成本。

11. 总可变成本（TVC）：是指厂商在短期内为生产一定数量的产品对可变生产要素所支付的总成本。

12. 总成本（TC）：是指厂商在短期内为生产一定数量的产品对全部生产要素所支付的总成本。

13. 平均不变成本（AFC）：是指厂商在短期内平均生产 1 单位产品所支付的不变成本。

14. 平均可变成本（AVC）：是指厂商在短期内平均生产 1 单位产品所支付的可变成本。

15. 平均总成本（AC）：是指厂商在短期内平均生产 1 单位产品所支付的全部成本。它等于平均不变成本和平均可变成本之和。

16. 边际成本（MC）：是指厂商在短期内增加 1 单位产量时所增加的总成本。

五、简答题

1. 如答图 5-1 所示，可说明成本最小化和产量最大化之间的对偶关系。在生产技术和要素价格不变的前提下，先考虑成本最小化问题：令约束条件产量 Q 给定(以等产

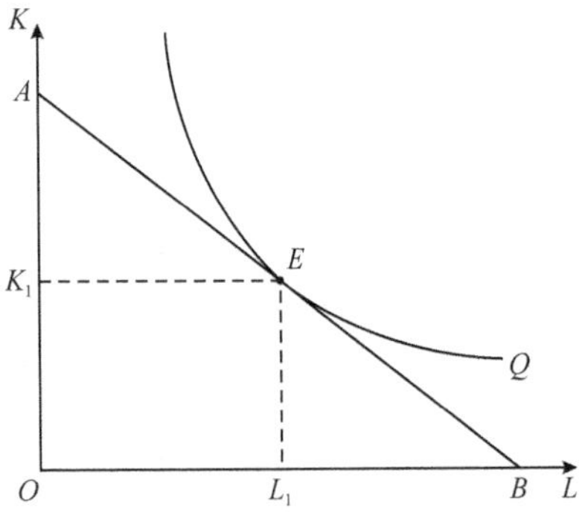

答图 5-1

量曲线 Q 表示），则 E 点是实现最小成本的均衡点，相应的劳动和资本投入量分别为 L_1 和 K_1，生产产量 Q 的最小成本由等成本线 AB 表示。再考虑产量最大化问题：令约束条件成本给定，且令给定的约束成本值就是前面实现的最小成本，即等成本线 AB 所表示的成本，于是，可以看到图中的 E 点还是实现最大产量的均衡点，相应的劳动和资本投入量仍然分别为 L_1 和 K_1，实现的最大产量则由等产量曲线 Q 表示。所以，成本最小化和产量最大化之间的对偶关系还可以进一步理解为：在其他条件不变的前提下，如果以其中任何一个问题所实现的最小成本或最大产量作为另一个问题的约束条件，那么，这两个问题的最优要素组合是相同的，或者说，这两个问题的均衡点 E 的位置是相同的。

2. 长期总成本曲线是无数条短期总成本曲线的包络线。在长期的每一个产量水平，LTC 曲线都与一条代表最优生产规模的 STC 曲线相切，这说明在切点上这两条曲线的斜率是相等的。由于 LTC 曲线的斜率是相应的 LMC 值（因为 $\mathrm{LMC}=\dfrac{\mathrm{dLTC}}{\mathrm{d}Q}$），STC 曲线的斜率是相应的 SMC 值（因为 $\mathrm{SMC}=\dfrac{\mathrm{dSTC}}{\mathrm{d}Q}$），因此可以推知，在长期内的每一个产量水平上，LMC 值都与代表最优生产规模的 SMC 值相等。根据这种关系，便可以由 SMC 曲线推导 LMC 曲线。

3. 如答图 5-2 所示，假设长期中只有三种可供选择的生产规模，分别由图中的三条 STC 曲线表示。生产规模由小到大依次为 STC_1、STC_2、STC_3。现在假定生产 Q_2 的产量。长期中所有的要素都可以调整，因此厂商可以通过对要素的调整选择最优的生产规模，以最低的总成本生产每一产量水平。在 d、b、e 三点中 b 点代表的成本水平最低，所以长期中厂商在 STC_2 曲线所代表的生产规模生产 Q_2 产量，b 点在 LTC 曲线上。这里 b 点是 LTC 曲线与 STC 曲线的切点，代表着生产 Q_2 产量的最优规模和最低成本。

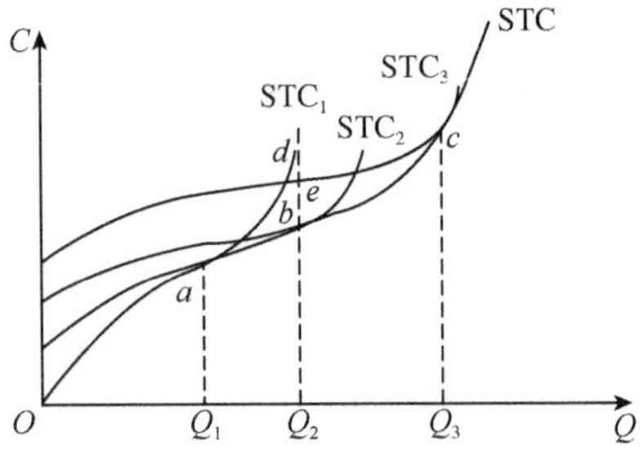

答图 5-2

通过对每一产量水平进行相同的分析，可以找出长期中厂商在每一产量水平上的最优生产规模和最低长期总成本，也就是可以找出无数个类似的 b 点（如 a 点、c 点），连接这些点即可得到长期总成本曲线。长期总成本曲线是无数条短期总成本曲线的包络线。

长期总成本曲线的经济含义为：它表示长期内厂商在每一产量水平上由最优生产规模所带来的最小的生产总成本。

4. 如答图 5-3 所示，假设可供厂商选择的生产规模只有三种：SAC_1、SAC_2、SAC_3，规模由大到小依次为 SAC_3、SAC_2、SAC_1。假定厂商生产 Q_1 的产量水平，厂商选择 SAC_1

曲线进行生产。因此此时的成本 OC_1 是生产 Q_1 产量的最低成本。如果生产 Q_2 产量，可供厂商选择的生产规模是 SAC_1 和 SAC_2，因为 SAC_2 的成本较低，所以厂商会选择 SAC_2 曲线进行生产，其成本为 OC_2。如果生产 Q_3，则厂商会选择 SAC_3 曲线所代表的生产规模进行生产。

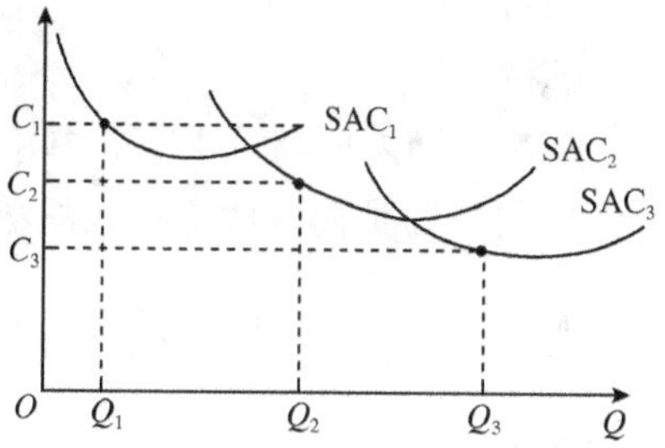

答图 5-3

在理论分析中，常假定存在无数个可供厂商选择的生产规模，从而有无数条 SAC 曲线，于是便得到图中的长期平均成本曲线，LAC 曲线是无数条 SAC 曲线的包络线。

LAC 曲线的经济含义为：它表示厂商在长期内每一产量水平上，通过选择最优生产规模所实现的最小的平均成本。

六、计算题

1.

答表 5-1

产量 Q	TFC	TVC	TC	MC	AFC	AVC	ATC
1	100	50	150	—	100	50	150
2	100	80	180	30	50	40	90
3	100	120	220	40	100 / 3	40	220 / 3
4	100	170	270	50	25	42.5	67.5
5	100	250	350	80	20	50	70

2.（1）在长期内，厂商的价格应不低于长期平均成本的最低点。

根据 $\mathrm{LTC}=\frac{2}{3}Q^3-16Q^2+180Q$，得

$$\mathrm{LAC}=\mathrm{LTC}/Q=\frac{2}{3}Q^2-16Q+180$$

$$\mathrm{LMC}=\frac{\mathrm{dLTC}}{\mathrm{d}Q}=2Q^2-32Q+180$$

当 LAC 与 LMC 相交时，LAC 最低，即 LAC=LMC

$$\frac{2}{3}Q^2-16Q+180=2Q^2-32Q+180$$

解得 $$Q=12$$

那么 $$\mathrm{LAC}=84\text{ 元}$$

即 84 元为预期的最低价格。

（2）因为 $\mathrm{TC}=2Q^3-24Q^2+120Q+400$，与问题（1）同理，可求得 AVC 曲线最低点的产量 $Q=6$，最低 AVC 为 48 元。因此，厂商经营所要求的最低价格应为 48 元。

（3）当 $P=120$ 时，根据 $P=\mathrm{SMC}$ 的原则可知

$$120=6Q^2-48Q+120$$

解得

$$Q=8$$

即在短期内厂商可生产 8 单位产品。

3.（1）短期内，固定投入的数量为 $K=100$，所以厂商的生产函数为：$q=20\sqrt{L}$。所以厂商的短期内总成本为 STC（q）$=100+\left(\dfrac{q}{20}\right)^2\times4=100+\dfrac{q^2}{100}$，相应的短期平均成本为

$$\text{SAC}(q)=\frac{100}{q}+\frac{q}{100}$$

（2）短期边际成本为 SMC（q）$=\dfrac{q}{50}$，由此可知，当厂商的产量分别为 25 个、50 个、100 个、200 个时，短期总成本分别为 106.25 元、125 元、200 元、500 元，短期边际成本分别为 0.5、1、2、4，短期平均成本分别为 4.25 元、2.5 元、2 元、2.5 元。

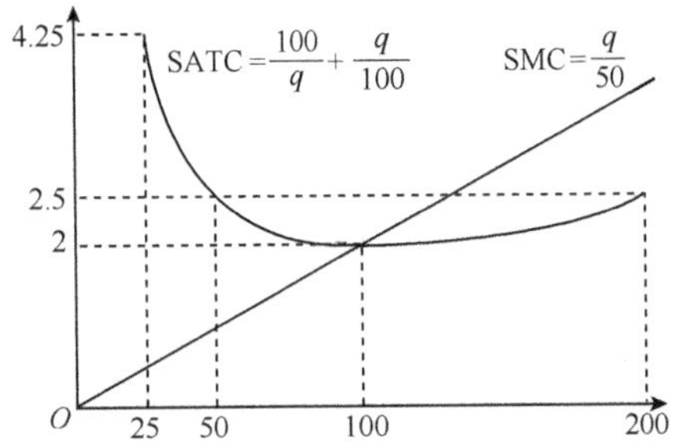

答图 5-4

（3）如答图 5-4 所示。

（4）SMC 曲线与 SATC 曲线相交于 SATC 曲线的最低处。当多生产 1 单位产品的成本的增加低于平均成本时，平均成本下降；当多生产 1 单位的产品的成本的增加高于平均成本时，平均成本上升。因此，当多生产 1 单位的产品的成本等于平均成本时，平均成本最低。

4.（1）短期内生产资料的数量固定，所以由厂商的生产函数解得 $L=\dfrac{q^2}{4K}$，于是短期总成本函数为

$$\text{STC}(v,\ w,\ q,\ \bar{K})=vK+wL=v\bar{K}+w\frac{q^2}{4K}$$

（2）厂商的长期成本最小化问题可以表述为

$$K=\frac{q}{2}\sqrt{\frac{w}{v}} \qquad ①$$

（3）把式①代入短期总成本函数的表达式中，就得到了长期总成本函数

$$\text{LTC}(v,\ w,\ q)=\frac{q}{2}(wv)^{\frac{1}{2}}+\frac{q}{2}(wv)^{\frac{1}{2}}$$

（4）当 $w=4$ 美元，$v=1$ 美元时，长期总成本函数为 LTC$=2q$。而当 $\bar{K}=100$ 时，短期总成本函数为 STC$=100+\dfrac{q^2}{100}$。

①由 LTC（q）$=$STC（q）解得 $q=100$，这说明长期总成本曲线和短期总成本曲线只有唯一的交点。

②当 $q=100$ 时，LMC＝SMC＝2，所以长期总成本曲线和短期总成本曲线的交点也是它们唯一的切点。

③对任意 $q\geqslant 0$，LMC≤SMC，这说明短期总成本曲线总位于长期总成本曲线之上。

以上三条结论对 $\bar{K}=200$ 和 $\bar{K}=400$ 也成立，这就说明长期总成本曲线是短期总成本曲线的包络线，如答图 5-5 所示。

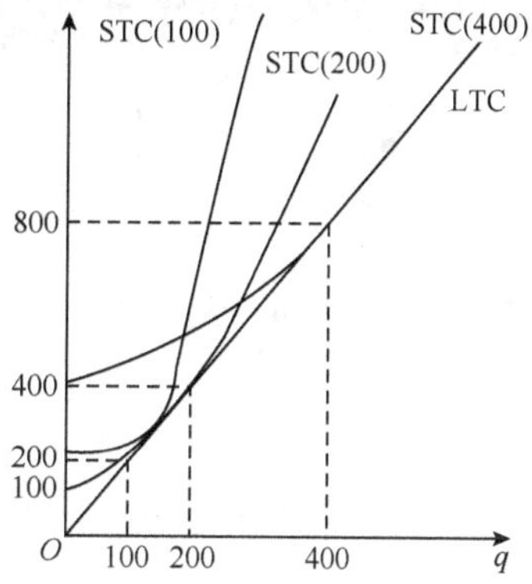

答图 5-5

5.(1)由生产函数 $y=AL^{\alpha}K^{\beta}$ 可知 $MP_L=A_{\alpha}L^{\alpha-1}K^{\beta}$，$MP_K=A_{\beta}L^{\alpha}K^{\beta-1}$，把它们代入生产者利润最大化的必要条件 $\frac{MP_L}{R_L}=\frac{MP_K}{R_K}$ 就有

$$L=\frac{\alpha R_K}{\beta R_L}K$$

此即为厂商的生产要素最优投入比例。

（2）由 $K=1$ 得 $y=AL^{\alpha}$，即 $L=\left(\frac{y}{A}\right)^{\frac{1}{\alpha}}$，所以短期成本函数为

$$C=R_L\cdot L+R_K\cdot K=\frac{\alpha+\beta}{\beta}\cdot R_K\cdot K \quad ①$$

（3）将 $L=\frac{\alpha R_K}{\beta R_L}K$ 代入生产函数中解得 $K=A^{-\frac{1}{\alpha+\beta}}\left(\frac{\beta R_L}{\alpha R_K}\right)^{\frac{\alpha}{\alpha+\beta}}y_y^{\frac{1}{\alpha+\beta}}$，再将此式代入式①中即有

$$C=\frac{\alpha+\beta}{\beta}\cdot R_K\cdot A^{-\frac{1}{\alpha+\beta}}\left(\frac{\beta R_L}{\alpha R_K}\right)^{\frac{\alpha}{\alpha+\beta}}y_y^{\frac{1}{\alpha+\beta}}$$

这正是厂商的长期成本函数。

6.（1）因为 $P_A=1$ 元，$P_B=9$ 元，$P_C=8$ 元，则 LTC＝$A+9B+8C$，从而厂商的长期成本最小化为

$$\min_{A,\ B,\ C}\ \text{LTC}=A+9B+8C$$

$$s.t.Q=\alpha A^{0.5}B^{0.5}C^{0.25}$$

相应的拉格朗日函数为

$$X=A+9B+8C+\lambda(Q-\alpha A^{0.5}B^{0.5}C^{0.25})$$

上式分别对 A、B、C 及 λ 求偏导，得

$$\frac{\alpha X}{\alpha A}=1-0.5\alpha\lambda B^{0.5}C^{0.25}A^{-0.5}=0\Rightarrow\lambda\frac{2}{\alpha B^{0.5}C^{0.25}A^{-0.5}} \quad ①$$

$$\frac{\alpha X}{\alpha B}=9-0.5\alpha\lambda A^{0.5}C^{0.25}B^{-0.5}=0\Rightarrow\lambda=\frac{18}{\alpha A^{0.5}C^{0.25}B^{-0.5}} \quad ②$$

$$\frac{\alpha X}{\alpha C}=8-0.25\alpha\lambda A^{0.5}B^{0.5}C^{-0.75}=0\Rightarrow\lambda=\frac{32}{\alpha A^{0.5}B^{0.5}C^{-0.75}} \quad ③$$

$$\frac{\alpha X}{\alpha\lambda}=Q-\alpha A^{0.5}B^{0.5}C^{0.25}=0$$

联立式①、式②、式③得

$$\lambda=\frac{2}{\alpha B^{0.5}C^{0.25}A^{-0.5}}=\frac{18}{\alpha A^{0.5}C^{0.25}B^{-0.5}}=\frac{32}{\alpha A^{0.5}B^{0.5}C^{-0.75}}$$

解得

$$B=A/9 \quad C=A/16 \tag{4}$$

把 B 和 C 的表达式代入式④，解得

$$A=\left(\frac{6Q}{\alpha}\right)^{\frac{4}{5}} \tag{5}$$

将式⑤代入成本方程，得

$$\text{LTC}=A+9B+8C=A+A+\frac{A}{2}=\frac{5}{2}\left(\frac{6Q}{\alpha}\right)^{\frac{4}{5}}$$

这就是说，长期总成本函数为

$$\text{LTC}=\frac{5}{2}\left(\frac{6Q}{\alpha}\right)^{\frac{4}{5}}$$

长期平均成本函数为

$$\text{LAC}=\frac{\text{LTC}}{Q}=\frac{5}{2}\left(\frac{6}{\alpha}\right)^{\frac{4}{5}}Q^{\frac{1}{5}}$$

长期边际成本函数为

$$\text{LMC}=\frac{\text{dLTC}}{\text{d}Q}=\frac{\text{d}}{\text{d}Q}\left[\frac{5}{2}\left(\frac{6Q}{\alpha}\right)^{\frac{4}{5}}\right]=\frac{5}{2}\cdot\left(\frac{6}{\alpha}\right)^{\frac{4}{5}}\cdot\frac{4}{5}\cdot Q^{\frac{-1}{5}}=2\left(\frac{6}{\alpha}\right)^{\frac{4}{5}}Q^{-\frac{1}{5}}$$

（2）在短期中，C 为固定要素，A、B 为可变要素，则 $\text{FC}=P_C\cdot\overline{C}=8\overline{C}$ ； $\text{VC}=P_A\cdot A+P_B\cdot B=A+9B$ 。由成本最小化的必要条件 $\frac{\text{MP}_A}{P_A}=\frac{\text{MP}_B}{P_B}$ 得

$$\frac{0.5\alpha A^{0.5}B^{0.5}\overline{C}^{0.25}}{1}=\frac{0.5\alpha A^{0.5}B^{-0.5}\overline{C}^{0.25}}{9}$$

从而求得 $B=A/9$，代入生产函数得

$$Q=\alpha A^{0.5}B^{0.5}C^{0.25}=\alpha A^{0.25}\left(\frac{A}{9}\right)^{0.5}=\frac{\alpha}{3}\overline{C}^{0.25}A$$

即

$$A=\frac{3Q}{\alpha}\overline{C}^{-0.25} \tag{6}$$

将式⑥代入成本方程，得 $C=\text{FC}+\text{VC}=8\overline{C}+A+9B=8\overline{C}+2A$

$$8\overline{C}+2\cdot\frac{3Q}{\alpha}\overline{C}^{-0.25}=8\overline{C}+\frac{6Q^{-0.25}}{\alpha}$$

即短期总成本函数为

$$\mathrm{STC}=8\overline{C}+\frac{6Q}{\alpha}\overline{C}^{-0.25}$$

短期平均成本函数为

$$\mathrm{SAC}=\frac{\mathrm{STC}}{Q}=\frac{8\overline{C}}{Q}+\frac{6}{\alpha}\overline{C}^{-0.25}$$

短期平均可变成本函数为

$$\mathrm{AVC}=\frac{\mathrm{VC}}{Q}=\frac{6}{\alpha}\overline{C}^{-0.25}$$

短期边际成本函数为

$$\mathrm{SMC}=\frac{\mathrm{dSTC}}{\mathrm{d}Q}=\frac{6}{\alpha}\overline{C}^{-0.25}$$

7. 假定：在完全竞争条件下，企业的生产函数为 $Q=f(L, K)$，既定的商品价格为 P，既定的劳动价格和既定的资本价格分别为 w 和 r，π 表示利润。由于厂商的利润等于总收益减去总成本，于是，厂商的利润函数为

$$\pi(L, K)=P\cdot f(L, K)-(wL+rK)。$$

式中，$P\cdot f(L, K)$ 为总收益；$(wL+rK)$ 为总成本。利润最大化的一阶条件为

$$\begin{cases}\dfrac{\partial\pi}{\partial L}=P\dfrac{\partial f}{\partial L}-w=0\\[2ex]\dfrac{\partial\pi}{\partial K}=P\dfrac{\partial f}{\partial K}-r=0\end{cases}\qquad①$$

根据式①，可以整理得到

$$\frac{\dfrac{\partial f}{\partial L}}{\dfrac{\partial f}{\partial K}}=\frac{\mathrm{MP}_L}{\mathrm{MP}_K}=\frac{w}{r}$$

上式与扩展线对应的均衡条件，亦即成本最小化和产量最大化的均衡条件是相同的。这说明，追求利润最大化的厂商是可以实现扩展线这一长期生产的最优路径的。

七、论述题

1. 短期平均成本（SAC）曲线之所以一般呈 U 形，即最初递减然后转入递增，是因为产量达到一定数量前每增加 1 单位的可变要素所增加的产量超过先前每单位可变要素的平均产量，这表现为平均可变成本随产量的增加而递减；而当产量达到一定数量后，随着投入的可变要素的增多，每增加 1 单位可变要素所增加的产量小于先前的可变要素的平均产量，即 SAC 曲线自此开始转入递增阶段。

长期平均成本（LAC）曲线之所以一般呈 U 形，是因为随着产量的扩大，使用的厂房设备的规模增大，因而产品的生产经历规模报酬递增的阶段，这表现为产品的单位

成本随产量增加而递减；长期平均成本经历一段递减阶段后，最好的资本设备和专业化的利益已全被利用，这时可能进入报酬不变阶段，即平均成本固定不变阶段；而由于企业的管理这个要素不能像其他要素那样增加，因而随着企业规模的扩大，管理的难度加大，管理成本递增，再增加产量，长期平均成本最终转入递增。如答图 5-6 所示。

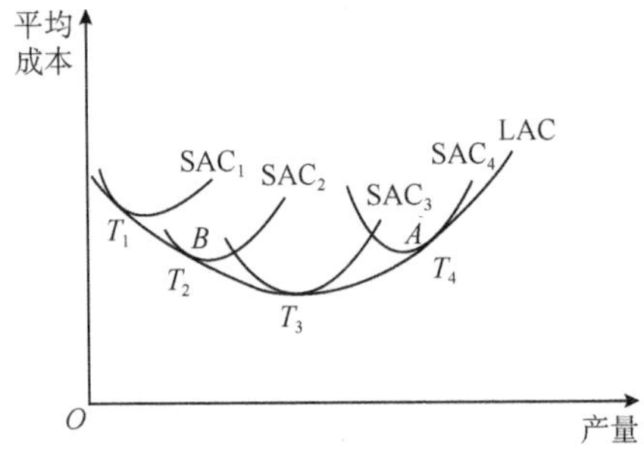

答图 5-6

作为包络线的 LAC 曲线上的每一点总是与某一特定的 SAC 曲线的切点，但 LAC 曲线并非全是由各条 SAC 曲线之最低点构成的。事实上，在整个 LAC 曲线上，只有一点才是某一特定的 SAC 曲线的最低点。如答图 5-6 所示。

（1）只有 LAC 曲线本身的最低点（LAC 曲线从递减转入递增之转折点）T_3 与相应的 SAC 曲线相切之点才是 SAC 曲线之最低点，因 T_3 点是 U 形的 LAC 曲线之最低点，故过 T_3 点作 LAC 曲线的切线的斜率为 0，故 T_3 也是 U 形的 SAC_3 曲线的最低点。

（2）当 LAC 曲线处于递减阶段时，即 T_3 的左边部分，LAC 曲线与各 SAC 曲线相切之点必然位于各 SAC 曲线最低点的左边和上面，或者说，有关 SAC 曲线之最低点必然位于切点右边和下面。LAC 曲线与 SAC_2 曲线切于 T_2 点，因 T_2 点位于 SAC_2 曲线之最低点 B 的左边，即该产品的生产处于规模报酬递增（平均成本递减）阶段，因而 LAC 曲线在 T_2 点的切线的斜率是负数，故 SAC_2 曲线在 T_2 点的斜率也是负数，所以位于 T_3 点（LAC 之最低点）左边的 LAC 曲线上的各个点都不是有关各 SAC 曲线之最低点。

（3）当 LAC 曲线处于递增阶段时，即 T_3 的右边部分，LAC 曲线与各 SAC 曲线相切之点必然位于各 SAC 曲线最低点的右边和上面，或者说，有关 SAC 曲线之最低点必然位于切点之左边和下面。位于 T_3 右边的 LAC 曲线与 SAC_4 曲线切于 T_4 点，因处于规模报酬递减（平均成本递增）阶段，故 LAC 曲线在 T_4 点的切线的斜率为正，SAC_4 曲线在 T_4 点的切线的斜率也是正数，由此可知 T_4 点不是 SAC_4 曲线的最低点。

综上所述，由无数短期平均成本曲线推导出来的长期平均成本曲线必有且只有一点，使长期平均成本和最低短期平均成本相等。

2.（1）规模经济是指由于生产规模扩大而导致长期平均成本下降的情况。产生规模经济的主要原因是劳动分工与专业化，以及技术因素。企业规模扩大后使得劳动分工更细，专业化程度更高，这将大大提高劳动生产率，降低企业的长期平均成本。技术因素是指规模扩大后可以使生产要素得到充分的利用。

（2）规模报酬是指企业的生产规模变化与所引起的产量变化之间的关系。企业只有在长期内才可以变动全部生产要素，进而变动生产规模，因此，企业的规模报酬分析属于长期生产理论问题。在生产理论中，通常是以全部的生产要素都按相同的比例发生变化来定义企业的生产规模的变化。相应地，规模报酬变化是指在其他条件不变的情况下，企业内部各种生产要素按相同比例变化时所带来的产量变化。企业的规模报酬变化可以分为规模报酬递增、规模报酬不变和规模报酬递减三种情况：①规模报酬递增是指产量增加的比例大于各种生产要素增加的比例。例如，当全部的生产要素（劳动和资本）都增加100%时，产量的增加大于100%。产生规模报酬递增的主要原因是企业生产规模扩大所带来的生产效率的提高。②规模报酬不变是指产量增加的比例等于各种生产要素增加的比例。例如，当生产要素（劳动和资本）都增加100%时，产量也增加100%。③规模报酬递减是指产量增加的比例小于各种生产要素增加的比例。例如，当全部的生产要素（劳动和资本）都增加100%时，产量的增加小于100%。产生规模报酬递减的主要原因是企业生产规模过大，使得生产的各个方面难以得到协调，从而降低了生产效率。

一般说来，企业规模报酬的变化呈现出如下的规律：当企业从最初的很小的生产规模开始逐步扩大的时候，企业面临的是规模报酬递增的阶段。在企业得到由生产规模扩大所带来的产量递增的全部好处之后，一般会继续扩大生产规模，将生产保持在规模报酬不变的阶段。这个阶段有可能比较长。在这个阶段之后，企业若继续扩大生产规模，就会进入一个规模报酬递减的阶段。

（3）长期中，当产出水平变化时，企业改变投入比例是有利的。规模经济是指企业可以以低于双倍的成本获得双倍的产出。相应地，当双倍的产出需要双倍以上的投入时，就存在着规模不经济。规模经济包括规模报酬递增的特殊情形，只是它更为普遍，因为它使企业能够在其改变生产水平时改变要素组合。

八、案例分析

案例一：

假定某次航班的总收益是6万元，开这次航班的实际支出为4.3万元，分摊成本为3.6万元，即总成本为7.9万元。显然，总成本7.9万元大于总收益6万元，该次航班是亏损的。但是，由于总收益6万元大于实际支出成本即总可变成本4.3万元，所以，即便在淡季此次航班是亏损的，仍应该继续飞行。我们知道，短期生产成本分为可变成本和固定成本。就任何一次航班而言，其可变成本是指由此次航班飞行所实际产生的成本。或者说，如果取消此次航班，这笔成本支出就不会发生。它主要包括此次航班所用的燃油料的成本、为乘客提供食品和饮料的成本等支出，这类实际发生的成本产生于此次航班飞行，它甚至与飞行的里程数、乘客的数量等有关。而航空公司在一定时期内的飞机数量、相关设备的数量、飞行员的数量等是既定的，而且不管是否有此次航班，航空公司对购买飞机和相关设备的成本都已经支付，对飞行员的工资成本等也都必须照样支付，这部分成本就是固定成本。在此例中，虽然此次航班在淡季是亏损的，但是它的总收益大于总可变成本，即通常所说的毛利为1.7万元（6－4.3），这就可以用来弥补总是存在的固定成本的一部分，所以，就应该继续开飞此次航班。相反，如果在这种情况下取消此次航班，当然就不会有收益，也不必支出可变成本，但是，对既有的固定成本却没有任何补偿。所以，在淡季亏损的状态下，只要总收益大于总可变成本，就应该继续开飞，其经济利益好于取消此次航班。当然，如果此次航班的总收益小于总可变成本，那就应该取消此次航班。因为，在这种情况下，总收益连总可变成本都无法弥补，就更谈不上对固定成本的弥补了，由此可见，对总收益和总可变成本的比较，是航空公司经营管理层决定在淡季亏损的航班是否继续飞行的一个基本原则。

案例二：

第一，采购平台省去传统供货渠道的层层中间商，从供应链上游直接供货，从而为餐饮企业节省了大笔的采购成本。采购平台还为餐饮企业省去在传统采购模式中所消耗的大量人力、物力和财力。

第二，采购平台聚集了大量的餐饮商家，大规模的食材和设备采购数量，使得餐饮商家能够获得较低的采购价格，致使成本下降。而且，采购平台上供货商之间的市场竞争也将有利于餐饮商家的成本下降。

第三，采购平台可以在规模意义上有效地使用物流服务，从采购运输的角度为餐饮企业节省成本。

第四，采购平台模式引入了银行和供应链金融公司，为采购平台交易活动提供有效便捷的金融服务。这有利于 B2B 交易双方合理控制资金周转期，保持现金流量的适度规模及其稳定性，从而提高资金利用效率，降低资金使用成本。

第五，采购平台有能力去处理传统行业解决不了的庞大数据、信息处理问题，为餐饮企业提供关于供应商的全面信息和行业信息，在较大程度上克服了传统模式的信息不对称、行业信息闭塞、市场信息不透明等问题。从信息收集、处理和使用的角度，为餐饮企业节约大量成本。

第六，食品安全是对我国餐饮业的一个冲击。采购环节对食品安全尤为重要。原本一家餐饮企业需要配置一定数量的人力进行采购和监督，现在由一个统一的采购平台来帮所有企业寻找、筛选供应商并监督食品安全，可以帮助企业节约食品安全的监督成本，而且还能较好地避免由于商品安全问题可能导致的巨大经济损失。众美联在前期招募 7000 多家食品供应商，最后被选择进入平台的不到 1/3。

2014 年底我国餐饮业由买方商家联合发起成立的网上众美联商城，是我国互联网 B2B 食品类采购平台的又一个具有相当规模的新商城。相信它将和其他的 B2B 食品与食品设备采购平台一起在不断完善自身的过程中，有力地促进我国餐饮业的成本节约与全面发展。

案例三：

“张老板去年盈利 120 万元”的说法是错误的。我们知道，企业的利润，即经济利润＝总收益–总成本，而总成本既含显性成本，还含隐性成本。所以，正确的计算应该是在会计利润中再继续扣除隐性成本，即张老板去年的经济利润＝120－180＝－60 万元。就是说，张老板去年不是盈利的，而是亏损 60 万元!

为什么张老板去年不是盈利而是亏损呢？这要从机会成本的角度来理解。当张老板将自己所拥有的全部资源投入自己的服装店时，他便失去了运用相同的资源在其他两种场合所可能得到的收入，这就是张老板亲自经营服装店的代价即机会成本，显然这种机会成本应该得到补偿，此机会成本亦被称为隐性成本。而且，机会成本的度量总是以生产者所失去的相同资源在其他场合所能获得的最高收入为标准，因为唯有如此，才能使得经济资源能够被使用并被保持使用在效率最高的场合。正鉴于此，在计算张老板去年的经济利润时，首先要确认应该从会计利润中再扣除隐性成本，然后再确认此隐性成本应该以张老板在其他场合所失去的最高收入为标准。于是，张老板去年的经济利润＝

120－180＝－60 万元，而不是 120－150＝－30 万元，更不是所谓的盈利 120 万元。

此外，更直观地讲，既然张老板把所拥有的资源投入他人的商店，他人需向张老板支付工资、利息和店铺租金收入，那么，张老板把相同的资源投在自己的服装店时，自然就应该自己向自己支付工资、利息和店铺租金收入，这就是隐性成本支出。否则，张老板对自己资源的使用是没有得到应有的补偿的。

我们可以发现，在现实经济活动中，一些小生产者，尤其个体生产者，从来不向自己支付本该得到的工资、利息和店铺租金收入。由于这些生产者在账目中缺少这一部分的成本支出项目，以至于他们有时在亏损的状态下还自以为是盈利的。这不仅损害生产者本人的经济利益，而且也不利于经济资源的有效配置。事实上，在案例中张老板的最优选择应该是放弃自己经营服装店，把他所拥有的资源投入王老板的商店，即为王老板管理商店，并把资金和店铺租借给王老板使用，由此获得 180 万元的年收入。

第六章参考答案及解析

一、单项选择题

1. D【解析】在经济分析中，根据不同的市场结构的特征，将市场划分为完全竞争市场、垄断竞争市场、寡头市场和垄断市场四种类型。

2. A【解析】市场上厂商的数目是决定市场类型划分的主要因素之一。

3. B【解析】完全竞争市场必须具备以下四个条件：第一，市场上有大量的买者和卖者。第二，市场上每一个厂商提供的商品都是完全同质的。第三，所有的资源具有完全的流动性。第四，信息是完全的。因此，从本题给的行业来看，只有大米市场较为符合。

4. C【解析】在完全竞争市场条件下厂商是既定市场价格的接受者。

5. A【解析】如答图 6-1 所示。在完全竞争市场上，由于厂商是既定市场价格的接受者，所以，完全竞争厂商的需求曲线是一条由既定市场价格水平出发的水平线。

6. A【解析】如答图 6-2 所示，完全竞争厂商的一条短期生产的边际成本 SMC 曲线和一条由既定价格水平 P_0 出发的水平的需求曲线 d，这两条线相交于 E 点。E 点就是厂商实现最大利润的生产均衡点，相应的产量 Q^* 就是厂商实现最大利润时的均衡产量。而在 E 点处有 SMC＝MR。

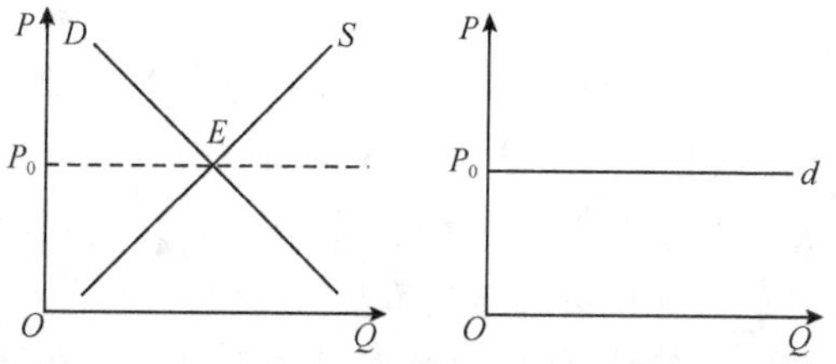

(a) 完全竞争市场 (b) 完全竞争厂商

答图 6-1

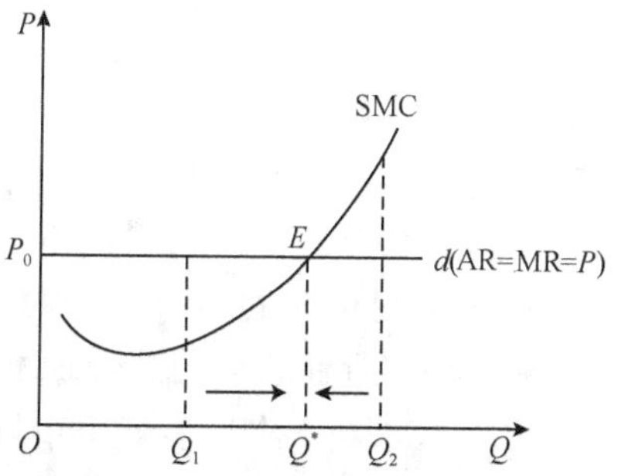

答图 6-2

7. D【解析】厂商在 MR＝MC 时达到均衡，继续生产则 MC＞MR，利润减少；若在成本线以下，则 MR＝MC 使得厂商的亏损最小。

8. B【解析】厂商的平均收益 AR 等于平均可变成本 AVC 时，厂商可以继续生产也可以停止生产。如果厂商选择继续生产，其全部收益只能弥补全部的可变成本，不变成本得不到任何的弥补；如果厂商不生产，虽然不必支付可变成本，但是不变成本仍然存在。这一均衡点被称作停止营业点或关闭点。

9. A【解析】厂商的短期供给曲线应该用 SMC 曲线大于和等于 AVC 曲线最低点（停止营业点）的部分来表示。

10. A【解析】完全竞争行业达到均衡时，每个企业都获得了正常利润，同时其经济利润为 0，也不会再有厂商进出该行业。

11. C【解析】完全竞争行业中的厂商都为价格的接受者，它们根据市场的供求变化来改变自己的产量。

12. A【解析】完全竞争市场中的单个企业获得最大利润的条件是边际成本等于商品价格，即 P＝MC，且单个企业的生产停止点为边际成本曲线与平均收益曲线的交点，即 P＝MR＝AR＝MC＝AVC，所以商品价格大于最低平均可变成本厂商才会选择继续生产。

13. A【解析】成本不变行业是这样一种行业：该行业的产量变化所引起的生产要素需求的变化不对生产要素的价格产生影响。这可能是因为这个行业对生产要素的需求量，只占生产要素市场需求量的很小一部分。在这种情况下，行业的长期供给曲线是一条水平线。

14. D【解析】在完全竞争市场，市场上有大量的买者和卖者，市场上每一个厂商提供的商品都是完全同质的，所有的资源具有完全的流动性，信息是完全的。因此厂商是既定价格的接受者。

15. C【解析】在完全竞争的市场条件下，如果产品价格的上升导致相应的要素价格下降，则该行业为成本递减行业。行业成本递减的原因是外在经济的作用。这可能主要是因为生产要素行业的产量的增加，使得行业内单个企业的生产效率提高，从而使得所生产出来的生产要素的价格下降。成本递减行业的长期供给曲线是向右下方倾斜的。

16. A【解析】完全竞争厂商短期均衡的条件是：MR＝MC，同时在完全竞争市场上厂商为价格的接受者，所以 P＝MR，在完全竞争市场上，厂商短期均衡的条件为：P＝MR＝MC。

17. A【解析】成本递增行业是这样一种行业：该行业产量增加所引起的生产要素需求的增加，会导致生产要素价格的上升。成本递增行业是较为普遍的情况，这是因为经济资源总是稀缺的，所以，对生产要素需求的增加，一般会使生产要素的价格上升。成本递增行业的长期供给曲线是一条向右上方倾斜的曲线。

18. C【解析】在完全竞争市场，P＝AR，而当厂商的平均收益 AR 等于平均可变成本 AVC，厂商可以继续生产，也可以不生产，也就是说，厂商生产或不生产的结果都是一样的。

19. A【解析】完全竞争厂商的平均收益AR曲线、边际收益MR曲线和需求曲线d三条线重叠，它们都用同一条由既定价格水平出发的水平线来表示。

20. C【解析】成本递减行业是这样一种行业：该行业产量增加所引起的生产要素需求的增加，反而使生产要素的价格下降。行业成本递减的原因是外在经济的作用。这可能主要是因为生产要素行业的产量的增加，使得行业内单个企业的生产效率提高，从而使得所生产出来的生产要素的价格下降。成本递减行业生产要素的数量和价格变化方向相反。

21. D【解析】在任何价格水平上，一个行业的供给量等于行业内所有厂商的供给量的总和，而完全竞争行业的短期供给曲线保持了完全竞争厂商的短期供给曲线的基本特征，即行业的短期供给曲线也是向右上方倾斜的，它表示市场的产品价格和市场的短期供给量呈同方向变动。而且，行业的短期供给曲线上与每一价格水平相对应的供给量都是可以使全体厂商在该价格水平获得最大利润或最小亏损的最优产量。

22. B【解析】当完全竞争行业实现长期均衡时，市场价格达到等于长期平均成本的最低点的水平，在这一价格水平，行业内的每个厂商既无利润，也不亏损，但都实现了正常利润。于是，厂商失去了进入或退出该行业的动力，行业内的每个厂商都实现了长期均衡。

23. C【解析】完全竞争厂商的总收益TR曲线是一条由原点出发的斜率不变的上升直线。其理由在于，在每一个销售量水平，MR值是TR曲线的斜率，且MR值等于固定不变的价格水平。

24. D【解析】完全竞争厂商的短期供给曲线是向右上方倾斜的。它表示了商品的价格和供给量之间同方向变化的关系。更重要的是，完全竞争厂商的短期供给曲线表示厂商在每一个价格水平的供给量都是能够给它带来最大利润或最小亏损的最优产量。

25. A【解析】当完全竞争市场厂商获得利润，便会吸引一部分厂商进入该行业的生产中来。随着行业内厂商数量的逐步增加，市场上的产品供给就会增加，市场价格就会逐步下降，相应地，单个厂商的利润就会逐步减少。只有当市场价格水平下降到使单个厂商的利润减少为0时，新厂商的进入才会停止。相反，当厂商是亏损的，这使得行业内原有厂商中的一部分退出该行业的生产。随着行业内厂商数量的逐步减少，市场的产品供给就会减少，市场价格就会逐步上升。相应地，单个厂商的亏损就会减少。只有当市场价格水平上升到使单个厂商的亏损消失即利润为0时，原有厂商的退出才会停止。最终，当实现长期均衡时，完全竞争市场中单个厂商的利润为0。

26. A【解析】完全竞争市场上有无数的买者和卖者，所以，相对于整个市场的总需求量和总供给量而言，每一个买者的需求量和每一个卖者的供给量都是微不足道的，都好比是一桶水中的一滴水。任何一个买者买与不买，或买多与买少，以及任何一个卖者卖与不卖，或卖多与卖少，都不会对市场的价格水平产生任何影响。于是，在这样的市场中，每一个消费者和每一个厂商对市场价格没有任何的控制力量，他们每一个人都只能被动地接受既定的市场价格，他们被称为价格接受者。

27. D【解析】销售税的福利效应有三个方面：首先，销售税导致商品价格上升；其次，销售税是由消费者和生产者共同承担的；最后，销售税最终导致市场福利的减少。

28. D【解析】对于完全竞争市场中的企业来说，其总收益等于价格乘以销售量即 $TR=P\cdot Q$，且 TR 随产出增加以既定的绝对量增加，曲线是一条发自原点具有正斜率的直线。

29. A【解析】完全竞争与垄断竞争的一个主要区别为，在垄断竞争市场企业生产有差别的同种产品，而在完全竞争市场上每一个厂商提供的商品都是完全同质的。

30. D【解析】当一个完全竞争行业实现长期均衡时，没有任何企业进入或退出该行业，行业内每个企业的利润都为 0，以及行业内的每个企业都实现了长期均衡。

31. D【解析】完全竞争行业实现长期均衡时，市场价格达到等于长期平均成本的最低点的水平，在这一价格水平，行业内的每个厂商既无利润，也不亏损，但都实现了正常利润。于是，厂商失去了进入或退出该行业的动力，行业内的每个厂商都实现了长期均衡。

32. C【解析】完全竞争市场条件下，企业长期中的利润最大化实际上就是超额利润为 0。

33. B【解析】在完全竞争市场上每一个厂商提供的商品都是完全同质的，因此，消费者对产品缺乏选择余地。

34. B【解析】完全竞争企业具有两个最突出的特点：第一，市场上有大量的买者和卖者；第二，市场上每一个厂商提供的商品都是完全同质的。

35. D【解析】边际收益 MR 等于边际成本 MC 是厂商实现利润最大化的均衡条件，当 MR>MC 时，厂商应该减少产量，从而增加利润。

36. D【解析】完全竞争市场在实现长期均衡时：在长期，厂商通过对最优生产规模的选择，使自己的状况得到改善，从而获得比在短期内所能获得的更大的利润；且完全竞争厂商的长期均衡出现在 LAC 曲线的最低点。这时，生产的平均成本降到长期平均成本的最低点。商品的价格也等于最低的长期平均成本，消费者支付的价格最低，并且获得了最大效用；市场均衡数量既等于市场上所有消费者的需求量，又等于市场上所有企业的供给量。

37. D【解析】厂商的短期供给曲线应该用 SMC 曲线上大于和等于 AVC 曲线最低点的部分来表示，即用 SMC 曲线大于和等于停止营业点的部分来表示。由于边际报酬递减规律，随着产量的增加边际成本也增加，故 SMC 曲线向右上方倾斜，企业的短期供给曲线也向右上方倾斜。

38. D【解析】厂商的平均收益 AR 小于平均成本 SAC 且大于平均可变成本 AVC，厂商会选择继续生产从而弥补不变成本，当厂商的平均收益 AR 等于平均可变成本 AVC，厂商可以继续生产，也可以不生产，厂商生产或不生产的结果都是一样的。当厂商的平均收益 AR 小于平均可变成本 AVC 时，厂商停止生产。

39. C【解析】完全竞争厂商的平均收益 AR 曲线、边际收益 MR 曲线和需求曲线 d 三条线重叠，它们都用同一条由既定价格水平出发的水平线来表示。

40. C【解析】完全竞争厂商的长期均衡出现在 LAC 曲线的最低点。这时，生产的平均成本降到长期平均成本的最低点。商品的价格也等于最低的长期平均成本。

41. C【解析】完全竞争厂商的需求曲线是一条由既定市场价格水平出发的水平线，

所以完全竞争企业的需求曲线将随着市场价格的变化而发生垂直位移。

42. D【解析】如答图 6-3 所示，厂商的需求曲线 d 相切于 SAC 曲线的最低点，这一点是 SAC 曲线和 SMC 曲线的交点。这一点恰好也是 MR＝SMC 的利润最大化的均衡点 E。在均衡产量 Q^* 上，平均收益等于平均成本，都为 EQ^*，厂商的利润为 0，但厂商的正常利润实现了。由于在这一均衡点 E 上，厂商既无利润，也无亏损，所以，该均衡点也被称为厂商的收支相抵点。

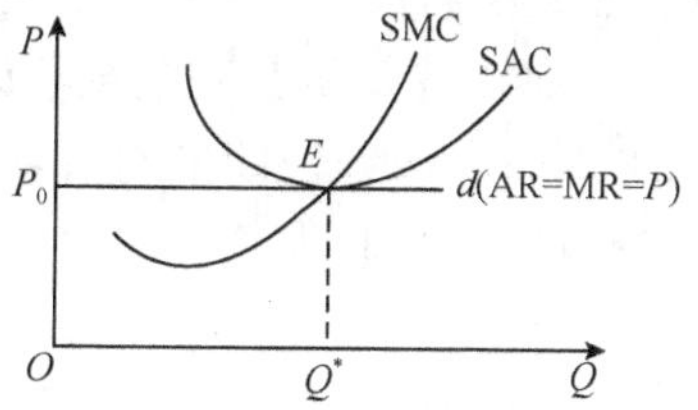

答图 6-3

43. A【解析】完全竞争厂商的长期均衡出现在 LAC 曲线的最低点。这时，生产的平均成本降到长期平均成本的最低点。商品的价格也等于最低的长期平均成本。当完全竞争厂商实现长期均衡时，行业内的每个厂商既无利润，也不亏损，但都实现了正常利润。

44. D【解析】在完全竞争市场中厂商进入或退出一个行业是完全自由和毫无困难的。

45. C【解析】在完全竞争市场上，由于厂商是既定市场价格的接受者，所以完全竞争的企业不能控制价格。

二、多项选择题

1. ABCD【解析】在经济分析中，根据不同的市场结构的特征，将市场划分为完全竞争市场、垄断竞争市场、寡头市场和垄断市场四种类型。

2. ABC【解析】完全竞争厂商的平均收益 AR 曲线、边际收益 MR 曲线和需求曲线 d 三条线重叠，它们都用同一条由既定价格水平出发的水平线表示；平均收益还等于总收益与销售量的比值。

3. AB【解析】当边际成本小于平均成本时，平均成本处于下降阶段，当边际成本大于平均成本时，平均成本处于上升阶段，因为边际量与平均量之间的关系就是边际量拉动平均量。

4. ABC【解析】短期边际成本（SMC）、短期平均成本（SAC）、短期总成本（STC）都属于短期成本，而机会成本没有长短期之分。

5. ACD【解析】长期平均成本曲线是短期平均成本曲线的包络线，它们之间的关系为“左切左，右切右，最低切最低”。长期是指厂商所有生产条件都可以改变的时期，而短期则是指至少有一个生产条件不能改变的时期，因此长期平均成本曲线都在各短期平均成本曲线的下方。

6. AB【解析】完全竞争行业厂商如果想获得经济利润，需要完全竞争行业厂商的边际收益大于平均成本，因为在完全竞争行业中 P＝MC，故厂商想获得经济利润需要 P＞AC，而 TR＞STC 时厂商可以获得经济利润。

7. AB【解析】完全竞争市场条件下，厂商实现长期均衡的条件是：MR＝LMC＝SMC＝LAC＝SAC，其中 MR＝AR＝P，此时，单个厂商的利润为 0。

8. ABC【解析】在经济学分析中，根据行业产量变化对生产要素价格所可能产生的影响，将完全竞争行业区分为成本不变行业、成本递增行业和成本递减行业。

9. AB【解析】消费税由生产者和消费者共同承担。

10. AB【解析】完全竞争厂商的长期均衡出现在 LAC 曲线的最低点。这时，生产的平均成本降到长期平均成本的最低点。商品的价格也等于最低的长期平均成本。完全竞争厂商的长期均衡条件为：MR＝LMC＝SMC＝LAC＝SAC，式中，MR＝AR＝P。此时，单个厂商的利润为 0。

11. ABCD【解析】在经济分析中，根据不同的市场结构的特征，将市场划分为完全竞争市场、垄断竞争市场、寡头市场和垄断市场四种类型。决定市场类型划分的主要因素有以下四个：第一，市场上厂商的数目；第二，厂商所生产的产品的差别程度；第三，单个厂商对市场价格的控制程度；第四，厂商进入或退出一个行业的难易程度。

12. ABCD【解析】完全竞争市场必须具备以下四个条件：第一，市场上有大量的买者和卖者；第二，市场上每一个厂商提供的商品都是完全同质的；第三，所有的资源具有完全的流动性；第四，信息是完全的。

13. AC【解析】在完全竞争市场价格给定的条件下，厂商在长期生产中对全部生产要素的调整可以表现为两个方面：一方面表现为对最优的生产规模的选择，另一方面表现为进入或退出一个行业的决策。

14. ABC【解析】在经济学分析中，根据行业产量变化对生产要素价格所可能产生的影响，将完全竞争行业区分为成本不变行业、成本递增行业和成本递减行业。

15. ABD【解析】完全竞争厂商短期均衡的条件是：MR＝MC，式中 MR＝AR＝P。在短期均衡时，厂商的利润可以大于 0，可以等于 0，也可以小于 0。

16. BC【解析】当厂商的平均收益 AR 等于平均可变成本 AVC，厂商可以继续生产，也可以不生产，也就是说，厂商生产或不生产的结果都是一样的。这是因为，如果厂商生产，则全部收益只能弥补全部的可变成本，不变成本得不到任何弥补。如果厂商不生产，厂商虽然不必支付可变成本，但是全部不变成本仍然存在。由于在这一均衡点上，厂商处于关闭企业的临界点，所以，该均衡点也被称作停止营业点或关闭点。

17. BD【解析】在完全竞争市场上，由于厂商是既定市场价格的接受者，所以，完全竞争厂商的需求曲线是一条由既定市场价格水平出发的水平线。水平的需求曲线意味着：厂商只能被动地接受给定的市场价格，且厂商既不会也没有必要去改变这一价格水平。在完全竞争市场中，单个消费者和单个厂商无力影响市场价格，他们中的每一个都是被动地接受既定的市场价格，但这些并不意味着完全竞争市场的价格是固定不变的。在其他一些因素的影响下，如消费者收入水平的普遍提高、先进技术的推广，或者政府有关政策的作用等，众多消费者的需求量和众多生产者的供给量发生变化时，供求曲线的位置就有可能发生移动，从而形成市场的新的均衡价格。

18. ABD【解析】成本递减行业的长期供给曲线是向右下方倾斜的。它表示：在长期，行业的产品价格和供给量成反方向的变动。市场需求的增加会引起行业长期均衡价格的反方向的变动，同时还会引起行业长期均衡产量的同方向的变动。

19. BC【解析】完全竞争厂商的长期均衡出现在 LAC 曲线的最低点。这时，生产的平均成本降到长期平均成本的最低点。商品的价格也等于最低的长期平均成本。完全竞争厂商的长期均衡条件为：MR＝LMC＝SMC＝LAC＝SAC 且 MR＝AR＝P。此时，单个厂商的利润为0。

20. AB【解析】厂商只有在 $P \geqslant$ AVC 时，才会进行生产，而在 $P<$ AVC 时，厂商会停止生产。

当厂商的平均收益 AR（AR＝P）等于平均可变成本 AVC，厂商可以继续生产，也可以不生产，也就是说，厂商生产或不生产的结果都是一样的。这是因为，如果厂商生产，则全部收益只能弥补全部的可变成本，不变成本得不到任何弥补。如果厂商不生产，厂商虽然不必支付可变成本，但是全部不变成本仍然存在。由于在这一均衡点上，厂商处于关闭企业的临界点，所以，该均衡点也被称作停止营业点或关闭点。

三、判断题

1. 对【解析】厂商利润最大化的条件是边际成本等于边际收益（MC＝MR），在完全竞争条件下，厂商长期均衡状态下经济利润为0。因此平均收益（等于边际收益）等于平均成本的最低值。

2. 错【解析】当总收益小于总成本（TR＜TC）时，企业就会发生亏损，但企业发生亏损不意味着停止生产：①当企业的亏损小于固定成本时，虽然企业产生亏损，但企业生产的收益不仅可以弥补可变成本，还可以弥补一部分固定成本，因此企业会继续生产；②当企业的亏损等于固定成本时，此时企业生产仅仅可以弥补可变成本，所以此时企业生产或不生产都一样，即企业处于生产停止点；③当企业的亏损大于固定成本时，即产品的价格小于平均可变成本（$P<$ AVC），此时企业生产不仅无法弥补固定成本，甚至连平均可变成本都无法弥补，因此，此时企业会停止生产。

3. 错【解析】厂商的短期供给曲线应该用 SMC 曲线上大于和等于 AVC 曲线最低点的部分来表示，即用 SMC 曲线大于和等于停止营业点的部分来表示。

4. 错【解析】完全竞争行业的长期供给曲线不一定是向右上方倾斜的曲线，根据行业成本递增、递减、不变，完全竞争行业的长期供给曲线可以分为向右上方倾斜、向右下方倾斜、水平三种不同的形式。

5. 错【解析】在完全竞争市场中，市场上有大量的买者和卖者，对于单个厂商而言，它们都是价格的接受者。因此单个厂商面临的需求曲线为水平的，而单个厂商的边际成本曲线为一条向右上方倾斜的曲线。

6. 错【解析】厂商处于停止营业点时，厂商每生产1单位商品刚好等于生产该单位商品的平均可变成本，即 P＝MR＝AR＝AVC，而不能弥补不变成本，因此在厂商处于停止营业点时，厂商进行生产亏损全部的不变成本。

7. 错【解析】在完全竞争市场中，单个消费者和单个厂商无力影响市场价格，他们中的每一个都是被动地接受既定的市场价格，但这些并不意味着完全竞争市场的价格是固定不变的。在其他一些因素的影响下，如消费者收入水平的普遍提高、先进技术的推广或者政府有关政策的作用等，众多消费者的需求量和众多生产者的供给量发生变化时，供求曲线的位置就有可能发生移动，从而形成市场的新的均衡价格。

8. 错【解析】在完全竞争市场上，市场价格完全由消费者对商品的边际偏好决定，消费者既不会多花一分钱，也不能少出一分钱。因此，不管政府对生产征税还是对销售征税，在完全竞争市场上，价格均不会变化，所有负担均落在生产者身上。

9. 错【解析】在完全竞争市场上，虽然长期均衡时利润为 0，但短期时利润不一定为 0，当利润为正时，对企业来说进入比不进入要好。

10. 对【解析】当边际成本小于边际收益时，生产者每多生产 1 单位产品其利润会增加，利润不可能达到最大，因此企业有动力继续生产；而当边际成本大于边际收益时，生产者少生产显然能够提高其利润，所以利润也不可能达到最大；只有边际成本等于边际收益时，厂商的利润才达到最大。

11. 错【解析】理论分析中所假设的完全竞争市场的条件是非常苛刻的。在现实经济生活中，真正符合完全竞争市场条件的市场是不存在的。通常只是将一些农产品市场，如大米市场、小麦市场等，看成是比较接近完全竞争市场的。既然在现实经济生活中并不存在完全竞争市场，为什么还要建立和研究完全竞争市场模型呢？西方经济学家认为，这是因为，从对完全竞争市场模型的分析中，可以得到关于市场机制及其配置资源的一些基本原理，而且，该模型也可以为其他类型市场的经济效率分析和评价提供一个参照对比。

12. 错【解析】在完全竞争市场，市场上每一个厂商提供的商品都是完全同质的。这里的商品同质指厂商之间提供的商品是完全无差别的，它不仅指商品的质量、规格、商标等完全相同，还包括购物环境、售后服务等方面也完全相同。这样一来，对于消费者来说，无法区分产品是由哪一家厂商生产的，或者说，购买任何一家厂商的产品都是一样的。在这种情况下，如果有一个厂商单独提价，那么，它的产品就会完全卖不出去。当然，单个厂商也没有必要单独降价。因为，在一般情况下，单个厂商总是可以按照既定的市场价格实现属于自己的那一份相对来说很小的销售份额。所以，厂商既不会单独提价，也不会单独降价。因此不存在低价买或高价卖的现象。

13. 错【解析】完全竞争厂商的需求曲线 d 是一条由既定价格水平出发的水平线，完全有弹性。

14. 错【解析】已知 $\mathrm{LTC}=Q^3-20Q^2+200Q$，则 $\mathrm{LAC}=Q^2-20Q+200$，且 $P=600$，故 LAC 最低点小于价格 P，所以没有处于长期均衡。

15. 错【解析】在完全竞争市场上，向右上方倾斜的行业长期供给曲线表示，对该行业产品的需求的变化，会引起行业长期均衡产量的同方向变动和行业产品长期均衡价格的同方向变动。

16. 对【解析】当价格大于或等于平均可变成本曲线的最低点时，完全竞争企业会继续生产，此时完全竞争企业短期利润最大化产量条件为：MR＝MC，其中 $\mathrm{MR}=\mathrm{AR}=P$。

17. 错【解析】在完全竞争市场上，每一个消费者和厂商对市场价格没有任何的控制力量，他们只能被动地接受既定的市场价格，他们被称为价格接受者。

18. 对【解析】在完全竞争市场上，每一个厂商提供的商品都是完全同质的，因此，每个企业生产的产品相互之间是高度替代的。

19. 错【解析】在长期，完全竞争厂商可以根据盈亏情况自由进出行业，行业内厂商的数量是不断变化的，所以，我们无法通过简单加总的方法来推导完全竞争行业的长期供给曲线。

20. 对【解析】在完全竞争市场实现长期均衡时，行业内的每个厂商既无利润，也不亏损，但都实现了正常利润。同时，消费者可以在商品价格最低点获得最大的生产者剩余，消费者和生产者都得到了最大满足。

21. 错【解析】支持价格又称最低限价，是指政府为保护某些行业而规定的某种产品的最低价格。

22. 对【解析】完全竞争市场实现长期均衡时，行业内的每个厂商既无利润，也不亏损，但都实现了正常利润。

23. 错【解析】完全竞争市场实现长期均衡时，企业获得正常利润。

24. 对【解析】完全竞争市场上每一个厂商提供的商品都是完全同质的，因此单个厂商没有必要单独降价。因为，在一般情况下，单个厂商总是可以按照既定的市场价格实现属于自己的那一份相对来说很小的销售份额。所以，厂商既不会单独提价，也不会单独降价。

25. 错【解析】完全竞争厂商与垄断厂商的基本差别是所生产的产品的差异程度和市场上厂商的数量。

26. 错【解析】当商品的价格大于停止营业点的成本时厂商会继续生产从而弥补总不变成本，当商品的价格小于停止营业点的成本时，该企业的理性决策便是停产。

27. 对【解析】在边际成本曲线最低点的左边，厂商还处于边际报酬递增，随着产量的增加边际成本递减，所以不可能在此时停止生产，而在边际成本曲线最低点的右边，此时厂商处于边际报酬递减阶段，企业的利润最大化产量一定位于边际成本曲线最低点的右边。

28. 对【解析】在完全竞争市场上，每一个厂商提供的商品都是完全同质的，因此不存在非价格竞争所带来的资源浪费。

29. 对【解析】完全竞争企业利润最大化的充要条件为 MR＝MC。

30. 对【解析】在完全竞争市场上，每一个厂商提供的商品都是完全同质的，而在垄断竞争市场，生产集团中有大量的企业生产有差别的同种产品，这是垄断竞争与完全竞争的关键差别。

31. 错【解析】无论怎样调整，完全竞争行业都在 MR＝MC 时均衡，故在多个企业共同调整的情况下，完全竞争企业的供给曲线依然等于其边际成本曲线。

32. 错【解析】当市场价格等于最低的短期平均可变成本时，完全竞争企业会存在亏损并退出该行业。

四、名词解释

1. 完全竞争市场：是指能够得到充分竞争的市场结构。完全竞争市场的条件是：①市场上有大量的买者和卖者，对于单个厂商和单个消费者而言，他们都是价格的接受者；②市场上每一个厂商提供的商品都是完全同质的，对于买者来说没有任何差别；③所有的资源具有完全的流动性，所有的生产要素都可以自由流动，进入或退出市场；

④信息是完全的，市场上所有的买者和卖者都可以获得充分的信息，双方不存在互相的欺骗。此外，还有完全竞争者都是具有理性的假设。现实中这种完全竞争市场很难存在，但是完全竞争市场的资源利用最优、经济效率最高，可以作为经济政策的理想目标。

2. 停止营业点：是指一个进行生产的企业，在生产过程中总有这样一点，当根据利润最大化确定的产量大于这一点所代表的产量时可以继续生产，小于该点所代表的产量时就应当停止生产，这一点就是该企业的停止营业点。一个进行生产的企业是否停止生产取决于停止生产与继续生产哪一种情况亏损更大；如果停止生产的亏损比继续生产的亏损更大则应该继续生产，相反，如果继续生产比停止生产的亏损更大则应关闭。因此，是否停止生产取决于生产时的亏损是否大于固定成本，若小于就可以继续生产，若大于就必须停止生产。如答图 6-4 所示，图中 E 点就是停止营业点。

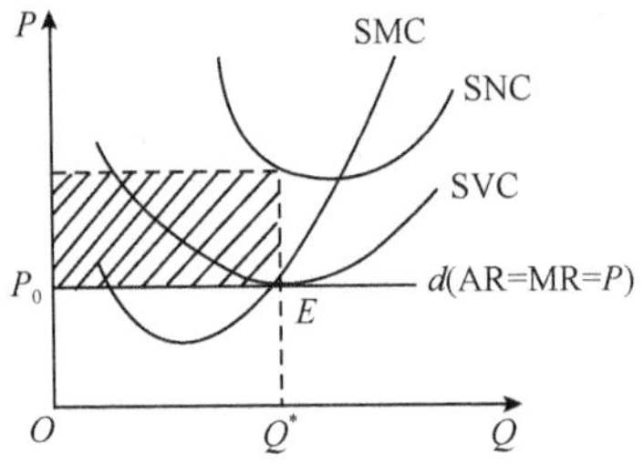

答图 6-4

3. 成本递减行业：是这样一种行业，该行业产量增加所引起的生产要素需求的增加，反而使生产要素的价格下降。行业成本递减的原因是外在经济的作用。其主要是因为生产要素行业的产量的增加，使得行业内单个企业的生产效率提高，从而使得所生产出来的生产要素的价格下降。成本递减行业的长期供给曲线是向右下方倾斜的。

4. 生产者剩余：是指厂商愿意接受的价格与商品实际出售的价格之间的差额。就单个生产者而言，生产者剩余是生产者所获得的价格超出边际成本的那一部分。而就整个市场来说，生产者剩余是供给曲线以上市场价格以下的那一部分。

5. 消费者统治：是指在一个经济社会中消费者在商品生产这一最基本的经济问题上所起的决定性的作用。这种作用表现为：消费者用货币购买商品是向商品投“货币选票”。“货币选票”的投向和数量，取决于消费者对不同商品的偏好程度，体现了消费者的经济利益和意愿。而生产者为了获得最大的利润，必须依据“货币选票”的情况来安排生产，决定生产什么、生产多少以及如何生产等。这说明，生产者是根据消费者的意志来组织生产、提供产品的。

6. 停业原则：是描述微观经济学中短期内厂商是否退出市场的一条原则，在厂商理论中，市场价格恰好可以弥补平均可变成本的点就是停业点。这时，企业营业的损失与停业关门的损失一样，恰好等于它的固定成本。停业原则是指：如果市场价格低于厂商的平均可变成本，则它应该退出市场，停止生产，这样可以产生较小的损失，即只亏损固定成本。

7. 竞争市场：是指存在产品竞争的市场结构，包括完全竞争市场和垄断竞争市场。完全竞争，又称纯粹竞争，是指不存在任何阻碍和干扰因素的市场情况，也没有任何垄断因素的市场结构。完全竞争市场需要具备以下四大条件：①市场上有大量的买者和卖者；②市场上每一个厂商提供的商品都是完全同质的；③所有的资源具有完全的流动性；④信息是完全的。

垄断竞争市场是既存在垄断、又存在竞争的市场结构，在这种市场中，有许多厂商生产和销售有差别的产品，垄断竞争市场的条件主要有以下三点：①生产集团中有大量的企业生产有差别的同种产品，这些产品彼此之间都是非常接近的替代品；②一个生产集团中的企业数量非常多；③厂商的生产规模比较小，因此，进入和退出一个生产集团比较容易。

8. 成本不变行业：是这样一种行业，该行业的产量变化所引起的生产要素需求的变化不对生产要素的价格产生影响。

因为成本不变行业的长期平均成本是不变的，所以其长期供给曲线是一条水平线。水平的供给曲线表示：成本不变行业是在不变的均衡价格水平提供产量，该均衡价格水平等于厂商的不变的长期平均成本的最低点。市场需求变化会引起行业长期均衡产量的同方向的变化，但长期均衡价格不会发生变化。

9. 成本递增行业：是这样一种行业，该行业产量增加所引起的生产要素需求的增加，会导致生产要素价格的上升。

成本递增行业的长期供给曲线是一条向右上方倾斜的曲线，原因在于成本递增行业的长期平均成本是递增的。向右上方倾斜的供给曲线表示：在长期，行业的产品价格和供给量呈同方向变动。市场需求的变动不仅会引起行业长期均衡价格的同方向的变动，还同时引起行业长期均衡产量的同方向的变动。成本递增行业是比较普遍的现象，所以一般而言，行业的长期平均成本曲线是向右上方倾斜的。

五、简答题

1. 如答图 6-5 所示。完全竞争厂商的短期均衡条件 MR＝SMC，即在每一个给定的价格水平 P，完全竞争厂商应该选择最优的产量 Q，使得 P＝MC（Q）成立，从而实现最大的利润。这意味着在价格 P 和厂商的最优产量 Q（厂商愿意而且能够提供的产量）之间存在着一一对应的关系，而厂商的 SMC 曲线恰好准确地表明了这种商品的价格和厂商的短期供给量之间的关系。当市场价格分别为 P_1、P_2、P_3 和 P_4 时，厂商根据 MR＝SMC（P＝SMC）的原则，选择的最优产量顺次为 Q_1、Q_2、Q_3 和 Q_4。SMC 曲线上的 E_1、E_2、E_3 和 E_4 点明确地表示了这些不同的价格水平与相应的不同的最优产量之间的对应关系。但必须注意到，厂商只有在 P≥AVC 时，才会进行生产，而在 P＜AVC 时，厂商会停止生产。所以，厂商的短期供给曲线应该用 SMC 曲线上大于和等于 AVC 曲线最低点的部分来表示，即用 SMC 曲线大于和等于停止营业点的部分来表示。完全竞争厂商的短期供给曲线是向右上方倾斜的。它表示了商品的价格和供给量之间同方向变化的关系。

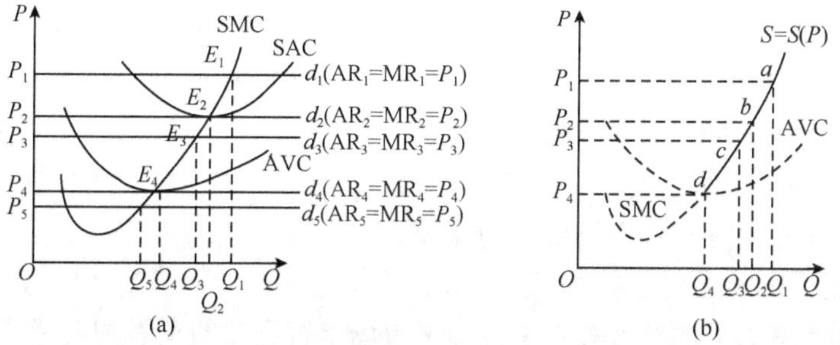

答图 6-5

完全竞争厂商的短期供给曲线表示厂商在每一个价格水平的供给量都是能够给它带来最大利润或最小亏损的最优产量。

2. 在完全竞争行业，厂商的短期供给曲线由边际成本曲线 MC 与平均可变成本曲线 AVC 交点处上方的那部分 MC 曲线表示。厂商的短期供给曲线表示的是，在不同的销售价格水平上厂商愿意并且能够销售和生产的产量。根据 P=MC 原则，供给曲线在此表达的其实就是在不同的边际成本水平上厂商愿意生产并出售的商品量。由于 AVC 曲线以上的那段 MC 曲线是向右上方倾斜的，因此厂商的短期供给曲线是向右上方倾斜的。而行业的短期供给曲线是由该行业内所有厂商的短期供给曲线水平加总得到的，因而也是一条向右上方倾斜的曲线。

3. 首先，销售税导致商品价格上升，从而使得消费者对商品的需求量减少，进而使得生产者的供给量也随之减少，在图 6-6 中表现为，销售税使得商品价格由 P^*上升到 P_d，消费者的需求量和生产者的供给量都由 Q^*减少到 Q_1。需要注意的是，商品价格上升的幅度小于单位商品的从量税额，即（P_d-P^*）$<t$。这就是说，尽管单位商品的从量税额为 t，但商品价格的上涨幅度并不等于 t，事实上，其上升的幅度通常是小于 t 的。

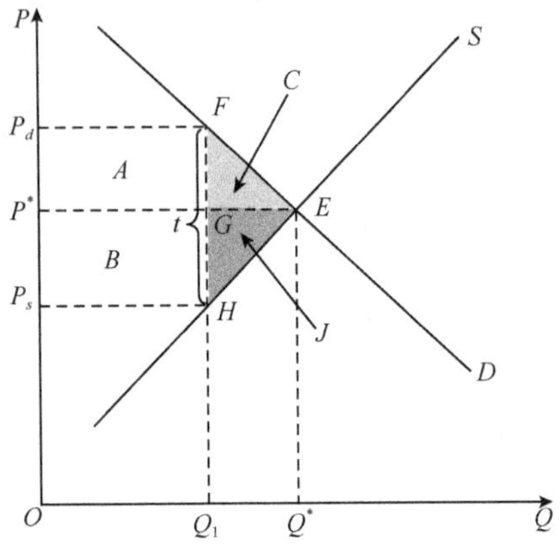

答图 6-6

其次，销售税是由消费者和生产者共同承担的。由答图 6-6 可见，由于征收从量税，消费者支付的商品价格由 P^*上升到 P_d，多支付的部分相当于 FG，就是消费者承担的单位商品的税收额；生产者得到的净价格由 P^*减少为 P_s，减少的部分相当于 GH，就是生产者承担的单位商品的税收额；两者之和就是单位商品的税额，即 $FG+GH=t$。

最后，在以上分析的基础上，我们进一步分析销售税的福利效应。由于销售税导致的价格上升，以及需求量和供给量的减少，消费者和生产者的剩余都减少：消费者剩余的损失为矩形面积 A 加三角形面积 C，即 $-A-C$；生产者剩余的损失为矩形面积 B 加三角形面积 J，即 $-B-J$。政府由于销售税增加了财政收入，其获得的销售税总额等于单位商品的从量税额乘以销售量，即 $(P_d-P_s)\cdot Q_1=t\cdot Q_1$，等于图中两个矩形面积 $A+B$。考虑到政府的税收收入通常用于社会公众项目的支出，可视为社会福利，于是，从市场整体的角度看，福利变化量–消费者剩余的变化量＋生产者剩余的变化量＋政府的销售税收入 $=(-A-C)+(-B-J)+(A+B)=-C-J$。具体地看，在消费者剩余的损失（$-A-C$）和生产者剩余的损失（$-B-J$）中，$-A-B$ 转化为政府收入 $A+B$，而余下的剩余损失 $-C-J$ 则是无谓损失。

所以，销售税最终导致市场福利的减少。

4. 完全竞争市场必须具备以下四个条件。

（1）市场上有大量的买者和卖者。由于市场上有无数的买者和卖者，所以，相对于整个市场的总需求量和总供给量而言，每一个买者的需求量和每一个卖者的供给量都是微不足道的，都好比是一桶水中的一滴水。任何一个买者买与不买，或买多与买少，以及任何一个卖者卖与不卖，或卖多与卖少，都不会对市场的价格水平产生任何的影响。于是，在这样的市场中，每一个消费者和厂商对市场价格没有任何的控制力量，他们只能被动地接受既定的市场价格，他们被称为价格接受者。

（2）市场上每一个厂商提供的商品都是完全同质的。这里的商品同质指厂商之间提供的商品是完全无差别的，它不仅指商品的质量、规格、商标等完全相同，还包括购物环境、售后服务等方面也完全相同。这样一来，对于消费者来说，无法区分产品是由哪一家厂商生产的，或者说，购买任何一家厂商的产品都是一样的。在这种情况下，如果有一个厂商单独提价，那么，它的产品就会完全卖不出去。当然，单个厂商没有必要单独降价。因为，在一般情况下，单个厂商总是可以按照既定的市场价格实现属于自己的那一份相对来说很小的销售份额。所以，厂商既不会单独提价，也不会单独降价。可见，完全竞争市场的第二个条件，进一步强化了在完全竞争市场上每一个买者和卖者都是既定市场价格的被动接受者的说法。

（3）所有的资源具有完全的流动性。这意味着厂商进入或退出一个行业是完全自由和毫无困难的。所有资源可以在各厂商之间和各行业之间完全自由地流动，不存在任何障碍。这样，任何一种资源都可以及时地投向能获得更大利润的生产，并及时地从亏损的生产中退出。在这样的过程中，缺乏效率的企业将被市场淘汰，取而代之的是具有效率的企业。

（4）信息是完全的。市场上的每一个买者和卖者都掌握与自己的经济决策有关的一切信息。这样，每一个消费者和厂商都可以根据自己所掌握的完全信息，做出自己的最优经济决策，从而获得最大的经济利益。而且，由于每一个买者和卖者都知道既定的市场价格，都按照这一既定的市场价格进行交易，这也就排除了由于信息不通畅而可能导致的一个市场同时按照不同的价格进行交易的情况。

5. 在完全竞争市场上，厂商面临的需求曲线是一条由既定的市场均衡价格水平出发的水平线。该曲线表示：完全竞争厂商只是价格的接收者。在完全竞争市场上，厂商是价格的接受者，这是由完全竞争市场的条件所决定的。

（1）完全竞争市场存在大量的买者和卖者，这就使单个厂商的行为无法影响到其他微观主体的行为，单个厂商的定价不会影响整个市场的定价。

（2）产品的同质性说明厂商的价格必须和市场相一致，如果厂商的价格高于市场价格，则其销售量为 0，而由于单个厂商的生产无法影响整个市场需求和供给，因此厂商生产的产品都能够以市场价格销售出去，且利润为 0。

综上所述，在完全竞争市场上，厂商是一个价格接受者，对价格没有制定权。

6. 完全竞争市场是一个非个性化的市场。因为，市场中的每一个买者和卖者都是市场价格的被动接受者，而且，他们中的任何一个成员都既不会、也没有必要去改变市场价格；每个厂商生产的产品都是完全相同的，毫无自身的特点；所有的资源都可以完全自由地流动，不存在同种资源之间的报酬差距；市场上的信息是完全的，任何一个交易者都不具备信息优势。因此，完全竞争市场中不存在交易者的个性。所有的消费者都是相同的，都是无足轻重的，相互之间意识不到竞争；所有的生产者也都是相同的，也都是无足轻重的，相互之间也意识不到竞争。因此，我们说，完全竞争市场中不存在现实经济生活中的那种真正意义上的竞争。

六、计算题

1. 在完全竞争行业，已知长期总成本函数 LTC，可求出长期平均成本函数 LAC（Q）＝LTC（Q）/Q＝Q^2－16Q＋80，长期平均成本最小化的一阶条件为：2Q－16＝0，解得 Q＝8。

又由于 d^2LAC（Q）/dQ^2＝2＞0，所以 Q＝8 是长期平均成本最小化的解。把 Q＝8 代入长期平均成本 LAC（Q）得长期平均成本最小值为 128。

dLAC（Q）/dQ＝0，完全竞争行业长期均衡时的价格等于企业的最小成本，因此该行业长期均衡价格为 128。

2.（1）完全竞争行业达到长期均衡时，厂商的经济利润为 0，同时厂商的长期平均成本最低。可表示为：P＝LAC_{min}。

由于总成本函数中包含固定成本，因此该总成本函数为短期总成本函数；而在长期，由于固定成本为 0，所以其长期总成本函数应为：LTC＝q^3－20q^2＋100q。

根据长期总成本函数与长期平均成本函数间的关系，可以得到长期平均成本函数 LAC＝LTC/q＝q^2－20q＋100。长期平均成本函数最小化一阶条件 dLAC/dq＝2q－20＝0。解得 q＝10，代入长期平均成本函数可以得到长期平均成本最小值为：LAC_{min}＝10^2－20×10＋100＝0，因此该行业的长期均衡价格为 0。

（2）把均衡价格代入市场需求函数，可以得到市场的均衡数量为：Q＝2500－3×0＝2500，因此，长期均衡时该行业厂商数量为 2500/10＝250 个。

3. 该企业的边际成本为：MC＝30Q^2－30Q＋360。企业达到利润最大化可得 p＝MC，所以 3Q^2－30Q＋360＝960，解得 Q_e＝20。平均成本函数为 AC＝TC/Q＝Q^2－15Q＋360。当 Q_e＝20 时，AC＝460 元。

利润最大化产量 Q_e＝20，总收益 TR＝pQ_e＝960×20＝19 200 元，总成本 TC＝AC×Q_e＝460×20＝9200 元，所以企业总利润为：π＝TR－TC＝19 200－9200＝10 000 元。

七、论述题

1.（1）完全竞争，又称纯粹竞争，指不存在任何阻碍和干扰因素的市场情况，即没有任何垄断因素的市场结构。完全竞争市场具有以下几个特点：市场上有大量的买者和卖者；市场上每一个厂商提供的商品都是完全同质的；所有的资源具有完全的流动性；信息是完全的。

（2）不能认为完全竞争市场在现实中很难存在就没有实际意义，实际上对于完全竞争市场的研究具有重要的理论意义与实际意义。

①完全竞争市场为经济学比较分析实际部门的特征提供了标准，这一理论分析模式说明了非完全竞争市场中各个变量之间的关系，为认识实际情况提供了极其有用的基本思想、理论和分析工具。

②完全竞争市场为比较市场效率提供了一个标准。在完全竞争市场中，商品价格

等于生产商品的最低平均成本和边际成本，因而消费者只需支付最低价格；在长期中不存在经济利润，所有厂商都运营于平均成本最低点，资源得到最充分配置，即资源配置最优化和净社会福利最大化。完全竞争市场结果为比较其他类型的市场提供了标准，可以衡量其他类型市场的效率。

（3）根据完全竞争市场必须满足的假设条件可以获得一些有关这种市场的需求和价格决定等方面非常有意义的信息。如果上述条件都得到满足，那么必然产生的结果是：市场价格完全由整个行业的供求关系（市场机制）决定，但对个别的市场参与者来说，可能的价格只有一个，那就是市场价格。

正是因为完全竞争重要的理论意义和实际意义，经济学家分析市场时首先从完全竞争市场开始。

2. 在完全竞争厂商的长期生产中，所有的生产要素都是可变的，厂商是通过对全部生产要素的调整，来实现 MR＝LMC 的利润最大化的均衡原则。在完全竞争市场价格给定的条件下，厂商在长期生产中对全部生产要素的调整可以表现为两个方面：一方面表现为对最优的生产规模的选择，另一方面表现为进入或退出一个行业的决策。

长期均衡的条件为：LMC＝SMC＝MR＝AR＝P＝LAC＝SAC。

（1）在长期生产中厂商进入或退出一个行业对长期均衡的影响。

在长期生产过程中，如果行业内单个厂商可以获得利润，则新的厂商就会进入该行业中来。而随着新厂商的进入，该行业厂商数目就会增加，从而该行业产品的供给就会增多，产品的价格就会下降，直到该行业内所有厂商的利润为0为止。相反，如果该行业内单个厂商出现亏损，则该行业就会有一部分厂商退出，从而整个行业的供给就会减少，产品的市场价格就会上涨，直到单个厂商的亏损消失为止。行业中每一个厂商都处于既无利润、又无亏损的状态，行业内厂商进入或退出就停止了，完全竞争厂商就达到一种长期均衡的状态。

（2）生产规模的调整与行业内厂商数目的调整达到长期均衡。

长期内市场的商品价格会随着行业内厂商数目的变化所引起的行业供给的变化而变化。因而单个厂商在每一个变化的价格水平上调整生产规模，从而满足 MR＝LMC 的均衡条件。在调整过程中，单个厂商最终将生产规模调整到与利润为 0 的长期均衡所要求的产量相适应的最优生产规模水平。

3.（1）完全竞争条件下，商品的短期供给曲线与厂商的成本曲线的关系。

在完全竞争市场上，厂商的短期供给曲线可以用短期边际成本 SMC 曲线来表示，具体说明如下。

对完全竞争厂商来说，有 P＝MR，所以，完全竞争厂商的短期均衡条件 MP＝MC 又可以写成 P＝MC（Q），即对应每一个给定的价格水平 P，完全竞争厂商应该选择最优的产量 Q，使得 P＝MC（Q）成立，从而实现最大利润。这意味着在价格 P 和厂商的最优产量 Q 之间存在着一一对应的关系，而厂商的 SMC 曲线恰好准确地表明这种商品的价格和厂商的短期供给量之间的关系。必须注意到，厂商只有在 $P \geq$ AVC 时才会进行生产，而在 $P <$ AVC 时，厂商会停止生产。所以，厂商的短期供给曲线应该用 SMC 曲线大于和等于 AVC 曲线最低点的部分来表示。

（2）完全竞争条件下，商品的长期供给曲线与厂商的成本曲线之间的关系。

在完全竞争市场中，市场长期供给曲线可以分为成本不变行业的长期供给曲线、成本递增行业的长期供给曲线、成本递减行业的长期供给曲线。

①成本不变行业的长期供给曲线。成本不变行业的长期供给曲线LS是一条水平线。它表示：成本不变行业是在不变的均衡价格水平下提供产量，该均衡价格水平等于厂商的不变的长期平均成本的最低点。市场需求变化会引起行业长期均衡产量的同方向变化，但长期均衡价格不会发生变化。

②成本递增行业的长期供给曲线。成本递增行业的长期供给曲线LS是向右上方倾斜的。它表示：在长期，行业的产品价格和供给量呈同方向变动。市场需求的变动不仅会引起行业长期均衡价格的同方向变动，同时还会引起行业长期均衡产量同方向变动。

③成本递减行业的长期供给曲线。成本递减行业的长期供给曲线LS是向右下方倾斜的。它表示：在长期，行业的产品价格和供给量呈反方向变动。市场需求的增加会引起行业长期均衡价格的反方向变动，同时还会引起行业长期均衡产量的同方向变动。

八、案例分析

案例一：

（1）该案例讲述的是微观经济学最低限价，政府对于农产品实行最低限价政策，保护农民的利益，提高农民的积极性，最低限价的经济学意义如下。

政府实行了最低限价政策，下面利用答图6-7来分析该政策的福利效应。

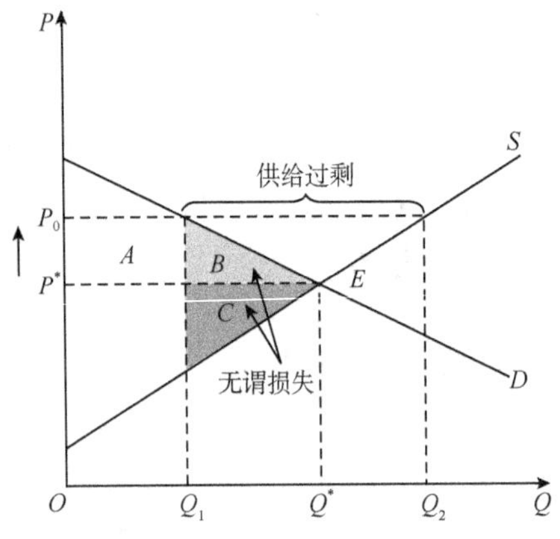

答图6-7

先看消费者：在高价位继续购买商品的消费者的剩余损失为矩形面积A，退出购买的原有消费者的剩余损失为三角形面积B，总的消费者剩余的变化为$-A-B$。再看生产者：在高价位继续生产的厂商的剩余增加量为矩形面积A，退出生产的原有厂商的剩余损失为三角形面积C，总的生产者剩余的变化为$A-C$。最后，市场总剩余的变化等于$(-A-B)+(A-C)=-B-C$。其中，由于提价导致的消费者剩余的损失$-A$转化为生产者剩余的增加A，这也反映政府实行最低限价的目的往往更多的是顾及生产者的福利；与最高限价一样，最低限价导致的市场的无谓损失也是$-B-C$。

下面，我们对最高限价和最低限价的福利效应做一个综合分析。

仔细分析可以发现，虽然这两种限价政策对价格调控的方向是相反的，但是，它们都使得市场交易量减少。具体地看，答图6-7中，最高限价导致需求量Q_2大于供给量Q_1(供给短缺)；在答图6-7中，最低限价导致供给量Q_2大于需求量Q_1(供给过剩)。

于是，根据市场交易的短边决定原则，最高限价下的市场交易量取决于小的供给量 Q_1（因为消费者只能购买到 Q_1 数量的商品），最低限价下的市场交易量取决于小的需求量 Q_1（因为销售量通常等于需求量）。显然，这两种限价政策都使市场交易量由 Q^*减少为 Q_1。如前所述，只有当完全竞争市场的交易达到均衡产量 Q^*时，市场福利才是最大的；任何小于 Q^*的市场交易量，譬如 Q_1，市场福利都不是最大的（答图 6-7），或者说，偏离 Q^*的任何数量的重新配置都会减少总剩余。

两种限价政策都使市场交易量由 Q^*减少为 Q_1，它们限制了市场的交易，从而导致了福利的损失。事实上，在产量 Q_1～Q^*的范围，消费者愿意支付的最高价格都大于生产者能够接受的最低价格，双方进行自愿交易是互利的。但是，限价政策使得这部分交易无法实现，要么是生产者因为价格过低只愿意提供 Q_1 数量的产品，要么是消费者因为价格过高只愿意购买 Q_1 数量的商品，于是，市场交易规模只能是 Q_1，它小于 Q^*。正因为如此，经济学家指出，这两种价格管制都由于限制了市场机制的有效运行而导致了三角形的无谓损失，即答图 6-7 中阴影部分的面积 B 与 C。最后需要指出，各国政府在一定时期都会采取限价政策，这些政策的实行往往是根据经济形势的需要和为了实现一些经济目标，都是必要的。但是，在实行限价政策时，需要考虑到这些政策可能带来的不良影响，包括对市场效率和福利的影响，综合权衡利弊，合理设计，以收到好的政策效果。

（2）最低限价在一定程度上确实使农民得到了实惠，但很有限，农民从粮价上调中得到的绝大多数好处被加工、流通、销售环节瓜分。最低限价对农产品的生产和贸易产生误导，扭曲价格机制的资源配置功能，农民会扩大生产，导致粮食生产更为严重的过剩，关联商品（猪肉、鸡蛋、食用油）也价格上涨，最后支持价格使政府财政压力加大。

案例二：

设 R 为政府管制租金总额，则 R 在除消费者以外的 5 个利益群体中分配。

（1）出租车司机得到的管制租金。

G 市的出租车司机分为两种：个体司机和受雇司机。个体司机通过竞拍获得经营权，G 市一辆车的经营权曾经高达 60 万元。由于是竞拍，就会有其他的竞争者，而且获得经营权后自己经营或者转让经营权都不能马上收回成本，而必须在未来一段时间内得到弥补，这一类群体名义上获得了租金，但是由于获得管制租金的成本非常高，实际上他们只是得到了正常的利润。受雇司机受雇于出租车公司，他们获得的管制租金由他们面临的劳动力市场决定。贵阳的交通堵塞非常严重，在上下班高峰期和高峰路段，经常会出现出租车司机拒载情况，而且在调低起步价后出租车司机的收入受到影响，很多转为开黑车。可见，在这个劳动力市场出租车司机作为价格接受者，近似于完全竞争市场，因此，此类司机也得不到管制租金，而只能得到等于或大于其机会成本的收入。

（2）黑车司机得到的管制租金。

相比于受雇司机，这类群体无须缴纳“份子钱”、“台班费”和抵押金等，只需要承担车辆油费、维修费，而且所使用车辆一般为二手车，成本较低。不过，他们面临着被监管者罚款的风险。黑车司机名义上也属于价格接受者，但是其成本就算加上罚款也远低于受雇司机成本，而收入又与受雇司机相当，况且多数时候，黑车司机也具有一定的议价能力。他们面临的市场并不是完全竞争，因此他们能得到管制租金。并且黑车司机获得的管制租金的部分是不存在黑车时由政府获得的部分。

（3）政府得到的管制租金。

G 市政府采取的管制政策是拍卖方式，获得的管制租金是出租车司机分得管制租金后的消费者剩余。

（4）监管者得到的管制租金。

监管者获得的管制租金由市场上获得出租车经营权的难易程度决定，数额等于管制租金减去政府和出租车司机获得管制租金后的消费者剩余。

（5）出租车公司得到的管制租金。

出租车公司是管制租金的获得者，在政府、监管者、出租车司机获得管制租金后的余下的部分便为它们所获得。

G 市出租车市场受到严格管制，产生了大量管制租金，管制租金在出租车司机、黑车司机、政府、监管者和出租车公司之间分配。市场确实获得了如下意义的出清：需求与供给相等。但是，黑车的存在确实会对社会造成负面影响。对于消费者来说，一方面增加了出行便易程度；另一方面一些黑车司机可能盲目要价或者打劫，非常不安全。对于正规司机来说，黑车的存在无疑会降低他们的收入和工作积极性。监管机构如果进行大力整治，虽然黑车会减少或消失，但是一方面监管成本会很高；另一方面市场会供不应求，出现失衡，造成无谓的浪费。如果政府不予以管制，让市场决定出租车数量、起步价格是否可行呢？没有人对出租车市场的租金有专有权，即租金消散。而同时，也就不存在所谓的黑车了。

第七章参考答案及解析

一、单项选择题

1. A【解析】垄断市场是指整个行业中只有唯一的一个厂商的市场组织。

2. B【解析】设垄断厂商的反需求函数为：$P(Q)=a-bQ$，a、b 为常数且大于 0，故总收益函数和边际收益函数可分别表示为

$$\text{TR}(Q)=P(Q)\cdot Q=aQ-bQ^2$$

$$\text{MR}(Q)=\frac{\text{dTR}(Q)}{\text{d}Q}=a-2bQ$$

故需求曲线的斜率为：$\frac{\text{d}P(Q)}{\text{d}Q}=-b$，边际收益曲线斜率为：$\frac{\text{dMR}(Q)}{\text{d}Q}=-2b$。

3. A【解析】垄断市场是指整个行业中只有唯一的一个厂商的市场组织。水、电行业一般由一个厂商垄断。

4. C【解析】垄断竞争厂商利润最大化的条件为边际收益等于边际成本。

5. A【解析】垄断厂商可以通过专利权来限制其他厂商进入该垄断行业。

6. A【解析】二级价格歧视是指对不同的消费数量段规定不同的价格。A 项中供电

部门根据电的消费量制定不同价格属于二级价格歧视。B项根据游客类型的不同制定不同的价格属于三级价格歧视。C项根据消费者愿意支付的最高价格制定产品价格是一级价格歧视。

7. B【解析】寡头市场又称寡头垄断市场。它是指少数几家厂商控制整个市场的产品生产和销售的一种市场组织。汽车行业一般由少数几家厂商控制整个行业，符合寡头市场的特征。

8. C【解析】寡头市场又称寡头垄断市场。它是指少数几家厂商控制整个市场的产品生产和销售的一种市场组织。它们生产的产品可以是同质的，也可以是有差别的，寡头市场最大的特点是每一个厂商对于整个行业都有重大影响，它们是价格的寻求者，所以每一个厂商在行动之前必须考虑一下对方的反应。

9. D【解析】形成寡头市场的主要原因可以有：某些产品的生产必须在相当大的生产规模上运行才能达到最好的经济效益；行业中少数几家厂商对生产所需的基本生产资源供给的控制；政府的扶植和支持；等等。

10. B【解析】古诺模型是早期的寡头模型。它是由法国经济学家古诺于1838年提出的。古诺模型通常被作为寡头理论分析的出发点。古诺模型是指只有两个寡头厂商的简单模型，该模型也被称为“双头模型”。古诺模型的结论可以很容易地推广到有3个或3个以上寡头厂商的情况中去。

11. C【解析】当厂商所面临的需求曲线向右下方倾斜时，厂商的边际收益、价格和需求的价格弹性三者之间的关系可以证明：假定反需求函数为$P=P(Q)$，则$TR(Q)=P(Q)\cdot Q$。

所以$MR(Q)=\frac{dTR(Q)}{dQ}=P+Q\cdot\frac{dP}{dQ}=P\left(1+\frac{dP}{dQ}\cdot\frac{Q}{P}\right)$，即$MR=P\left(1-\frac{1}{E_d}\right)$，其中$E_d$为需求的价格弹性，即$E_d=-\frac{dQ}{dP}\cdot\frac{P}{Q}$，由此可得出垄断厂商的边际收益、商品价格和需求的价格弹性之间的关系，所以当$MR=0$时$E_d=1$。

12. D【解析】在垄断市场条件下并不存在具有规律性的厂商的供给曲线，垄断厂商是通过对产量和价格的同时调整来实现MR＝SMC的原则的，而且，P总是大于MR的。随着厂商所面临的向右下方倾斜的需求曲线的位置移动，厂商的价格和产量之间不再必然存在如同完全竞争条件下的那种一一对应的关系，而是有可能出现一个价格水平对应几个不同的产量水平，或一个产量水平对应几个不同的价格水平的情形。

13. D【解析】垄断竞争市场是这样一种市场组织：一个市场中有许多厂商生产和销售有差别的同种产品。

14. C【解析】斯威齐模型也被称为弯折的需求曲线模型。该模型由美国经济学家斯威齐于1939年提出。这一模型被用来解释一些寡头市场上的价格刚性现象。

15. D【解析】在长期内，垄断竞争厂商不仅可以调整生产规模，还可以加入或退出生产集团。这就意味着，垄断竞争厂商在长期均衡时的利润必定为0。垄断竞争厂商的长期均衡条件为：边际收益等于长期边际成本，平均收益等于长期平均成本。

16. A【解析】在寡头市场上，每个厂商的产量都在全行业的总产量中占一个较大的份额，从而每个厂商的产量和价格变动都会对其他竞争对手以至整个行业的产量和价格产生举足轻重的影响。而垄断竞争市场并没有这种情况。

17. A【解析】由于垄断竞争厂商可以在一定程度上控制自己产品的价格，即通过改变自己所生产的有差别的产品的销售量来影响商品的价格，因此，垄断竞争厂商所面临的需求曲线也是向右下方倾斜的。

18. C【解析】寡头厂商和垄断竞争厂商之间的主要区别为厂商之间的相互影响程度不同，垄断竞争市场与完全竞争市场比较接近。垄断竞争市场是这样一种市场组织：一个市场中有许多厂商生产和销售有差别的同种产品。一个生产集团中的企业数量非常多，以至于每个厂商都认为自己的行为的影响很小，不会引起竞争对手的注意和反应，因而自己也不会受到竞争对手的任何报复措施的影响。寡头市场又称寡头垄断市场。它是指少数几家厂商控制整个市场的产品生产和销售的这样一种市场组织。寡头厂商在制定自己的生产决策时会考虑其他厂商的反应。

19. B【解析】垄断厂商为了获得最大的利润，也必须遵循 MR＝MC 的原则。在短期内，垄断厂商无法改变固定要素投入量，垄断厂商是在既定的生产规模下通过对产量和价格的调整，来实现 MR＝SMC 的利润最大化的原则。

20. A【解析】无论是竞争性厂商还是垄断性厂商，其都在 MR＝MC 时利润最大，所以当 MR＞MC 时，厂商有动力扩大产出。

21. D【解析】垄断厂商实施价格歧视的条件为：第一，市场的消费者具有不同的偏好，且这些不同的偏好可以被区分开；第二，不同的消费者群体或不同的销售市场是相互隔离的，这样就排除了中间商由低价处买进商品，转手又在高价处出售商品而从中获利的情况。

22. B【解析】垄断厂商会对同一种产品收取不同的价格，这种做法往往会增加垄断厂商的利润。以不同价格销售同一种产品，被称为价格歧视。通常情况下，垄断厂商会对需求价格弹性小的市场索取高额价格，需求价格弹性大的市场索取较低的价格从而获得最大利润，所以当某一市场需求价格弹性最小，垄断厂商对该市场索取的价格也最高。

23. A【解析】寡头市场又称寡头垄断市场。它是指少数几家厂商控制整个市场的产品生产和销售的一种市场组织：在寡头市场上，每个厂商的产量都在全行业的总产量中占一个较大的份额，从而每个厂商的产量和价格变动都会对其他竞争对手以致整个行业的产量和价格产生举足轻重的影响。正因为如此，每个寡头厂商在采取某项行动之前，必须首先推测或掌握自己这一行动对其他厂商的影响以及其他厂商可能做出的反应，然后，才能在考虑到这些反应方式的前提下采取最有利的行动。

24. B【解析】在寡头市场上领导型厂商也可以首先决定价格，其他追随型厂商则接受该价格。这种由领导型厂商决定市场价格的过程和结果，可以称为价格领导模型。

25. D【解析】在垄断竞争市场上，由于每一个厂商生产的产品都是有差别的，所以，垄断竞争厂商往往通过改进产品品质、精心设计商标和包装、改善售后服务以及广告宣传等手段，来扩大自己产品的市场销售份额，这就是非价格竞争。

26. A【解析】斯威齐模型的基本假设条件是：如果一个寡头厂商提高价格，行业中的其他寡头厂商都不会跟着改变自己的价格，因而提价的寡头厂商的销售量的减少是很多的；如果一个寡头厂商降低价格，行业中的其他寡头厂商会将价格下降到相同的水平，以避免销售份额的减少，因而该寡头厂商的销售量的增加是很有限的。

27. C【解析】只有完全竞争市场上存在规律地向右上方倾斜的供给曲线，而在不完全竞争市场上不存在规律的供给曲线。

28. A【解析】在长期的均衡产量上，垄断竞争厂商的利润为0。

29. C【解析】在垄断市场上，当 $E_d<1$ 时，有 MR<0。此时，TR 曲线斜率为负，表示厂商总收益 TR 随销售量 Q 的增加而减少。所以垄断厂商不会在这种情况下进行生产。

30. D【解析】垄断厂商在长期内对生产的调整一般可能有三种结果：第一种结果，垄断厂商在短期内是亏损的，但在长期，又不存在一个可以使其获得利润（或至少使亏损为0）的最优生产规模，于是，该厂商退出生产；第二种结果，垄断厂商在短期内是亏损的，在长期内，该厂商通过对最优生产规模的选择，摆脱了亏损的状况，甚至获得利润；第三种结果，垄断厂商在短期内利用既定的生产规模获得利润，在长期中，该厂商通过对生产规模的调整，使自己获得更多的利润。

31. B【解析】买方垄断是指只有一个买者而卖者很多的市场类型。在这种情况下，买者就具有了垄断性，如果买方垄断者希望通过在这个市场上购买产品而使其利益最大化，那么，他将购买较少的数量，并因此付出较低的价格。

32. A【解析】已知 $STC=0.1Q^3-6Q^2+140Q+3000$，所以 $MC=0.3Q^2-12Q+140$，反需求函数 $P=150+3.25Q$，所以，$TR=P\cdot Q=Q\cdot(150-3.25Q)=150Q-3.25Q^2$，所以 $MR=150-6.5Q$，由垄断厂商利润最大化条件 MR=MC 可得 $Q=20$。

33. C【解析】无论是竞争性厂商还是垄断性厂商，只有在 MR>MC 时才扩大产出。

34. B【解析】完全竞争市场上每一个买者和卖者都是既定市场价格的被动接受者。而在垄断市场中，排除了所有的竞争因素，独家垄断厂商控制了整个行业的生产和市场的销售，所以，垄断厂商可以控制和操纵市场价格。

35. B【解析】如果经济中存在以产品差别为基础的价格竞争，厂商可以在一定程度上通过改变自己产品的销售量来影响商品价格，即厂商的需求曲线是向右下方倾斜的，则垄断竞争厂商在长期均衡点上必然存在着相对于 LAC 曲线最低点的产量而言的多余的生产能力。

36. A【解析】如果垄断竞争行业存在超额利润就会吸引新的厂商进入，随着进入的厂商数量的增加，垄断竞争厂商的超额利润为0。

37. D【解析】在完全竞争市场上，每个厂商都是价格的接受者。

38. A【解析】MR=MC 原则是所有市场类型的企业利润最大化的条件。

39. C【解析】$E_d=1$ 时，有 MR=0。此时，TR 曲线斜率为0，表示厂商的总收益 TR 达到极大值点。

40. D【解析】垄断竞争厂商短期均衡的条件是：MR=SMC，在短期均衡的产量上，必定存在一个d曲线和D曲线的交点，它意味着市场上的供求是相等的。此时，垄断竞争厂商可能获得最大利润，可能利润为0，也可能蒙受最小亏损。

41. B【解析】在长期内，垄断竞争厂商不仅可以调整生产规模，还可以加入或退出生产集团。这就意味着，垄断竞争厂商在长期均衡时的利润必定为0。这意味着在垄断竞争厂商的长期均衡点上，d 需求曲线必定与 LAC 曲线相切。其切点一定处于长期平均成本曲线下降阶段。

42. C【解析】寡头垄断与完全垄断都存在进入壁垒，这是其主要相同之处。

43. A【解析】古诺模型是早期的寡头模型。它是由法国经济学家古诺于1838年提出的。古诺模型通常被作为寡头理论分析的出发点。古诺模型是只有两个寡头厂商的简单模型，该模型也被称为“双头模型”。古诺模型的结论可以很容易地推广到有3个或3个以上寡头厂商的情况中去。

44. B【解析】在长期内，垄断竞争厂商不仅可以调整生产规模，还可以加入或退出生产集团。这就意味着，垄断竞争厂商在长期均衡时的利润必定为0。

45. D【解析】一般认为，不是由人为的限制而是由技术因素或独特的经济原因而形成的垄断或寡头垄断称为自然垄断。

46. B【解析】垄断厂商利润最大化的均衡条件为MR=MC，同时垄断厂商的需求曲线向右下方倾斜表示：垄断厂商可以通过减少销售量的办法来提高市场价格，也可以通过增加销售量的办法来压低市场价格，即垄断厂商可以通过改变销售量来控制市场价格，因此垄断厂商利润最大化时有 $P>\text{MR}=\text{MC}$。

47. C【解析】由于垄断竞争厂商可以在一定程度上控制自己产品的价格，即通过改变自己所生产的有差别的产品的销售量来影响商品的价格，因此，如同垄断厂商一样，垄断竞争厂商所面临的需求曲线也是向右下方倾斜的。

48. B【解析】政府对垄断厂商进行管制时，有两种价格：一是帕累托最优价格，是由平均收益与边际成本的交点所确定的价格；二是零经济利润价格，是由平均收益与平均成本的交点所确定的价格。

49. A【解析】当 $E_d>1$ 时，有 $\text{MR}>0$。此时，TR 曲线斜率为正，表示厂商总收益TR 随销售量 Q 的增加而增加。

50. B【解析】在完全竞争市场，所有的资源具有完全的流动性。这意味着厂商进入或退出一个行业是完全自由和毫无困难的。在垄断竞争市场，厂商的生产规模比较小，因此，进入和退出一个生产集团比较容易。在寡头市场上任何厂商进入该行业都比较困难，在垄断市场，其他任何厂商进入该行业都极为困难或不可能。所以，可以阻止竞争出现的因素统称进入障碍。

51. A【解析】在长期内，垄断竞争厂商不仅可以调整生产规模，还可以加入或退出生产集团。这就意味着，垄断竞争厂商在长期均衡时的利润必定为0。因为在垄断竞争市场厂商的生产规模比较小，进入和退出一个生产集团比较容易，因此，如果垄断竞争行业存在超额利润，新企业将进入。

52. B【解析】完全竞争市场里的厂商都是既定市场价格的被动接受者，而垄断市场里的厂商可以控制和操纵市场价格，从而获得最大利润，因此当一个行业由自由竞争演变成垄断时，垄断市场的价格高于竞争市场的价格。

53. B【解析】由于每一销售量上的边际收益 MR 值就是相应的总收益 TR 曲线的斜率，因此当 MR＞0 时，TR 曲线的斜率为正；当 MR＜0 时，TR 曲线的斜率为负；当 MR＝0 时，TR 曲线达到最大值点。

54. D【解析】答图 7-1 所示为在总收益递减的产量区间，垄断厂商的边际收益递减且为负值。

55. A【解析】完全垄断厂商如果处于长期均衡，一定处于短期均衡。

56. A【解析】因为垄断竞争行业厂商的生产规模比较小，进入和退出一个生产集团比较容易。所以，如果垄断竞争行业存在超额利润，那么新企业将进入该行业。

57. A【解析】寡头垄断市场的垄断程度高于完全竞争，低于完全垄断市场，其产量比在完全竞争条件下要小，但比在完全垄断条件下要大。

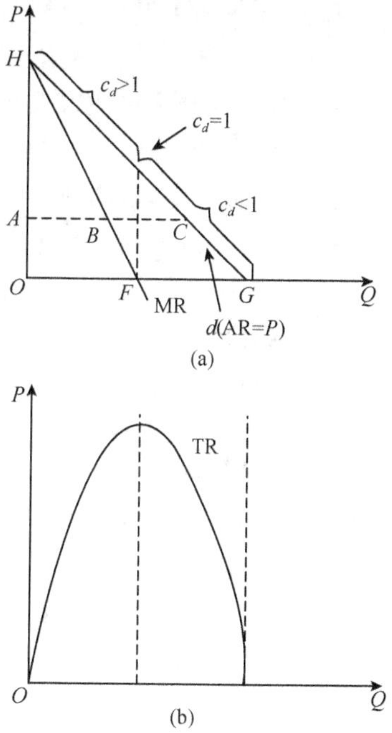

答图 7-1

二、多项选择题

1. ABCD【解析】形成垄断的原因主要有以下几个：第一，独家厂商控制了生产某种商品的全部资源或基本资源的供给。这种对生产资源的独占，排除了经济中的其他厂商生产同种产品的可能性。第二，独家厂商拥有生产某种商品的专利权。这便使得独家厂商可以在一定的时期内垄断该产品的生产。第三，政府的特许。政府往往在某些行业实行垄断的政策，如铁路运输部门、供电供水部门等，于是，独家企业就成了这些行业的垄断者。第四，自然垄断。

2. ABC【解析】垄断厂商在长期内对生产的调整一般可能有三种结果：第一种结果，垄断厂商在短期内是亏损的，但在长期，又不存在一个可以使其获得利润（或至少使亏损为 0）的最优生产规模，于是，该厂商退出生产；第二种结果，垄断厂商在短期内是亏损的，在长期内，该厂商通过对最优生产规模的选择，摆脱了亏损的状况，甚至获得利润；第三种结果，垄断厂商在短期内利用既定的生产规模获得利润，在长期中，该厂商通过对生产规模的调整，使自己获得更大的利润。

3. ABC【解析】垄断竞争市场形成的条件主要有三点：第一，在生产集团中有大量的企业生产有差别的同种产品，这些产品彼此之间都是非常接近的替代品；第二，一个生产集团中的企业数量非常多，以至于每个厂商都认为自己的行为的影响很小，不会引起竞争对手的注意和反应，因而自己也不会受到竞争对手的任何报复措施的影响；第三，厂商的生产规模比较小，因此，进入和退出一个生产集团比较容易。

4. BC【解析】垄断竞争厂商的长期均衡条件为

$$MR=LMC=SMC;\ AR=LAC=SAC$$

5. ABC【解析】形成寡头市场的主要原因有：某些产品的生产必须在相当大的生产规模上运行才能达到最好的经济效益；行业中少数几家企业对生产所需的基本生产资源供给的控制；政府的扶植和支持；等等。

6. AC【解析】斯威齐模型也被称为弯折的需求曲线模型，该模型的基本假设条件是：如果一个寡头厂商提高价格，行业中的其他寡头厂商都不会跟着改变自己的价格，因而提价的寡头厂商的销售量的减少是很多的；如果一个寡头厂商降低价格，行业中的其他寡头厂商会将价格下降到相同的水平，以避免销售份额的减少，因而该寡头厂商的销售量的增加是很有限的。

7. AB【解析】完全垄断又称纯粹垄断，指一个企业对市场提供所有的产品，是一种对市场具有完全影响的市场结构，在这种市场结构中，竞争关系完全不存在，垄断企业对于市场的价格有完全控制权。

8. AC【解析】三级价格歧视是指垄断厂商对同一种产品在不同的市场上（或对不同的消费群）收取不同的价格，但使得每一市场上出售产品的边际收益相等。实行三级价格歧视需要的两个基本条件为：①存在着可以分隔的市场。若市场不可分隔，市场上的套利行为将使价格歧视消失。②被分隔的各个市场上需求价格弹性不同。如果被分隔的各个市场需求价格弹性相同则应对同一产品收取相同的价格。

9. ABC【解析】在垄断竞争市场上，由于每一个厂商生产的产品都是有差别的，因此，垄断竞争厂商往往通过改进产品品质、精心设计商标和包装、改善售后服务以及广告宣传等手段，来扩大自己产品的市场销售份额，这就是非价格竞争。垄断竞争厂商进行非价格竞争，仍然是为了获得最大的利润。进行非价格竞争是需要花费成本的。例如，改进产品性能会增加生产成本，增设售后服务网点需要增加投入，广告宣传的费用也是相当可观的。厂商进行非价格竞争所花费的总成本必须小于由此所增加的总收益，否则，厂商是不会进行非价格竞争的。很显然，边际收益等于边际成本的利润最大化原则，对于非价格竞争仍然是适用的。

10. AB【解析】垄断厂商对同一种产品在不同的市场上（或对不同的消费群）收取不同的价格，就是三级价格歧视。例如，对同种产品，在富人区的价格高于在贫民区的价格；同样的教科书，学生们打折购买。更一般地，对于同种产品，国内市场和国外市场的价格不一样；城市市场和乡村市场的价格不一样；“黄金时间段”和“非黄金时间段”的价格不一样；等等。

11. AC【解析】古诺模型和斯塔克伯格模型是研究寡头市场的模型，托拉斯是垄断的一种形式。

12. AB【解析】古诺模型的假定是：市场上只有 A、B 两个厂商生产和销售相同的产品，它们的生产成本为 0；它们共同面临的市场的需求曲线是线性的，A、B 两个厂商都准确地了解市场的需求曲线；A、B 两个厂商都是在已知对方产量的情况下，各自确定能够给自己带来最大利润的产量，即每一个厂商都是消极地以自己的产量去适应对方已确定的产量。

13. AB【解析】垄断竞争市场和寡头市场的相同点主要表现在两个方面：第一，无论是垄断竞争市场还是寡头市场都是不完全竞争市场；第二，它们都没有确定的供给曲线。

14. ABC【解析】垄断竞争市场的特征主要有以下三点：第一，在生产集团中有大量的企业生产有差别的同种产品，这些产品彼此之间都是非常接近的替代品；第二，一个生产集团中的企业数量非常多，以至于每个厂商都认为自己的行为的影响很小，不会引起竞争对手的注意和反应，因而自己也不会受到竞争对手的任何报复措施的影响；第三，厂商的生产规模比较小，因此，进入和退出一个生产集团比较容易。

15. AC【解析】垄断竞争市场和寡头市场的不同点主要表现在两个方面：第一，垄断竞争市场进出比较自由；第二，垄断竞争市场中的厂商长期利润为0，而寡头市场不为0。

16. AD【解析】政府一般对于一些自然垄断的企业实行价格管制，这类企业多为公用事业，所采用的方法一般为边际成本定价法和平均成本定价法。

17. ABC【解析】在有些情况下，垄断厂商会对同一种产品收取不同的价格，这种做法往往会增加垄断厂商的利润。以不同价格销售同一种产品，被称为价格歧视。价格歧视可以分为一级价格歧视、二级价格歧视和三级价格歧视。

18. ABCD【解析】完全竞争与完全垄断的主要区别为：完全垄断只有一个厂商，完全竞争市场厂商有无限多个；完全垄断市场的产品不能替代，完全竞争市场的产品具有同质性；完全垄断厂商独自决定价格，完全竞争厂商是价格的接受者。

三、判断题

1. 对【解析】一级价格歧视指厂商对每一单位产品都按消费者所愿意支付的最高价格出售，垄断厂商因人而异地出售每一单位产品，将每一单位产品都卖给愿意出最高价格的消费者，一级价格歧视也称完全价格歧视。由于每一单位产品都是按照消费者愿意出的最高价格出售的，因此就不存在消费者剩余，所有的剩余都归厂商所有。

2. 错【解析】垄断厂商虽然是价格的制定者，且市场上没有其产品的替代者，其他厂商也无法进入该垄断行业，但如果垄断厂商制定的价格过高，销售量就会下降，垄断厂商的总收益下降，进而利润也会下降，其他厂商看到该行业有如此高的利润就会想方设法进入该行业，进而努力生产出相似品甚至替代品，所以如果垄断厂商定价过高就会减少利润、丢失市场份额。另外，国家也会通过制定反垄断法、最高限价和征税等方式对垄断厂商制定价格做出约束。

3. 对【解析】因为垄断厂商串谋后避免了相互之间的竞争，而垄断寡头之间的非合作博弈会产生囚徒困境，使垄断寡头的利益受损。串谋时联合起来控制价格，同时也就控制了产量，可以使寡头的利益最大化，即谋取高额利润。

4. 对【解析】弯折的需求曲线表示如果一个寡头厂商降低价格，行业中的其他寡头厂商会将价格下降到相同的水平，以避免销售份额的减少。

5. 错【解析】垄断厂商在长期内对生产的调整一般可能有三种结果：第一种结果，

垄断厂商在短期内是亏损的，但在长期，又不存在一个可以使其获得利润（或至少使亏损为 0）的最优生产规模，于是，该厂商退出生产；第二种结果，垄断厂商在短期内是亏损的，在长期内，该厂商通过对最优生产规模的选择，摆脱了亏损的状况，甚至获得利润；第三种结果，垄断厂商在短期内利用既定的生产规模获得了利润，在长期中，该厂商通过对生产规模的调整，使自己获得更大的利润。

6. 错【解析】在一级价格歧视下，垄断厂商占有了全部的消费者剩余，二级价格歧视不如一级价格歧视那么严重，部分消费者剩余被垄断者占有。

7. 错【解析】垄断竞争厂商可以在一定程度上控制自己产品的价格，即通过改变自己所生产的有差别的产品的销售量来影响商品的价格。

8. 对【解析】在实行三级价格歧视时，就不同的市场而言，厂商应该使各个市场的边际收益相等。只要各市场之间的边际收益不相等，厂商就可以通过不同市场之间的销售量的调整，来获得更大的利益。

9. 对【解析】在厂商所面临的需求曲线向右下方倾斜的情况下，厂商的产量和价格之间不存在一一对应的关系，因此，找不到垄断竞争厂商和生产集团的具有规律性的供给曲线。

10. 错【解析】垄断厂商的均衡条件为：MR＝LMC＝SMC，即 MR 曲线、LMC 曲线和 SMC 曲线必须相交于一点。此时 LAC 必须等于 SAC，即 LAC 曲线必须与 SAC 曲线相切，其切点和上述三线交点在一条垂直线上，但这并不要求 LAC 曲线与 SAC 曲线必须相切于 LAC 曲线和 SAC 曲线的最低点上，只要相切就可以了，此切点可以在 LAC 曲线最低点左边。

11. 错【解析】垄断市场下，垄断价格高于均衡价格，而高价格要通过少的供应来达到，这样会使得垄断企业产出少于均衡产出，生产者剩余增加，但是不足以弥补消费者剩余的减少，所以消费者和生产者剩余的总和减少，垄断降低了社会效率。

12. 错【解析】弯折的需求曲线模型又称斯威齐模型，该模型的基本假设条件是：如果一个寡头厂商提高价格，行业中的其他寡头厂商都不会跟着改变自己的价格，因而提价的寡头厂商的销售量的减少是很多的；如果一个寡头厂商降低价格，行业中的其他寡头厂商会将价格下降到相同的水平，以避免销售份额的减少，因而该寡头厂商的销售量的增加是很有限的。在此假设基础上可以推出弯折的需求曲线模型，但对于其他寡头市场模型，寡头垄断厂商并不面对一条弯折的需求曲线。

13. 对【解析】在垄断竞争市场，厂商的生产规模比较小，因此，进入和退出一个生产集团比较容易。而在垄断市场，其他任何厂商进入该行业都极为困难或不可能。

14. 错【解析】垄断厂商在短期均衡点上可以获得最大利润，可以利润为 0，也可以蒙受最小亏损。

15. 对【解析】在垄断竞争市场上，由于每一个厂商生产的产品都是有差别的，所以，垄断竞争厂商往往通过改进产品品质、精心设计商标和包装、改善售后服务以及广告宣传等手段，来扩大自己产品的市场销售份额，这就是非价格竞争。在垄断市场，整个行业中只有一个厂商，因此不必采用广告战略。

16. 对【解析】由于垄断竞争厂商可以在一定程度上控制自己产品的价格，即通过改变自己所生产的有差别的产品的销售量来影响商品的价格，所以，如同垄断厂商一样，垄断竞争厂商所面临的需求曲线也是向右下方倾斜的。

17. 对【解析】在垄断竞争市场中，生产集团中有大量的企业生产有差别的同种产品，这些产品彼此之间都是非常接近的替代品。而在完全竞争市场中，市场上每一个厂商提供的商品都是完全同质的。这是垄断竞争与完全竞争的关键差别。

18. 错【解析】垄断厂商为了获取最大利润，也必须遵循 MR＝MC 的原则。

19. 对【解析】垄断竞争厂商在短期均衡点上并非一定能获得最大的利润，也可能是最小的亏损。这取决于均衡价格是大于还是小于 SAC。在长期内，垄断竞争厂商不仅可以调整生产规模，还可以加入或退出生产集团。这就意味着，垄断竞争厂商在长期均衡时的利润必定为 0。

20. 错【解析】价格领导模型实际上是由领导型厂商决定价格，其他追随型厂商则接受该价格。整个市场的总需求是由领导型厂商的产量和追随型厂商的产量所共同满足的。

21. 错【解析】虽然垄断厂商可以控制和操纵市场价格，但是垄断厂商为了获得最大的利润，也必须遵循 MR＝MC 的原则，因此垄断厂商就不能随意定价。如果垄断厂商价格制定过高、产量过少就存在暴利，会吸引其他厂商进入该行业从而打破垄断。因此垄断厂商的价格并不总是比竞争条件下的价格高，而产出少。

22. 对【解析】自然垄断的条件之一就是企业生产的规模经济需要在一个很大的产量范围和相应的很大的资本设备的生产运行水平上才能得到充分的体现，以至于整个行业的产量只有由一个企业来生产时才有可能达到这样的生产规模。因此，自然垄断，意味着规模经济在一个产量充分大的范围内仍旧存在。

23. 错【解析】在长期内，垄断竞争厂商不仅可以调整生产规模，还可以加入或退出生产集团。这就意味着，垄断竞争厂商在长期均衡时的利润必定为 0。这使得垄断竞争市场的价格等于厂商的最小长期平均成本。

24. 错【解析】弯折的需求曲线模型又称斯威齐模型，该模型的基本假设条件是：如果一个寡头厂商提高价格，行业中的其他寡头厂商都不会跟着改变自己的价格，因而提价的寡头厂商的销售量的减少是很多的；如果一个寡头厂商降低价格，行业中的其他寡头厂商会将价格下降到相同的水平，以避免销售份额的减少，因而该寡头厂商的销售量的增加是很有限的。

四、名词解释

1. 自然垄断：有些行业的生产具有这样的特点：一方面，企业生产的规模经济需要在一个很大的产量范围和相应的很大的资本设备的生产运行水平上才能得到充分的体现，以至于整个行业的产量只有由一个企业来生产时才有可能达到这样的生产规模。而另一方面，只要发挥这一企业在这一生产规模上的生产能力，就可以满足整个市场对该种产品的需求。在这类产品的生产中，行业内总会有某个厂商凭借雄厚的经济实力和其他优势，最先达到这一生产规模，从而垄断整个行业的生产和销售。这就是自然垄断。

2. 价格歧视：是指垄断厂商对同一种产品收取不同的价格或是以不同价格销售同一种产品，价格歧视的条件为：①市场的消费者具有不同的偏好，且这些不同的偏好可以被区分开；②不同的消费者群体或不同的销售市场是相互隔离的。价格歧视分为三种：厂商对每一单位产品都按消费者所愿意支付的最高价格出售，就是一级价格歧视；对不同的消费数量段规定不同的价格，就是二级价格歧视；垄断厂商对同一种产品在不同的市场上或对不同的消费群收取不同的价格，就是三级价格歧视。

3. 寡头市场：又称寡头垄断市场。它是指少数几家厂商控制整个市场的产品生产和销售的一种市场组织。寡头市场被认为是一种较为普遍的市场组织。

4. 斯塔克伯格模型：由德国学者斯塔克伯格于1934年提出。斯塔克伯格在他所建立的寡头厂商行为理论中，提出了将寡头厂商的角色定位为“领导者”或“追随者”的分析范式。斯塔克伯格模型中的两个寡头厂商，通常一个为实力相对雄厚而处于支配地位的领导者（如低生产成本的厂商），而另一个则为追随者（如高生产成本的厂商），由此便构成了斯塔克伯格关于寡头市场的“领导者追随者”模型。

5. 非价格竞争：在垄断竞争市场上，由于每一个厂商生产的产品都是有差别的，所以，垄断竞争厂商往往通过改进产品品质、精心设计商标和包装、改善售后服务以及广告宣传等手段，来扩大自己产品的市场销售份额，这就是非价格竞争。

6. 垄断市场：是指整个行业中只有唯一的一个厂商的市场组织。具体地说，垄断市场的条件主要有三点：第一，市场上只有一个厂商生产和销售商品；第二，该厂商生产和销售的商品没有任何相近的替代品；第三，其他任何厂商进入该行业都极为困难或不可能。在这样的市场中，排除了所有的竞争因素，独家垄断厂商控制了整个行业的生产和市场的销售，所以，垄断厂商可以控制和操纵市场价格。

7. 垄断利润：是指垄断企业凭借对生产要素、技术专利、品牌等排他性的独占权和市场势力所获得的高额利润。垄断利润以垄断价格为前提，指垄断资本凭借垄断地位，特别是通过垄断价格的形式所获得的高额利润。垄断利润的基本来源是垄断企业中雇佣工人剩余劳动所创造的剩余价值。除此之外，还包括利用垄断价格占有的本企业雇佣工人创造的一部分剩余价值、普通消费者工资收入以及不发达国家劳动者创造的一部分剩余价值。

8. 垄断厂商的需求曲线：曲线分为自需求曲线和比例需求曲线，自需求曲线是假定只有代表性厂商的产品价格变化，其他厂商产品价格不变条件下导出的代表性厂商的需求曲线，比例需求曲线又称需求曲线，指假设代表性厂商产品价格发生变化时，其他厂商产品也同比例变化条件下导出的代表性厂商的需求曲线。

9. 古诺模型：是早期的寡头模型，它是由法国经济学家古诺于1838 年提出的。古诺模型是只有两个寡头厂商的简单模型，该模型也被称为“双头模型”。古诺模型的结论可以很容易地推广到有3个或3个以上的寡头厂商的情况中。该模型分析了相互依存的两个厂商在不发生相互勾结的情况下如何调整其产量以实现利润最大化。古诺模型假定：两个厂商生产完全相同的产品；厂商的边际成本为常数；两个厂商分享市场，总需求曲线是线性的且两厂商均知晓总需求的状况；每一厂商都根据对方的行动做出自己的决策，同时它们都认为不管自己的销量如何变化，对方都维持现状。

五、简答题

1. 垄断竞争市场形成的条件主要有三点：第一，在生产集团中有大量的企业生产有差别的同种产品，这些产品彼此之间都是非常接近的替代品。在这里，产品差别不仅指同一种产品在质量、构造、外观、销售服务条件等方面的差别，还包括商标、广告方面的差别和以消费者的想象为基础的任何虚构的差别。一方面，由于市场上的产品之间存在着差别，或者说，由于带有自身特点的产品都是唯一的，因此，每个厂商对自己的产品的价格都具有一定的垄断力量，从而使得市场中带有垄断的因素。一般说来，产品的差别越大，厂商的垄断程度也就越高。另一方面，由于有差别的产品相互之间又是很相似的替代品，或者说，每一种产品都会遇到大量的其他的相似产品的竞争，因此，市场中又具有竞争的因素。第二，一个生产集团中的企业数量非常多，以至于每个厂商都认为自己的行为的影响很小，不会引起竞争对手的注意和反应，因而自己也不会受到竞争对手的任何报复措施的影响。第三，厂商的生产规模比较小，因此，进入和退出一个生产集团比较容易。

2. 垄断厂商的价格歧视分为三种：厂商对每一单位产品都按消费者所愿意支付的最高价格出售，就是一级价格歧视；对不同的消费数量段规定不同的价格，就是二级价格歧视；垄断厂商对同一种产品在不同的市场上（或对不同的消费群）收取不同的价格，就是三级价格歧视。

景区对外地旅游者和本地居民收取不同价格的门票属于三级价格歧视，景区管理人员将旅游市场分为本地市场和外地市场，外地游客的价格弹性显然低于本地游客，从而为差别的价格制定提供了条件，实施差别价格歧视的条件为：需求曲线向右下方倾斜以及市场可以分割为不同部分和不同的顾客等级，不同市场的相同商品具有不同的需求价格弹性。

3. 古诺模型通常被作为寡头理论分析的出发点。古诺模型是只有两个寡头厂商的简单模型，该模型也被称为“双头模型”。古诺模型的结论可以很容易地推广到有3个或3个以上的寡头厂商的情况中去。斯塔克伯格在他所建立的寡头厂商行为理论中，提出了将寡头厂商的角色定位为“领导者”或“追随者”的分析范式。根据此分析范式，古诺模型中两个寡头厂商之间的行为反应方式可以理解为每一方均为对方的追随者，因为他们每一方都是在消极地追随（适应）对方已确定的产量的前提下来选择自己的利润最大化产量的。一般说来，古诺模型中互为追随者的两个厂商是势均力敌、实力相当的。而斯塔克伯格模型中的两个寡头厂商，通常一个为实力相对雄厚而处于支配地位的领导者（如低生产成本的厂商），而另一个则为追随者（如高生产成本的厂商），由此便构成了斯塔克伯格关于寡头市场的“领导者追随者”模型。

4. d需求曲线和D需求曲线的一般关系为：第一，当垄断竞争生产集团内的所有厂商都以相同方式改变产品价格时，整个市场价格的变化会使得单个垄断竞争厂商的d需求曲线的位置沿着D需求曲线发生平移；第二，由于d需求曲线表示单个垄断竞争厂商单独改变价格时所预期的产品销售量，D需求曲线表示每个垄断竞争厂商在每一市场价格水平实际所面临的市场需求量，所以，d需求曲线和D需求曲线相交意味着垄断竞争市场的供求相等状态；第三，d 需求曲线的弹性大于 D 需求曲线，即前者较之于后者更平坦一些。

5. 在有些情况下，垄断厂商会对同一种产品收取不同的价格，这种做法往往会增加垄断厂商的利润。以不同价格销售同一种产品，被称为价格歧视。垄断厂商实行价格歧视的基本条件为：①市场的消费者具有不同的偏好，且这些不同的偏好可以被区分开。这样，厂商才有可能对不同的消费者或消费群体收取不同的价格。②不同的消费者群体或不同的销售市场是相互隔离的。这样就排除了中间商由低价处买进商品，转手又在高价处出售商品而从中获利的情况。

6. 由于垄断市场中只有一个厂商，所以，市场的需求曲线就是垄断厂商所面临的需求曲线，它是一条向右下方倾斜的曲线。仍假定厂商的销售量等于市场的需求量，于是，向右下方倾斜的垄断厂商的需求曲线表示：垄断厂商可以通过减少销售量的办法来提高市场价格，也可以通过增加销售量的办法来压低市场价格，即垄断厂商可以通过改变销售量来控制市场价格，而且，垄断厂商的销售量与市场价格成反方向的变动。

7. 在垄断竞争市场中 d 需求曲线表示：在垄断竞争生产集团中的某个厂商改变产品价格，而其他厂商的产品价格都保持不变时，该厂商的产品价格和销售量之间的关系。在垄断竞争市场中 D 需求曲线表示：在垄断竞争生产集团中的某个厂商改变产品价格，而且集团内的其他所有厂商也使产品价格发生相同变化时，该厂商的产品价格和销售量之间的关系。

六、计算题

1.（1）由 $\mathrm{TC}=Q^2-10Q+30$，得 $\mathrm{MC}=2Q-10$。

由 $Q_d=15-P$，得 $P=15-Q$，所以 $\mathrm{MR}=15-2Q$。由 $\mathrm{MC}=\mathrm{MR}$，即 $2Q-10=15-2Q$，得均衡产量 $Q=\frac{25}{4}$，均衡价格 $P=\frac{35}{4}$，利润 $\pi=PQ-\mathrm{TC}=\frac{35}{4}\times\frac{25}{4}-\left(\frac{25}{4}\right)^2+10\times\frac{25}{4}-30=\frac{385}{8}$。

（2）①由 $\mathrm{TC_A}=Q_A^2-10Q_A+30$，得 $\mathrm{MC_A}=2Q_A-10$。

由 $\mathrm{TC_B}=Q_B^2-4Q_B+10$，得 $\mathrm{MC_B}=2Q_B-4$，由反需求函数 $P=15-Q=15-(Q_A+Q_B)$，得 $\mathrm{TR_A}=[15-(Q_A+Q_B)]\cdot Q_A$，$\mathrm{TR_B}=[15-(Q_A+Q_B)]\cdot Q_B$，所以 $\mathrm{MR_A}=15-2Q_A-Q_B$，$\mathrm{MR_B}=15-Q_A-2Q_B$。

由 $\mathrm{MR_A}=\mathrm{MC_A}$，$\mathrm{MR_B}=\mathrm{MC_B}$，得 $Q_A=5.4$，$Q_B=3.4$。

市场价格 $P=15-Q=15-(Q_A+Q_B)=6.2$，利润 $\pi_A=P\cdot Q_A-\mathrm{TC_A}=28.32$，$\pi_B=P\cdot Q_B-\mathrm{TC_B}=13.12$。

②两公司共谋形成卡特尔的总利润

$$\pi=PQ-\mathrm{TC_A}-\mathrm{TC_B}$$
$$=(15-Q_A-Q_B)(Q_A+Q_B)-(Q_A^2-100Q_A+30)-(Q_B^2-4Q_B+10)$$

由 $\frac{\partial \pi}{\partial Q_A}=15-2Q_A-Q_B-Q_B-2Q_A+10=0$， $\frac{\partial \pi}{\partial Q_B}=15-Q_A-2Q_B-Q_A-2Q_B+4=0$，得 $Q_A=\frac{35}{6}$，$Q_B=\frac{11}{6}$。

市场价格 $P=15-Q_A-Q_B=\frac{22}{3}$，利润 $\pi_A=P\cdot Q_A-TC_A=37.08$，$\pi_B=P\cdot Q_B-TC_B=TC_B=7.42$。

2. 因为 $SMC=\frac{dSTC}{dQ}=0.6Q^2-24Q+280$，且由 $TR=P(Q)\cdot Q=(300-6.5Q)Q=300Q-6.5Q^2$，得 $MR=\frac{dTR}{dQ}=300-13Q$。

于是，根据垄断厂商短期利润最大化的原则 MR＝SMC，有

$$0.6Q^2-24Q+280=300-13Q$$

整理得 $6Q^2-110Q-200=0$，解得 $Q=20$（负值舍去）。

以 $Q=20$ 代入反需求函数，得 $P=150-3.25Q=150-3.25\times20=85$，所以该垄断厂商的短期均衡产量为 $Q=20$，均衡价格为 $P=85$。

3.（1）根据 $LTC=0.001Q^3-0.51Q^2+200Q$ 可得 $LAC=0.001Q^2-0.51Q+200$，$LMC=\frac{dLTC}{dQ}=0.003Q^2-1.02Q+200$。

且已知与实际需求 D 曲线相对应的反需求函数为 $P=238-0.5Q$。

由于在垄断竞争厂商利润最大化的长期均衡时，D 曲线与 LAC 曲线相切（因为 $\pi=0$），即有 $LAC=P$，于是有 $0.001Q^2-0.51Q+200=238-0.5Q$。

解得 $Q=200$（负值舍去）。

以 $Q=200$ 代入实际需求函数，得 $P=238-0.5\times200=138$。

所以，该垄断竞争厂商实现利润最大化长期均衡时的产量 $Q=200$，价格 $P=138$。

（2）将 $Q=200$ 代入长期边际成本 LMC 函数，得

$$LMC=0.003Q^2-1.02Q+200=0.003\times200^2-1.02\times200+200=116$$

因为厂商实现长期利润最大化时必有 MR＝LMC，所以，亦有 MR＝116。再根据公式 $MR=P\left(1-\frac{1}{E_d}\right)$，得 $116=138\left(1-\frac{1}{E_d}\right)$，解得 $E_d\approx6$。

所以厂商长期均衡时主观需求 d 曲线上的需求的价格点弹性 $E_d\approx6$。

七、论述题

1. 在短期内，垄断竞争厂商是在现有的生产规模下通过对产量和价格的调整，来实现 MR＝SMC 的均衡条件。

在答图 7-2（a）中，SAC 曲线和 SMC 曲线表示代表性企业的现有生产规模，d 曲线和 D 曲线表示代表性企业的两种需求曲线，MR_1 曲线是相对于 d_1 曲线的边际收益曲线，MR_2 曲线是相对于 d_2 曲线的边际收益曲线。假定代表性企业最初在 d_1 曲线和 D 曲

线相交的 A 点上进行生产。就该企业在 A 点的价格和产量而言，与实现最大利润的 $MR_1=SMC$ 的均衡点 E_1 所要求的产量 Q_1 和价格 P_1 相差很远。于是，该厂商决定将生产由 A 点沿着 d_1 需求曲线调整到 B 点，即将价格降低为 P_1，将产量增加为 Q_1。

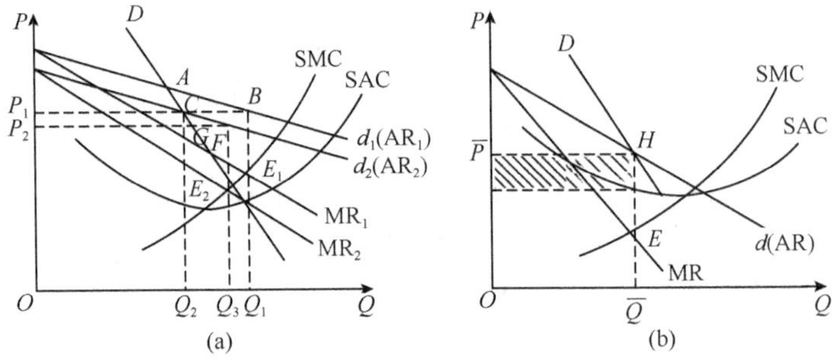

答图 7-2

由于生产集团内每一个企业所面临的情况都是相同的，而且，每个企业都是在假定自己改变价格而其他企业不会改变价格的条件下采取了相同的行动，即都把价格降为 P_1，都计划生产 Q_1 的产量。事实上，当整个市场的价格下降为 P_1 时，每个企业的产量都毫无例外的是 Q_2（取决于份额需求曲线 D），而不是 Q_1（取决于主观需求曲线 d）。也就是说，首次降价的结果是使代表性企业的经营位置 A 点沿 D 曲线运动到 C 点，相应地，每个企业的 d_1 曲线也都向下平移到过 C 点的 d_2 曲线的位置。在 C 点位置上，d_2 曲线与 D 曲线相交，相应的边际收益曲线为 MR_2。很清楚地，C 点上的代表性企业的产品价格 P_1 和产量 Q_2 仍然不符合在新的市场价格水平下的 $MR_2=SMC$ 的均衡点 E_2 上的价格 P_2 和产量 Q_3 的要求（F 点的价格和产量）。因此，该企业又会再一次降价。与第一次降价相似，每一个企业按自己的主观预期将沿着 d_2 曲线由 C 点运动到 F 点；而事实上，整个生产集团内的每个厂商都将沿着市场份额需求曲线 D 由 C 点运动到 G 点。相应地，d_2 曲线向下平移到过 G 点的位置，并与 D 曲线相交。以此类推，代表性企业为实现 $MR=SMC$ 的利润最大化的原则，会继续降低价格，d 曲线会沿着 D 曲线不断向下平移，并在每一个新的市场价格水平与 D 曲线相交。

上述的过程一直要持续到代表性企业没有理由再继续降价为止，即一直要持续到企业所追求的 $MR=SMC$ 的均衡条件实现为止。如答图 7-2（b）所示，代表性企业连续降价行为的最终结果，将使得 d 曲线和 D 曲线相交点 H 上的产量和价格，恰好是 $MR=SMC$ 时的均衡点 E 所要求的产量 $\overline{Q}$ 和价格 $\overline{P}$。此时，企业便实现了短期均衡，并获得了利润，其利润量相当于图中的阴影部分面积。当然，垄断竞争厂商在短期均衡点上并非一定能获得最大的利润，也可能是最小的亏损。这取决于均衡价格是大于还是小于 SAC。在企业亏损时，只要均衡价格大于 AVC，企业在短期内总是继续生产的；只要均衡价格小于 AVC，企业在短期内就会停产。

2. 根据厂商理论，市场可以分为完全竞争市场、垄断竞争市场、寡头市场和垄断市场，它们的具体特征如下。

（1）完全竞争市场的主要特点：①市场上有大量的买者和卖者，每一个消费者和每一个厂商对市场价格没有任何的控制力量，他们每一个人都只能被动地接受既定的市场价格，他们被称为价格接受者。②市场上每一个厂商提供的商品都是完全同质的，即厂商之间提供的商品是完全无差别的，产品具有完全的替代性，消费者对购买哪一个生产者的商品不存在偏好，唯一影响消费者选择的因素是价格。③所有的资源具有完全的流动性，这意味着厂商进入或退出一个行业是完全自由和毫无困难的。所有资源可以在各厂商之间和各行业之间完全自由地流动，不存在任何障碍。④信息是完全的，即市场上的每一个买者和卖者都掌握与自己的经济决策有关的一切信息。

（2）垄断竞争市场是这样一种市场组织，一个市场中有许多厂商生产和销售有差别的同种产品，是介于完全竞争与完全垄断的一种市场结构，其主要特征为：①在生产集团中有大量的企业生产有差别的同种产品，这些产品彼此之间都是非常接近的替代品；②一个生产集团中的企业数量非常多，以至于每个厂商都认为自己的行为的影响很小，不会引起竞争对手的注意和反应，因而自己也不会受到竞争对手的任何报复措施的影响；③厂商的生产规模比较小，因此，进入和退出一个生产集团比较容易。垄断竞争厂商普遍存在于零售业、手工业与印刷业等行业。

（3）寡头市场又称寡头垄断市场，它是指少数几家厂商控制整个市场的产品生产和销售的一种市场组织。它的基本特征为：①厂商数量不多，每个厂商在市场中都具有重要地位，对其产品价格有很大的影响力；②厂商之间相互依存、相互影响，任一厂商进行决策时都会将竞争者的反应考虑在内，因而它们既不是价格的制定者，也不是价格的接受者，而是价格的寻求者；③这种相互依存的关系使寡头厂商产品的需求曲线具有不确定性，所以寡头厂商无法找到自己产品的需求曲线。

（4）垄断市场是指整个行业中只有一个厂商的市场组织。其主要特征为：①市场上只有一个厂商生产和销售商品；②该厂商生产和销售的商品没有任何相近的替代品；③其他任何厂商进入该行业都极为困难或不可能。

3.（1）完全竞争市场在均衡条件下的产量情况。

在长期中，长期生产要素投入量是可变的，完全竞争厂商通过对全部生产要素投入量的调整来实现利润最大化。

在完全竞争市场价格给定的条件下，厂商在长期生产中对全部生产要素投入量的调整可以表现为两个方面：一是对最优生产规模的选择，二是对进入或退出一个行业的决策。在长期中，厂商达到长期均衡时，P=AR=MR=LMC=SMC=SAC，利润为 0，长期均衡使得价格等于最低长期平均成本。如答图 7-3 所示。

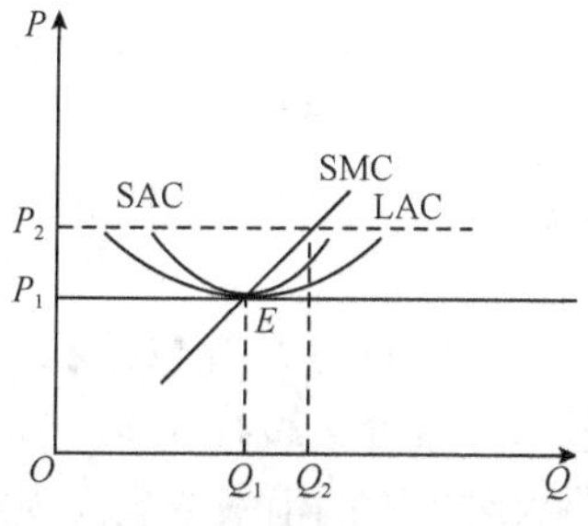

答图 7-3

可以看出，当完全竞争市场达到长期均衡时，该厂商不仅在长期平均成本最低点生产，而且在短期也在平均成本最低点生产。这说明，在完全竞争情况下的生产规模和产量都是适度的，短期平均成本也是最小的。厂商在这种状态下从事生产活动，垄断利润为 0，因而社会资源能够得到最佳配置和获得充分的利用。另外，由于完全竞争的作用，可以使均衡价格降低到最低点从而消费者也可以从中获得福利，所以完全竞争市场模型被认为是一种理想的经济模型。

（2）古诺双寡头市场在均衡条件下的产量情况。

在寡头市场上，厂商的需求曲线不太确定，没有统一寡头厂商均衡模型。一般认为，寡头市场是与垄断市场比较相似的市场组织。在长期均衡时，寡头厂商的产品的均衡价格比较高、产品的均衡产量比较低。

（3）独家垄断市场在均衡条件下的产量情况。

垄断厂商为了获得最大利润，也必须遵循 MR＝MC 的原则，MR 与 MC 的交点所对应的产量即为均衡条件下的产量。在垄断厂商利润最大化 MR＝MC 条件下，垄断厂商的产量低于竞争性市场情况下的产量。因此是帕累托低效率的。

（4）比较分析。

完全竞争市场、完全垄断市场和寡头市场的简要比较如答表 7-1 所示。

答表 7-1　三种市场类型的比较

市场类型	均衡条件（MR＝MC）		评价
	短期均衡	长期均衡	
完全竞争市场	*P*＝MR＝AR MR＝MC	*P*＝LMC＝SMC *P*＝LAC＝SAC	成本低 价格低 最有效率
完全垄断市场	MR＝MC	MR＝LMC＝SMC 有超额利润	成本与价格高，产量低
寡头市场	在古诺双寡头市场中，一个厂商的产量取决于另外一个厂商产量决策，可联立反应函数求得		产量位于完全竞争和完全垄断之间

八、案例分析

案例一：

（1）在有些情况下，垄断厂商会对同一种产品收取不同的价格，这种做法往往会增加垄断厂商的利润。以不同价格销售同一种产品，被称为价格歧视。

垄断厂商实行价格歧视，必须具备以下两个基本条件。

第一，市场的消费者具有不同的偏好，且这些不同的偏好可以被区分开。这样，厂商才有可能对不同的消费者或消费群体收取不同的价格。

第二，不同的消费者群体或不同的销售市场是相互隔离的。这样就排除了中间商由低价处买进商品，转手又在高价处出售商品而从中获利的情况。价格歧视可以分为一级价格歧视、二级价格歧视和三级价格歧视，下面分别予以介绍。

厂商对每一单位产品都按消费者所愿意支付的最高价格出售，就是一级价格歧视。一级价格歧视也被称作完全价格歧视。二级价格歧视不如一级价格歧视那么严重。一级价格歧视要求垄断者对每一单位的产品都制定一个价格，而二级价格歧视只要求对不同的消费数量段规定不同的价格。垄断厂商对同一种产品在不同的市场上（或对不同的消费群）收取不同的价格，就是三级价格歧视。

（2）航空公司对于在两个城市间往返、但在对方城市停留时间不同的乘客收取不同费用的行为属于三级价格歧视，垄断厂商对同一种产品在不同的市场上（或对不同的消费群）收取不同的价格，就是三级价格歧视。

下面具体分析三级价格歧视的做法。分析中假定某垄断厂商在两个分割的市场上出售同种产品。

首先，厂商应该根据 $MR_2=MR_2=MC$ 的原则来确定产量和价格。其中，MR_1 和 MR_2 分别表示市场 1 和市场 2 的边际收益，MC 表示产品的边际成本。这是因为，第一，就不同的市场而言，厂商应该使各个市场的边际收益相等。只要各市场之间的边际收益不相等，厂商就可以通过不同市场之间的销售量的调整，来获得更大的利益。例如，当 $MR_1>MR_2$ 时，厂商自然会减少市场 2 的销售量而增加市场 1 的销售量，以获得更大的利益。这种调整一直会持续到 $MR_1=MR_2$ 为止。第二，厂商应该使生产的边际成本 MC 等于各市场的边际收益。只要两者不等，厂商就可以通过增加或减少产量来获得更大的利益，直至实现 $MR_1=MR_2=MC$ 的条件。

其次，根据 $MR=P\left(1-\frac{1}{E_d}\right)$，在市场 1 有 $MR_1=P_1\left(1-\frac{1}{E_{d_1}}\right)$，在市场 2 有 $MR_2=P_2\left(1-\frac{1}{E_{d_2}}\right)$，再根据 $MR_1=MR_2$ 可得 $P_1\left(1-\frac{1}{E_{d_1}}\right)=P_2\left(1-\frac{1}{E_{d_2}}\right)$，整理可得 $\frac{P_1}{P_2}=\frac{1-\frac{1}{E_{d_2}}}{1-\frac{1}{E_{d_1}}}$，由此可得三级价格歧视要求厂商在需求的价格弹性小的市场上制定较高的产品价格，在需求的价格弹性大的市场上制定较低的产品价格。实际上，对价格变化反应不敏感的消费者制定较高的价格，而对价格变化反应敏感的消费者制定较低的价格，是有利于垄断者获得更大的利润的。

案例二：

（1）垄断市场是指整个行业中只有一个厂商的市场组织。具体地说，垄断市场的条件主要有三点：第一，市场上只有一个厂商生产和销售商品；第二，该厂商生产和销售的商品没有任何相近的替代品；第三，其他所有厂商进入该行业都极为困难或不可能。在这样的市场中，排除了所有的竞争因素，独家垄断厂商控制了整个行业的生产和市场的销售，所以，垄断厂商可以控制和操纵市场价格。

形成垄断的原因主要有以下几个：第一，独家厂商控制了生产某种商品的全部资源或基本资源的供给。这种对生产资源的独占，排除了经济中的其他厂商生产同种产品的可能性。第二，独家厂商拥有生产某种商品的专利权。这便使得独家厂商可以在一定的时期内垄断该产品的生产。第三，政府的特许。政府往往在某些行业实行垄断的政策，如铁路运输部门、供电供水部门等，于是，独家企业就成了这些行业的垄断者。第四，自然垄断。有些行业的生产具有这样的特点：一方面，企业生产的规模经济需要在一个很大的产量范围和相应的很大的资本设备的生产运行水平上才能得到充分的体现，以至于整个行业的产量只有由一个企业来生产时才有可能达到这样的生产规模。而另一方面，只要发挥这一企业在这一生产规模上的生产能力，就可以满足整个市场对该种产品的需求。在这类产品的生产中，行业内总会有某个厂商凭借雄厚的经济实力和其他优势，最先达到这一生产规模，从而垄断了整个行业的生产和销售。这就是自然垄断。如同完全竞争市场一样，垄断市场的假设条件也很严格。在现实的经济生活里，垄断市场几乎是不存在的。在西方经济学中，由于完全竞争市场的经济效率被认为是最高的，从而完全竞争市场模型通常被用来作为判断其他类型市场的经济效率高低的标准，那么，垄断市场模型就是从经济效率最低的角度来提供这一标准的。

（2）垄断常常导致资源配置缺乏效率。此外，垄断利润通常也被看成是不公平的。这就使得有必要对垄断进行政府干预。政府对垄断的干预是多种多样的。一般可以分为政府对垄断价格和垄断产量的管制以及制定反垄断法。案例中是用反垄断法来干预茅台酒垄断。

政府对垄断的更加强烈的反应是制定反垄断法或反托拉斯法。西方很多国家都不同程度地制定了反托拉斯法，其中，最为突出的是美国。

美国的这些反托拉斯法规定，限制贸易的协议或共谋、垄断或企图垄断市场、兼并、排他性规定、价格歧视、不正当的竞争或欺诈行为等，都是非法的。例如，《谢尔曼法》规定：任何以托拉斯或其他形式进行的兼并或共谋，任何限制州际或国际的贸易或商业活动的合同，均属非法；任何人垄断或企图垄断，或同其他个人或多人联合或共谋垄断州际或国际的一部分商业和贸易的，均应认为是犯罪。违法者要受到罚款和（或）判刑。《克莱顿法》修正和加强了《谢尔曼法》，禁止不公平竞争，宣布导致削弱竞争或造成垄断的不正当做法为非法。

这些不正当的做法包括价格歧视、排他性或限制性契约、公司相互持有股票和董事会成员相互兼任。《联邦贸易委员会法》规定：建立联邦贸易委员会作为独立的管理机构，授权防止不公平竞争以及商业欺骗行为，包括禁止伪假广告和商标等。《罗宾逊-帕特曼法》宣布卖主为消除竞争而实行的各种形式的不公平的价格歧视为非法，以保护独立的零售商和批发商。《惠特-李法》修正和补充了《联邦贸易委员会法》，宣布损害消费者利益的不公平交易为非法，以保护消费者。《塞勒-凯弗维尔法》补充了《谢尔曼法》，宣布任何公司购买竞争者的股票或资产从而实质上减少竞争或企图造成垄断的做法为非法。《塞勒-凯弗维尔法》禁止一切形式的兼并，包括横向兼并、纵向兼并和混合兼并。这类兼并指大公司之间的兼并和大公司对小公司的兼并，而不包括小公司之间的兼并。美国反托拉斯法的执行机构是联邦贸易委员会和司法部反托拉斯局。前者主要反对不正当的贸易行为，后者主要反对垄断活动。对犯法者可以由法院提出警告、罚款、改组公司直至判刑。

第八章参考答案及解析

一、单项选择题

1. B【解析】派生需求又称引致需求，是指由于消费者对产品的需求而引起企业对生产要素的需求，这种需求来自厂商。相对而言，消费者对产品的需求称为直接需求。在生产要素市场上，需求来自企业，而企业购买生产要素是为了生产，从中获得利润。题目中消费者对于汽车的需求引起生产汽车的企业对于劳动要素的需求属于派生需求，故选 B 项。

2. C【解析】当同时满足两个条件：第一，要素的边际产品曲线不受要素价格变化的影响；第二，产品价格不受要素价格变化的影响时，要素需求曲线等于边际产品价值曲线，故选 C 项。

3. A【解析】闲暇价格即工资的上升会大大增加消费者的收入水平。因此，闲暇价格变化的收入效应较大。本题中日工资增长翻了一番，而月工资增加相对较少，显然收入效应＞替代效应。

4. C【解析】利润最大化要求任何经济活动的边际收益和边际成本必须相等。这一点不仅适用于产品数量的决定，而且也适用于要素使用量的决定。厂商使用要素的原则是利润最大化在要素使用问题上的具体化，它可以简单地表述为：使用要素的边际成本和相应的边际收益相等。

5. D【解析】当工资的提高使人们富足到一定的程度以后，人们会更加珍视闲暇。因此，当工资达到一定高度而又继续提高时，人们的劳动供给量不但不会增加，反而会减少。于是劳动供给曲线在较高的工资水平上开始向后弯曲。

6. A【解析】作为与劳动和土地并列的一种生产要素，资本的独特特点可以概括如下：第一，它的数量是可以改变的，即它可以通过人们的经济活动生产出来；第二，它之所以被生产出来，其目的是以此获得更多的商品和劳务；第三，它是作为投入要素，即通过用于生产过程来得到更多的商品和劳务的。

7. B【解析】因为假定土地只有一种用途即生产性用途，而没有自用用途，所以土地的供给曲线为垂直于横轴 q 的直线。

8. D【解析】经济租金是要素收入（或价格）的一个部分，该部分并非为获得该要素于当前使用中所必需，它代表着要素收入中超过其在其他场所可能得到的收入部分。简而言之，经济租金等于要素收入与其机会成本之差。

9. B【解析】资本与土地及劳动的一个根本区别在于：资本的数量是可以变化的，即它可以被人们的经济活动创造出来，而土地和劳动则是“自然给定”的。这个根本区别使得资本的供给问题完全不同于土地和劳动的供给问题。在有关土地和劳动的场合，所要研究的是资源所有者如何将既定的土地或劳动在要素供给和保留自用之间进行选择。

10. C【解析】生产服务的源泉不同于生产服务本身。例如，劳动服务的源泉是人类或劳动者，但劳动服务却是用“人-时”（或代表劳动者在某个特定时期工作的其他单位）来衡量的；同样，土地是生产服务的源泉，但该生产服务本身却是用“公顷—年”（使用 1 公顷土地 1 年）之类的单位来衡量的。类似的区别也适用于资本，如建筑物和机器作为源泉也不同于它们所提供的服务。

11. A【解析】准租金就是对供给量暂时固定的生产要素的支付，即固定生产要素的收益。所以准租金明显大于厂商的总利润。

12. D【解析】与一般的供给曲线不同，劳动供给曲线具有一个鲜明的特点，即它具有一段“向后弯曲”的部分。当工资较低时，随着工资的上升，消费者为较高的工资吸引将减少闲暇，增加劳动供给量。在这个阶段，劳动供给曲线向右上方倾斜。但是，工资上涨对劳动供给的吸引力是有限的。当工资上涨到一定程度时，消费者的劳动供给量达到最大。此时如果继续增加工资，劳动供给量非但不会增加，反而会减少。于是劳动供给曲线从此处起开始向后弯曲。

13. A【解析】厂商使用要素的原则可以简单地表述为：使用要素的边际成本和相应的边际收益相等。

14. B【解析】劳动供给涉及消费者对其拥有的既定时间资源的分配，可以简单地划分为劳动时间和闲暇时间。

15. B【解析】根据边际生产力递减这一性质，随着要素价格的上升，厂商对要素的最佳使用量即需求量将下降。因此，完全竞争厂商的要素需求曲线与其边际产品价值曲线一样向右下方倾斜。

16. A【解析】边际产品价值 VMP 与产品的边际收益 MR 的区别：产品的边际收益或者简称边际收益通常是对产量而言，故称为产品的边际收益；边际产品价值则是对要素而言，是要素的边际产品价值。

17. C【解析】边际产品价值函数与边际产品函数的相对位置关系取决于产品价格是大于 1 还是小于或等于 1。如果产品价格大于 1，则对于给定的某个要素数量，边际产品价值大于边际产品，因而整个边际产品价值曲线高于边际产品曲线。如果产品价格小于 1，则情况恰好相反，边际产品价值曲线将位于边际产品曲线的下方。特别是，产品价格恰好等于 1 时，边际产品价值退化为边际产品，两条曲线完全重合。

18. D【解析】随着要素价格的上升，厂商对要素的最佳使用量即需求量将下降。因此，完全竞争厂商的要素需求曲线与其边际产品价值曲线一样向右下方倾斜。

19. A【解析】要素边际产品 MP 与既定产品价格 P 的乘积 $\mathrm{MP}\cdot P$ 显然就表示增加使用 1 单位要素所增加的收益。这就是完全竞争厂商使用生产要素的边际收益。

20. A【解析】要素供给效用最大化条件为：作为要素供给的资源的边际效用要与作为保留自用的资源的边际效用相等。

如果要素供给的边际效用小于保留自用的边际效用，则可以将原来用于要素供给的资源转移 1 单位到保留自用上去从而增大总的效用。之所以能够如此，是因为减少 1 单位要素供给所损失的效用要小于增加 1 单位保留自用资源所增加的效用。反之，如果要素供给的边际效用大于保留自用的边际效用，则可以反过来，将原来用于保留自用的资源转移 1 单位到要素供给上去。根据同样的道理，这样改变的结果亦将使总的效用增大。由于边际效用是递减的，上述调整过程可以最终达到均衡状态，即要素供给的边际效用和保留自用的边际效用相等。

21. D【解析】准租金为固定总成本与经济利润之和。当经济利润为 0 时，准租金便等于固定总成本。当然，准租金也可能小于固定总成本——当厂商有经济亏损时。

22. C【解析】假定闲暇的价格即工资上涨，相对于其他商品而言，闲暇这个商品现在变得更加“昂贵”（其机会成本上升）。于是消费者减少对它的“购买”，而转向其他替代商品。因此，由于替代效应，闲暇需求量与闲暇价格反方向变化。这一点与其他正常商品一样。

23. D【解析】基尼系数是衡量一个国家或地区收入分配平均程度的一个重要指标，当基尼系数为0时收入分配绝对平均，当基尼系数为1时收入分配绝对不平均；实际的基尼系数总是大于0而小于1的，基尼系数越小收入分配越平均，相反基尼系数越大收入分配越不平均。

24. B【解析】土地的自然供给即自然赋予的土地数量是（或者假定是）固定不变的：它不会随土地价格即地租的变化而变化，所以地租上涨是因为对于土地的需求不断增加。

25. B【解析】我们之所以得到土地供给曲线垂直的结论，并不是因为自然赋予的土地数量是（或假定是）固定不变的，而是因为我们假定了土地只有一种用途即生产性用途，而没有自用用途。如果土地只有生产性用途，则它对该用途的供给曲线当然是垂直的。

26. D【解析】一般来说，随着利率的上升，人们的储蓄也会被诱使增加，从而曲线向右上方倾斜。但与劳动供给曲线的情况不同，当利率处于很高水平之上时，贷款曲线亦可能出现向后弯曲的现象。

27. C【解析】要素收入的减少不会减少该要素的供给量。据此，也可以将租金看成这样一种要素收入：其数量的减少不会引起要素供给量的减少。有许多要素的收入尽管从整体上看不同于租金，但其收入的一部分却可能类似于租金，亦即如果从该要素的全部收入中减去这一部分并不会影响要素的供给。我们将这一部分要素收入称作“经济租金”。

28. B【解析】闲暇商品完全与众不同。假定其他条件不变时，对于一般商品，价格上升意味着消费者实际收入下降，但闲暇价格的上升却相反，意味着实际收入的上升。因为消费者此时享有同样的闲暇即提供同样的劳动量可以获得更多的收入。随着收入的增加，消费者将增加对商品的消费，从而亦增加对闲暇商品的消费。结果，由于收入效应，闲暇需求量与闲暇价格的变化方向相同。

29. C【解析】随着要素价格的上升，厂商对要素的最佳使用量即需求量将下降。因此，完全竞争厂商的要素需求曲线与其边际产品价值曲线一样向右下方倾斜。

二、多项选择题

1. ABCD【解析】和完全竞争产品市场一样，完全竞争要素市场的基本性质可以描述为：要素的供求双方人数都很多；要素没有任何区别；要素供求双方都具有完全的信息；要素可以充分自由地流动；等等。

2. ABC【解析】不完全竞争厂商包括如下三种情况：第一，在产品市场上完全竞争，但在要素市场上不完全竞争；第二，在要素市场上完全竞争，但在产品市场上不完全竞争；第三，在产品市场和要素市场上都不完全竞争。

3. ABC【解析】劳动供给曲线位置的变化有如下几个原因：第一，非劳动收入即财富。较多的财富增加了消费者保留时间以自用的能力，从而减少了他的劳动供给。第二，社会习俗。如某些社会中不容许妇女参加工作而只能做家务，改变这个习俗将大大增加劳动供给。第三，人口。人口的总量及其年龄、性别构成显然对劳动供给有重大影响。

4. ABC【解析】劳动、土地和资本是西方经济学在传统上按职能划分的三种生产要素。

5. ABCD【解析】在日常生活中，资本常常被看成一个包罗万象的东西：它代表着一个经济系统的所有有形资源，包括劳动、人口以及一切有用之物。例如，消费品（如住房、家具等）、生产资料（如工厂、机器等），甚至现金余额和自然资源（如土地）。

6. AC【解析】要素需求曲线等于边际产品价值曲线的结论实际上要依赖于两个潜在假定：第一，要素的边际产品曲线不受要素价格变化的影响；第二，产品价格不受要素价格变化的影响。

7. BCD【解析】消费者对产品的需求称为直接需求，而厂商对于要素的需求则称为间接需求；引致需求又称派生需求，是指由于消费者对产品的需求而引起企业对生产要素的需求，这种需求来自厂商。

8. ABCD【解析】要素供给曲线可以向右上方倾斜，也可以垂直，甚至可以向右下方倾斜。其形状究竟如何取决于无差异曲线的形状，或者更具体地说，要取决于消费者效用函数 $U=U$（Y，1）的特点。

9. BD【解析】洛伦兹曲线和基尼系数是衡量一个国家或地区社会分配公平程度的重要分析工具。

10. BCD【解析】作为与劳动和土地并列的一种生产要素，资本的独特特点可以概括如下：第一，它的数量是可以改变的，即它可以通过人们的经济活动生产出来；第二，它之所以被生产出来，其目的是以此获得更多的商品和劳务；第三，它是作为投入要素，即通过用于生产过程来得到更多的商品和劳务的。

11. ABC【解析】劳动供给曲线位置的变化显然有如下几个原因：第一，非劳动收入即财富。较多的财富增加了消费者保留时间以自用的能力，从而减少了他的劳动供给。第二，社会习俗。如某些社会中不容许妇女参加工作而只能做家务，改变这个习俗将大大增加劳动供给。第三，人口。人口的总量及其年龄、性别构成显然对劳动供给有重大影响。

12. BC【解析】尽管要素的需求曲线与其边际产品价值曲线重合为一条线，但这同一条线在两个场合的含义却是截然不同的。首先，它包含的变量的含义不同。作为边际产品价值曲线，它的 L 表示要素使用量，而作为要素需求曲线，这个 L 却是表示最优要素使用量或要素需求量。其次，它反映的函数关系不同。在边际产品价值曲线场合，自变量为要素使用量 L，边际产品价值是要素使用量的函数，而在要素需求曲线场合，自变量却是要素价格，要素需求 L 是要素价格的函数。

13. ABCD【解析】在正式讨论土地（以及资本）的供给之前，有几个概念需要明确：第一，生产服务的源泉和生产服务本身。生产服务的源泉不同于生产服务本身。第二，源泉的供给（以及需求）和服务的供给（以及需求）。源泉的供求是指卖和买生产服务的“载体”；服务的供求则是指卖和买生产服务本身而非其“载体”。第三，源泉的价格和服务的价格。如果源泉和服务二者均可在市场上交易，就有两个价格，即源泉价格和服务价格。

14. BC【解析】在要素市场上，要素的需求来源于厂商，厂商对于要素的需求为引致需求，而产品市场需求是消费者的直接需求。

产品市场理论与要素市场理论相同点主要为：首先，在两个市场上中心问题是价格决定，而价格决定是通过供求均衡来实现的。其次，在两个市场上，对经济当事人的行为分析是一致的。

15. ABD【解析】在要素市场上，劳动生产要素的价格为工资，土地生产要素的价格为地租，资本生产要素的价格为利息。

16. AC【解析】边际产品价值曲线的位置高低取决于两个因素，即要素的边际产品函数 MP（L）和产品价格 P。随着价格水平的上升或要素的边际产品函数上升，边际产品价值曲线将向右上方移动。反之亦然。

17. BD【解析】厂商使用要素的原则是利润最大化在要素使用问题上的具体化，它可以简单地表述为：使用要素的边际成本和相应的边际收益相等。根据上面的讨论，在完全竞争条件下，厂商使用要素的边际成本等于要素价格 W，而使用要素的边际收益是所谓的边际产品价值 VMP，因此，完全竞争厂商使用要素的原则可以表示为：VMP＝W 或 MP・P＝W。

三、判断题

1. 错【解析】边际产品价值曲线的位置高低取决于两个因素，即要素的边际产品函数 MP（L）和产品价格 P。随着价格水平的上升或要素的边际产品函数上升，边际产品价值曲线将向右上方移动。反之亦然。边际产品价值函数与边际产品函数的相对位置关系则取决于产品价格是大于 1 还是小于或等于 1。如果产品价格大于 1，则对于给定的某个要素数量，边际产品价值大于边际产品，因而整个边际产品价值曲线高于边际产品曲线。如果产品价格小于 1，则情况恰好相反，边际产品价值曲线将位于边际产品曲线的下方。特别是，产品价格恰好等于 1 时，边际产品价值退化为边际产品，两条曲线完全重合。

2. 对【解析】根据要素市场完全竞争的假定，无论单个厂商如何改变要素使用量，要素价格均不受影响。假设给定一个要素价格 w_0，就有一条水平直线（仍然用 w_0 表示）；根据要素使用原则 VMP＝w，在图形上的表示就是 VMP 曲线与 w_0 曲线的交点 A。A 点表明，当要素价格为 w_0 时，要素需求量为 l_0，即边际产品价值曲线 VMP 上的 A 点亦是要素需求曲线上的一点。同样地，如果给定另外一个要素价格，则有另外一条水平直线与 VMP 曲线相交于另外一点。根据同样的分析即知，新的交点也是需求曲线上的一点。于是，在使用一个生产要素（以及不考虑其他厂商调整）的情况下，完全竞争厂商对要素的需求曲线与要素的边际产品价值曲线恰好重合。

3. 对【解析】假定一开始时，厂商使用的要素数量为最优数量，现在让要素价格上升，于是有 MP・P（L）＜w。为了重新恢复均衡，厂商必须调整要素使用量 L，使 MP（L）上升从而 MP・L（L）亦上升；而根据边际生产力递减这一性质，只有通过减少要素使用量才能达到这个目的。这样便得到了结论：随着要素价格的上升，厂商对要素的最佳使用量即需求量将下降。因此，完全竞争厂商的要素需求曲线与其边际产品价值曲线一样向右下方倾斜。

4. 错【解析】将所有单个消费者的劳动供给曲线水平相加，即得到整个市场的劳动供给曲线。尽管许多单个消费者的劳动供给曲线可能会向后弯曲，但劳动的市场供给曲线却不一定也是如此。在较高的工资水平上，现有的工人也许提供较少的劳动，但高工资会吸引新的工人进来，因而总的市场劳动供给一般还是随着工资的上升而增加，从而市场劳动供给曲线仍然是向右上方倾斜的。

5. 错【解析】生产服务的源泉不同于生产服务本身。例如，劳动服务的源泉是人类或劳动者，但劳动服务却是用“人—时”（或代表劳动者在某个特定时期工作的其他单位）来衡量的；同样，土地是生产服务的源泉，但该生产服务本身却是用“公顷—年”（使用 1 公顷土地 1 年）之类的单位来衡量的。类似的区别也适用于资本，如建筑物和机器作为源泉也不同于它们所提供的服务。

6. 对【解析】如果要素供给的边际效用小于保留自用的边际效用，则可以将原来用于要素供给的资源转移 1 单位到保留自用上去从而增大总的效用。之所以能够如此，是因为减少 1 单位要素供给所损失的效用要小于增加 1 单位保留自用资源所增加的效用。反之，如果要素供给的边际效用大于保留自用的边际效用，则可以反过来，将原来用于保留自用的资源转移1单位到要素供给上去。根据同样的道理，这样改变的结果亦将使总的效用增大。由于边际效用是递减的，上述调整过程可以最终达到均衡状态，即要素供给的边际效用和保留自用的边际效用相等。

7. 错【解析】经济租金的大小取决于要素供给曲线的形状。供给曲线越是陡峭，经济租金部分就越大。特别是，当供给曲线垂直时，全部要素收入均变为经济租金，它恰好等于租金或地租。由此可见，租金实际上是经济租金的一种特例，即当要素供给曲线垂直时的经济租金，而经济租金则是更为一般的概念，它不仅适用于供给曲线垂直的情况，也适用于不垂直的一般情况。在另一个极端上，如果供给曲线成为水平的，则经济租金完全消失。

8. 对【解析】工人的实际工资率为 $W/P=\text{MP}_L$，其中 MP_L 是工人边际产量。如果技术进步提高了工人边际产量 MP_L，那么将提高工人的实际工资。

9. 错【解析】边际收益产品指增加 1 单位某种要素投入所增加的收益，MR 是增加 1 单位产量所增加的收益，MRP＝MP · MR。

要素投入边际成本指增加 1 单位某种要素投入所增加的成本，MC 是增加 1 单位产量所增加的成本，MFC＝MP · MC。

10. 对【解析】设要素价格发生变化，根据其他厂商均不调整的假定，要素价格变化只引起厂商 m 的要素需求量和使用量的变化，从而只引起它的产品数量的变化。由于厂商 m 是产品市场上的完全竞争者，故其产量变化并不能改变产品的价格。如果允许其他厂商也进行调整，则情况将完全不同。现在要素价格变动不仅引起厂商 m 的要素需求量和使用量的变化，而且引起所有其他厂商的要素需求量和使用量变化，从而引起其产量的变动。尽管在完全竞争条件下，单个厂商的产量变化不影响价格，但全体厂商的产量都变化时却不是如此。要素价格变化所引起的全体厂商的产量变动将改变产品的供给曲线，从而在产品市场需求量不变时，改变产品的市场价格。产品价格的改变再反过来使每一个厂商 m 的边际产品价值曲线发生改变。于是，厂商的要素需求曲线也不再等于其边际产品价值曲线。

四、名词解释

1. 边际产品价值：边际产品 MP 与既定产品价格 P 的乘积 MP • P 就表示增加使用1单位要素所增加的收益。这就是完全竞争厂商使用生产要素的边际收益。为了与产品的边际收益概念相区别，通常把使用要素的边际收益叫作边际产品价值，并用 VMP 表示，即 VMP＝MP • P。

2. 要素供给的边际效用：所谓“间接效用”，就是要素供给通过收入与效用相联系。假设要素供给增量（如劳动供给增量）为 ΔL，由此引起的收入增量为 ΔY，而由收入增量所引起的效用增量为 ΔU，则：$\frac{\Delta U}{\Delta L}=\frac{\Delta U}{\Delta Y}\cdot\frac{\Delta Y}{\Delta L}$，取极限得：$\frac{\mathrm{d}U}{\mathrm{d}L}=\frac{\mathrm{d}U}{\mathrm{d}Y}\cdot\frac{\mathrm{d}Y}{\mathrm{d}L}$，即要素供给的边际效用等于要素供给的边际收入与收入的边际效用的乘积。一般来说，单个消费者不过是要素市场上众多要素所有者之一，即是要素市场上的完全竞争者。因此多提供或少提供一点要素供给量并不影响要素的市场价格。或者说，它所面临的要素需求曲线是一条水平线。在这种情况下，要素的边际收入显然就等于要素的价格，即有：$\frac{\mathrm{d}Y}{\mathrm{d}L}=w$，于是可得$\frac{\mathrm{d}U}{\mathrm{d}L}=w\cdot\frac{\mathrm{d}U}{\mathrm{d}Y}$，这便是完全竞争条件下消费者要素供给的边际效用公式。

3. 准租金：准租金以及特殊的地租均与资源的供给固定不变相联系。这里的固定不变显然对（经济学意义上的）短期和长期都适用。但是，在现实生活中，有些生产要素尽管在长期中可变，但在短期中却是固定的。例如，由于厂商的生产规模在短期不能变动，其固定生产要素对厂商来说就是固定供给的：它不能从现有的用途中退出而转到收益较高的其他用途中去，也不能从其他相似的生产要素中得到补充。这些要素的服务价格在某种程度上也类似于租金，通常被称为“准租金”。所谓准租金，就是对供给量暂时固定的生产要素的支付，即固定生产要素的收益。

4. 基尼系数：是 20 世纪初意大利经济学家基尼根据洛伦兹曲线来判断收入分配公平程度的指标，是国际上用来综合考察居民内部收入分配差异状况的一个重要分析指标。

如答图 8-1 所示，不平等面积（洛伦兹曲线 ODL 与 45° 线之间的面积 A）与完全不平等面积（OHL 与 45° 线之间的面积 $A+B$）之比，称为基尼系数，是衡量一个国家贫富差距的标准。若设 G 为基尼系数，则

$$G=\frac{A}{A+B}$$，显然基尼系数不会大于 1，也不会小于 0，即有 $0\leqslant G\leqslant 1$。

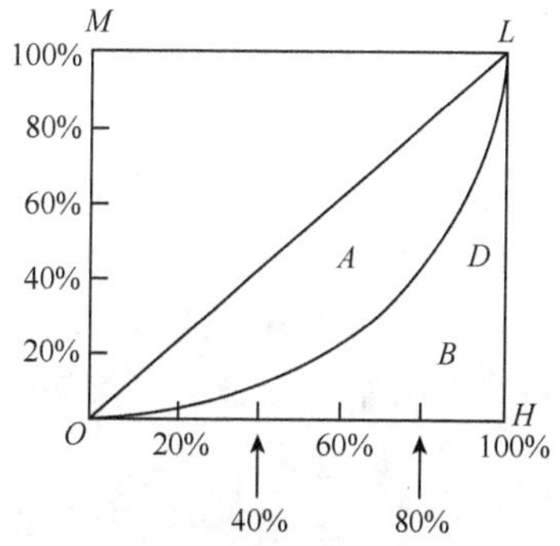

答图 8-1

可见，基尼系数是洛伦兹曲线与三角形斜边之间的面积与整个三角形的面积的比例。若 $A=0$，基尼系

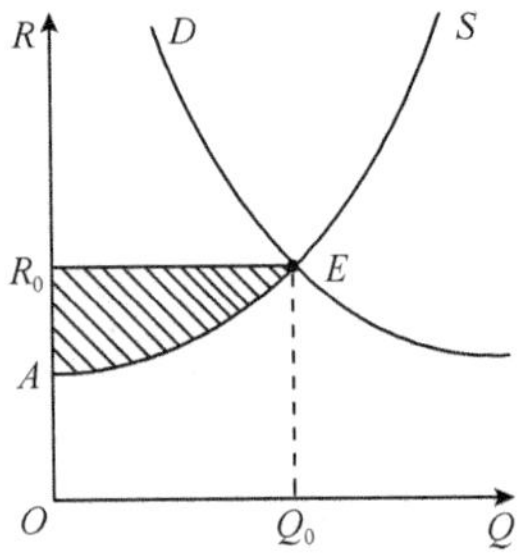

答图 8-2

数等于 0，收入绝对平均；若 $B=0$，基尼系数等于 1，收入绝对不平均，即全社会收入为一人所有。实际基尼系数在 0 与 1 之间。基尼系数越大，收入分配越不平均。

5. 经济租金：经济租金的几何解释类似于生产者剩余。答图 8-2 中要素供给曲线 S 以上、要素价格 R_0 以下的阴影区域 AR_0E 为经济租金。要素的全部收入为 OR_0EQ_0。但按照要素供给曲线，要素所有者为提供 Q_0 量要素所愿意接受的最低要素收入却是 $OAEQ_0$。因此，阴影部分 AR_0E 是要素的“超额”收益，即使去掉也不会影响要素的供给量。

6. 洛伦兹曲线：是指以它的发明者美国统计学家洛伦兹命名的用以描述社会收入分配平均程度的曲线。洛伦兹把社会居民依其收入多少分成若干等级，分别在横坐标和纵坐标上标明，连接每个等级人口占总人口的百分比和每个等级人口的收入占社会总收入的百分比所形成的一条曲线，就叫作洛伦兹曲线。

7. 引致需求：又称派生需求，是指由于消费者对产品的需求而引起企业对生产要素的需求，这种需求来自厂商。相对而言，消费者对产品的需求称为直接需求。企业对生产要素的需求不同于消费者对于商品的需求。在产品市场上，需求来自消费者，而消费者购买产品是为了自己的消费，从中获得满足，一次购买过程到此结束。与此不同，在生产要素市场上，需求来自企业，而企业购买生产要素是为了生产，从中获得利润。企业购买生产要素并不是一次经济行为的终结。一个企业能否获得利润并不取决于其自身，而是取决于消费者对其所生产的产品的需求，要看消费者是否愿意为其产品支付足够的价格。如果不存在消费者对产品的需求，则厂商就无法从生产和销售中获得收益，从而也不会去购买生产资料和生产产品。或者说，消费者对产品的直接需求，引致和派生了厂商对生产要素的需求。某一种生产要素的需求曲线的形态，是从使用这种生产要素的最终产品的需求曲线派生出来的。

当然，在要素市场上，生产要素的价格仍然取决于企业对于生产要素的需求、要素所有者对生产要素的供给以及二者的相互作用。例如，在劳动市场上，劳动者必须决定是否工作和工作多少，而每个企业则必须决定使用多少劳动。但是，不同于产品市场，企业对生产要素的需求源于要素的生产能力，源于要素生产出的产品的价值。

8. 租金：地租是当土地供给固定时的土地服务价格，因而地租只与固定不变的土地有关。但在很多情况下，不仅土地可以被看成是固定不变的，而且有许多其他资源在某些情况下，也可以被看成是固定不变的，如某些人的天赋才能，其供给是自然固定的。这些固定不变的资源也有相应的服务价格。这种服务价格显然与土地的地租非常类似。为与特殊的地租相区别，可以把这种供给数量同样固定不变的一般资源的服务价格叫作“租金”。换句话说，地租是当所考虑的资源为土地时的租金，而租金则是一般化的地租。

9. 利息：作为生产服务的源泉，资本本身具有一个市场价格，即资本价值。例如，一台机器、一幢建筑物在市场上可按一定价格出售；资本也与土地和劳动等其他要素一样，可以在市场上被租借（注意不是出售）出去。因此，作为生产服务有源泉，资本也有一个价格，即使用资本（或资本服务）的价格，或者说，资本所有权所得到的价格。这个价格通常称为利率，并用 r 来表示。

10. 欧拉定理：又称产量分配净尽定理，指在完全竞争条件下，假设长期中规模收益不变，则全部产品正好足够分配给各个要素。假设有两种生产要素劳动 L 和资本 K，生产函数为 $Q=Q(L, K)$，若规模报酬不变，则有：$Q=L\cdot\frac{\partial Q}{\partial K}+K\cdot\frac{\partial Q}{\partial K}$，这就是欧拉定理，它表明在所给条件下，全部产品 Q 恰好足够分配给劳动要素 L 和资本要素 K。其中 $\frac{\partial Q}{\partial K}$ 为资本的边际产品 MP_K，$\frac{\partial Q}{\partial L}$ 为劳动的边际产品 MP_L，因而欧拉定理也可以表示为：$Q=K\cdot MP_K+L\cdot MP_L$。

五、简答题

1. 厂商使用要素的原则是利润最大化在要素使用问题上的具体化，它可以简单地表述为：使用要素的“边际成本”和相应的“边际收益”相等。在完全竞争条件下，厂商使用要素的边际成本等于要素价格 W，而使用要素的边际收益是边际产品价值 VMP，因此，完全竞争厂商使用要素的原则可以表示为：$VMP=w$。当此原则或条件被满足时，完全竞争厂商达到利润最大化，此时使用的要素数量为最优要素数量。

当 $VMP\neq w$ 时，如果 $VMP>w$，则增加使用 1 单位生产要素所带来的收益就会大于所引起的成本，于是厂商将决定增加要素的使用以提高利润。随着要素使用量的增加，要素的价格不变，而要素边际产品及边际产品价值将下降，最终使 $VMP=w$。反之，如果 $VMP<w$，则减少使用 1 单位要素所损失的收益就会小于所节省的成本，因而厂商将决定减少要素的使用以提高利润。随着要素使用量的减少，要素的边际产品及边际产品价值将上升，最终也将达到 $VMP=w$。总的来说，不论是 VMP 大还是 w 大，只要二者不相等，厂商都未达到利润最大化，现有要素使用量都不是最优数量，厂商都将改变（增加或减少）要素使用量。只有当 $VMP=w$，即边际产品价值恰好等于要素价格时，厂商的要素使用量才使利润达到最大。

2. 对一般商品（不仅是正常品，还包括一部分劣质品）来说，收入效应通常要小于替代效应。消费者消费的商品有很多种，而每一种只占消费者预算上的很小部分，而且具有很相近的替代品。因此，单种商品价格变动通常对消费者收入并不造成很大影响，而却非常容易引起消费者的替代行为。而对于闲暇商品，情况却有所不同。消费者收入的大部分可能是来自劳动供给。假定其他因素不变，闲暇价格即工资的上升会大大提高消费者的收入水平。因此，闲暇价格变化的收入效应较大。如果原来的工资即闲暇价格较低，则此时工资稍稍上涨的收入效应不一定能抵消，更谈不上超过替代效应，因为此时的劳动供给量亦较小，从而由工资上涨引起的整个劳动收入增量（它等于工资增量与劳动供给量之乘积）并不很大；但如果工资已经处于较高水平（此时劳动供给量也相对较大），则工资上涨引起的整个劳动收入增量就很大，从而可以超过替代效应。于是劳动供给曲线在较高的工资水平上开始向后弯曲，即当工资的提高使人们富足到一定的程度以后，人们会更加珍视闲暇。因此，当工资达到一定高度而又继续提高时，人们的劳动供给量不但不会增加，反而会减少。

3. 边际产品价值是指其他条件不变的前提下，厂商增加 1 单位要素投入所增加的产品价值。它是一种投入品的边际产品乘以产品的价格，即 $\text{VMP}=P\cdot\text{MP}$，表示在完全竞争条件下，厂商增加使用 1 单位要素所增加的收益。

边际收益产品是指由于使用额外1单位投入品所带来的总收益的增加。它等于投入的边际产品乘以厂商的边际收益，用公式可表示为：$\text{MRP}=\text{MR}\cdot\text{MP}$。

相同点：二者都表示厂商增加1单位要素投入所带来额外产品价值，均可以用来衡量投入产出的大小。

不同点：二者的计算方法不同，$\text{VMP}=P\cdot\text{MP}$，$\text{MRP}=\text{MR}\cdot\text{MP}$。在完全竞争市场中，$P=\text{MR}$，因此 $\text{VMP}=\text{MRP}$。但是，在不完全竞争市场中，$P>\text{MR}$，因此 $\text{VMP}>\text{MRP}$。在图形中 MRP 曲线往往比 VMP 曲线更加陡峭。

4. 土地供给曲线垂直，即土地使用价格（租金）变化不影响土地供给量，并不是自然赋予的土地数量是固定不变的，而是假定土地只有一种生产性用途，而没有其他用途。事实上，任何一种资源，如果只用于某种用途，而不用于其他用途，即该用途的机会成本为 0，则即使该资源价格下降，它也不会转移到其他方面，即供给量不会减少，从而供给曲线垂直。如果土地对其所有者确有某些消费性用途（如打猎、做篮球场或建造私人花园等），则供给曲线就不可能垂直，而会略微向右上方倾斜。

5. 在日常生活中，资本常常被看成一个包罗万象的东西：它代表着一个经济系统的所有有形资源，包括劳动人口以及一切有用之物。例如，消费品（如住房、家具等）、生产资料（如工厂、机器等），甚至现金余额和自然资源（如土地）。显而易见，这个关于资本的“概念”并不适合我们在此分析的目的。如果以此作为定义，则资本不再是与劳动及土地并列的生产要素（因为它包括后两者），甚至也不再是生产要素（因为它包括消费商品）。作为与劳动和土地并列的一种生产要素，资本的独特特点可以概括如下：第一，它的数量是可以改变的，即它可以通过人们的经济活动生产出来；第二，它之所以被生产出来，其目的是以此而获得更多的商品和劳务；第三，它是作为投入要素，即通过用于生产过程来得到更多的商品和劳务的。由于第一个特点，资本便与其他两个生产要素即土地和劳动区别开来。因为土地和劳动均是“自然”给定的，不能由人们的经济活动生产出来；由于第二个及第三个特点，资本便与一切非生产要素的东西区别开来。例如，由于第二个特点，它不同于普通的消费商品，因为消费商品不能带来更多的商品和劳务，其价值仅等于自身而不能增值。再如由于第二个及第三个特点，它甚至也不同于单纯的储蓄，因为在现代社会中，单纯的储蓄本身仅仅意味着可贷资金的增加，如果这些资金并不实际贷出，则不能增值；即使贷出去，从而增值，也可能不是被用于生产过程。根据上述三个特点，可以将资本定义为：由经济制度本身生产出来并被用作投入要素以便进一步生产更多的商品和劳务的物品。

六、计算题

1.（1）均衡条件，$D_L=S_L$，即 $8000-100W=100W$，由此得均衡工资 $W=40$。

（2）如政府对工人提供的每单位劳动征收 10 美元的税收，则劳动供给曲线变为 $S_L'=100(W-10)$，由 $S_L'=D_L$，即 $100(W-10)=8000-100W$，得 $W=45$。

（3）征税后，厂商购买每单位劳动要支付的工资变为 45 美元，而不是征税前的 40 美元。两者之间的差额 5 美元即是厂商为每单位劳动支付的税收额。工人提供每单位劳动得到 45 美元，但有 10 美元要作为税收交给政府，所以仅能留下 40 美元。工人实际得到的单位工资与征税前相比也少了 5 美元。这 5 美元就是他们提供单位劳动而实际支付的税款。因此，厂商和工人恰好平均承担了政府征收的 10 美元税款。

（4）征税后的劳动雇佣量为：$100(W-10)=100(45-10)=3500$，政府征收到的税收总额为 $10\times3500=35\,000$（美元）。

2. 准租金 R_q 由下式决定：

$R_q=\text{TR}-\text{TVC}=\text{PQ}-\text{AVC}\times Q=(P-\text{AVC})Q=(30-16)\times100=1400$

经济利润 π 由下式决定：

$\pi=\text{TR}-\text{TC}=\text{TR}-(\text{TVC}+\text{TFC})=\text{PQ}-(\text{AVC}+\text{AFC})Q$

$=(P-\text{AVC}-\text{AFC})Q=(30-16-10)\times100=400$

3.（1）劳动力市场均衡时，$L^S=L^D$，即 $10W=60-10W$，解得 $W=3$，$L=30$。

所以不存在政府干预时，工资率为 3 元 / 小时，就业水平为 30 千万人 / 年。

（2）当政府规定最低工资为 4 元 / 小时，劳动力供给量为 $L^S=10W=40$，劳动需求量为 $L^D=60-10W=20$，所以就业人数会下降为 20 千万人，同时有 20 千万的失业人口。

（3）如果政府改为向每个就业者支付 1 元补贴，则劳动供给曲线为 $L^{S'}=10(W+1)$，劳动力市场均衡时 $10(W+1)=60-10W$，得 $W=2.5$，$L=35$。

此时就业水平提高到 35 千万人 / 年，企业支付的工资为 2.5 元 / 日，工人实际获得的工资为 3.5 元 / 日。

七、论述题

1. 如答图 8-3 所示，横轴 l 表示自用资源的数量，纵轴 Y 表示要素供给所带来的收入。因此，图中每一点均代表一个收入 y 和自用资源 l 的组合。U_0、U_1 和 U_2 是消费者的三条无差异曲线。在同一条曲线上，不同的点代表着相同的效用水平。与通常的无差异曲线一样，在这里，U_0、U_1 和 U_2 也假定为向右下方倾斜和凸向原点。这意味着，收入和自用资源都是“好商品”，多多益善，并且它们的重要程度均随数量的增加而下降；此外，较高的无差异曲线代表着较高的效用，即 $U_2>U_1>U_0$。

再设消费者在初始时拥有 L 单位的既定资源（如每天 24 小时）和 $\overline{Y}$ 单位的非要素收入（如财产收入），即他处于答图 8-3 中 E 点的位置。如果消费者将其全部初始资源 $\overline{L}$ 都作为生产要素供给市场，则所得到的要素收入就是 $L\cdot w$（w 为要素价格），从而其拥有的全部收入（要素收入加上非要素收入）就是 $K=\overline{L}\cdot w+\overline{Y}$。于是连接点 E 和纵轴上点 K 的直线显然就是该消费者的预算线。

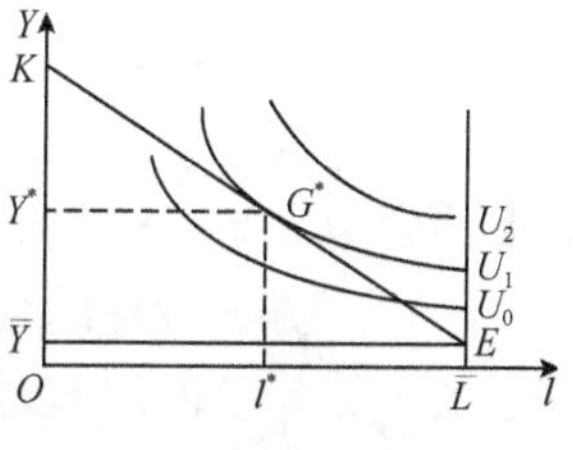

答图 8-3

在预算约束之下选择最优（使效用量最大）的收入 y 和自用资源 l 的组合。这个最优组合是预算线与无差异曲线 U_1 的切点 G^*，即消费者的效用最大化行为是在初始的全部资源 $\overline{L}$ 中，保留数量为 l^*的资源自用，而将其余的（$\overline{L}-l^*$）部分作为生产要素供给市场以获得收入，从而使自己的收入从初始的 $\overline{Y}$ 增加到 Y^*。

由答图 8-3 可知，最优点 G^*必须满足如下条件：无差异曲线的斜率等于预算线的斜率。预算线的斜率容易推得，它等于

$$-\frac{K-\overline{Y}}{\overline{L}}=-\overline{L}\cdot\frac{w}{\overline{L}}=-w$$

即预算线斜率是要素价格的相反数。

无差异曲线的斜率可以表示为收入增量与自用资源增量之比的极限值 $\mathrm{d}Y/\mathrm{d}l$，即收入对自用资源的导数。于是，最优点 G^*的必要条件可以写成为：$\mathrm{d}Y/\mathrm{d}l=-w$，两边同乘－1 得：$-\mathrm{d}Y/\mathrm{d}l=w$。

上式左边可称为资源供给的边际替代率，它表示：消费者为增加 1 单位自用资源所愿意减少的收入量；而右边的要素价格可以看成消费者为增加 1 单位自用资源所必须放弃的收入量。因此，消费者为增加 1 单位自用资源所愿意减少的收入量要等于必须放弃的收入量。

如果假定效用可以用基数来衡量，则资源供给的边际替代率 $\mathrm{d}Y/\mathrm{d}l$ 可以表示为自用资源和收入的边际效用之比：$-\frac{\mathrm{d}Y}{\mathrm{d}l}=\frac{\mathrm{MU}_l}{\mathrm{MU}_Y}$。

2.（1）一种商品价格变动所引起的该商品量变动的总效应可以被分解为收入效应和替代效应两个部分，即总效应＝收入效应＋替代效应。其中，由商品价格变动引起商品相对价格的变动，进而由商品的相对价格变动引起商品需求量的变动为替代效应。收入效应表示消费者的效应水平发生变化，替代效应则不改变消费者的效应水平。

（2）利率的变动对储蓄的影响有两个方面：①替代效应，当利率提高时，人们愿意暂时减少即期消费，增加储蓄，以期未来提高消费。因此替代效应使储蓄总量随利率上升而增加。②收入效应。利率上升意味着同样的储蓄获得更多的利息收入，收入的增加又会增加即期消费，因此收入效应使储蓄总量随利率上升而减少。由于储蓄最终的利润弹性方向及大小取决于这两个效应相抵消的结果，因此一般利率弹性较小。

（3）工资率变动对劳动供给产生的替代效应和收入效应使劳动供给曲线向后弯曲。劳动者在不同的工资下愿意供给的劳动数量取决于劳动者对工资收入和闲暇所带来效应的评价。消费者的总效用由收入和闲暇所提供。收入通过消费品的购买为消费者带来满足：收入越多，消费水平越高，满足越大。同样，闲暇也是一种特殊的消费，闲暇时间越长，效用水平越高。然而，可供劳动者支配的时间是既定的，所以劳动者的劳动供给行为可表述为：在既定的约束条件下，合理地安排劳动和闲暇时间，以实现最大的效用满足。一般而论，工资率越高，对牺牲闲暇的补偿也就越大，劳动者宁愿放弃闲暇而提供劳动的数量也就越多。换言之，工资率提高，闲暇的机会成本相应也就越大，劳动者的闲暇时间也就越短。因此，工资率的上升所产生的替代效应使得劳动数量增加。同时，工资率的提高，使得劳动者收入水平提高。这时，劳动者就需要

更多的闲暇时间。也就是说，当工资率提高以后，劳动者不必提供更多的劳动就可提高生活水平。这说明工资率提供的收入效应使劳动数量减少。

八、案例分析

为了研究国民收入在国民之间的分配，美国统计学家洛伦兹提出了著名的洛伦兹曲线。洛伦兹首先将一国总人口按收入由低到高排序，然后考虑收入最低的任意百分比人口所得到的收入百分比，如收入最低的20%人口、40%人口等所得到的收入比例分别为3%、7.5%等，最后，将这样得到的人口累计百分比和收入累计百分比的对应关系描绘在图形上，即得到洛伦兹曲线。答图8-4中横轴*OH*表示人口（按收入由低到高分组）的累计百分比，纵轴 *OM* 表示收入的累计百分比，*ODL*为该图的洛伦兹曲线。

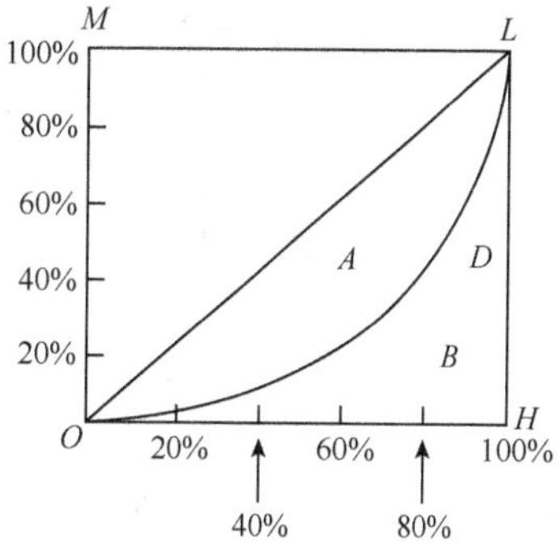

答图 8-4

显而易见，洛伦兹曲线的弯曲程度具有重要意义。一般来说，它反映了收入分配的不平等程度。弯曲程度越大，收入分配越不平等；反之亦然。特别是，如果所有收入都集中在某一个人手中，而其余人口均一无所获时，收入分配达到完全不平等，洛伦兹曲线成为折线*OHL*；另外，如果任一人口百分比均等于其收入百分比，从而人口累计百分比等于收入累计百分比，则收入分配就是完全平等的，洛伦兹曲线成为通过原点的45°线*OL*。

一般来说，一个国家的收入分配，既不是完全不平等的，也不是完全平等的，而是介于两者之间的；相应的洛伦兹曲线，既不是折线*OHL*，也不是45°线*OL*，而是像*ODL*那样向横轴凸出，尽管凸出的程度有所不同。收入分配越不平等，洛伦兹曲线就越是向横轴凸出，从而它与完全平等线*OL*之间的面积就越大。因此，可以将洛伦兹曲线与45°线之间的部分*A*叫作“不平等面积”；当收入分配达到完全不平等时，洛伦兹曲线成为折线*OHL*，*OHL*与45°线之间的面积$A+B$就是“完全不平等面积”。不平等面积与完全不平等面积之比，称为基尼系数，是衡量一个国家贫富差距的标准。若设*G*为基尼系数，则

$$G=\frac{A}{A+B}$$

显然，基尼系数不会大于1，也不会小于0，即有$0\leqslant G\leqslant 1$。

第九章参考答案及解析

一、单项选择题

1. A【解析】瓦尔拉斯定律的内容是：在完全竞争的市场条件下，在任何价格水平下市场上对所有的商品的超额需求的总和等于0，即恒等式$\sum p_iD_i=\sum p_iS_i$。该定律的含义是指在一个只有两种商品的经济，如果一个商品市场供求相等，另一个市场也达到平衡。

2. B【解析】帕累托最优是指社会中任何改变都不可能使一个人的境况变好，而又

不使别人的境况变坏的一种理想状态。换言之，对于某种既定的资源配置状态，所有的帕累托改进均不存在。所以，只有B项最符合题意。D项描述的是帕累托改进：如果既定的资源配置状态的改变能够使得至少一个人的状况变好，而没有使任何一个人的状况变坏，则认为这种资源配置状态的变化是“好”的，否则认为是“坏”的。这种以帕累托标准来衡量“好”的状态改变称为帕累托改进。

3. C【解析】帕累托最优状态需要具备的交换条件：任何两种商品之间的边际替代率对任何使用这两种商品的个人来说都相等，即 $MRS_{XY}^{甲}=MRS_{XY}^{乙}$。

4. B【解析】帕累托最优状态需要具备的生产条件：任何两种生产要素之间的边际技术替代率在用这两种投入要素生产的所有商品中都相等，即 $MRTS_{LK}^{X}=MRTS_{LK}^{Y}$。

5. D【解析】帕累托最优状态需要具备一些条件：①在交换方面，任何两种商品之间的边际替代率对任何使用这两种商品的个人来说都相等；②在生产方面，任何两种生产要素之间的边际技术替代率在用这两种投入要素生产的所有商品中都相等；③在生产和交换两者之间，任何两种商品之间的生产的边际转换率等于消费这两种商品的每个人的边际替代率。

6. C【解析】在生产可能性曲线上，边际产品转换率表现为生产可能性曲线的斜率的绝对值。

7. A【解析】每一种社会福利函数均体现了我们关于效用总量和分配平等之间的不同价值取向。

8. C【解析】边际转换率表示从一种产品生产转换为另一种产品生产的难易程度，它反映了产品转换的机会成本。

9. D【解析】效用可能性边界表示既定资源条件下，不同消费者所能达到的最优效用水平组合的集合。效用可能性边界上的点表示既定资源和技术条件下，消费者最大效用的组合。效用可能性边界左下方的区域，表示在既定资源和技术条件下，没有达到最优效用的区域，称“无效率区域”。这时，可以在不影响其他消费者效用水平的条件下增加某个消费者的效用。效用可能性边界右上方的区域，表示在既定资源和技术条件下，无法达到的区域，称“效用不可能区域”。

10. B【解析】局部均衡是指不考虑所分析的商品市场或经济体系内某一局部以外因素的影响时，这一局部所达到的均衡状态。它是经济体系中单独一个消费者、一个商品市场或要素市场、一家厂商或一个行业的均衡状态。一般均衡则分析在一个经济体系中，所有市场的供给和需求同时达到均衡的状态。

11. D【解析】在完全竞争条件下，当整个经济处于一般均衡状态时，经济系统产生一组价格（所有产品和要素），使所有产品和要素的供求都相等，且所有的消费者和生产者都能达到各自的均衡。一般均衡分析在一个经济体系中，所有市场的供给和需求同时达到均衡的状态。

12. B【解析】福利经济学是对经济体系的规范性分析，即经济运行中什么是“对”、什么是“错”等问题的研究。

13. D【解析】社会福利函数是社会所有个人的效用水平的函数。社会总福利取决于个人效用水平，利用该关系可以绘出社会福利的无差异曲线，与消费者的无差异曲线一样，社会无差异曲线也具有无限个，表示社会福利水平的高低。

14. A【解析】社会福利的无差异曲线与社会最大效用可能性边界的切点，决定了社会福利最大化点。

15. C【解析】福利经济学定理描述的是关于完全竞争和帕累托最优之间关系的定理。福利经济学第一定理是，在特定的条件下，每一个完全竞争均衡是帕累托最优的。福利经济学第二定理是，每一个帕累托最优状态都可以通过完全竞争达到。这两个定理分别说明了完全竞争市场是最有效率和公平的。福利经济学第二定理是指分配和效率可以分开考虑，任何帕累托有效配置都能得到市场机制的支持，市场机制在分配上是中性的，不管商品或财富公平分配标准如何，都可以利用竞争性的市场来获得这种市场机制。C 项描述了福利经济学第二定理的内容，而 B 项描述的则是福利经济学第一定理的内容。

二、多项选择题

1. ABD【解析】C 项中当消费者偏好、要素供给和生产函数为已知时，就能从数学上论证所有商品市场和要素市场可以同时达到均衡状态，即整个经济体系可以到达的是一般均衡状态，而不是局部均衡状态。

2. ABCD【解析】规范经济学是以一定的社会价值判断作为出发点，对一个经济体系的运行进行评价。实证经济学是在做出与经济行为有关的假设前提下，来分析和预测人们的经济行为及后果，并试图对结论进行检验。规范经济学力求回答一个经济体系应当怎样运行，以及为此提出相应的经济政策，它力求回答应该是什么。实证经济学力求说明和回答经济现象是什么。

3. ABC【解析】帕累托最优状态需要具备一些条件：①在交换方面，任何两种商品之间的边际替代率对任何使用这两种商品的个人来说都相等；②在生产方面，任何两种生产要素之间的边际技术替代率在用这两种投入要素生产的所有商品中都相等；③在生产和交换两者之间，任何两者商品之间的生产的边际转换率等于消费这两种商品的每个人的边际替代率。

4. ABCD【解析】略

5. AD【解析】生产可能性曲线的斜率为负，凹向原点。

6. ABD【解析】福利经济学第二定理是任何一个帕累托最优配置都可以通过竞争市场实现，福利经济学第一定理是任何竞争均衡都是帕累托最优状态。社会福利必须在该效用可能性区域的边界，即在效用可能性曲线上达到，但是并没有说明在效用可能性曲线上的哪一点或者哪些点上达到。

三、判断题

1. 对【解析】略

2. 对【解析】略

3. 错【解析】交换的帕累托最优条件是，对任意两消费者，两种商品的边际替代率相等。

4. 对【解析】略

5. 错【解析】交换的契约曲线表示两种产品在两个消费者之间的所有最优分配的集合，但是根据帕累托标准，曲线上任意两点之间是不可比较的，因为从一点向另一点的移动，会使一个人的状况变好，却使另一个人状况变坏。

6. 错【解析】生产可能性曲线以内的点是无效率的。

7. 对【解析】略

8. 对【解析】略

9. 错【解析】完全竞争长期一般均衡能满足帕累托最优状态，但反过来帕累托最优状态未必一定是完全竞争长期一般均衡。

10. 错【解析】如果资源配置是帕累托最优状态，那么，就没有帕累托改进的余地，则不存在一种重新配置资源的途径，使一些人的境况变好而不使其他人变坏。

11. 对【解析】略

12. 对【解析】略

13. 错【解析】根据福利经济学第一定理，竞争均衡为帕累托有效配置，因而是帕累托最优的。

14. 错【解析】帕累托有效是指这样一种社会状态，在不使一方境况变坏的情况下，就不能使另一方的境况变好，它是一种无可改进的状态。平均分配社会资源未必是不可改进的。例如将20个梨和30个苹果平均分配给A和B，即A和B两人分别得到10个梨和15个苹果，但两人的偏好并不相同，假设A更喜欢吃梨，B更喜欢吃苹果，则A就会用自己的苹果去和B交换一定数量的梨，这样初始的平均分配社会资源得以重新配置，并达到更有效的状态，这便说明了平均分配社会资源未必是帕累托有效的。

15. 对【解析】阿罗认为理性的独裁者会使个人配置最大化，同时他的选择就是社会的选择，那么就一定是帕累托最优了。

四、名词解释

1. 瓦尔拉斯定律：由经济学瓦尔拉斯在其完全竞争市场的一般均衡理论体系中提出。其基本内容是：在完全竞争的市场体系中，在任何价格水平下，市场对所有商品超额需求的总和为0。

2. 效用可能性曲线：也称效用可能性边界，是在交易的一般均衡条件下个人所获得的各种效用水平的组合点的轨迹。

3. 生产可能性曲线：在其他条件（如技术、要素供给等）不变的情况下，一个社会用其全部资源所能生产的各种产品的最大数量的组合。

4. 契约曲线：又称效率线，可以分为消费者契约曲线和生产者契约曲线。前者指的是在埃奇沃思盒状图中，不同消费者的无差异曲线切点的轨迹；后者指的是在埃奇沃思盒状图中，不同生产者的等产量线切点的轨迹。

5. 帕累托改进：如果既定的资源配置状态的改变使得至少有一个人的状况变好，而没有使任何人的状况变坏，则认为这种资源配置状态的变化是“好”的；否则认为是“坏”的。这种以帕累托标准来衡量为“好”的状态改变称为帕累托改进。

6. 帕累托最优状态：如果对于某种既定的资源配置状态，所有的帕累托改进均不存在，即在该状态上，任意改变都不可能使至少一个人的状况变好而又不使任何人的状况变坏，则称这种资源配置状态为帕累托最优状态。

7. 阿罗不可能定理：用投票的方式不可能把个人的偏好集中起来，形成合乎理性的社会偏好，即在非独裁的情况下，不可能存在适用于所有个人偏好类型的社会福利函数。

8. 局部均衡：是指不考虑所分析的商品市场或经济体系内某一局部以外因素的影响时，这一局部所达到的均衡状态。它是经济体系中单独一个消费者、一个商品市场或要素市场、一家厂商或一个行业的均衡状态。

9. 一般均衡：是指在一个经济体系中，所有市场的供给和需求同时达到均衡的状态。根据一般均衡分析，某种商品的价格不仅取决于它本身的供给和需求状况，而且还受到其他商品的价格和供求状况的影响。

10. 社会福利函数：是指社会所有个人的效用水平的函数，可以写成：$W=W(U_A, U_B)$。由社会福利函数可以得到社会无差异曲线。社会无差异曲线与效用可能性曲线的切点代表可能达到最大社会福利。但是，在非独裁的情况下，不可能存在适用于所有个人偏好的社会福利函数。

五、简答题

1. 在完全竞争经济中消费者追求效用最大化的条件是：$MRS_{XY}^{A}=P_X/P_Y$，$MRS_{XY}^{B}=P_X/P_Y$，A、B 为任意两消费者，X、Y 为任意两产品。于是得到：$MRS_{XY}^{A}=MRS_{XY}^{B}$。因此，产品的均衡价格实现了交换的帕累托最优状态。在完全竞争经济中生产者追求利润最大化的条件为：$MRTS_{LK}^{C}=P_L/P_K$，$MRTS_{LK}^{D}=P_L/P_K$，C、D 为任意两生产者，L、K 为任意两生产要素。于是得到：$MRTS_{LK}^{C}=MRTS_{LK}^{D}$。因此，要素的均衡价格实现了生产的帕累托最优状态。在完全竞争条件下，$MRT_{XY}=|\Delta Y/\Delta X|=MC_X/MC_Y$，$MC_X/MC_Y=P_X/P_Y$，$MRS_{XY}^{A}=P_X/P_Y$，于是得到：$MRT_{XY}=P_X/P_Y=MRS_{XY}$。因此，商品的均衡价格实现了生产和交换的帕累托最优状态。在完全竞争经济中消费者和生产者的最优化行为可以使帕累托最优的三个必要条件得到满足。完全竞争的市场机制作用下，整个经济可以实现帕累托最优状态，这样的经济必然是最有效率的经济。

2.（1）瓦尔拉斯认为当消费者偏好、要素供给和生产函数已知时，就能从数学上论证所有商品市场和要素市场可以同时达到均衡状态。达到一般均衡的条件就是生产者的利润最大化和消费者的效用最大化，同时所有商品市场和要素市场上的供给与需求相等。简单的瓦尔拉斯一般均衡模型由四个方程组表示：商品需求方程、要素需求方程、厂商供给方程及要素供给方程。在实际证明时，可以令任何一种商品为货币，并且以该货币商品来表示其他商品和要素的价格，从而使模型的未知数数目与相互独立的方程式数目相一致，这一求解的过程也就是瓦尔拉斯的均衡价格体系的存在性、唯一性的证明。

（2）瓦尔拉斯试图采用建立联立方程组的方法来证明一般均衡的存在性，把一般均衡存在性的问题递归为一个包含市场供给方程与市场需求方程的方程组是否有解的问题。但是这种考虑方法在数学上是错误的，因为未知量的个数与方程的数量相等并不是一组方程有解的必要条件和充分条件，因此不一定有解。

3.（1）一般均衡分析是将所有相互联系的各个市场看成一个整体加以研究，每个商品的需求和供给不仅取决于该商品的价格，还与其他商品（替代品和互补品）的价格有关。各个商品的价格不能单独决定，必须和其他商品一起联合决定。只有当整个经济中所有商品的供给和需求相等时，市场才达到一般均衡。

（2）局部均衡分析主要研究单个产品或要素市场，该市场商品的需求和供给仅仅被看成其本身价格的函数，而其他市场商品的价格假定不变，这样该市场的供给曲线与需求曲线共同决定了该市场的均衡价格和均衡产量。

（3）如果一种商品价格变动与其他商品价格变动相互影响较小，就比较适合采用局部均衡分析方法。局部均衡分析也应用于分析个别商品的价格决定，如果某一市场的商品价格受其他商品价格的影响较大，就应当采用一般均衡分析的方法。

4. 生产的最优条件只是说明生产者达到了一般均衡，即社会达到了帕累托生产最优，消费的最优条件只是说明消费者达到了一般均衡，即消费者达到了帕累托消费最优，生产的最优条件加消费的最优条件并没有把社会的生产与消费联系起来，即这种帕累托最优的生产并没有反映消费者偏好。只有与此同时边际替代率等于边际转换率，即实现了生产与交换的一般均衡时，社会的生产才反映了消费者偏好。整个社会就达到了资源配置最优。

5. 如果所有的个人和企业都是以自我利益为中心的价格接受者，则竞争性均衡具有帕累托最优效率。福利经济学认为，一个完全竞争的、一般均衡的市场体系有利于资源合理配置。这样的市场体系使得一切商品的价格等于其边际成本，一切生产要素的价格等于其边际产品价值，并且不存在外生性。在这种经济中，当每个消费者出于自私动机追求效用最大化时，整个经济将是最有效率的，或者说达到了不能使任何人变得更好而不使另一些人变得更坏的最优状态。

6.（1）帕累托最优状态的含义。帕累托最优状态是福利经济学中讨论实现生产资源的最优配置的条件的理论。如果对于某种既定的资源配置状态，所有的帕累托改进（既定的资源配置状态的改变使得至少有一个人的状况变好，而没有使任何人的状况变坏）均不存在，即在该状态上，任意改变都不可能使至少有一个人的状况变好而又不使任何人的状况变坏，则称这种资源配置状态为帕累托最优状态。只有同时满足交换的帕累托最优、生产的帕累托最优以及交换和生产的帕累托最优才能说达到了帕累托最优状态。

（2）交换的帕累托最优条件。交换的帕累托最优条件为：$MRS_{XY}^{A}=MRS_{XY}^{B}$，该条件可以通过埃奇沃斯盒状图推导出来。埃奇沃斯盒状图画出了消费者 A、B 消费两种商品 X、Y 的无差异曲线。两条横轴表示消费者 A、B 消费 X 的数量，两条纵轴表示消费者 A、B 消费 Y 的数量。凸向原点 O_A 的实曲线 I_A、II_A、III_B 等为消费者 A 的无差异曲线，凸向原点 O_B 的虚曲线 I_B、II_B、III_B 等为消费者 B 的无差异曲线。A、B 两人的无差异曲线相切于 P_1、P_2、P_3。把所有这些切点用平滑的曲线连接就可得到契约曲线 CC。无差异曲线相切的点会使消费者A和B同时达到一定收入水平的效用最大化，无差异曲线切点处消费者 A、B 有相同的边际替代率，交换的帕累托最优条件是 $MRS^{A}_{XY}=MRS^{B}_{XY}$。契约曲线 CC 就是帕累托最优点的轨迹，曲线上的交换都是最大满足的交换。

7. 阿罗不可能定理是指阿罗分析市场一般均衡时得出的一个定理。其结论为：试图找出一套规则（或程序），以从一定的社会状况下的个人选择顺序中推导出符合某种例行条件的社会选择顺序，一般是办不到的。阿罗不可能定理包含两项重要假设：每个人的偏好是可以排列的；每个人的偏好次序是传递的。

根据这两项假设，阿罗指出，要建立一种社会福利函数必定要违反他规定的下列五项条件的一项或若干项，否则社会福利函数就无法建立。其五项规定或条件为：①自由三元组条件。在所有选择方案中，至少有三个方案，对之允许有任何逻辑上可能的个人选择顺序。②社会选择正相关于个人价值条件。某一选择方案在所有人的选择顺序中地位上升，或至少不下降。③不相关的选择方案具有独立性条件。第一，任何两个选择方案的社会选择顺序仅仅依赖个人对这两个方案的选择顺序，与个人在其他不相关的备选对象上的选择顺序无关；第二，任何两个选择对象之间的社会偏好顺序仅仅依赖于个人相应的选择顺序，而与偏好强度等因素无关。④公民主权条件。社会选择顺序不是强迫的。⑤非独裁条件。选择规则不能是独裁的，即不存在这种情况：一个人的选择顺序就是社会的选择顺序，所有其他人的选择是无足轻重的。

阿罗证明了不存在一个选择规则或选择程序能够同时满足上面两项假设和五项条件，这表明由个人选择合乎逻辑地转化为社会选择的过程包含巨大的困难。

8. 假定我们把生产产品 X 和 Y 的两种或多种生产要素捆绑在一起看成一种要素，设这种要素为 L，并且这种要素 L 在生产产品 X 和 Y 时符合边际报酬递减规律。则边际转换率为：$MRT_{XY}=|dY/dX|=|dY/dL \cdot dL/dX|=|(dY/dL)/(dX/dL)$。式中，L 为单独的一种要素；$dY/dL$ 和 dX/dL 分别是要素 L 生产产品 Y 和 X 的边际生产能力。随着产出 X 的增加，从而产出 Y 减少，dX/dL 减少，而 dY/dL 增加，从而边际转换率 MRT_{XY} 增加，于是命题得证。

9. 生产可能性边界也称社会生产可能性边界或生产可能性曲线，是指一个社会用其全部资源和当时最好的技术所能生产的各种产品的最大数量的组合。由于整个社会的经济资源是有限的，当这些经济资源都被充分利用时，增加一定量的一种产品的生产，就必须放弃一定量的另一种产品的生产。整个社会生产的选择过程形成了一系列的产品间的不同产量组合，所有这些不同产量的组合就构成了社会生产的可能性边界。假设一个社会把其全部资源用于 A 和 B 两种产品的生产。那么生产可能性边界的曲线表示，一个社会在资源一定、技术一定的情况下所可能生产的 A 产品和 B 产品的各种不同产量的组合。位于曲线右边的点是不能成立的，因为没有足够的资源，位于曲线左边的点可以成立，但没有利用或没有有效利用全部可供利用的资源。而位于曲线上的点则表示全部资源都得到了利用而又可以接受的组合。这条曲线向下倾斜是因为当全部资源都被利用时，要获得更多一些的一种产品，就必须以牺牲其他的产品为代价。一条生产可能性曲线说明：边界以外无法达到的组合意味着资源的有限性；边界线上各种组合的存在意味着选择的必要；边界向下倾斜意味着机会成本。

六、计算题

1. 根据该消费者的生产可能性曲线

$$q_x=10L_1;\ q_y=5L_2;\ L_1+L_2=10$$

可得：$q_x=100-2q_y$。从而产品的边际转换率为

$$MRT_{yx}=-dq_x/dq_y=2$$

而根据效用函数可求得产品的边际替代率为

$$MRS_{yx}=-dx/dy=(q_x+4)/(q_y+2)$$

当 MRT＝MRS 时，资源达到最佳配置。解下列方程组：

$$\begin{cases}2=(q_x+4)/(q_y+2)\\ q_x=100-2q_y\end{cases}$$

求得：$q_x=50$，$q_y=25$。从而 $L_1=q_x/10=5$，$L_2=q_y/5=5$，即该消费者应该在两种产品的生产上平分劳动时间。

2.（1）设配置给 A 的产品为（X，Y），则配置给 B 的量即为（$120-X$，$120-Y$）。此时二者的效用分别为 $U_A=XY$，$U_B=40(240-X-Y)$，由此解得：$U_A=X(240-X-U_B/40)$。帕累托最优状态是指，在一个人的效用水平不变条件下使另一个人的效用极大化。A 的效用 U_A 极大化（U_B 保持不变）的条件为

$$dU_A/dX=240-2X-U_B/40=0$$

解得：$X=120-U_B/80$。

将上式代入 $U_A=X(240-X-U_B/40)$ 可得：$U_B=9600-80U_A^{0.5}$。

这就是该经济的效用边界。

（2）帕累托最优状态的社会福利函数为

$$W=U_AU_B=U_A(9600-80U_A^{0.5})=9600U_A-80U_A^{1.5}$$

由社会福利最大化条件

$$dW/dU_A=9600-120U_A^{0.5}=0$$

解得：$U_A=6400$，$U_B=3200$。

此时，$X=120-U_B/80=120-40=80$，$Y=U_A/X=6400/80=80$。

3. 因为在生产的契约曲线上的点必须满足 $MRTS_{LK}^X=MRTS_{LK}^Y$。

又已知

$$MRTS_{LK}^X=-(dK/dL)_X=-2/3(K/L)_X=-2/3\cdot K_X/L_X$$

$$MRTS_{LK}^Y=-(dK/dL)_Y=-(K/Y)_Y=-K_Y/L_Y$$

所以有：$2/3\cdot K_X/L_X=K_Y/L_Y$。

在该社会的资源充分利用的情况下，有

$$L_X+L_Y=100,\ K_X+K_Y=200$$

亦即 $L_X=100-L_Y$，$K_X=200-K_Y$。

将上式代入 $2/3\cdot K_X/L_X=K_Y/L_Y$ 中，可得

$$2/3\cdot(200-K_Y)/(100-L_Y)=K_Y/L_Y$$

上式即是生产的契约曲线，满足此式的投入组合为要素分配的最有效率组合。

4.（1）消费者最优决策。

$$\max\{U(A_C, B)=(A_C)^{1/2}B^{1/2}\}$$
$$\text{s.t. } A_C+A_P=10;\ B=(A_P)^{1/2}$$

化简即 $\max A_C\ \{L=(A_C)^{1/2}(10-A_C)^{1/4}\}$。

一阶条件，得 $A_C^*=20/3$，$A_P^*=10/3$，$B^*=(10/3)^{1/2}$。

（2）消费者最优：

$$\max\{U(A_C, B)=(A_C)^{1/2}B^{1/2}\}$$
$$\text{s.t.} P_BB=\pi+PA_PA_P;\ AP=10-A_C$$

构造拉格朗日函数：$L=(A_C)^{1/2}B^{1/2}+\beta[\pi+PA_P(10-A_C)-P_BB]$

一阶条件，得 $PA_P/P_B=B/A_C$。 ①

企业最优决策：

$$\max A_P\ \{\pi=P_BB-PA_PA_P\}$$
$$\text{s.t.} A_C+A_P=10;\ B=(A_P)^{1/2}$$

即 $\max A_C\ \{\pi=P_B(10-A_C)^{1/2}-PA_P(10-A_C)\}$

一阶条件有：$PA_P/P_B=1/2(10-A_C)^{1/2}$。 ②

令①=②，有 $A_C^*=20/3$；$B^*=(10/3)^{1/2}$；$PA_P^*/P_B^*=1/2(3/10)^{1/2}$。

5.（1）只要利润大于 0，进入就会发生。均衡时，每条船只的利润为 0。所以 $\pi_i=pb^{1/2}/b-c=0$，即 $b=p^2/c^2$。

（2）如果要达到帕累托最优，则应该计算全体捕鱼者的整体利润最大化，即 $\max_b\{\pi(b)=p\cdot b^{1/2}-cb\}$，即 $b^*=p^2/4c^2$。

（3）征税时，$\pi_i=p\cdot(b^*)^{1/2}/b^*-(c+t)=0$。当 $t=c$ 时，帕累托最优。

6.（1）$v_1=3(c_1+c_2)/4$，$v_2=3(c_1+c_2)/2$

$$u=u_1+u_2=v_1(c_1+c_2)+w_1-c_1+v_2(c_1+c_2)+w_2-c_2$$
$$=9/4(c_1+c_2)^2+w_1+w_2-c_1-c_2$$

对 c_1，c_2 分别求导得 $c_1+c_2=2/9$，即社会最优资源配置为两人共同贡献 $c_1+c_2-2/9$。

（2）如果两人同时决定贡献量，找出纯策略纳什均衡为（0，0），均衡下公共项目总量为 0，两个人在贡献的同时实现自身福利最大化，由于同时决定贡献量，两人总共贡献的量一定，双方都期盼对方多贡献，在这种心理影响下，最终形成（0，0）的纯策略纳什均衡。

7.（1）设商品 1 和商品 2 的价格分别为 P_1 和 P_2，设张三对商品 1 和商品 2 的消费量为 X_{Z1} 和 X_{Z2}，李四对商品 1 和商品 2 的最终消费量为 X_{L1} 和 X_{L2}，则达到竞争均衡时对张三有

$$MU_{Z1}/P_1=MU_{Z2}/P_2\rightarrow X_{Z2}/P_1=X_{Z1}/P_2\rightarrow X_{Z1}P_1=X_{Z2}P_2$$
$$M_Z=X_{Z1}P_1=X_{Z2}P_2=9P_1+=6P_2$$

整理得张三的最优消费（需求函数）为

$$X_{Z1}=(9P_1+6P_2)/2P_1,\ X_{Z2}=(9P_1+6P_2)/2P_2$$

达到竞争均衡时对李四有

$$MU_{L1}/P_1=MU_{L2}/P_2 \rightarrow X_{L2}/P_1=X_{L1}/P_2 \rightarrow X_{L1}P_1=X_{L2}P_2$$

$$M_L=X_{L1}P_1=X_{L2}P_2=18P_1+=3P_2$$

整理得李四的最优消费（需求函数）为

$$X_{L1}=(18P_1+3P_2)/2P_1,\ X_{L2}=(18P_1+3P_2)/2P_2$$

达到均衡市场出清，因此有

$$X_{Z1}+X_{L1}=9+18 \rightarrow (9P_1+6P_2)/2P_1+(18P_1+3P_2)/2P_1=27 \rightarrow P_2=3P_1$$

这就是达到竞争均衡的相对价格。

（2）根据消费者边际替代率相等的帕累托最优条件，有

$$MRS_{Z12}=MU_{Z1}/MU_{Z2}=X_{Z2}/X_{Z1}=MRS_{L12}=MU_{L1}/MU_{L2}=X_{L2}/L_{L1} \rightarrow X_{Z2}X_{L1}=X_{Z1}X_{L2}$$

又因为总禀赋不变，于是有

$$X_{Z1}+X_{L1}=9+18=27 \rightarrow X_{L1}=27-X_{Z1}$$

$$X_{Z2}+X_{L2}=6+3=9 \rightarrow X_{L2}=9-X_{Z2}$$

解得：$X_{Z1}=3X_{Z2}$ 以及 $X_{L1}=3X_{L2}$。

8.（1）在任何帕累托有效的配置点上，两个消费者的无差异曲线必然相切，即 $U^A_1/U^A_2=U^B_1/U^B_2$，把边际效用的表达式代入，得到：$(20+x^A_2)/(10+x^A_1)=x^B_2/x^B_1$。

又由禀赋约束 $x^A_1+x^B_1=30$；$x^A_2+x^B_2=20$ 可以得到 $(20+x^A_2)/(10+x^A_1)=(20-x^A_2)/(30-x^A_1)$，即 $x^A_2=x^A_1-10$。

（2）由以上计算知，帕累托最优配置满足条件：$x^A_2=x^A_1-10$。代入得：$(20+x^A_2)/(10+x^A_1)=(20-x^A_2)/(30-x^A_1)=1$，即任意最优配置时，消费者 A、B 的边际替代率（等于市场相对价格）都等于 1。所以题中给出的市场价格条件（1，1）无法决定资源禀赋。可验证只要 $w^A_l+w^A_2\geqslant 10$，1 都是均衡相对价格。

（3）看资源禀赋点的边际替代率，A 为 20/18，B 为 20/22。20/18>20/22，消费者 A、B 之间有交换的意愿，消费者 A 希望换得更多第一种产品，但因为 $w^A_2=0$，不具备交换的条件。所以出现角点解，无交换，无均衡市场价格。

9.（1）小王（A）的商品 X 对商品 Y 的边际替代率公式为：$MRS^A_{xy}=MU^A_x/MU^A_y=y_A/x_A$，小李（B）的商品 X 对商品 Y 的边际替代率公式为：$MRS^B_{xy}=MU^B_x/MU^B_y=1/1=1$。

（2）如果交易通过价格体系来实施，均衡时的（可行的）价格比率必须满足条件：$MRS^A_{xy}=y_A/x_A=MRS^B_{xy}=1/1=P_x/P_y$，所以均衡时的价格比为：$P_x/P_y=1$。

（3）小王的初始禀赋配置为：$(w^A_x, w^A_y)=(25, 75)$，小李的初始禀赋配置为：$(w^B_x, w^B_y)=(75, 125)$。假设经过市场交易后，均衡时两人拥有的商品的数量组合分别为：(x^*_A, y^*_A)，(x^*_B, y^*_B)。均衡时，$(x^*_A, y^*_A)+(x^*_B, y^*_B)=(x^*_A+x^*_B, y^*_A+y^*_B)=(w_x, w_y)=(100, 200)$，即 $x^*_A+x^*_B=100$，$y^*_A+y^*_B=200$。由（1）可得：均衡时，$MRS^A_{xy}=y_A/x_A=1$，所以 $x^*_A=y^*_A$。同时小王和小李必须满足各自的预算约束：$P_xx^*_A+P_yy^*_A=P_xw^A_x+P_yw^A_y$；$P_xx^*_B+P_yy^*_B=P_xw^B_x+P_yw^B_y$。由（2）得 $P_x/P_y=1$，所以上述两式可化简为：$x^*_A+y^*_A=w^A_x+w^A_y=25+75=100$；$x^*_B+y^*_B=w^B_x+w^B_y=75+125=200$。综合以上式子可得均衡时两人分别拥有的商品数量为：$(x^*_A, y^*_A)=(50, 50)$，(x^*_B, y^*_B)

＝（50，150）。

七、论述题

1. 通过分工，让各国从事其具有比较优势的产品生产，贸易的确能从总体上给每个国家带来福利。但这种福利是潜在的，即国家作为一个总体获取了利益，但其对个人福利的改善还依赖于对贸易收益的分配等因素。事实上，贸易具有非常大的收入分配效应，贸易会使得一国充裕要素所有者受益，稀缺要素所有者受损。因此，现实中我们往往可以看到自由贸易的利益受损者组织起来干预政府，使其采取不利于自由贸易的措施。另外，在分析效率问题的时候，我们还需要区分静态效率和动态效率。在参与国际贸易的过程中，国家的确能够享受分工所带来的收益。但动态地看，专业化可能使一些弱国丧失自己生产体系的独立性而过度依赖于外部世界，这就会降低弱国在下一轮谈判中的“威胁点”，从而处于利益分配的不利地位。这就从动态效率的角度解释了为什么一些国家要对自由贸易进行限制，并相应采取一些产业政策，即使这些政策可能会带来扭曲。

2.（1）这些现象的产生，可能是因为地方政府为了谋取短期利益而保护本地企业。分割的市场减少了不同地方企业间的竞争，给当地企业以垄断的权力。市场分割为重复建设创造了环境，而重复建设又为市场分割找到了借口。如果陷入这种恶性循环，那么，中国经济的发展将不能利用国内经济的大市场和分工效应。

（2）要改变这种状况，打破市场分割，改变地方政府的目标是关键。将原有的地方政府政绩考核和官员利益与当地企业关联的链条打破，使政府真正服务于市场，努力架构市场规范和机制，鼓励企业在遵守法律的前提下自由发展，为实现利益最大化而不断进步。这样，不同地区的分工合作自然会形成。

3. 对于实现帕累托最优，完全竞争的市场并不是必要的。福利经济学第一定理只是说，完全竞争市场的资源配置是帕累托最优的；第二定理只是说，任何一个帕累托最优的资源配置均可通过完全竞争市场来达到。但是它没有提到其他配置方式。例如，理论上，如果存在一个知道所有人偏好的拍卖人，他的目标是实现全体成员福利最大化，且该拍卖人没有自己的资源配置偏好和相关经济利益，则完全可以通过这个拍卖人所掌握的信息，直接制定出各商品的最优价格，促使帕累托最优分配的实现。

4. 不同意这种说法。

（1）交换的契约曲线上的所有点表示两种产品在两个消费者之间的所有最优分配（帕累托最优）状态的集合，此线也被称为交换的效率曲线。生产的契约曲线上的所有点表示两种要素在两个生产者之间的所有最优分配（帕累托最优）状态的集合，此线也被称为效率曲线。可见，契约曲线上所有点都是有效的。

（2）对社会来说，契约曲线上的所有点未必都是理想的，因为帕累托最优的三个条件并不是对资源最优配置的完整描述，它没有考虑到收入分配的问题。实际上，存在着无穷多个同时满足所有三个帕累托最优条件的经济状态，其中甚至可以包括收入分配的极端不平等情况，如在交换契约曲线上的两个端点上就是极端不平等状态，至少在这两点上，从社会角度看就不是理想状态。

因此，从社会观点来看，契约曲线上的所有点不都是同样理想的。

5.（1）规模报酬变化是指在其他条件不变的情况下，企业内部各种生产要素按相同比例变化时所带来的产量变化。企业规模报酬变化可以分为规模报酬递增、规模报酬不变和规模报酬递减三种情况。产量增加的比例大于各种要素增加的比例，称为规模报酬递增；产量增加的比例等于各种要素增加的比例，称为规模报酬不变；产量增加的比例小于各种要素增加的比例，称为规模报酬递减。

（2）福利经济学第一定理：这一定理是要评估瓦尔拉斯一般均衡。其基本思想是，如果市场是竞争性的，则它会达到瓦尔拉斯均衡，而瓦尔拉斯均衡必然是一种帕累托有效配置，即竞争性的市场可以达到帕累托最优。

福利经济学第二定理：帕累托最优可以通过瓦尔拉斯式的竞争性均衡来实现。它是从另一个角度对市场机制的肯定，即若想实现某种帕累托最优，可以借助于市场机制。

（3）福利经济学第一定理这一结论的成立，只有当竞争均衡实际存在时才有意义，具体地说，它排除了较大的规模收益递增的区域。在纯粹交换经济的情况下，只要消费者显示出凸的偏好，每一种帕累托有效率配置就有可能是一个竞争均衡。在一个包含着生产的经济中，会得出同样的结果，但这时不仅要求消费者的偏好是凸的，而且要求企业的生产集也是凸的，这一要求完全排除了规模报酬递增的情况。总之，只有在规模报酬不变或递减时，福利经济学第二定理才能够成立，任何帕累托有效率配置都可以通过竞争市场来达到。

6. 在现实的经济生活中，存在众多的市场。在这些市场中，供给者和需求者相互联系，共同制约。其中任何一个市场上的需求或供给发生变动，不仅影响它们各自市场上的价格，而且影响到其他市场的供求，从而使得许多市场价格发生变动。一般均衡分析就是讨论当影响某一个市场上的供求或需求的因素发生变动之后，能否存在一系列价格，使得所有的市场同时处于均衡的问题。

所谓一般均衡，就是指所有的市场同时处于均衡的一种状态，它是相对于局部均衡而言的。具体地讲，就单个消费者来说，他面对既定的市场价格，使用现有的资源，通过购买和出售，来实现自身的效用最大化。此时，消费者处于均衡，从而形成对产品（组合）的需求。所有消费者需求的总和构成了商品的市场需求。

单个生产者在既定的价格下购买生产要素，利用成本最低的生产技术生产各种产品的组合，并以既定的市场价格出售。当厂商获得最大利润时，厂商处于均衡，从而形成对产品的供给。所有厂商供给构成了产品的市场供给。如果所有厂商的成本函数相同，那么厂商的超额利润为0。

对所有的商品而言，当消费者的超额市场需求（消费者的需求量－最初拥有量）恰好等于厂商的市场供给时，市场处于一般均衡状态。可以证明，如果所有经济当事人的需求和供给函数都是连续的，并且消费者的效用最大化行为满足预算约束，那么对于任意价格，瓦尔拉斯定律成立，并且存在一系列价格，使得所有的市场同时处于均衡。

在一般均衡的实现过程中，除了经济当事人需要满足的条件以外，最终均衡的实现还要借助于市场机制的自发调节，即市场拍卖者的存在。在完全竞争的条件下，价格就是反映市场供求变动的晴雨表。如果某一行业的利润较高，其他行业中的资源就会转移到该行业中来。这样，在市场机制中如同存在一个拍卖者，他根据市场的供求变动调整资源的配置：如果在某一个价格水平下需求量超过供给量，那么他就提高价格；反之，他就降低价格，直到所有的市场上的供给等于需求为止。如同单个商品的价格决定一样，市场机制的自发作用决定一系列的市场均衡价格，使得经济处于一般均衡状态。

一般均衡模型除了论证"看不见的手"的目的以外，其分析也是建立在严格的假设基础之上的，所以需要特别注意其实现的条件：①一般均衡的实现需要完全竞争的市场条件，所以有关完全竞争市场的假设条件对一般均衡的实现起到重要的作用，从而使得一般均衡分析至多具有理论意义；②有关经济当事人行为的连续性等假设过于严格，有关拍卖者的假设也需要经济当事人有超常的信息处理能力；③关于一般均衡存在性的证明也只是为一个数学问题提供了数学解。

八、案例分析

本案例主要考查一般均衡分析方法。

局部均衡分析通常假定某一产品的需求和供给只取决于自身的价格，不考虑其他市场的影响，因而这种方法隔绝了各类市场之间的联系。一般均衡分析方法通常认为各种市场之间存在着不可轻视的联系，一种产品的价格变动会影响到其他产品的价格变动；反过来，它们又影响该产品的价格。案例中实际上是一般均衡分析的应用。

在自由竞争的市场上，价格随供求关系变动而灵活、及时地变动。价格反映了资源稀缺的程度。当某一种资源短缺、供给小于需求时，价格必定上升。价格上升，增加了供给，减少了需求，最终使供求平衡。反之，当某种资源过剩、供给大于需求时，价格必定下降。价格下降，减少了供给，增加了需求，最终使供求平衡。所以，只要让价格自由浮动，价格可以准确反映资源的稀缺程度，有效地调节供求。

第十章参考答案及解析

一、单项选择题

1. B【解析】所谓参与人的支付，就是指在所有参与人都选择了各自的策略且博弈已经完成之后，参与人所得到的结果（如效用或者利润）。

2. C【解析】子博弈是原博弈的一部分，它本身可以作为一个独立的博弈进行分析。一个局中人在原博弈中的策略和在子博弈中的策略可以不相同。

3. B【解析】在有些情况下，每个人都追求自己的利益，可能既不能给自己带来好处，也不能给别人带来好处。

4. C【解析】寡头厂商之间既有勾结起来进行合作的动机，又常常会为了各自的利益而破坏这种合作，最终导致都处于不利的境地。与囚徒困境的情况一样，寡头之间这种合作（如共谋垄断）的不稳定性尽管对参与人不利，但却有利于促进竞争，从而提高整个社会的福利。

5. A【解析】参与人的策略，指的是一项规则，根据该规则，参与人在博弈的每一时点上决定如何行动。每一个参与人至少应有两个可供选择的策略。

6. B【解析】博弈的扩展式包括：①参与人的行动。包括行动顺序和行动空间：谁在什么时候行动；每次行动时，参与人有些什么选择。②参与人的信息集。每次行动时，参与人知道些什么。③参与人的支付。行动结束后，参与人得到些什么。

7. B【解析】A 项：如果博弈是完全信息的，每个信息集只能有一个参与者，并显示博弈所处的阶段。C 项：在扩展形式的博弈中，信息集就是一系列的决策节点。同一个信息集可以有 3 个以上的节点。D 项：信息集的节点越多，说明信息集所属的参与者有越多个节点移动的选择。

8. B【解析】A 项：策略式博弈可以刻画动态博弈；C 项：扩展式博弈求解更加容易；D 项：策略式博弈还可以是博弈树。

9. D【解析】扩展式博弈中的每个节点属于一个参与者。

10. C【解析】在完全信息博弈中，每时点参与人采取一个行动；每个参与人在其决策的同时知道以前所有的行动。

11. B【解析】A 项：共同知识指的是“所有参与人知道，所有参与人知道所有参与人知道，所有参与人知道所有参与人知道所有参与人知道……”的知识；C 项：“每个参与人是理性的”是共同知识的前提；D 项：纳什均衡中，对于像囚徒困境这样的博弈，双方不同策略下的支付也是共同知识。

12. A【解析】子博弈精炼纳什均衡是将纳什均衡中包含的不可置信的威胁策略剔除出去。它要求参与者的决策在任何时点上都是最优的，决策者要“随机应变”“向前看”，而不是固守旧略。只有当参与人的策略在每一个子博弈中都构成纳什均衡才叫作精炼纳什均衡。

13. B【解析】合作博弈亦称正和博弈，是指博弈双方的利益都有所增加，或者至少是一方的利益增加，而另一方的利益不受损害，因而整个社会的利益有所增加。联盟内部成员之间的信息是可以互相交换的，所达成的协议必须强制执行。

14. D【解析】所有能使总合作稳定分配的集合就被称为核心。核心中的任意一个分配都不导致参与者组合脱离总合作，因为建立一个新的合作并不能使得参与者组合获得更大的益处。但是有时候，核心可能是空集，这就导致了总合作的破裂。

15. D【解析】“博弈树”由“点”（包括“起点”“中间点”“终点”）、连接点的“线段”以及标在这些点和线段旁边的文字和数字组成。

二、判断题

1. 对【解析】略

2. 错【解析】在博弈中存在着先动优势和后动优势，所以后行动的人不一定总有利，如在斯塔克伯格模型中，企业就可能具有先动优势。

3. 对【解析】略

4. 对【解析】略

5. 错【解析】在囚徒困境下，每个人都在追求自己的利益，可能既不能给自己带来好处，也不能给别人带来好处。

6. 错【解析】纳什均衡不止一个，可以有多个。

7. 对【解析】略

8. 错【解析】纳什均衡是指参与人的这样一种策略组合：在该策略上，任何参与人单独改变策略都不会得到好处。

9. 错【解析】零和博弈是博弈论的一个概念，属非合作博弈，指参与博弈的双方，在严格竞争下，一方的收益必然意味着另一方的损失，博弈各方的收益和损失相加的总和永远为0。双方不存在合作的可能。题目里面因果不恰当。

10. 对【解析】略

11. 错【解析】零和博弈的无限次重复博弈中，所有阶段都不可能发生合作，局中人会一直重复原博弈的混合战略纳什均衡。

12. 错【解析】原博弈唯一的纳什均衡本身是帕累托效率意义上最佳战略组合，符合各局中人最大利益，但唯一的纳什均衡不是效率最高的战略组合，存在潜在合作利益的囚徒困境博弈。

13. 对【解析】略

14. 对【解析】略

三、名词解释

1. 参与人：是指在博弈中进行决策的主体，参与人有时也称局中人，可以是个人，也可以是企业、国家等团体。

2. 策略：是指一项规则，根据该规则，参与人在博弈的每一时点上决定如何行动。

3. 支付：是指在所有参与人都选择了各自的策略且博弈已经完成之后，参与人所得到的结果。

4. 纳什均衡：是指参与人的这样一种策略组合：在该策略上，任何参与人单独改变策略都不会得到好处。

5. 博弈：就是一些个人、队组或其他组织，面对一定的环境条件，在一定的规则下，同时或先后，一次或多次，从各自允许选择的行为或策略中进行选择并加以实施，各自取得相应结果的过程。

6. 动态博弈：是指参与人的行动有先后顺序，且后行动者能够观察到先行动者所选择的行动。

7. 静态博弈：是指参与人同时选择行动或虽非同时但后行动者并不知道先行动者采取什么样的行动。

8. 完全信息博弈：是指每一参与者都拥有所有其他参与者的特征、策略集及得益函数等方面的准确信息的博弈。

9. 完全信息动态博弈：是指博弈中信息是完全的，即双方都掌握参与者对其他参与人的战略空间和战略组合下的支付函数有完全的了解，但行动是有先后顺序的，后动者可以观察到前者的行动，了解前者行动的所有信息，而且一般都会持续一个较长时期。

10. 完全信息静态博弈：是指各博弈方同时决策，且所有博弈方对博弈中的各种情况下的策略及其得益都完全了解。

11. 混合策略：是指在博弈中，博弈方的决策内容不是确定性的具体的策略，而是在一些策略中随机选择的概率分布的策略。混合策略情况下的决策原则有两个：第一，博弈参与者互相不让对方知道或猜到自己的选择，因而必须在决策时利用随机性来选择策略，避免任何有规律的选择；第二，他们选择每种策略的概率一定要恰好使对方无机可乘，即让对方无法通过有针对性地倾向某一种策略而在博弈中占上风。

12. 占优策略：是指由于每个参与人的有效（支付）是博弈中所有参与人的战略的函数，因此每个参与人的最优战略选择依赖于所有其他参与人的战略选择，但在一些特殊的博弈中，一个参与人的占优策略可能并不依赖于其他参与人的战略选择，就是说，不论其他参与人选择什么战略，他的最优战略都是唯一的，这样的最优战略即为占优策略。

四、简答题

1. 占优策略是指无论其他参与者采取什么策略，某参与者的唯一的最优策略都是他的占优策略。占优策略均衡是指由博弈中的所有参与者的占优策略组合所构成的均衡。在一个博弈过程中，无论对方的策略选择如何，当事人一方都会选择某个确定的策略，则该策略被称作支配性策略。如果两个博弈的当事人的策略组合分别构成各自的支配性策略，那么这个组合就被定义为纳什均衡。

简单来说，占优策略是不管对方有什么策略，自己都有唯一最优的策略，不会随着情况不同改变。而纳什均衡则是，根据对方的选择来决定自己的最优策略，会根据情况而变。所以，占优策略均衡一定是纳什均衡，而纳什均衡却不一定是占优策略均衡。

古诺均衡是由法国经济学家古诺于1838年提出的，是纳什均衡应用的最早的版本，古诺模型通常被作为寡头理论分析的出发点。古诺模型是一个只有两个寡头厂商的简单模型，该模型也被称为“双头模型”。古诺模型假定一种产品市场只有两个卖者，并且相互间没有任何勾结行为，但相互间都知道对方将怎样行动。在这里，由于其中一个厂商会因为对手的行动而行动，从而决定自己的反应，继而另一个厂商也会根据对方的行为来确定最优的产量以实现利润的最大化，因此，古诺模型的博弈性质实际上是纳什均衡。古诺模型的结论可以很容易地推广到有3个或3个以上的寡头厂商的情况中去。

2. 合作博弈亦称正和博弈，是指博弈双方的利益都有所增加，或者至少是一方的利益增加，而另一方的利益不受损害，因而整个社会的利益有所增加。合作博弈研究人们达成合作时如何分配合作得到的收益，即收益分配问题。合作博弈采取的是一种合作的方式，或者说是一种妥协。妥协之所以能够增进妥协双方的利益以及整个社会的利益，就是因为合作博弈能够产生一种合作剩余。合作博弈强调的是集体主义，团体理性，是效率、公平、公正；是研究人们达成合作时如何分配合作得到的收益，即收益分配问题。非合作博弈是研究人们在利益相互影响的局势中如何选决策使自己的收益最大，即策略选择问题。

3. 无限次重复博弈没有结束重复的确定时间。在有限次重复博弈中，存在最后一次重复，这正是破坏重复博弈中局中人利益和行为的相互制约关系，使重复博弈无法实现更高效率均衡的关键问题。无限次重复博弈不能忽视不同时间得益的价值差异和贴现问题，必须考虑后一期得益的贴现系数，对局中人和博弈均衡的分析必须以平均得益或总得益的现值为根据。

4. 在寡头市场上，寡头间的行为具有不确定性，有时为了达到自己的目的会对其竞争对手进行威胁或者承诺，需要强调的是，这种威胁或者承诺必须是可信的，否则，对竞争对手的行为不会产生任何影响，当然也达不到自己的预期目的，因此，他的威胁或承诺政策就会失败。用博弈论进行分析说明厂商采取“承诺和威胁”策略可信性的重要性。

寡头垄断市场上，厂商进入或退出该市场是比较困难的。经常会出现这种情况，为维持垄断地位获得较稳定的高额垄断利润，现有寡头会对准备进入者进行威胁，以使其“望而却步”不再考虑进入市场，但问题是，这种威胁可信吗？

答表 10-1 显示，威胁不可信，因为在有潜在进入者的前提下，若在位者采取威胁策略抵制进入，则在位者可获得 800，但若在位者不采取威胁策略抵制进入，则在位者可获得 900，因此根据理性人假定，在位者的威胁说是不可信的（因为 800＜900）。

再分析答表 10-2 的支付矩阵，这是一个威胁完全可信的博弈。因为，潜在进入者进入，则在位者选择抵制则可获得 800，而选择不抵制则可获得 700。此时潜在进入者将放弃进入的行为。

答表 10-1

	进入	不进入
威胁	（800，600）	（1300，900）
不威胁	（900，1200）	（1300，900）

答表 10-2

	进入	不进入
抵制	（800，600）	（1300，900）
不抵制	（700，1200）	（1300，900）

总之，在寡头市场上，威胁或承诺策略的可信性是一个很重要的问题。

5.（1）滞涨全称是停滞性通货膨胀，在经济学特别是宏观经济学中，特指经济停滞与高通货膨胀、失业以及不景气同时存在的经济现象，曾经出现在 20 世纪 70 年代的大多数西方国家。

（2）20 世纪 70 年代的滞涨从表面现象上看是石油危机导致的，但是从深层次看是凯恩斯主义政策所决定的。由于各资本主义国家奉行凯恩斯主义政策，强调国家干预在经济发展中的作用，都想用“斟酌使用”或“微调”的办法来抑制通货膨胀，而同时又不想使经济陷入衰退，其结果是，西方经济滞涨现象开始出现。出现经济滞涨归根结底是资本主义国家无法避免的矛盾，但也是各国政策博弈陷入囚徒困境的必然结果，即各国政府在无法期望与其他国家联合反通胀、增加供给的情况下，必然都采用刺激本国需求的办法来防止本国经济在竞争中处于不利的地位（增发货币使本币贬值从而增加出口），这将导致通胀反复回升，于是各国政府和财政当局陷入了一个博弈论中标准的“囚徒困境”之中。

（3）从答表 10-3 的博弈模型来看，虽然只有各国联合起来控制通胀、增加能源和粮食供应、打破资源垄断，才能使全球经济获得最好的结局，但是，显然这种国际合作是缺乏理性基础的，最终导致的是滞涨。因此，各国为了不沦为为全球买单的那个“最后的囚徒”而放弃控制通胀，转而开始刺激需求保增长。这种选择是错误的，但也是无奈和理性的。

答表 10-3

		乙国	
		联合增加供给	刺激本国需求
甲国	联合增加供给	（5，5）	（1，7）
	刺激本国需求	（7，1）	（2，2）

五、计算题

1.（1）两个局中人的策略都是虫、鸡、杠子、老虎。

（2）支付矩阵如下（答表 10-4）。

答表 10-4

	虫	鸡	杠子	老虎
虫	（0，0）	（−1，1）	（1，−1）	（0，0）
鸡	（1，−1）	（0，0）	（0，0）	（−1，1）
杠子	（−1，1）	（0，0）	（0，0）	（1，−1）
老虎	（0，0）	（1，−1）	（−1，1）	（0，0）

（3）不存在纯策略的纳什均衡。

2.（1）甲的策略有两个，分别是上和下。乙的策略有四个，分别是，A：无论甲选择上还是下，乙选择上；B：无论甲选择上还是下，乙选择下；C 给定甲选择下，乙选择上；给定甲选择下，乙选择下；D：若甲选择上，则乙选择上；若甲选择下，则乙选择下。

（2）甲只有一个信息集，而乙有两个信息集。

（3）策略形式如下（答表 10-5）。

答表 10-5

	（1）	（2）	（3）	（4）
上	（1，2）	（2，1）	（2，1）	（1，2）
下	（2，1）	（1，2）	（2，1）	（1，2）

3. 在这个例子中，我们可以发现，大猪选择按，小猪最好选择等待，大猪选择不按，小猪还是最好选择等待，即不管大猪选择按还是不按，小猪的最佳策略都是等待。也就是说，无论如何，小猪都只会选择等待。这样的情况下，大猪最好选择按，

因为不按的话都饿肚子，按的话还可以有 4 单位的收益。所以纳什均衡是（大猪按，小猪等待）。

4.（1）用囚徒困境的博弈表示，如答表 10-6 所示。

答表 10-6

		北方航空公司	
		合作	竞争
新华航空公司	合作	（500 000，500 000）	（0，900 000）
	竞争	（900 000，0）	（60 000，60 000）

（2）如果新华航空公司选择竞争，则北方航空公司也会选择竞争（60 000>0）；若新华航空公司选择合作，北方航空公司仍会选择竞争（900 000>500 000）。若北方航空公司选择竞争，新华航空公司也将选择竞争（60 000>0）；若北方航空公司选择合作，新华航空公司仍会选择竞争（900 000>0）。由于双方总偏好竞争，故均衡结果为两家公司都选择竞争性策略，每一家公司所获利润均为 60 000 元。

5.（1）由题目中所提供的信息，可画出 A、B 两企业的支付矩阵，如答表 10-7 所示。

答表 10-7

		B 企业	
		做广告	不做广告
A 企业	做广告	（20，8）	（25，2）
	不做广告	（10，12）	（30，6）

（2）因为这是一个简单的完全信息静态博弈，对于纯策略纳什均衡解可运用划线法求解。

如果 A 厂商做广告，则 B 厂商的最优选择是做广告，因为做广告所获得的利润 8 大于不做广告获得的利润 2，故在 8 下面画一横线。如果 A 厂商不做广告，则 B 厂商的最优选择也是做广告，因为做广告获得的利润为 12，而不做广告的利润为 6，故在 12 下面画一横线。

如果 B 厂商做广告，则 A 厂商的最优选择是做广告，因为做广告获得的利润 20 大于不做广告所获得的利润 10，故在 20 下面画一横线。如果 B 厂商不做广告，A 厂商的最优选择是不做广告，因为不做广告获得的利润 30 大于做广告所获得的利润 25，故在 30 下面画一横线。

在本题中不存在混合策略的纳什均衡解，因此，最终的纯策略纳什均衡就是 A、B 两厂商都做广告。

6. 由划线法可知，该矩阵博弈有两个纯策略纳什均衡，即(低质量，高质量)，(高质量，低质量）。

7.（1）$a>e$，$c>g$ ，$b>d$ ，$f>h$。本题另外一个思考角度是从占优策略均衡的定义出发。对乙而言，占优策略为（b，f）>（d，h）；而对甲而言，占优策略为（a，c）>（e，g）。综合起来可得到所需结论。

（2）纳什均衡只需满足：甲选上的策略时，$b>d$，同时乙选左的策略时，$a>e$。故本题中纳什均衡的条件为：$b>d$，$a>e$。

（3）占优策略均衡一定是纳什均衡，因为占优策略均衡的条件包含纳什均衡的条件。

（4）当对每一方来说，任意一种策略组合都不满足纳什均衡时，纯战略纳什均衡就不存在。

8.（1）此博弈的收益矩阵如答表 10-8 所示。该博弈是零和博弈，无纳什均衡。

答表 10-8

		John		
		1	2	3
Smith	1	（3，−3）	（−1，1）	（−1，1）
	2	（−1，1）	（3，−3）	（−1，1）
	3	（−1，1）	（−1，1）	（3，−3）

（2）Smith 选（1 / 3，1 / 3，1 / 3）的混合概率时：

John 选 1 的效用为：$U_1=1/3\times(-3)+1/3\times1+1/3\times1=-1/3$，

John 选 2 的效用为：$U_2=1/3\times1+1/3\times(-3)+1/3\times1=-1/3$，

John 选 3 的效用为：$U_3=1/3\times1+1/3\times1+1/3\times(-3)=-1/3$。

类似地，John 选（1 / 3，1 / 3，1 / 3）的混合概率时：

Smith 选 1 的效用为：$U_1=1/3\times3+1/3\times(-1)+1/3\times(-1)=1/3$，

Smith 选 2 的效用为：$U_2=1/3\times(-1)+1/3\times3+1/3\times(-1)=1/3$，

Smith 选 3 的效用为：$U_3=1/3\times(-1)+1/3\times(-1)+1/3\times3=1/3$。

因为 John 的 $U_1=U_2=U_3$，Smith 的 $U_1=U_2=U_3$，所以：

[（1 / 3，1 / 3，1 / 3），（1 / 3，1 / 3，1 / 3）]是纳什均衡，策略值分别是 John：$U=-1/3$；Smith：$U=1/3$。

9.（1）有两个纳什均衡，即（啤酒，白酒）、（白酒，啤酒），都是纳什均衡而不是占优策略均衡。

（2）显然，（白酒，啤酒）是最佳均衡，此时双方均获得其最大收益。若均衡解为（啤酒，白酒），则存在帕累托改进的可能。方法是双方沟通，共同做出理性选择，也可由一方向另一方支付报酬。福利由 800＋900 变为 900＋1000，增量为 200。

（3）如将（啤酒，白酒）支付改为（1000，1100），则（啤酒，白酒）就成为占优策略均衡。例如将（啤酒，白酒）支付改为（800，500），将（白酒，啤酒）支付改为（900，500），则该博弈就不存在任何占优策略均衡或纳什均衡。

10.（1）该博弈的支付矩阵如答表 10-9 所示。

答表 10-9

		纳税人	
		逃税	不逃税
税收机关	检查	$(A-C+F, -A-F)$	$(A-C, -A)$
	不检查	$(0, 0)$	$(A, -A)$

（2）先分析税收检查边际：因为 S 为税务机关检查的概率，E 为纳税人逃税的概率。给定 E，税收机关选择检查与否的期望收益为

$$K(1, E) = (A-C+F)E + (A-C)(1-E) = EF + A - C$$

$$K(0, E) = 0 \times E + A(1-E) + A(1-E)$$

解得 $K(1, E) = K(0, E)$，得：$E = C/(A+F)$。

如果纳税人逃税概率小于 E，税收机关的最优决策是不检查，否则是检查。再分析逃税边际：给定 S，纳税人选择逃税与否的期望收益是

$$K(S, 1) = (-A-F)S + 0 \times (1-S) = -(A+F)S$$

$$K(S, 0) = -AS + (-A)(1-S) = -A$$

解得 $K(S, 1) = K(S, 0)$，得：$S = A/(A+F)$，即如果税收机关检查的概率小于 S，纳税人的最优选择是逃税，否则是交税。

因此，混合纳什均衡是 (S, E)，即税收机关以 S 的概率查税，而纳税人以 E 的概率逃税。

11. 在第一回合厂商 A 不做广告，如果厂商 B 第一次做广告，厂商 B 的利润为 300；因为两家厂商均采取"以牙还牙"的对策，所以第二回合厂商 A 会对厂商 B 的行为进行报复，做广告，此时厂商 B 也做广告，利润为 100；在三、四、五回合里厂商 A、厂商 B 都做广告，厂商 B 利润为 100。所以厂商 B 的累积利润为：300＋100×4＝700。

如果厂商 B 第一次不做广告，厂商 B 的利润为 200；此时双方选择的都是合作策略，此后的回合中双方都不会改变策略，所以厂商 B 的累积利润为：200×5＝1000。所以厂商 B 在一开始就应该采取合作策略，不做广告。

注释：（1）本博弈的纳什均衡为（做广告，做广告）和（不做广告，不做广告），如果先行动参与者选择做广告，则（做广告，做广告）为均衡策略；如果先行动参与者选择不做广告，则（不做广告，不做广告）为均衡策略。

（2）但是，这里也有一些很有趣的事情，即如果先行动参与者选择不做广告，而后行动参与者选择做广告，并且该策略导致先行动参与者严重亏损，以致破产清算，从此在该行业消失，那么先行动参与者根本没有机会进行第二回合博弈，所以如果存在这种可能，先行动参与者就有动机选择做广告策略，最终（做广告，做广告）成为均衡策略。

从这里可以看到不同具体的情况，导致企业选择产生质的差别。在实际应用中需要分析是否达到临界情况，即先行动者会不会因为此策略导致破产清算，退出市场。

12.（1）共有以下四种情况。

①当甲、乙都参与时，每个人的收益均为 5×2－8＝2。

②当甲参与乙不参与时，甲收益为 5×1－8＝－3，乙收益为 5×1－0＝5。

③当甲不参与乙参与时，甲收益为5×1−0=5，乙收益为5−8=−3。

④当甲、乙都不参与时，每个人的收益均为0。

具体博弈矩阵如答表10-10所示。

答表 10-10

		乙	
		参与	不参与
甲	参与	（2，2）	（−3，5）
	不参与	（5，−3）	（0，0）

（2）从答表10-10可以看出，该博弈的纳什均衡是甲不参与乙也不参与，这一均衡解也是占优策略均衡。从参与人甲的角度看，不论参与人乙是否参与打扫宿舍，不参与打扫宿舍都是参与人甲的较好的选择。同样的情形，从参与人乙的角度看，不打扫宿舍也是参与人乙的较好的选择。所以，这是一个占优策略均衡，即双方都没有动力去改变这一局面，最后谁都不会打扫宿舍。

可以看出，如果甲、乙两个人都参与打扫宿舍，则他们的境况就要比在其他选择下更好一些。（参与，参与）是帕累托有效率的策略组合，而（不参与，不参与）则是帕累托低效率的策略组合。双方从自己的理性出发的最优策略，从社会来看是最糟糕的策略。

六、论述题

1. 博弈论是描述和研究行为者之间策略相互依存和相互作用的一种决策理论。它被广泛应用于政治、外交、军事、经济等研究领域，但在微观经济学中的应用是最成功的。博弈论的研究方法和特征与经济学结合得非常紧密。它强调个人理性，即在给定的约束条件下追求效用最大化。但博弈论又比传统的经济学更进一步，它研究的不是面临非人格化的价格参数下的决策问题，而是研究效用随各个主体的行为改变而改变的效用最大化问题。除了国际贸易、金融、拍卖等经济领域，博弈论在企业理论特别是寡头竞争研究方法方面做了大量的有益工作。20世纪80年代以来，博弈论开始出现在西方经济学的教科书中，这些教科书都将其作为经济学研究的最新成果与前沿。特别是产业组织理论方面的教材，几乎都是以博弈论为基础的。博弈论反映了经济学的研究对象越来越个体化、微观化；反映了经济学越来越重视人与人之间关系和相互作用的研究，特别是协调人际的利益与冲突的最佳制度安排倾向；反映了经济学越来越重视信息，即接近现实的有关信息不完全对个人选择与制度安排及其影响的倾向。总之，博弈论在经济学中的广泛应用，大大提高了经济学对现实的解释能力。应该看到，博弈论在微观经济学运用中还存在许多疑难问题。它无法提供唯一解，无法完整地探讨个人发展与社会发展之间的相互依存关系。现有的博弈论结构可强有力地证明“合作比不合作好”这一命题，但无法解释清楚在现实中冲突与合作之间的复杂关系，认为个人组成的集团会采取合作行动以实现他们共同的利益。实际上，除非一个集团中的人数很少或者存在强制或其他某些特殊手段以使个人按照他们的共同利益行事，有理性的、寻求个人利益最大化的个人不会采取合作行动以实现共同的利益。即使他们采取行动实现共同的利益之后都能获益，他们也仍然可能不会自愿地采取合作行动以实现共同利益的目标。

2.“囚徒困境”是博弈论里最著名的例子之一，几乎所有的博弈论著作中都要讨论这个例子。这个例子是这样的：两个囚徒被指控是一宗罪案的同案犯。他们被分别关在不同的牢房无法互通信息。两个囚徒都被要求坦白罪行。如果两个囚徒都坦白，各将被判入狱5年；如果两人都不坦白，则很难对他们提起刑事诉讼，因而两个囚徒可以期望被从轻发落入狱2年；另外，如果一个囚徒坦白而另一个囚徒不坦白，坦白的这个囚徒就只需入狱 1 年，而不坦白的囚徒将被判入狱 10 年。下表给出了囚徒困境的策略式表述。这里，每个囚徒都有两种策略：坦白或不坦白。答表 10-11 中的数字分别代表囚徒甲和囚徒乙的得益。（注意，这里的得益是负值。）

答表 10-11　囚徒困境

		囚徒乙	
		坦白	不坦白
囚徒甲	坦白	（−5，−5）	（−1，−10）
	不坦白	（−10，−1）	（−2，−2）

在囚徒困境这个模型中，纳什均衡就是双方都坦白，给定甲坦白的情况下，乙的最优策略是坦白；给定乙坦白的情况下，甲的最优策略也是坦白。而且这里双方都坦白不仅是纳什均衡，而且是一个上策均衡，即不论对方如何选择，个人的最优选择是坦白。因为如果乙不坦白，甲坦白就被轻判1年，不坦白就判2年，坦白比不坦白要好；如果乙坦白，甲坦白判 5 年，不坦白判 10 年，所以，坦白仍然比不坦白要好。这样，坦白就是甲的上策，当然也是乙的上策。其结果是双方都坦白。这个组合是纳什均衡。

寡头垄断厂商经常发现它们自己处于一种囚徒的困境。当寡头厂商选择产量时，如果寡头厂商们联合起来形成卡特尔，选择垄断利润最大化产量，每个厂商都可以得到更多的利润。但卡特尔协定不是一个纳什均衡，因为给定双方遵守协议的情况下，每个厂商都想增加生产，结果是每个厂商都只得到纳什均衡产量的利润，它远小于卡特尔产量下的利润。[《西方经济学（微观部分）》第七版　高鸿业　P301]

3.“智猪博弈”的例子讲的是：猪圈里有一头大猪和一头小猪，猪圈的一头有一个猪食槽，另一头安装一个按钮，控制着猪食的供应。每按一下按钮会有 10 单位的猪食进槽，但谁按按钮谁就要付2单位的成本并且晚到猪食槽。若大猪先到猪食槽，大猪吃到 9 单位，小猪只能吃到 1 单位；若小猪先到猪食槽，大猪吃到 6 单位，小猪吃到 4 单位；若同时到，大猪吃到 7 单位，小猪只能吃到 3 单位。答表 10-12 列出了对应于不同策略组合的得益水平。例如，表中(5,1)表示大猪小猪同时按按钮，从而同时走到猪食槽，大猪吃 7 单位，小猪吃 3 单位，除去 2 单位成本，得益分别为 5 和 1。

对于小猪来说，如果大猪按，则它不按更好；如果大猪不按，它不按也更好，所以，不论大猪按还是不按，它的最优策略都是不按。给定小猪不按，大猪的最优选择只能是按。所以，纳什均衡就是大猪按，小猪不按，各得 4 单位猪食。

答表 10-12

		小猪	
		按	等待
大猪	按	（5，1）	（4，4）
	等待	（9，-1）	（0，0）

市场中的大企业与小企业之间的关系类似“智猪博弈”。大企业进行研究与开发，为新产品做广告，而对小企业来说这些工作可能得不偿失。所以，小企业可能把精力花在模仿上，或等待大企业用广告打开市场后再出售廉价产品。

4. 纳什均衡的基本思想是：每一个局中人选择一个策略，所有局中人的策略构成了一个策略组合；在其他局中人选定策略不变的情况下，若某一个局中人单独地违背自己已选的策略，那么他的收益只会下降（或收益不会增加）。这样的策略组合构成一个均衡局势，并命名为纳什均衡。纳什均衡有纯策略纳什均衡和混合策略纳什均衡。一个博弈中有不止一个纳什均衡时，就构成一个多重纳什均衡问题。在多重纳什均衡下，给出一些选择标准就得到一些特定的纳什均衡。其中帕累托占优纳什均衡是根据这样的选择标准选择的均衡。在博弈 $G=[N,\ (S_i),\ (P_i)]$中，若 S_1^*，S_2^*，…，S_m^* 均为 G 的纳什均衡，若 S_{i0}^*满足 $P_i(S_{i0}^*)>P_i(S_j^*)$，$i=1,\ 2,\ \cdots,\ n$，$j=1,\ 2,\ \cdots,\ m$，则称 S_{i0}^*为博弈 G 的帕累托占优纳什均衡。可见帕累托占优纳什均衡是纳什均衡中收益最大的一种均衡。[《西方经济学（微观部分）》第七版　高鸿业　P301]

5. 在完全信息静态博弈中，参与人原来的策略叫作“纯策略”，他们赋予这些纯策略的概率向量叫作“混合策略”。所有参与人的混合策略的组合构成“混合策略组合”。混合策略组合与参与人的支付的乘积之和为参与人的期望支付。当其他参与人的混合策略确定之后，某个参与人的选择可以使自己的期望支付达到最大的混合策略是该参与人的条件混合策略。不同参与人的条件混合策略曲线的“交点”就是混合策略条件下的纳什均衡。

完全信息动态博弈是参与人的决策和行动有先有后的博弈。描述完全信息动态博弈的更加方便也更加自然的工具是“博弈树”。博弈树由“点”（包括“起点”“中间点”“终点”）、连接点的“线段”以及标在这些点和线段旁边的文字与数字组成。在博弈树中，一个纳什均衡代表一条均衡的路径。在该均衡路径上，没有哪个参与人愿意单独改变自己的策略。

6.（1）博弈论是描述和研究行为者之间策略相互依存与相互作用的一种决策理论。博弈论被应用于政治、外交、军事、经济等研究领域。近几十年来，博弈论在经济学中得到了更广泛的运用，博弈论的应用是微观经济学的重要发展。

在每一个博弈中，都至少有两个参与者，每一个参与者都有一组可选择的策略。作为博弈的结局，每个参与者都得到各自的报酬。每一个参与者的报酬都是所有参与者都不想改变自己的策略的这样一种状态。任何参与者单方面改变均衡战略都会降低自己的报酬。

（2）博弈论的主要静态均衡策略有以下几个。

①占优策略均衡。无论其他参与者采取什么策略，某参与者的唯一最优策略就是他的占优策略。也就是说，如果某一个参与者具有占优策略，那么，无论其他参与者选择什么策略，该参与者确信自己所选择的唯一策略都是最优的。一般地说，由博弈中的所有参与者的占优策略组合所构成的均衡就是占优策略均衡。

②纳什均衡。纳什均衡指任何一个参与者都不会改变自己的策略，如果其他参与者不改变策略。纳什均衡只要求任何一个参与者在其他参与者的策略选择给定的条件下，其选择的策略是最优的。

③最大最小策略。最大最小策略是指博弈者多采取的策略是使自己能够获得的最小收入最大化。所谓最小收入，就是指采取某一策略所能获得的最小收入。最大最小策略是一种保守的策略而不是利润最大化的策略，博弈者往往是在信息不完全的情况下才采取最大最小策略。

④反复博弈下的合作解。如果博弈是无限期反复的博弈，博弈的结果将是合作博弈。在有限期反复博弈中，博弈均衡取决于反复次数与博弈者的理性程度。如果博弈反复次数很少，博弈者具有完全的理性，则博弈者只会出现竞争解而不是合作解。如果博弈次数很多，且博弈者只具有有限的理性，则博弈将产生合作解，因为博弈双方报复机会都很多，任何一方的不合作行为都会引起对手的报复，给自己造成较大的期望损失。

（3）博弈论的主要动态均衡策略。寡头企业在竞争中并不拘泥于和对手进行默契配合，以便均分高额利润，还往往采取一些其他策略来取得竞争的优势。

①首先行动优势。首先行动优势是指在博弈中首先做出策略决定的人可以获得较多的利益。一个重要的策略是“承诺”。承诺并不是仅仅口头上宣布做某种事情，而是包含着采取某些实质性的行动。承诺是竞争者诱使竞争对手按照自己的意图做决策以使自己多获得利益的一种策略行动。

②确实可信的威胁。博弈中，博弈者可以通过对对方实施确实可信的威胁而使自己获得更多的利益。所谓确实可信的威胁，就是指博弈者不是仅仅恐吓对手而已，而是采取某种切实可行的措施使得这种威胁是可信的。

③塑造形象。竞争者给自己塑造某种合适的形象往往也能给自己带来更多的利益。

④阻止对手进入。一个垄断者可以设置障碍，阻止潜在竞争对手的进入。一个重要的策略性行动是扩大企业规模，形成超额生产能力。一旦竞争对手进入就利用这些超额的生产能力增加产量，压低价格。现行垄断者的这一策略性行动将会改变支付矩阵中自己的盈利数值。

7. 占优策略就是指无论竞争对手如何反应都属于本企业最佳选择的竞争策略。纳什均衡指的是这样一种策略组合，这种策略组合由所有参与人最优策略组成，即在给定别人策略的情况下，没有人有足够理由打破这种均衡。纳什均衡，从实质上说，就是一种非合作博弈状态。

占优策略均衡收益矩阵如答表 10-13 所示。

（5，15）（0，15）即厂商 A 不管做不做广告，厂商 B 都选择做广告，此时厂商 B 获得最大收益 15。（5，5）（15，0）即厂商 B 不管做不做广告，厂商 A 都选择做广告，此时厂商 A 获得最大收益 5 和 15。

纳什均衡收益矩阵如答表 10-14 所示。

答表 10-13

		厂商B	
		做广告	不做广告
厂商A	做广告	(5，5)	(15，0)
	不做广告	(0，15)	(10，10)

答表 10-14

A / B	坦白	抵赖
坦白	(−8，−8)	(0，−10)
抵赖	(−10，0)	(−1，−1)

纳什均衡(−8，−8)即B坦白，则A选择坦白；或者A坦白，B选择坦白；(0，−10) B抵赖，A选择坦白；(−10，0) A抵赖，B选择坦白。

比较：占优策略是不管对方怎么做，我方所做的都是我方能做得最好的。

而纳什均衡是给定对方的做法后，我方所做的是我方能做得最好的；或者给定我方的做法后，对方所做的是对方能做得最好的。占优策略可以以不变应万变。如果没有占优策略，必须随机应变。在达到了纳什均衡之后，所有参与者都没有动机再变了。

七、案例分析

案例一：

从 A 角度看，显然降价要比维持好，降价至少可以保证比 B 好，在概率均等的情况下，A 降价的收益为 $15\times50\%-5\times50\%=5$，维持的收益为 $5\times50\%-10\times50\%=-2.5$，为了自身利益的最大化，A 就不可避免地选择了降价。从 B 角度看，效果也一样，降价同样比维持好，其降价收益为 5，维持收益为 2.5，它也同样会选择降价。在这轮博弈中，A、B 都将降价作为策略，因此各损失 5，整体损失 10，整体收益是最差的。这就是此博弈最终所出现的纳什均衡。我们构造的这一电信业价格战博弈模型是典型的囚徒困境现象，各个局部都寻求利益的最大化，而整体利益却不是最优，甚至是最差。

许多其他行业的价格竞争都是典型的囚徒困境现象，如可口可乐公司和百事可乐公司之间的竞争、各大航空公司之间的价格竞争等。

案例二：

达尔文的生物进化论说明，人生活在世界上实际上就是和别人竞争。物竞天择适者生存。在竞争激烈的社会中，机会只垂青有准备的人，知道得越多，以后遇见问题解决问题的能力也就越强，机会也就越多，收益也就越大。在答表 10-15 构造的博弈论模型中可以反映出来。

答表 10-15

		乙	
		多	少
甲	多	(5，5)	(10，0)
	少	(0，10)	(0，0)

对于甲而言，知道得少收益为0，因此甲选择知道多，对于乙也同样。根据占优策略均衡，甲、乙将同时选择知道得多从而（5，5）达到纳什平衡。因此对于甲、乙而言，知道得越多，将收益越大，“知道得越多越好”。

案例三：

从该案例可知，上述的行动表明：股东对公司的监督功能在日益增强。在这一形势推动转变的过程中，大股东及机构投资者的作用至关重要。在现代企业制度中，大股东与小股东之间存在着角色和行为差异。根据公司监督成本与收益的对比关系，大股东有更大的积极性去监督经理们的工作，而小股东则容易选择坐享其成。结合课堂所学知识，我认为这种情况可以用博弈论中的“智猪博弈”进行分析。在“智猪博弈”中，“等待”是小猪的占优策略，跑去“按按钮”是小猪的劣策略。最终的博弈均衡是：小猪等待，大猪按按钮。在上例中，大股东相当于“智猪博弈”中的大猪，小股东相当于小猪。在大小股东是否密切监督经理工作的博弈中，大股东因为利益攸关会担当起收集信息监督经理的责任，而小股东坐享其成也可因大股东密切监督经理的工作而获得收益，即选择所谓的占优策略。

第十一章参考答案及解析

一、单项选择题

1. D【解析】市场失灵是指市场机制在很多场合并不能够达到资源的最有效率的配置效果，它主要是由垄断、外部性、公共物品、信息不完全以及相应的微观经济政策所引起。

2. B【解析】外部不经济是从私人成本和社会成本的角度来衡量的，相应地，外部经济则是从私人收益和社会收益的角度来衡量的。

3. B【解析】外部性是指某个经济活动的参与者对他的周围经济环境的影响。外部性会造成私人成本和社会成本、私人收益和社会收益之间的差异。具体而言，当其活动造成的私人成本小于社会成本时，成为外部不经济；当其经济活动造成的私人收益小于社会收益时，称为外部经济。汽车排放尾气属于对他人和社会造成了不利影响的外部不经济。

4. A【解析】科斯定理是说只要财产权是明确界定了的，并且交易成本为0或者很小，则无论初始将产权赋予哪一方，市场均衡的结果都是有效率的。

5. D【解析】A项，公共物品的市场需求曲线是由各个消费者需求曲线纵向加总求得的； B项，公共物品不是从由谁提供来判断的，另外，政府也可以提供公共物品（如某些救灾物资）；C项，三者属于俱乐部产品，只具有非竞争性（严格来说，公路和桥梁还不是完全非竞争的），即增加一个消费者的成本趋于0，但是可以很容易地排除他人使用。

6. B【解析】由于在实际经济活动中一方会拥有不为另一方所掌握的私人信息，这样拥有优势信息的一方往往会出现逆向选择行动。这时，拥有私人信息的一方可以通过发送信号的方式向缺乏信息的一方显示自己的真实信息，以便减少信息不对称。题目中 A 项、C 项和 D 项都能够成功发送出信号。

7. A【解析】地主监督农民生产的一个主要困难就在于无法准确判断农民的努力程度，如果以固定工资形式雇用农民，农民很可能就不会努力工作，因为他努力还是不努力所获得的报酬都是一样的。固定工资加提成的方法能够有效激励农民努力增加劳动投入，很好地解决了固定工资所导致的道德风险。

8. B【解析】道德风险是指在非对称信息的情况下，拥有信息优势的一方享有自己行为的收益而将成本转嫁给其他人，从而造成其他人损失的可能性。逆向选择则是指在非对称信息的情况下，差的商品总是将好的商品驱逐出市场，或者拥有信息优势的一方在市场行为中总是倾向于做出有利于自己而不利于他人的选择。二者的区别在于，逆向选择是人与人之间的比较，且发生在交易之前；道德风险是同一个人在交易前后的比较，且发生在交易之后。

9. C【解析】高能量劳动力所占比例很高的情况下，不存在信号发送机制时工资已分离均衡下的高工资水平。然而如果存在信号发送机制，高能力劳动力为区别于低能力劳动力不得不付出较高的受教育成本，境况反而变差。故 C 项错误。

10. B【解析】假定整个社会只有一种私人物品，且该私人物品的总产出为 x，公共物品的总产出为 y，生产技术是 $F(x, y)=0$。经济中有 n 个不同的人，效用函数是 $u_1(x_1, y)$，$(i=1, \cdots, n)$，x_1 为个人 i 关于私人产品的消费量，$x_1+x_2+\cdots+x_n=x$。则公共物品的最优供给原则为 $MRS_1+MRS_2+\cdots+MRS_i=MRT$。也就是说，整个经济社会中所有个人的公共物品和私人物品之间的边际替代率之和等于生产该公共物品的边际成本。故 B 项符合题意。

11. D【解析】略

12. B【解析】当一个人从事一种影响旁观者福利，而对这种影响既不付报酬又得不到报酬的活动时，就产生了外部性。如果对旁观者的影响是有利的，就称为正外部性。

13. D【解析】生产的外部经济：当一个生产者采取的经济活动对他人产生有利的影响，而自己却不能从中得到报酬时，便产生生产的外部经济；消费的外部经济：当一个消费者采取的行动对他人产生有利的影响，而自己却不能从中得到补偿时，便产生消费的外部经济；生产的外部不经济：当一个生产者采取的行动使他人付出代价而又未给他人以补偿时，便产生生产的外部不经济；消费的外部不经济：当一个消费者采取的行动使他人付出代价而又未给他人以补偿时，便产生消费的外部不经济。

14. D【解析】略

15. C【解析】“搭便车”问题是一种发生在公共财产上的问题，是指经济中某个体消费的资源超出他的公允份额，或承担的生产成本少于他应承担的公允份额，是指一些人需要某种公共财产，但事先宣称自己并无需要，在别人付出代价去取得后，他们就可不劳而获地享受成果。

16. D【解析】通常把国防这一类既不具有排他性又不具有竞用性的物品叫作公共物品。

17. D【解析】导致市场失灵的原因有不完全竞争、外部影响、公共物品、不完全信息、自然垄断等。

18. D【解析】略

19. D【解析】自然垄断产品是指其生产或传输过程具有自然垄断性质的一类社会产品（或服务），主要包括自来水、电力、燃气、电信产品、铁路服务和航空服务等。

20. A【解析】把海鱼这一类只不具有排他性但却具有竞用性的物品叫作公共资源。

21. C【解析】市场失灵是指市场机制在很多场合并不能够达到资源的最有效率的配置效果。

22. D【解析】略

23. A【解析】生产的外部不经济：当一个生产者采取的行动使他人付出了代价而又未给他人以补偿时，便产生了生产的外部不经济。

24. C【解析】略

25. B【解析】逆向选择是指在非对称信息的情况下，差的商品总是将好的商品驱逐出市场，或者拥有信息优势的一方在市场行为中总是倾向于做出有利于自己而不利于他人的选择。

26. A【解析】道德风险指在非对称信息的情况下，拥有信息优势的一方享有自己行为的收益而将成本转嫁给其他人，从而造成其他人损失的可能性。

27. A【解析】科斯定理是说只要财产权是明确界定了的，并且交易成本为 0 或者很小，则无论初始将产权赋予哪一方，市场均衡的结果都是有效率的。

28. D【解析】略

29. B【解析】略

30. A【解析】公共资源很快被过度使用，从而造成灾难性的后果，导致公共资源的私人使用量大于其帕累托最优数量，就是“公地悲剧”。

31. C【解析】对造成外部不经济的企业，国家应该征税，其数额应该等于该企业给社会其他成员造成的损失，从而使该企业的私人成本恰好等于社会成本。

32. D【解析】对造成外部不经济的企业，国家应该征税，其数额应该等于该企业给社会其他成员造成的损失，从而使该企业的私人成本恰好等于社会成本。

33. D【解析】信息不对称是指经济当事人对信息不能全面地把握，不能完全利用交易有关的信息，不同的经济主体缺乏信息的程度往往是不一样的。产品的卖方一般要比产品的买方对产品的质量有更多的了解，也就是说有些人比其他人拥有更多的相关信息。

34. B【解析】竞用性是指如果某人已经使用某个商品，则其他人就不能同时使用该商品，显然信息商品不具有竞用性。

35. B【解析】委托人是指委托他人帮自己办理事务的人。

36. C【解析】信号传递是指具有信息优势的一方（拥有私人信息的一方）采取某种行动向信息劣势方（拥有公共信息的一方）发送相关信号，用以回避逆向选择，改进市场运行状况。

37. B【解析】科斯定理是说只要财产权是明确界定了的，并且交易成本为 0 或者很小，则无论初始将产权赋予哪一方，市场均衡的结果都是有效率的。

38. D【解析】略

39. C【解析】略

40. B【解析】逆向选择是指在非对称信息的情况下，差的商品总是将好的商品驱逐出市场，或者拥有信息优势的一方在市场行为中总是倾向于做出有利于自己而不利于他人的选择。

二、多项选择题

1. BD【解析】略

2. BC【解析】略

3. ABDE【解析】略

4. BD【解析】外部影响是指，某一经济主体的经济行为对社会上其他人的福利造成了影响，但却并没有为此而承担后果。在很多时候，某个人的一项经济活动会给社会上其他成员带来好处，但他自己却不能由此而得到补偿。此时，这个人从其活动中得到的利益就小于该活动所带来的全部利益。这种性质的外部影响被称为外部经济。另外，在很多时候，某个人的一项经济活动会给社会上其他成员带来危害，但他自己却并不为此而支付足够抵偿这种危害的成本。此时，这个人为其活动所付出的成本就小于该活动所造成的全部成本。这种性质的外部影响被称为外部不经济。

5. ACD【解析】外部性是指当一个消费者的福利或者一家企业的生产可能性直接受到经济中的另一个当事人的行为影响时，就说该经济中存在外部性。

三、判断题

1. 错【解析】市场失灵是指完全竞争的市场机制在很多场合下不能导致资源的有效配置，不能达到帕累托最优状态的情形。

2. 对【解析】略

3. 错【解析】略

4. 错【解析】导致市场失灵的原因有：不完全竞争、外部影响、公共物品、不完全信息等。

5. 错【解析】只要厂商面临的需求曲线不是一条水平线，而是向右下方倾斜的，则厂商的利润最大化原则就是边际收益等于边际成本，而不是价格等于边际成本。当价格大于边际成本时，就出现了低效率的资源配置状态，于是整个经济便偏离了帕累托最优状态，均衡于低效率之中。

6. 对【解析】略

7. 错【解析】对造成外部不经济的企业，国家应该征税；对造成外部经济的企业，国家则可以采取津贴的办法，只要政府采取措施使得私人成本和私人利益与相应的社会成本和社会利益相等，则资源配置便可达到帕累托最优状态。

8. 对【解析】略

9. 错【解析】委托—代理问题可以被看作一种“外部影响”：代理人不按合同规定尽责尽力而偷懒或“干私活”的行为对委托人造成损害，但却没有对这种损害进行补偿。和其他的外部影响一样，由于信息不完全而引起的委托—代理问题也会给市场机制的正常运行带来困难，从而造成低效率的结果。

10. 对【解析】略

11. 对【解析】略

12. 对【解析】略

13. 对【解析】略

14. 错【解析】排污费是对污染者征税，以弥补排污者私人成本和社会成本之间的差距；排污许可证制度是依法规范企事业单位排污行为的基础性环境管理制度，环境保护部门通过对企事业单位发放排污许可证并依证监管。

15. 对【解析】略

16. 错【解析】导致市场失灵的原因有：不完全竞争、外部影响、公共物品、不完全信息等。

17. 对【解析】略

18. 对【解析】略

19. 对【解析】略

20. 错【解析】政府管制是指政府为达到一定的目的，凭借其法定的权利对社会经济主体的经济活动所施加的某种限制和约束，其宗旨是为市场运行及企业行为建立相应的规则，以弥补市场失灵，确保微观经济的有序运行，实现社会福利的最大化。

21. 错【解析】略

22. 对【解析】略

23. 错【解析】西方经济学认为，在公共物品领域，市场机制不能发挥调节作用，是市场失灵的主要内容。

24. 对【解析】略

25. 对【解析】略

26. 对【解析】略

四、名词解释

1. 市场失灵：是指完全竞争的市场机制在很多场合下不能导致资源的有效配置，不能达到帕累托最优状态的情形。

2. 搭便车问题：是一种发生在公共财产上的问题，是指经济中某个体消费的资源超出他的公允份额，或承担的生产成本少于他应承担的公允份额，指一些人需要某种公共财产，但事先宣称自己并无需要，在别人付出代价去取得后，他们就可不劳而获地享受成果。

3. 外部性：是指当一个消费者的福利或者一家企业的生产可能性直接受到经济中的另一个当事人的行为影响时，就说该经济中存在外部性。

4. 外部经济：在很多时候，某个人的一项经济活动会给社会上其他成员带来好处，但他自己却不能由此而得到补偿。此时，这个人从其活动中得到的利益就小于该活动所带来的全部利益。这种性质的外部影响被称为外部经济。

5. 外部不经济：在很多时候，某个人的一项经济活动会给社会上其他成员带来危害，但他自己却不为此而支付足够抵偿这种危害的成本。此时，这个人从其活动中付出的成本就小于该活动所造成的全部成本。这种性质的外部影响被称为外部不经济。

6. 科斯定理：只要财产权是明确的，并且其交易成本为 0 或者很小，则无论在开始时将财产权赋予谁，市场均衡的最终结果都是有效率的。

7. 排他性：只有对商品支付价格的人才能够使用该商品。

8. 竞用性：如果某人已经使用了某个商品，则其他人就不能再同时使用该商品。

9. 公共物品：通常把国防这一类既不具有排他性又不具有竞用性的物品叫作公共物品。

10. 公共资源：把海鱼这一类只不具有排他性但却具有竞用性的物品叫作公共资源。

11. 逆向选择：在买卖双方信息非对称的情况下，差的商品总是将好的商品驱逐出市场，或者说拥有信息优势的一方，在交易中点，是趋向于做出尽可能有利于自己而不利于别人的选择。

12. 信息不对称：经济当事人对信息不能全面地把握，不能完全利用交易有关的信息，不同的经济主体缺乏信息的程度往往是不一样的。产品的卖方一般要比产品的买方对产品的质量有更多的了解，也就是说有些人比其他人拥有更多的相关信息。

五、简答题

1. 市场失灵是指市场机制在不少场合下会导致资源不恰当配置，即导致无效率的一种状况。换句话说，市场失灵是自由的市场均衡背离帕累托最优的一种情况。微观经济学说明，在一系列理想的假定条件下，自由竞争的市场经济可导致资源配置达到帕累托最优状态，但理想化的假定条件并不符合现实情况。在以下这些情况下，时常会失灵：不完全竞争、公共物品、外部影响、信息不完全等等。

2. 垄断尽管往往会带来规模经济，降低产品成本，促进科学研究和采用新技术从而有助于生产力发展，但同时垄断必然存在低效率，不能实现帕累托，因为垄断的存在必然造成价格高、效率低下、社会缺乏公平、厂商的产量低于社会最优产量、其市场价格又高于成本等。同时，垄断行业中的技术停滞、寻租等现象，又会造成更大的社会成本，使资源不能得到充分利用，社会福利受到损失。

3. 微观经济学讲自由竞争的市场机制会使资源配置达到帕累托最优，其实是假定经济活动不存在“外部性”，即单个经济活动主体的经济行为产生的私人利益和私人成本就是社会利益和社会成本。但是在现实生活中，私人利益和社会利益，私人成本和社会成本往往是不一致的。一项经济活动存在外部经济时，人们从该项活动中得到的私人利益小于社会利益；而存在外部不经济时，人们对该项活动所付出的成本会小于社会成本，在这两种情况下，自由竞争条件下的资源配置都会偏离帕累托最优。令 V_P、V_S 和 C_P、C_S 分别代表某人从事某项经济活动所能获得的私人利益、社会利益、私人成本和社会成本，再假定存在外部经济，即有 $V_P<V_S$，但又有 $V_P<C_P<V_S$，则此人显然不会进行该活动。这表明资源配置没有达到帕累托最优，因为从上述两个不等式中可以得到：（V_S-V_P）大于私人从事这项活动所受到的损失（C_P-V_P）。可见，这个

人如果从事这项活动的话，从社会上其他人所得到的好处中拿出一部分来补偿进行这项活动的私人所受到的损失以后还会有多余，即可使其他人状况变好而没有任何人状况变坏。这说明，存在外部经济的情况下，私人活动的水平常常低于社会所要求的水平。相反，存在外部不经济时，有 $C_P<C_S$，再假定 $C_S>V_P>C_P$，则此人一定会进行此项活动。从上述不等式可得到（C_S-C_P）>（V_P-C_P），此不等式说明，进行了这项活动，社会上其他人受到的损失大于此人得到的好处，从整个社会来看，是得不偿失的，因此私人活动水平高于社会所要求的最优水平。

4. 公共物品是指供整个社会即全体成员共同享用的物品，如国防、警务之类。这些公共物品只能由政府以某种形式来提供，这是由其消费的非排他性和非竞争性决定的。非排他性指某物品为某人消费的同时，无法排斥别人也来消费这一物品。这和一件衣服、一磅面包之类私人物品不同。对于私人物品来说，支付了价格就取得了该物品的所有权，就可轻易排斥别人来消费这一物品，而像国防之类的公共物品则不同，该国每一居民不管是否纳税，都享受到了国防保护。非竞争性指公共物品可以同时为许多人所消费，增加一名消费者的消费的边际成本为 0，即一个人对这种物品的消费不会减少可供别人消费的量，如多一位消费者打开电视机不会给电视台带来任何增加的成本，这也和私人物品不同。一件衣服具有给你穿就不能同时给他穿的特性。公共物品使用之所以具有非排他性和非竞争性，是因为公共物品生产上具有不可分性，如国防、警务等提供的服务，不可能像面包、衣服那样可分割为许多细小单位，而只能作为一个整体供全体社会成员使用。当物品可像私人物品那样细分时，消费者就可按一定价格购买自己所需要的一定数量独自享用，排斥他人分享。在这种情况下，消费者对物品的偏好程度可通过愿意支付的价格来表现，使自己的消费达到最大满足，从而市场价格可对资源配置起到支配作用。公共物品由于不能细分，人们对公共物品的消费不能由市场价格来决定，价格机制无法将社会对公共物品的供需情况如实反映出来。这样，公共物品就只能由政府根据社会成员的共同需求来提供。如果要人们根据用价格所表现的偏好来生产这些物品，则谁都不愿意表露自己的偏好，只希望别人来生产这些物品，自己则坐享其成，这样，公共物品就无法生产出来，因此，在公共物品生产上，市场就失灵了。

5. 第一，使用税收和津贴。对造成外部不经济的企业，国家应该征税；对造成外部经济的企业，国家可以采取津贴的办法。无论是何种情况，只要政府采取措施使得私人成本和私人利益与相应的社会成本和社会利益相等，则资源配置便可达到帕累托最优状态。第二，使用企业合并的办法。例如，一个企业的生产影响到另外一个企业。如果影响是正的（外部经济），则第一个企业的生产就会低于社会最优水平；反之，如果影响是负的（外部不经济），则第一个企业的生产就会超过社会最优水平。但是如果把这两个企业合并为一个企业，则此时的外部影响就会“消失”，即被“内部化”。合并后的单个企业为了自己的利益将使自己的生产确定在其边际成本等于边际收益的水平上。而由于此时不存在外部影响，故合并企业的成本与收益就等于社会的成本与收益，于是资源配置达到帕累托最优状态。第三，使用规定财产权的办法。在许多情况下，外部影响之所以导致资源配置失当，是由于财产权不明确。如果财产权是完全确定的并得到充分保障，则有些外部影响就可能不会发生。

六、计算题

1.（1）独立经营时根据利润最大化原则 MR＝MC，分别有：养蜂场 $2M/100=2$，得蜂蜜均衡产量 $M=100$；梨园 $2L/100=3$，得梨的均衡产量 $L=150$。

（2）合并经营时，成本函数为 $C=M^2/100+L^2/100-2M$，根据利润最大化条件 $MR_M=MC_M$ 和 $MR_L=MC_L$，即 $2M/100-2=2$ 和 $2L/100=3$，得合并经营时蜂蜜的均衡产量 $M=200$，梨的均衡产量 $L=150$。与（1）相比较可见，合并实现了帕累托改进。

（3）由上可知，为使独立经营时蜂蜜的均衡产量达到帕累托最优产量 200，需要蜂蜜的边际收益 $MR_M=2M/100=4$。又已知市场均衡价格为 2，要使得蜂蜜的边际收益等于 4，需要对每单位蜂蜜产出补贴 2。

2.（1）每个渔民即单位渔船的月净利润函数为 $\pi=R/q-4000=16\ 000-1000q$，在净利润降到 0 以前，对单个渔民而言选择进入总是有利可图的。因此自由进入时均衡的渔船数量是使得净利润为 0 的数量。$16\ 000-1000q^*=16$。

（2）渔业总利润为 $\pi=20\ 000q-1000q^2-4000q$，根据极值条件，总利润最大化的渔船数量为 8，即社会的帕累托最优渔船数 q^* 为 8。

（3）为使渔船数量保持在 8，那么许可证的费用应能使当 8 个渔船同时作业时，单位渔船的净利润等于 0，即 $\pi(8)=16\ 000-1000\times8-T=0$，所以 $T=8000$，即单位渔船许可证费用为 8000。

3.（1）牧场净收益最大时，应该有 $P=MC$，由 $C=5x^2+3000$，可得 $MC=10x$，则由：$10x=1000$，解得：$x=100$。

（2）每户牧民分担的成本是 $(5x^2+3000)/5=x^2+600$，于是养牛数将是：$MC=2x=1000$，$x=500$。从中引起的问题是牧场因过度放牧，数年后一片荒芜，这就是所谓的公地悲剧。

4.（1）提供帕累托有效的公共物品量的必要条件为：边际支付意愿之和等于公共物品的边际成本。在村民为 1000 人时，最优道路长度为：$1000(1-x)=MC(x)=x$，得 $x=1000/1001$。

（2）什么时候提供公共物品是一种帕累托改进，仅仅取决于人们的支付意愿和公共物品的总成本。设居民人数为 n 时修建道路，则应满足 $n(1-x)\geqslant c(x)=500$，可得 $n\geqslant500/(1-x)$，则当居民人数在 $500/(1-x)$ 以上时应修建道路。

5.（1）社会对共用品需求函数：$P=P_1+P_2+P_3=100-x+100-2x+100-3x=300-6x$。

（2）该社会共用品最优数量为社会对共用品总需求与总供给相等时的均衡数量。此时，每单位共用品成本是 4 元，故共用品供给函数为 $P=4x$。

当 $300-6x=4x$ 时，$x=30$ 即为社会共用品最优数量。

（3）$P_1=100-30=70$（元），$P_2=100-60=40$（元），$P_3=100-90=10$（元），所以 $P=120$（元）为社会对共用品总价格。

6.（1）企业 H 的利润为：$\pi_H=pq_H-c_H=pq_H-1/2q_H^2-10q_H$。

利润最大化的条件为：$d\pi_H / dq_H = p + q_H - 10 = 0$。

得到企业 H 的供给量为：$q_H = p - 10$，$p > 10$；$q_H = 0$，$p \leqslant 10$。

同理可得企业 L 的供给量为：$q_L = p$

（2）由上题知，市场供给（$s = q_H + q_L$）为：

$$s = 2p + 10,\ p > 10;\ s = p,\ p \leqslant 10$$

设 H、L 的市场供给份额分别为 α_H，α_L，即

$$\alpha_H = q_H / (q_H + q_L);\ \alpha_L = q_L / (q_H + q_L)$$

市场上产品的平均质量 μ 为 $\mu = 20\alpha_H + 10\alpha_L = 20 \times q_H / (q_H + q_L) + 10 \times q_L / (q_H + q_L)$。

当 $p > 10$ 时：$\mu = 20(p - 10) / (2p - 10) + 10p / (2p - 10) = 10(3p - 20) / (2p - 10)$；

当 $p \leqslant 10$ 时（$q_H = 0$）：$\mu = 10$。

（3）消费者的预算约束为 $px + y = m$，其中 m 为消费者的收入。则其期望效用为

$$Eu = \mu x + y = (\mu - p)x + m$$

若 $\mu > p$，则 x 越大，预期效用越大，该消费者将尽可能多地购买该产品，此时剩余收入必定为 0，即 $x = m / p$。

若 $\mu < p$，预期效用是 x 的减函数，则要求 $x = 0$。

又由于收入为 100，所以市场需求函数为

$$d = 100 / p,\ \mu > p;\ d = 0,\ \mu < p$$

若 $\mu = p$，则需求取 $[0, 100 / p]$ 范围内的任意值。

七、论述题

1.（1）完全竞争的市场机制在很多场合下不能导致资源的有效配置，不能达到帕累托最优状态的情形，即市场失灵。市场失灵主要有以下几种情况：垄断、外部性、公共物品和信息不对称。信息不对称指市场上某些参与者拥有信息，但另一些参与者不拥有信息；或指一方掌握的信息多一点，另一方掌握的信息少一些。信息不对称和信息不完全是有所区别的。信息不完全不仅是指那种绝对意义上的不完全，即由于认识能力的限制，人们不可能知道在任何时候、任何地方发生的或将要发生的任何情况，而且是指“相对”意义上的不完全，即市场经济本身不能够生产出足够的信息并进行有效的配置。这是因为，作为一种有价值的资源，信息不同于普通的商品；信息的交换只能靠买卖双方的并不十分可靠的相互信赖，卖者让买者充分了解信息的用处，而买者则答应在了解信息的用处之后即购买它。这样，市场的作用在这里受到了很大的限制。信息不对称带来了许多问题，会导致资源配置不当，减弱市场效率，并且还会产生道德风险和逆向选择。市场机制本身可以解决其中的一部分，但是在很多情况下，市场的价格机制并不能够解决或者至少是不能够有效地解决信息不完全问题，从而导致市场失灵。这时只能通过其他的一些机制设计来解决。

（2）在现实生活中，信息不对称一般会带来如下一些问题。

①逆向选择：是指在买卖双方信息不对称的情况下，差的商品总是将好的商品驱逐出市场；或者说拥有信息优势的一方，在交易中总是趋向于做出尽可能有利于自己

而不利于别人的选择。逆向选择的存在使得市场价格不能真实地反映市场供求关系，导致市场资源配置的低效率。一般在商品市场上卖者关于产品的质量、保险市场上投保人关于自身的情况等都有可能产生逆向选择问题。解决逆向选择问题的办法主要有：利用市场信号以及政府对市场进行必要的干预。

②道德风险：是指在双方信息不对称的情况下，人们享有自己行为的收益，而将成本转嫁给别人，从而造成他人损失的可能性。道德风险的存在不仅使得处于信息劣势的一方受到损失，而且会破坏原有的市场均衡，导致资源配置的低效率。道德风险分析的应用领域主要是保险市场，而解决道德风险的主要方法则是风险分担。

③委托—代理问题：由于信息的不完全性，委托人往往不知道代理人要采取什么行动或者即使知道代理人采取某种行动，也不能观察和测度代理人从事这一行动时的努力程度，同时两者之间存在的利益分割关系，通常会使得代理人不完全按照委托人的意图行事，这在经济学上被称为委托—代理问题。由委托—代理问题导致的效率损失不可能通过政府的干预解决，而需要通过设计有效的激励措施加以解决。解决委托—代理问题最有效的办法是实施一种最优合约。最优合约是委托人花费最低限度的成本而使得代理人采取有效率的行动实现委托人目标的合约。

（3）下面举两个例子。假定有一批旧车要卖，同时有一批要买这些数量的车的购买者。旧车中有一半是优质车，一半是劣质车。设优质车车主索价200元，劣质车车主索价100元。再假定买主对优质车愿支付240元，对劣质车愿支付120元。如果信息是完全的，即买主知道哪些车是优质的，哪些是劣质的，则优质车会在200～240元成交，劣质车会在100～120元成交。但买主事实上无法凭观察判断旧车质量。旧车主会隐瞒劣质车的问题，以次充好，鱼目混珠。买主只知道劣质车优质车所占比重各半，但不知每一辆车究竟是优质车还是劣质车。于是，他们的出价至多是$120\times1/2+240\times1/2=180$（元）。然而这样一来，优质车就不会以此价卖出。如果买主知道只能买到劣质车，则成交价格只能在100～120元，从而优质车被逐出市场，市场运转的有效性被破坏了。

在保险市场上，如果保险公司和投保客户双方的信息是充分的，则根据大数法则所定费率足以保证保险市场的有效运转。问题是保险公司对客户的信息不可能充分掌握。以健康医疗保险为例，哪些人身体好，哪些人身体差，保险公司无法充分了解。结果是身体差的人投保最多。事后保险公司才了解到实际发病率和死亡率大大高于预期的发病率和死亡率。这迫使保险公司按“最坏情况”的估计来制定保险费率，但这样会使费率上升，并且会使身体好的人不愿参加保险。尽管他们有获得保障的需求，但市场无法给他们提供保险。保险市场的有效性就被破坏了。

2.（1）要防止和克服逆向选择问题，必须解决如何把有关私人信息传递给交易对方的问题以及如何甄别信息真假的问题。在信息不对称的情况下，拥有信息的一方通过某种能观察到的行为向缺乏信息的一方传递一定的信息，被称为“信号显示”或“发信号”。市场信号是在市场外产生并在市场上使用的信息，它可以减轻或消除市场参与者面临的信息不对称及其导致的不确定性。

（2）市场信号发挥作用主要通过信号显示。信号显示是指市场上信息优势方通过做出某种承诺（往往是有成本的），向其他市场参与者显示其产品或交易对象的其他品质，从而减少或消除信息不对称。

（3）常见的市场信号包括价格、品牌、质量保证、高成本的广告、文凭等。

3.（1）市场失灵的含义。依照微观经济学的论证，市场机制可以实现资源的最优配置。然而，在现实经济中，由于完全竞争所需要的前提条件不存在，帕累托最优状态通常不能得到实现，即市场机制配置资源的能力不足，出现资源配置失当。这种情况被称为“市场失灵”。当市场价格不能真正反映商品的社会边际估价和社会边际成本时，消费者支付的价格高于或低于生产商品的社会成本，消费者的估价与社会估价出现偏差，社会资源并不会按社会估价的高低流动，市场机制转移资源的能力不足，从而出现市场失灵。

（2）市场失灵的原因。造成市场失灵的主要原因包括垄断、外在性、公共物品以及信息不对称四个方面。

①垄断。在现实经济中，由于物质技术条件、人为的和法律的因素以及地理位置、稀缺资源等自然因素的存在，垄断普遍存在。垄断的存在造成资源配置的低效率，社会福利受到损害。在垄断市场上，由于企业的边际收益与平均收益分离，所以价格高于边际成本。社会给予商品的边际评价是消费者支付给商品的价格，而社会生产该商品支付的边际成本为企业的边际成本。这时，尽管消费者之间仍可以实现有效率的交换，但社会并不能用最低的成本向消费者提供最需要的商品组合。垄断不仅不能使用最低成本的生产方式，而且增加生产还会进一步提高社会的福利水平，从而生产没有达到最优。此外，垄断还可能造成其他的社会成本。例如，完全垄断厂商缺乏降低成本和进行技术革新的动力，从而社会为生产既定的产量花费较多的成本，垄断厂商为了获得超额利润而采取寻租行为等。

②外在性。价格体系有效运作的原因是市场价格能准确传递消费者和生产者的信息。当具有外部性时，市场价格就不能准确地反映生产者和消费者活动的后果。外在性是指交易双方的经济行为未经交换而强加于其他方的经济影响。例如，大气污染、噪声以及私人绿化等。由于外在性的存在，使整个经济的资源配置不可能达到帕累托最优状态。这是因为外部影响导致社会与私人在最优边际收益与边际成本的判断上出现不一致。外部经济效果或外在性是造成社会估价与社会成本出现差异的另一个重要原因。从社会的角度来看，施加外部影响的经济当事人的成本不仅包括生产成本，而且包括强加于他人的成本；同样，它的收益不仅包括它收取的卖出产品所获得的收入，而且包括给他人带来的但又无法收取报酬的好处。但是，按照市场的原则，施加外部影响的经济当事人只会考虑他看到的收益和成本。结果，外部经济效果使得社会估价不等于社会成本，并且完全竞争的市场体系也没有提供一种机制，让交易双方考虑对其他人所施加的经济效果。

③公共物品。公共物品是消费者需要而私人厂商不愿供给或供给不足的物品。原因是这类产品具有非排他性和非竞争性。公共物品的非排他性使得通过市场交换获得

公共物品的消费权力的机制失灵。对于追求最大利润的私人企业而言，生产者必须能把那些不付钱的人排斥在消费商品之外，否则它就很难弥补生产成本。由于非排他性，公共物品一旦被生产出来，每一个消费者可以不支付就获得消费的权力。这就是说，在消费公共物品时，每一个消费者都可以做一个免费乘车者，造成公共物品市场供给不足。公共物品的非竞争性使得私人供给的社会成本增加，而社会利益得不到发挥。

④信息不对称。信息不对称是指市场上的某些参与者拥有，但另一些参与者不拥有的信息；或指一方掌握的信息多一些，另一方掌握的信息少一些。信息不对称导致效率损失有以下几种情况：第一，逆向选择问题，是指在买卖双方信息不对称的情况下，差的商品必将把好的商品驱逐出市场。当交易双方的其中任何一方对于交易可能出现的风险比另一方知道更多时，就会出现逆向选择问题。第二，败德行为。个人在获得保险公司的保险后，降低防范意识而采取更冒险的行为，使发生风险的概率增大。败德行为又称道德公害，它会破坏市场的运行，严重情况下会使得某些服务的私人市场难以建立。第三，委托—代理问题。由于委托人不能确切了解代理人行为，代理人可能为追求他们自己的目标而以牺牲委托人的利益为代价。一旦出现委托—代理问题，其后果不仅是使企业所有者的利润受损，也会使资源配置的效率受损，因为在没有委托—代理问题的情况下，社会将生产出更高的产量。

（3）市场失灵的纠正方法。尽管大致说来市场机制是有效率的，但由于条件严格，现实中很难达到。即使能够达到，经济波动和分配问题仍然是严重的。因此，政府仍有发挥作用的余地。政府干预可以增进资源配置效率。针对市场失灵的不同原因，可以采用不同的矫正措施。

①为了消除垄断的影响，政府可以采取反垄断政策。针对不同形式的垄断，政府可以分别或同时采取行业的重新组合和处罚等手段，而这些手段往往是依据反垄断法来执行的。

行业的管制主要是对那些不适合过度竞争的垄断行业，如航空航天、供水等行业所采取的补救措施。在这些行业中，要么是高成本的技术，要么是平均成本呈下降趋势，因而大规模的经济是必需的。这时，政府往往在保留垄断的条件下，对于垄断行业施行价格控制，或者价格和产量的双重控制、税收或补贴以及国家直接经营等管制措施。如果在政府管制以后，企业仍可以获得超额利润，那么政府就应征收一定的特殊税收，以利于收入的公平分配。当然，对于这类垄断行业，政府也可以采取直接经营的方式来解决由于垄断所造成的市场失灵。由于政府经营的目的不在于最大利润，所以可以按照边际成本或者平均成本决定价格，以便部分地解决由于垄断所产生的产量低和价格高的低效率问题。

②解决公共物品的供给是消除公共物品所造成的市场失灵的关键。要做到这一点，可以依靠市场和非市场的集体决策两种方式。

针对市场决定公共物品供给量的困难，可供选择的对策是利用具有集体性、非市场性和规则性特点的公共选择。公共选择是由政府代表集体做出的决策，政府的选择最终取决于政治市场的均衡。构成政治市场的需求者是公众、选民或者纳税人，而供给者是由政治家或者官员所组成的政府。与市场运行一样，公共选择也有一定的规则，以协调人们的行动，反映人们的偏好。在现实经济中，公共选择的规则多采用一致通过，那么意味着所有的投票人会因此得到好处，从而增进福利。如果一项方案只得到多数票赞成，那么这项方案不是帕累托最优的，但可能是潜在最优的。

③外部经济效果是造成市场失灵的重要原因，解决这一问题的政策主要包括：税收和补贴、政府直接调节以及明确产权和谈判三种手段。税收和补贴政策是向施加负的外部经济效果的厂商征收恰好等于边际外部成本的税收，而给予产生正的外部经济效果的厂商等于边际外部利益的补贴的一种手段，目的是使得厂商按照社会收益和社会成本进行决策。政府直接调节是政府通过行政或法律的手段强行控制外部经济的影响，也可以将施加和接受外部成本或利益的经济单位合并。

以上解决外部影响的方案的关键是外部成本或利益内部化。此外，科斯定理的结论也被用来解决外部影响问题。传统的方案并没有消除外部影响，所以科斯定理建议，政府无须对外部经济影响进行直接的调节，只要明确施加和接受外部成本或利益的当事人双方的产权，通过市场谈判就可以解决外部影响。

④信息的不完全会带来许多问题，市场机制本身可以解决其中的一部分。例如，为了利润最大化，生产者必须根据消费者的偏好进行生产，否则，生产出来的商品就可能卖不出去。生产者显然很难知道每个消费者的偏好的具体情况。不过，在市场经济中，这一类信息的不完全并不会影响他们的决策——因为他们知道商品的价格。只要知道了商品的价格，就可以由此计算生产该商品的边际收益，从而就能够确定他们的利润最大化产量。

但是，市场的价格机制并不能够解决或者至少是不能够有效地解决信息不完全问题。在这种情况下，就需要政府在信息方面进行调控。信息调控的目的主要是保证消费者和生产者能够得到充分与对的市场信息，即增加市场的“透明度”，以便他们能够做出对的选择。例如，就“保护”消费者方面来说，常见的政府措施就包括这样一些规定：发行新股票或新债券的公司必须公布公司的有关情况、产品广告上不得有不合乎实际的夸大之词、某些产品必须有详细的使用说明书、香烟上必须标明“吸烟有害健康”的字样等。这类方案通常又被称作“发信号”。

4. 农业用地和非农业用地在产出上有很大差异，导致相应不同性质的土地价值也有很大差异。如果产权得到清晰界定，则有利于土地通过转化用途实现增值，这是一种效率改进。但是产权如何界定则关系到收入分配。当事前规定农民有将土地转换为非农业用地的权利时，则增值所得会大部分被农民所得；反之，则这一部分价值将主要流入土地所有者（村集体）和开发商一方。当产权界定不清晰时，既有碍于这一交易的发生，而且即使交易完成，由于缺乏谈判能力等原因，也可能使得这一交易对农民收入的增加非常有限。从这一分析中可以理解中国对于农村土地制度进行改革的意

义。[《西方经济学（微观部分）》第七版　高鸿业　P342]

5. 寻租理论的要点主要有以下几个方面。

（1）当政府干预市场时，就会经常形成集中的经济利益和扩散的经济费用，带来以“租金”形式出现的经济利益。租金是泛指政府干预或行政管制市场而形成的级差收入，是超过机会成本的收入。一切市场经济中行政管制都会创造出这种级差收入。寻租就是为这样的干预而进行的游说活动，是政府干预的副产品。缪勒说，寻租是“用较低的贿赂成本获得较高的收益或超额利润”。

（2）一切利用行政权力大发横财的活动都可以称为寻租活动。它有以下几个特点：①利用各种合法或非法的手段以获得拥有租金的特权，如游说、疏通、拉关系、走后门等。②它不是生产性活动，不增加任何新产品或新财富，但它改变生产要素的产权关系，并中饱私囊。③使资源配置扭曲，是资源无效配置的一个根源。④导致政府部门及官员争权夺利，影响政府声誉，增加廉政成本。⑤妨碍公共政策的制定和执行，降低行政运转速度，甚至危及政权。

（3）在现代市场经济体制下，只有政府公共部门才能借助于行政手段创造不平等竞争条件，维持一部分人占有租金的特权。因此，在有政府干预的地方就可能存在寻租现象，并且寻租行为还可在不同层次上发生。缪勒曾将寻租类型进行过划分：一是不少行业经常试图通过政府许可证来限制他人的进入，以保持其高利润或高工资，形成政府管制的寻租；二是国内制造商经常为国外进口关税和限额进行游说，以使其高价出售产品，形成关税和进出口配额的寻租；三是政府也可通过直接定价来为生产者创造租金，形成政府合同中的寻租。

（4）布坎南认为，“寻租的活动同政府在经济中的活动范围和领域有关，同国有部门的相对规模有关。”他在《寻求租金和寻求利润》一文中指出，只要政府的行动主要限于保护个人权利、人身和财产并实施自愿议价的私人合同，那么市场过程就支配经济行为，并且保证出现的任何经济租金将因竞争性的进入而消失。但是，如果政府行为大大超出了由最低的，或保护性状态所规定的限度，那么租金下降或消失的趋势就会被抵消，并且可能完全停止。可见布坎南主张政府的活动范围应限定在具体的市场行为之外。

寻租和腐败也是我国现实存在的一种非市场缺陷，若不严加防范和治理会愈演愈烈。理论界将寻租和腐败看成是经济发展、政治稳定和文化进步的陷阱。一旦落入这一陷阱，就会使社会处于低效、停滞甚至紊乱状态。

6.（1）科斯最早在1960年提出了采用产权纠正外部性的办法，即所谓的科斯定理。其内容是：在交易费用为0时，只要产权初始界定清晰，并允许经济当事人进行谈判交易，就可以导致资源的有效配置。

（2）科斯定理的理论意义。

科斯定理扩大了“看不见的手”的作用。按照这个定理，只要那些假设条件成立，则外部影响就不可能导致资源配置不当。或者以另一角度来说，在给定的条件下，市场力量足够强大，总能够使外部性以最经济的办法来解决，从而仍然可以实现帕累托最优状态。

西方一些学者根据科斯定理认为，外部性之所以导致资源配置不当是由于产权不明确。如果产权明确，且得到充分保障，有些外部性就不会发生。就是说，在解决外部性问题上不一定要政府干预，只要产权明确，市场就会自动解决外部性问题，而在此之前的传统经济学认为，解决外部性问题需要政府的干预。因此，科斯定理是对传统经济学的修正。

（3）科斯定理的实践意义。

如果产权界定是明确的，那么通过市场交易解决外部性问题是可行的。以Y厂商向X厂商就污染问题而施加外在成本的情形为例。在产权可以自由买卖的条件下，如果法律界定X厂商有权不受污染，那么Y厂商为了能够生产就必须向X厂商购买污染权。这时，Y厂商将因此增加一部分边际成本，而X厂商则得到相应的收益。反之，如果产权界定给Y厂商，即Y厂商有权向X厂商施加污染，那么，X厂商将购买这一权利以便Y厂商不释放污染。结果，市场交易本身使得污染问题得到解决。不仅如此，由于交易是在完全竞争条件下进行的，因而结果是帕累托最优的。

但是科斯定理解决外部性问题在实际中并不一定真的有效。这是因为：第一，资产的财产权不一定能够明确地加以界定。有的资源，如空气，自古以来就是大家均可使用的共同财产，很难将其财产权具体分派给谁；有的资源的财产权即使在原则上可以明确，但由于不公平问题、法律程序的成本问题等也变得实际上不可行。第二，已经明确的财产权不一定总是能够转让。这就涉及信息是否充分以及买卖双方不能达成一致意见的各种原因，如谈判的人太多、交易成本过高、谈判双方都能够使用策略性行为等。第三，明确的财产权的转让并不总是能实现资源的最优配置。运用科斯定理完全有可能得到这样的结果：它与原来的状态相比有所改善，但并不一定恰好为帕累托最优状态。此外，还应指出，分配产权会影响收入分配，而收入分配的变动可以造成社会不公平，甚至引起社会动乱。在社会动乱的情况下，就谈不上解决外部性影响的问题了。

八、案例分析

导致食品质量安全的市场机制失灵的因素主要有以下几个方面。

（1）信息的不对称。

在传递食品质量的信任品特性方面，市场几乎彻底失灵，因为消费者自己根本无法了解这方面的质量状况，不得不“完全信任”地由生产者摆布。这种信息的极度不对称使消费者面临着严重的安全与健康风险。

（2）食品质量安全具有公共物品特性。

食品质量安全具有效用的不可分割性、消费的非竞争性和收益的非排他性，因此食品质量安全具有公共物品性质。由于公共物品缺乏排他能力，公共物品的提供者不能给使用者制定一个价格，使用者可以免费进行消费，因此，对于公共物品，相比提供产品的服务所花费的成本，任何人得到的利益是相当小的，导致市场中的私权主体无人愿意提供公共物品。因此，食品质量安全问题中的公共物品问题很难通过市场机制来解决。

（3）食品质量安全具有外部性特性。

假冒伪劣食品的生产和经营活动会带来负的外部效果。三鹿奶粉事件导致整个乳制品行业及其上下游企业的危机和国民消费信心的丧失正是其负外部性的典型表现。外部性具有非排他性，不能通过市场机制自动设置价格来管制，需要政府进行干预。

（4）消费者在与生产经营者的利益冲突中处于弱势。

市场经济规律作用条件下的企业与消费者之间，存在利益冲突，必然会有一些企业不择手段地损害消费者利益。相比较之下，食品生产经营者为拥有强大经济力的组织体，单个分散的经济力薄弱的消费者难以与之抗衡，再加上法律知识缺乏，当其利益受到损害之后，往往选择忍气吞声，或者大多数消费者心存“搭便车”的念头，都想让别人先来提起诉讼，自己免费享受，最终结果可能是谁也不去反映食品安全问题，保护自身权益。

参 考 文 献

《西方经济学教学题库》编写组. 2014. 西方经济学教学题库[M]. 镇江：江苏大学出版社.

蔡继明. 2002. 微观经济学习题[M]. 北京：人民出版社.

高鸿业. 2015. 西方经济学（微观部分）专栏案例版[M]. 7 版. 北京：中国人民大学出版社.

李莹莹，魏亚楠. 2011. 西方经济学（微观部分）同步辅导及习题全解[M]. 5 版. 北京：中国水利水电出版社.

刘静暖，孙宇晖. 2012. 西方经济学习题集[M].北京：中国经济出版社.

圣才考研网. 2015. 西方经济学（微观部分）考研真题与典型题详解[M]. 12 版. 北京：中国石化出版社.

翔高教育经济学教学研究中心. 2011. 西方经济学（微观部分考试手册）[M]. 2 版. 北京：中国人民大学出版社.

后　记

本书由贵州财经大学李家凯老师、汪延明老师主编，第一章由贵州财经大学刘愫和翟斌共同编写；第二章、第三章、第四章和第五章由贵州财经大学朱雪卉编写；第六章、第七章、第八章由贵州财经大学翟斌编写；第九章、第十章、第十一章由贵州财经大学刘愫编写。

另外，本书得以顺利出版要感谢贵州省经济学一流师资团队建设经费资助，以及贵州财经大学经济系基础教研室老师们提出的合理建议与意见。

本书在编写过程中难免出现一些小疏漏，恳请广大老师和学生批评指正。

编写组

2019 年 5 月 10 日

新版全程图解电工电路

黄海平　黄鑫　编著

科学出版社

北京

内 容 简 介

“图解”是本书的最大特色，本书将多个电工常用电路集中到一起，配有电路原理图、布线图、接线图及按钮接线图，并对每一个电路的动作过程进行分析详解，把电路的每一个动作都用分解的图进行表述，使读者更加容易理解电路的工作原理和调试方法。

本书图文并茂、内容丰富、实用性很强，主要内容包括电动机启动控制电路、电动机正反转控制电路、电动机制动控制电路和其他控制电路。

本书可供各大院校电工、电子、自动化及相关专业的师生参考阅读，也可作为电工、电子从业技术人员的参考书。

图书在版编目（CIP）数据

新版全程图解电工电路/黄海平，黄鑫 编著. — 北京：科学出版社，2017.1（2021.2重印）

ISBN 978-7-03-050822-5

Ⅰ.①新… Ⅱ.①黄… ②黄… Ⅲ.①电路图-图解 Ⅳ.①TM13-64

中国版本图书馆CIP数据核字（2016）第289048号

责任编辑：杨 凯 孙力维 / 责任制作：魏 谨
责任印制：师艳茹/ 封面设计：杨安安
北京东方科龙图文有限公司 制作
http://www.okbook.com.cn

科学出版社 出版
北京东黄城根北街16号
邮政编码：100717
http://www.sciencep.com
三河市骏杰印刷有限公司 印刷
科学出版社发行 各地新华书店经销
*

2017年1月第 一 版 开本：787×1092 1/16
2021年2月第七次印刷 印张：16 1/4
字数：360 000

定价：42.00元

（如有印装质量问题，我社负责调换）